利通年鉴

LITONG NIANJIAN

2023

利通区人民政府办公室◎编

黄河出版传媒集团
宁夏人民出版社

图书在版编目（CIP）数据

利通年鉴.2023／利通区人民政府办公室编.-- 银川：宁夏人民出版社，2023.12
ISBN 978-7-227-07928-6

Ⅰ.①利… Ⅱ.①利… Ⅲ.①区（城市）—吴忠 - 2023- 年鉴 Ⅳ.①Z524.34

中国国家版本馆 CIP 数据核字（2024）第 027327 号

利通年鉴 2023　　利通区人民政府办公室　编

责任编辑　赵　亮
责任校对　闫金萍
封面设计　石　磊
责任印制　侯　俊

黄河出版传媒集团
宁夏人民出版社　出版发行

出 版 人　薛文斌
地　　址　宁夏银川市北京东路 139 号出版大厦（750001）
网　　址　http://www.yrpubm.com
网上书店　http://www.hh-book.com
电子信箱　nxrmcbs@126.com
邮购电话　0951-5052104　5052106
经　　销　全国新华书店
印刷装订　宁夏银报智能印刷科技有限公司
印刷委托书号　（宁）0028923

开本　720 mm × 980 mm　1/16
印张　23.25
字数　550 千字
版次　2023 年 12 月第 1 版
印次　2023 年 12 月第 1 次印刷
书号　ISBN 978-7-227-07928-6
定价　298.00 元

《利通年鉴2023》编辑部

《利通年鉴2023》撰稿人员

（按姓氏笔画排名）

编辑说明

一、《利通年鉴2023》是根据中共利通区委、区人民政府决定，由区人民政府主办，《利通年鉴》编辑部编辑出版的大型综合年鉴。

二、本年鉴编纂坚持以马克思列宁主义、毛泽东思想、邓小平理论、“三个代表”重要思想、科学发展观、习近平新时代中国特色社会主义思想为指导，坚持辩证唯物主义和历史唯物主义的立场、观点和方法，实事求是地全面记载2022年利通区政治、经济、文化和社会发展新情况、新成就和新经验，体现了时代特征、地方特色和实践特点。

三、本年鉴是保存和积累地方历史文献的综合性年鉴，它为认识利通、研究利通、建设振兴利通提供翔实资料；为促进利通区招商引资、旅游开发和各项经济建设服务，为科学决策、指导工作提供可靠依据和最新信息，也为利通区留下可供借鉴的宝贵历史财富。

四、本年鉴记述时限为2022年1月1日至2022年12月31日，个别内容适当上溯和下延，以反映事物全貌。

五、本年鉴所用资料、图片，均由相关单位撰写、提供，并经领导审核、单位盖章。有关全年主要经济指标数据经区统计局审核。个别部门数据由于统计口径不同而表述不尽相同，应以区统计局年报数为准。

六、本年鉴采用分类编辑法，分类目、分目、条目3个层次，条目使用黑体加【 】表示，个别分目下设有子目。

七、本年鉴所用统计资料由利通区统计局提供，正文中数据由各部门提供。因统计口径原因，如有个别数据不尽一致，引用时以《利通区2022年国民经济与社会发展统计公报》为准。

利通区行政区划图

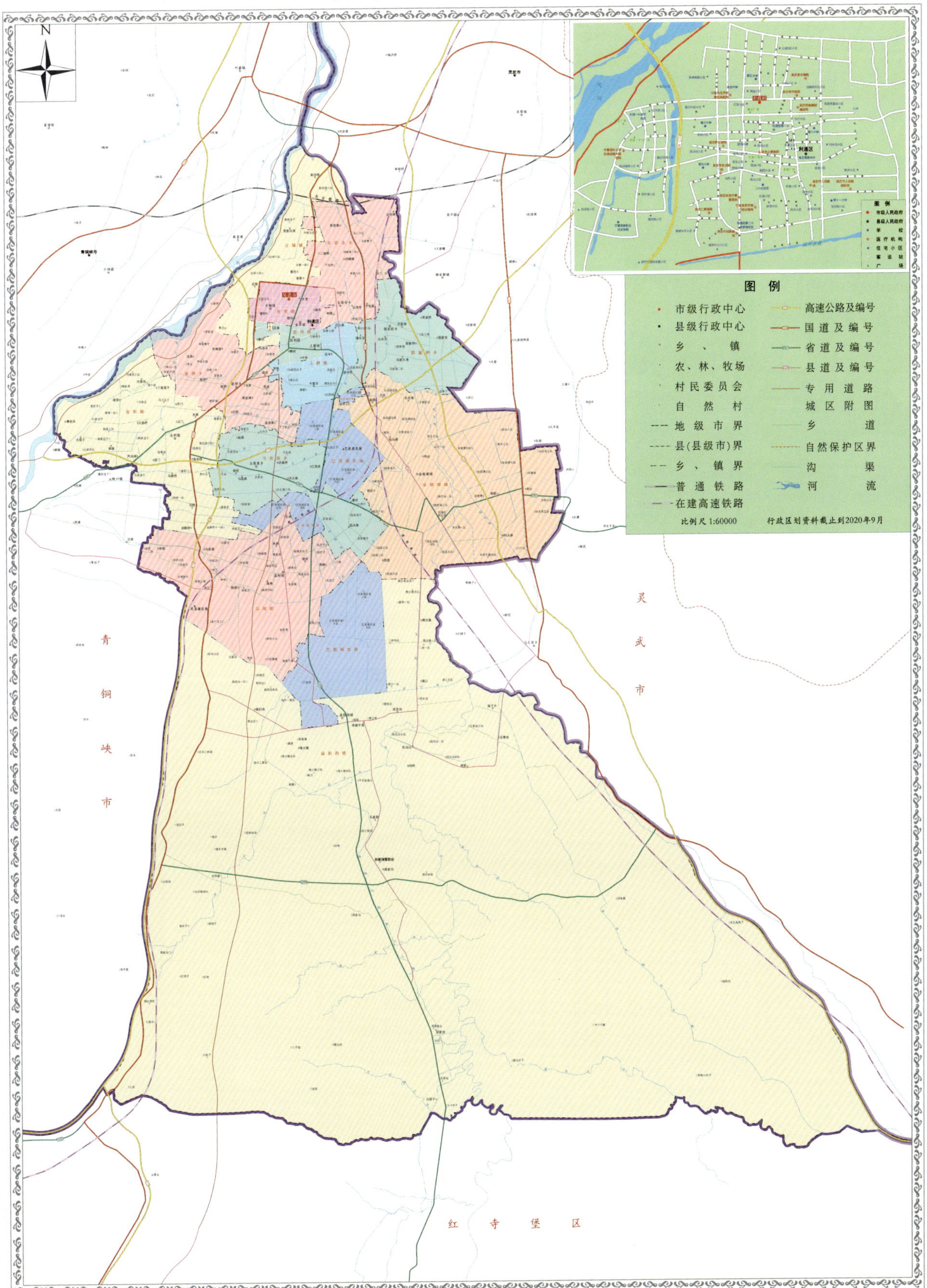

吴忠市利通区民政局
广东南方数码科技股份有限公司　编制

审图号：宁S[2021]第013号
印刷时间：2021年1月8日

2022年1月24日，中国共产党吴忠市利通区第五届委员会第三次全体会议召开

2022年12月13日，吴忠市利通区第五届人民代表大会第二次会议召开

2022年12月12日，中国人民政治协商会议吴忠市利通区第五届委员会第二次会议召开

2022年8月2日，吴忠市委常委、利通区委书记陈宏调研乡村振兴工作

2022年9月5日，吴忠市委常委、利通区委书记陈宏带队督导巩固拓展脱贫攻坚成果同乡村振兴有效衔接、安全生产等工作

2022年6月，利通区委副书记、政府区长宋喜调研老旧小区改造工作

2022年4月2日，利通区委副书记、政府区长宋喜督导安全生产和疫情防控工作

利通区人大常委会主任赵金峰组织人大代表视察利通区重点项目建设情况

利通区政协主席周忠德带队调研春播工作

白寺滩大青葡萄

扁担沟富硒苹果

西瓜种植带动产业发展

红枣采摘

规模化、集约化养殖

现代纺织产业

织布车间

服饰车间

利通区教师智能研修中心

利通区青少年活动中心

小学课后服务活动

落实五项管理规定，开足开齐体育课程

非物质文化遗产“魏家车门舞狮”志愿服务项目走进校园

消防应急演练，提高学生安全意识

胜利镇开展新时代文明实践站“二十四节气”诗歌朗诵活动

民族团结活动

新时代文明实践助学支教志愿服务活动

老兵宣讲团志愿服务队成员张广升为师生讲述参战故事

2022年8月24日，举行全国乡村治理体系建设试点示范单位率先开展移风易俗活动启动仪式

2022年11月9日，党的二十大代表、“七一勋章”获得者王兰花在裕西社区宣讲党的二十大精神

2022年11月18日，利通区举办2022年第三季度“中国好人榜”发布仪式暨全国道德模范与身边好人现场交流活动

金积镇金丰社区就业服务签约仪式暨双向推进会

2022年6月，吴忠铁塔“高空瞭望”监控调度中心建成并投入使用

“喜迎二十大 永远跟党走 奋进新征程”主题户外拓展活动

利通区金星镇举办“石榴籽”杯全民健身活动

利通区科协2022年科普助力“双减”活动

2022年11月9日，利通区检察院“1+5+N”检察服务模式检察官轮流接访

上桥镇牛家坊村夜景

一桥连通黄河两岸

水韵利通

利通区特色早茶拉面

目 录

组织机构及领导人

中国共产党吴忠市利通区委员会

利通区人大常委会

利通区人民政府

政协利通区委员会

民主党派和工商联

群众团体

人民武装

法治建设

农牧水利

工　业

经济管理

文化　旅游　体育

财政　税务　审计　金融

生态环境

城乡建设

综合管理

教育　科技

医疗　卫生

民生保障

乡镇概况

企事业单位

荣 誉

附 录

专 载

在利通区委五届五次全体会议上的报告

陈 宏

（2022年12月9日）

受区委常委会委托，现在我向全会作工作报告。

2022年，党的二十大胜利召开，是党和国家历史发展中极为关键、极为重要的一年。面对疫情防控的严峻形势和经济下行的巨大压力，常委会坚持以习近平新时代中国特色社会主义思想为指导，深入学习贯彻党的二十大精神和习近平总书记视察宁夏重要讲话指示批示精神，全面落实自治区第十三次党代会和吴忠市第六次党代会精神，坚定执行党中央和自治区党委、吴忠市委决策部署，始终坚定“三个牢牢把握”方向指引和战略定位，对标对表“四新任务”，加快推进“三区建设”，深入实施“五大战略”，团结带领全区广大党员干部群众踔厉奋发、埋头苦干，以更加昂扬的奋斗姿态开启了全面建设社会主义现代化美丽新利通的新征程，全区各项事业取得了新的进展。

这一年，我们坚定统一思想行动，政治意识持续牢固。始终坚持把学习宣传贯彻党的二十大和自治区第十三次党代会精神作为首要政治任务和重大政治责任，加强组织领导，周密安排部署，迅速掀起学习宣传贯彻热潮。学习研讨有形有效。深入开展党的二十大和习近平总书记视察宁夏重要讲话指示批示精神“大学习、大讨论、大宣传、大实践”活动，区委举办专题学习班10期、理论学习中心组学习和交流研讨19场次，以上率下带动各级党组织通过领导讲党课、专家作辅导、干部大讨论等方式主动学、全员学，形成了学习党的二十大和自治区第十三次党代会精神的强大声势。宣传宣讲有声有色。广泛深入开展新闻宣传、网络宣传、社会宣传，通过短视频、微传播、云端课堂、专栏解读、宣传标语等方式，把会议精神延伸到每一个角落，营造了奋进新征程的良好社会氛围。依托“五朵金花”“董毅说书”“金声田韵”等宣讲品牌，多层次、多形式宣讲2000余场次，受众6.6万余人次，持续推动会议精神飞入寻常百姓家、传入田间地头里。贯彻落实有力有为。召开区委五届四次全会对深入学习贯彻党的二十大精神进行全面安排部署，聚焦会议提出的新理论、新任务、新部署、新要求，制定任务分工方案，建立“区级牵头领导＋主责单位”“重大项目＋工作专班”的包抓工作机制，进一步明确责任分工、实化推进措施、细化进度安排，把党的二十大和自治区第十三次党代会决策部署付诸行动、见之于成效。

这一年，我们聚焦产业转型升级，发展质效持续提升。始终坚持“发展是党执政兴国的第一要务”，紧盯黄河流域生态保护和高质量发展先行区建设，统筹抓好疫情防控和经济社会发展，努力保持经济运行在合理区间。全年实现地区生产总值243亿元，同比增长3%；一般公共预算收入3.87亿元，同口径增长10%。特色农业提质增效。紧盯乡村全面振兴样板区建设，聚焦牛奶、肉牛、滩羊、冷凉蔬菜等“六特”产业，拓展农业功能，延长产业链条，加快构建现代农业产业体系、生产体系、经营体系。新建奶牛、肉牛标准化养殖场9家，奶牛、肉牛存栏分别达到23.3万头、11.2万头。新增滩羊示范村、合作社、家庭牧场11个，出栏29.7万只，精深加工滩羊肉757吨。建成千亩日光温室蔬菜和拱棚瓜菜生产种植基地7个，冷凉蔬菜种植面积达到6.45万亩。我区入围全国农业现代化示范创建县区，现代农业产业园被认定为第四批国家现代农业产业园。工业经济稳中向好。深入实施“四大改造”行动，大力发展“六新”产业，着力打造经济发展新支撑，培育经济发展增长极。以项目建设为抓手，加快工业经济发展，实施重点工业项目8个、技改项目4个，高技术产业增加值同比增长19.5%，战略性新兴产业占规上工业增加值的比重达到11.7%。全面推进轻工纺织产业高效发展，规上轻工纺织企业达到38家，实现产值128亿元。加快推动清洁能源产业发展，开工建设宁储同利等5个新能源项目，在全区率先实现并网运行，全面完成能耗双控目标任务。现代服务业蓬勃发展。聚焦消费升级、集聚发展，不断完善产业互补、结构优化、功能完善、业态丰富的现代服务业体系。举办2022中国面食博览会暨第二届吴忠早茶美食文化节，培育中餐特色美食企业7家、第二批吴忠早茶示范店11家，东塔寺乡、新华桥村、牛家坊村分别被评为第二批全国乡村旅游重点乡镇、2022年中国美丽休闲乡村、全国乡村特色产业亿元村。持续激发消费活力，发放消费券28万余张，带动消费2亿元以上。加快培育新兴服务业，建成利通区电子商务中心，刘三朵、红山河等27家企业入孵发展，电子商务线上线下加速融合。项目带动作用明显。坚持把项目建设作为推动高质量发展的硬支撑，紧盯国家政策导向和资金投向，围绕产业发展、生态保护、基础设施等重点领域，精准超前谋划项目、专业高效招引项目、压茬序时推进项目、统筹协调保障项目，全年实施项目110个，完成投资75.6亿元，上争资金18.92亿元，有效投资持续扩大，发展后劲不断增强。

这一年，我们坚持改革开放引领，发展活力持续迸发。始终坚持“改革不停顿，开放不止步”，狠抓重点领域、关键环节，以创新提升发展质量，以改革破解发展难题，以开放拓宽发展思路，高质量发展的动力活力不断增强。重点改革成果显著。加快推进“六权”改革，深化农业农村、社会保障、医疗卫生、教育事业等重点领域改革，全力提升改革质效，探索了一批可复制、可推广、叫得响的改革经验，县域共青团组织改革试点被团中央评为优秀，古城镇新华桥村“多规合一”实用性村庄规划入选自然资源部国土空间规划优秀案例。承办全国乡村治理体系建设试点示范交流活动、“互联网＋教育”示范区建设成果展示暨现场推进会等国家、自治区观摩交流活动4场次，用水权改革做法在中央电视台播出。对外开放不断扩大。紧抓“一带一路”建设等重大机遇，深化与京津冀、长三角、东南沿海地区的交流合作，大力开展园区招商、以商招商、产业链招商，宁储利通区板桥共享储能电站、国储储能＋充电系统智能装备制造等12个项目落户利通，总投资81亿元。持续优化营商环境，系统推进政务服务事项标准化建设，“马上办”“网上办”“就近办”服务质效不断提升。创新驱动引领发展。大力实施创新主体培育、创新力量厚植、创新协同联动工程，科技成果高效转化应用。培育国家高新技术企业、自治区“专精特新”和“瞪羚”企业8家，争取自治区科技专项117项3808万元，创历年新高。与中国农业科学院、浙江大学、西北农林科技大学等科研院所、高等院校建立产学研工作基地，组建9个博士指导工作站、10个农村实用人才工作室，高产奶牛良种繁育等3个科研项目实现阶段性突破，全国农业科技现代化示范区建设经验在全国交流。

这一年，我们加大标本兼治力度，生态文明建设持续深化。始终坚持“绿水青山就是金山银山”，坚决贯彻落实习近平生态文明思想，统筹山水林田湖草沙系统治理，推动天蓝地绿水美的魅力利通焕发新面貌。污染防治攻坚成果显著。全面整改落实中央、自治区环保督察反馈问题，坚决打好“蓝天、碧水、净土”保卫战，着力补齐生态环境短板。严格执行“四减”措施，完成农村清洁能源“双替代”1.5万户，全区空气优良天数占比达到82%。继续打好新时代黄河保卫战，综合整治“两沟一河”，推进河湖“清四乱”和妨碍河道行洪突出问题整治，治理河湖沟道85公里，黄河水质稳步保持在Ⅱ类优以上，重点入黄排水沟水质达到Ⅳ类以上，清水沟创建为自治区级示范河湖。生态保护修复持续加强。统筹推进水源涵养、水土保持、生态修复等工程建设，加强8.36万亩天然林、16.32万亩公益林管护，高质量完成绿化造林2.64万亩、退化草原生态修复1.5万亩、草原划区轮牧1.56万亩。大力推进湿地保护，完成1.3万亩湿地保护任务和中营堡湖、渔光湖自治区重要保护湿地申报认定工作。高效推进节水用水，新增高效节水灌溉面积1.97万亩，治理水土流失10.67平方公里。稳步推进土壤修复治理，化肥农药用量保持零增长，土壤环境质量总体保持稳定，农业面源污染防治取得明显成果。城乡人居环境焕然一新。以打造塞上乡村乐园和宜居宜业城镇为抓手，推进城乡共建、协同发展，区域整体形象全面提升。实施乡村建设行动，五里坡奶牛园区苦水河大桥建成通车，新增农村公路43公里、改造抗震宜居农房331户，群众走路更舒心、住房更安心。推进农村人居环境综合整治，农村卫生厕所改造率达到92.5%，金积镇、郭家桥乡重点小城镇建设高标准推进。实施城市更新行动，分类排查整治安全隐患自建房屋20栋，改造老旧小区35个、小区防汛排涝系统164处。梯次推进生活垃圾分类收集转运处理工作，城乡环境卫生保洁覆盖率和生活垃圾无害化处理率均达到100%。

这一年，我们牢记为民服务宗旨，民生福祉

持续改善。始终坚持“江山就是人民，人民就是江山”，深入实施“六大提升行动”，倾力打造人民生活福地，人民群众获得感幸福感安全感更加充实、更有保障、更可持续。突发疫情有效控制。深入学习领会习近平总书记关于疫情防控的重要指示批示精神，细化完善应急预案和工作手册，科学精准扎实推进常态化疫情防控工作。疫情发生后，第一时间激活应急体系，转入战时状态，压紧压实“四方责任”，开展“三大清零行动”，坚决遏制疫情扩散蔓延，“9·20”“11·16”等突发疫情得到妥善处置。完整、准确、全面贯彻落实“三个坚定不移”“二十条措施”和优化落实疫情防控“新十条”，及时调整优化防控策略，最大限度保护了人民生命安全和身体健康。脱贫成果巩固拓展。坚持巩固拓展脱贫攻坚成果同乡村振兴有效衔接，全面落实移民致富提升行动，严格落实“四个不摘”政策，压实“四级包抓”责任，常态化开展“四查四补”工作，坚决防止发生规模性返贫，考核评估14个方面57个具体问题全部整改到位。聚焦产业、就业、社会融入“三件事”，创新建立“企业＋支部＋合作社＋移民＋金融＋保险”利益联结机制和“支部＋国企＋合作社＋农户”联农带农模式，带动794户移民参与肉牛托养、发展特色种植，脱贫户人均可支配收入同比增加20.2%，共同富裕的乡村振兴之路越走越宽。居民收入稳步增长。坚持把就业作为民生之本，全面落实居民收入提升行动，紧盯退役军人、高校毕业生、农民工等重点就业群体，培育创业实体749家，带动就业3028人，开展各类职业技能培训50期1977人，新增城镇就业3605人，调查失业率控制在5.5%以内。依托特色农业产业就地就近提供务工岗位9000余个，农村劳动力转移就业2.3万人、工资性收入达3亿元，城乡居民人均可支配收入分别增长7%、8%。基础教育更加均衡。坚持教育优先发展战略，全面落实教育质量提升行动，新扩建中小学、幼儿园5所，新增学位2700个，推进学前教育普及普惠，义务教育优质均衡发展。促进“互联网＋教育”融合应用创新，打造“互联网＋教育”五育并举教育体系。同步推进中小学校党组织领导的校长负责制和县管校聘改革，采取学校竞聘上岗与组织统筹调剂相结合的措施，推动区域学校师资均衡配置。构建校园治理“四个体系”和“15541”工作模式，现代化校园治理水平不断提升。健康水平不断提高。坚持把保障人民健康放在优先发展的战略位置，全面落实健康水平提升行动，深化“互联网＋医疗健康”示范区和健康利通建设，扎实开展“优质服务基层行”活动，建成吴忠市方舱医院、利通区人民医院，创建国家推荐标准卫生院3家，实现乡镇卫生院国家标准和中医馆全覆盖，紧密型医共体建设迈出实质性步伐，群众医疗卫生服务更加优质便捷。全区人均预期寿命提高到76.6岁，居民健康素养水平提高至22.08%，获自治区全民健康水平提升行动沿黄市辖区考核第一名。社会保障提标扩面。聚焦群众切身利益，健全完善以基本生活救助、专项社会救助、急难社会救助为主体，社会力量参与为补充，覆盖全面、分层分类、综合高效的社会救助格局，累计发放各类救济救助金8647余万元。全面实施全民参保计划，全面完成养老保险参保任务，医疗保险参保率达到96%以上。强化妇女儿童、失独家庭、未成年人关爱服务，特殊群体权益更有保障。积极健全社会养老服务体系，全区千名老人养老床位数达到37张，胜利镇新华社区创建为全国示范性老年友好型社区。文明素养不断提升。坚持以公民素养提升推动社会文明提升，全面落实文明素养提升行动，大力培育和践行社会主义核心价值观，拓展新时代文明实践中心建设，实现乡镇、村（社区）新时代文明实践所（站）、学雷锋志愿服务点全覆盖，常态化开展“365”志愿服务5000余场次，兰花热心小组慈善协会荣获“全国先进社会组织”称号，2022年第三季度“中国好人榜”发布仪式暨全国道德模范与身边好人现场交流活动在牛家坊村举办。扎实推进移风易俗，广泛开展“五朵金花向阳开”等大众化、分众化、典型化宣讲，除陋习、树新风在全社会蔚然成风。大力繁荣文化事业，实施文化馆5G数字化平台建设和智慧图书馆应用项目，广泛开展阅读推广、文艺演出、“送戏下乡”等各类活动380余场次，群众文化生活不断丰富繁荣，精神面貌焕然一新。

这一年，我们提高基层治理水平，安全底线持续巩固。始终坚持“基层强则国家强，基层安则天下安”，持续推进治理体系和治理能力现代化，政通人和、安定团结的良好局面不断巩固。推进民主政治建设。充分发挥人大职能作用，加强和改进法律法规实施、重大事项决定和监督工作，人大依法履职能力和水平不断提升。支持政协积极履行政治协商、民主监督、参政议政职能，以高质量协商助力全区改革发展。巩固和发展爱国统一战线，坚持区委常委联系民主党派和工商联、党外人士制度，各界人士参政议政意识不断增强。严格落实党管武装责任，国防动员、后备力量建设及双拥工作基础不断夯实，军政军民团结的良好局面更加巩固。高度重视群团工作，纵深推进群团改革，推动中长期青年发展规划落实见效，桥梁纽带作用大幅拓展。深化民族团结进步。持续推进铸牢中华民族共同体意识示范区建设，建成利通区铸牢中华民族共同体意识教育基地，打造中医药文化教育体验中心、秦汉文化大院两个体验区，培育金星镇裕西社区等“十进”领域示范点30个。实施各族群众凝心聚魂等5项工程，深入开展“中华民族一家亲、同心共筑中国梦”等系列活动200余场次，全面构筑中华民族共有精神家园，形成了各民族和睦相处、和衷共济、和谐发展的生动局面。依法处理宗教事务。坚持宗教中国化方向，坚决贯彻落实党的宗教工作理论方针政策，扎实开展教义教规中国化阐释、教职人员素质提升、信教群众思想教育三项行动，深入推进“五进”宗教场所，探索实施“三爱五正”工作法，精心打造了道道渠、城区东清真寺等一批宗教中国化示范点，引导宗教界人士、信教群众与党同心同行。扎实推进基层治理。牢固树立总体国家安全观，开展“百日会战”“百日攻坚”“守土专项行动”，坚决维护国家政治安全。深入推进依法治区，强化市域社会治理现代化试点创建，全面落实“谁执法、谁普法”普法责任制，深化矛盾纠纷排查调处，集中化解信访积案，数字利通指挥中心投入试运行，社会治理效能持续增强，利通区被确定为开展公民法治素养提升行动全国试点地区，胜利镇上桥社区被评为全国先进基层群众性自治组织，上桥镇创建为自治区乡村治理示范镇。全面加强“平安利通”建设，有力开展打击整治养老诈骗专项行动和反诈人民战争，金积镇人民政府、利通区人民检察院被评为平安宁夏建设先进集体。扎实开展三大领域风险隐患问题排查整治，全区安全生产形势稳中向好，社会大局和谐安宁。

这一年，我们切实加强党的建设，政治保障

持续增强。始终坚持“全面从严治党永远在路上，党的自我革命永远在路上”，深入贯彻落实新时代党的建设总要求和新时代党的组织路线，坚持和加强党的全面领导，坚定不移推动全面从严治党向纵深发展、向基层延伸。加强思想政治建设。坚持常委会“第一议题”制度，对习近平总书记发表的重要讲话、作出的重要指示批示，及时传达学习，认真研究落实，推动各级党员干部在政治立场、政治方向、政治原则、政治道路上同党中央保持高度一致，推动党中央和区市党委各项决策部署在利通区落地见效，坚定捍卫“两个确立”，坚决做到“两个维护”。严格执行民主集中制、重大事项请示报告等制度，坚持科学执政、民主执政、依法执政，政治能力和领导水平不断提高。落实意识形态责任。始终坚持党管意识形态，建立健全各级党委（党组）意识形态工作任务、问题、责任“三个清单”，牢牢掌握意识形态工作领导权、管理权、话语权。加强意识形态阵地建设和管理，不断提高民族、宗教、学校、网络等领域意识形态治理能力，有序推进“正道”“新风”两大集中行动，扎实开展“清朗”“净网”等专项行动，风清气正的良好局面更加巩固，全区意识形态领域总体稳定。推进基层组织建设。始终坚持大抓基层鲜明导向，聚焦乡村振兴，扎实推进“一抓两整”、换届“回头看”、软弱涣散党组织整顿、“两个带头人”队伍培育、扶持壮大村集体经济等重点任务，切实增强了农村基层党组织的政治功能和组织功能。深化抓党建促基层治理，持续推进红色物业提质增效，大力培育自治红色骨干力量，联合党委“平战转换”“双报到双服务”等机制在疫情防控中得到实践检验。成立“小个专”综合党委，通过创建万达商圈等4个“小个专”党建示范街，推动新兴领域党建工作质量明显提升。统筹推进机关、中小学校党建工作，以高质量党建引领高质量发展的基础更加牢固。强化干部队伍建设。注重实践历练干部，抽调531名干部到乡村振兴、疫情防控、信访巡察等重要岗位、关键领域、重点环节交流历练，全方位提升干部应对和处理复杂问题能力。坚持标准选拔干部，树立以德为先、注重实绩的用人导向，提拔重用务实苦干、群众公认的89名优秀干部。强化素质培育干部，持续做好新时代基层党员干部主题培训，完成换届后乡镇领导班子等各类培训34期、培训基层干部6885人次，干部政治意识更加牢固、政治立场更加坚定、履职能力更加突出。狠抓党风廉政建设。坚持把纪律和规矩挺在前面，全面夯实管党治党的政治责任，强化“一把手”和领导班子监督，领导班子和领导干部的决策和用权行为持续规范。持之以恒落实中央八项规定及其实施细则精神和自治区“八条禁令”，与时俱进纠“四风”树新风，开展工程建设政府采购等重点领域突出问题专项治理、违规收送红包礼金和不当收益及违规借转贷或高额放贷专项整治，求真务实、清正廉洁的新风正气不断充盈。严格监督执纪问责，运用“四种形态”批评教育帮助和处理党员干部131人次，立案43件43人，始终保持反腐高压态势。开展2轮6个乡镇党委巡察，延伸巡察村（社区）60个，共发现问题537个，有效发挥了巡察“利剑”和审计“体检”作用。

以上报告的是区委常委会一年来的主要工作。这些成绩的取得，是以习近平同志为核心的党中央指航定向、正确指引的结果，是习近平新时代中国特色社会主义思想凝心铸魂、科学指导的结果，是党中央和自治区党委、吴忠市委统筹谋划、坚强领导的结果，是全区各级党组织和广大党员干部群众攻坚克难、埋头苦干的结果，是各位委员、候补委员履职尽责、主动担当的结果，在此，我代表常委会向同志们表示衷心感谢！

同时，常委会也清醒地认识到工作中还存在一些差距和不足，还需要在今后工作中认真加以改进。

政府工作报告

——2022年12月13日在吴忠市利通区第五届人民代表大会第二次会议上

吴忠市利通区人民政府区长　宋　喜

各位代表：

现在，我代表利通区人民政府，向大会报告工作，请予审议，并请各位政协委员和列席人员提出意见。

2022年工作回顾

2022年是极不平凡、极不寻常的一年，也是凝心聚力、攻坚克难的一年。面对疫情防控的严峻形势和经济下行的巨大压力，我们坚持以习近平新时代中国特色社会主义思想为指导，深入学习贯彻党的二十大精神和习近平总书记视察宁夏重要讲话、重要指示批示精神，在自治区、吴忠市党委、政府和区委的坚强领导下，在区人大、政协的监督支持下，按照自治区第十三次党代会、吴忠市第六次党代会和区第五次党代会部署要求，紧紧依靠全区人民群众，统筹疫情防控和经济社会发展，全力推进黄河流域生态保护和高质量发展先行区建设，勇担使命、锐意进取、真抓实干，各项事业再上新台阶、取得新成效。预计全年实现地区生产总值243亿元，增长3%；固定资产投资93亿元，增长3%；一般公共预算收入3.87亿元，同口径增长10%；一般公共预算支出25.4亿元，增长9.7%；社会消费品零售总额89.3亿元，增长2%；城镇居民人均可支配收入39190元，增长7%；农村居民人均可支配收入20693元，增长8%。

一年来，我们紧盯产业升级提质效，新旧动能加快转换。全年实施各类项目110个，完成投资82.4亿元。招商引资到位资金47.7亿元，上争项目资金20.6亿元，分别完成目标任务的106%、103%。现代农业基础持续夯实。深入推进五里坡、鸽堂沟奶牛养殖基地建设，新建标准化养殖场9家，培育“50·300”家庭牧场8家，奶牛存栏23.3万头，生鲜乳年产量116万吨，奶产业优势持续巩固。肉牛、滩羊存栏分别达到11.2万头、27.2万只。高标准整治农田25.7万亩，新增高效节水灌溉1.97万亩。粮食种植面积25.4万亩，粮食总产量15.3万吨。建成绿色瓜菜种植基地7个，瓜菜种植6.45万亩。新培育产业化龙头企业6家、示范合作社8家、星级家庭农场7家，认证“三品一标”18个。历时三年成功创建第四批国家现代农业产业园，入围全国农业现代化示范区创建名单。全年农林牧渔业增加值增长6%。工业经济结构持续优化。全面落实自治区工业稳增长36条，出台帮扶中小微企业纾困解难40条，帮助企业融资12.7亿元，留抵退税4122万元。实施宁储板桥共享储能电站等工业项目8个，顺利承接金积工业园纺织服装产业发展区块。新增规上工业企业4家，培育自治区“专精特新”中小企业5家、标志性主导产业链“链主”企业6家，战略性新兴产业占规上工业增加值的比重达到11.7%。万元GDP综合能耗下降任务全面完成。全年规上工业增加值增长3%。现代服务业优势持续聚集。实施吴吃堡城、黄河文化公园等重点服务业项目15个，打造市级以上服务业集聚区4个。建成利通区电子商务孵化基地，举办“吃住行游购娱”等各类促消费活动45场次，带动消费2亿元以上。联合举办第二届吴忠早茶美食文化节，培育中餐特色美食企业7家、早茶示范店11家，早茶产业收入达到8亿元。出台“引客入利”政策，举行“两晒一促”推介活动，举办第五届乡村文化旅游节，打造白寺滩等特色旅游民宿集群4个，新增精品民宿、农家小院90家。“吴忠黄河金岸趣味赏花游”入选全国推介旅游线路，东塔寺乡入选全国乡村旅游重点村镇，牛家坊村入围全国乡村特色产业超亿元村，新华桥村被评为中国美丽休闲乡村。全年累计接待游客212万人次，实现旅游收入9330万元，分别增长20%、16%。科技创新活力持续迸发。创新实施“1788”工作机制，联合宁夏农林科学院建成蔬菜博士指导工作站，依托宁夏民族职业技术学院成立全区首家奶业现代产业学院，国家农业科技现代化先行县建设经验在全国交流。争取自治区科技专项资金3800万元，引进高层次人才15名，实施自治区级重点科技项目12个，培育国家级高新科技企业4家、“瞪羚”企业2家，新增自治区科技“小巨人”、农业高新技术等企业52家，打造科技创新平台11个、示范基地15个。

一年来，我们统筹城乡融合促发展，乡村振兴全面推进。城市更新步伐加快。扎实推进城乡面貌提升行动，实施金花园A区、李闸渠安置区等基础设施改造工程5个，改造老旧小区35个、小区防汛排涝设施164处，安装充电桩6550组。实施吴忠市城乡生活垃圾收集转运系统工程，城市生活垃圾无害化处理率保持在100%。美丽乡村焕发新颜。高标准推进金积镇、郭家桥乡重点小城镇建设，打造李桥村等高质量美丽宜居村庄6个。编制完成“多规合一”实用性村庄规划9个，新华桥村村庄规划入选全国国土空间规划优秀案例。常态化开展农村人居环境整治，完成“一村一年一事”111件，改造危房及抗震宜居农房331户，评选美丽庭院800户，农村卫生厕所普及率达到92.5%。新建农村公路43公里，五里坡奶牛园区苦水河大桥建成通车。脱贫成果巩固拓展。落实脱贫户、监测户、低收入群体“四级包抓”责任机制，国家考核评估14个方面57个问题全面整改销号。争取衔接资金9033万元，实施扁担沟镇移民肉牛养殖园区等产业发展项目22个。创新“企业+支部+合作社+移民+金融+保险”利益联结机制，新建改建设施温棚1600座，带动移民发展特色种植500亩、扩大肉牛养殖4000头，实现联农带农1209户，脱贫户人均可支配收入增长20.2%。建成移民一站式服务中心，发放小额信贷1960万元，实现移民就业5500人以上，“乡村振兴保”“乡村振兴防贫救助保”实现全覆盖。

一年来，我们聚焦生态优先强治理，环境质量持续向好。水岸共治有序推进。实施入黄排水沟水环境综合治理项目，整治河湖“四乱”问题313个，治理河湖沟道85公里，重点入黄排水沟水质稳定在Ⅳ类标准及以上，黄河过境断面水质保持Ⅱ类进Ⅱ类出，集中式饮用水水质全部达标，清水沟被评为自治区示范河湖。实施农村生活污水治理项目15个，新建扩建农村生活污水处理站4座，农村生活污水治理率达65%以上，治理经验在自治区交流推广。污染防治成效显著。严控建筑施工、道路扬尘、餐饮油烟等污染，实施农村清洁取暖“双替代”1.5万户，全区优良天数比例达到82%，环境空气质量稳定达到国家二级标准。持续开展农业面源污染治理，打造有机肥应用示范点10个，农作物秸秆综合利用率和农用残膜回收率均达到90%以上。生态修复加快推进。统筹山水林田湖草沙系统治理，拓展营造林2.64万亩，修复退化生态草原1.5万亩。实施完成小流域综合治理、山洪沟道治理等8项工程，治理水土流失10.67平方公里。高效节灌水权转换项目按期竣工，各级环保督察反馈问题年度整改任务全面完成。

一年来，我们坚持用心用情办实事，民生福祉不断增进。社会保障坚实有力。实施就业提升工程，打造创业孵化示范基地8个，发放创业担保贷款7352万元，培育创业实体749家，城镇新增就业3605人，农村劳动力转移就业2.25万人，城镇调查失业率控制在5.5%以内。分类提高城乡低保、特困供养、临时救助标准，发放各类救助资金8647万元。城乡居民基本养老和医疗保险实现“应保尽保”。全区千名老人养老床位数达到37张，胜利镇新华社区成功创建全国示范性老年友好型社区。社会事业普惠均衡。持续办好人民满意教育，新建、改建中小学、幼儿园5所，新增学位2700个，普惠性幼儿园覆盖率达到87%，义务教育阶段“大班额”全面消除。建成教师智能研修中心，承办自治区“互联网＋教育”示范区建设现场会。持续推进健康利通建设，建成利通区人民医院、滨河社区卫生服务中心，医联体信息平台投入使用，乡镇卫生院中医馆实现全覆盖。深入实施文化体育惠民工程，培育非遗传承人30人，新建全民健身场馆、乡镇综合文化站6个，开展各类文化体育活动400余场次。疫情防控精准有效。坚决贯彻“三个坚定不移”，全面落实第九版防控方案和优化疫情防控“二十条”及“新十条”，最大限度减少疫情对经济社会发展的影响。常态化抓好疫情防控，细化完善应急预案和工作手册，完成3岁以上人群疫苗接种109万剂次，仅用43天建成吴忠市方舱医院。科学应对“9・20”“11・16”等突发疫情，高效运行市区一体指挥体系，迅速激活平战转换机制，精准开展“三大清零行动”，有效遏制疫情扩散蔓延，最大程度保护了人民生命安全和身体健康。

一年来，我们强化系统治理夯基础，社会大局和谐稳定。各项改革蹄疾步稳。完成农村宅基地确权登记3.6万宗，入市交易农村土地196宗，确权林地18.27万亩，灌区群众亩均水费从60元下降到54元，入选自治区生态产品价值实现机制试点地区，农业水价综合改革典型经验在全国交流。动态调整综合行政执法事项393项，中小学教师“县管校聘”改革工作全面完成。国有企业经营板块不断拓展，城乡环卫实现市场化运营。民族团结持续巩固。扎实推进铸牢中华民族共同体意识示范区建设，建成铸牢中华民族共同体意识信息化教育基地，常态化开展“社区邻居节”等活动200余场次，打造“十进”领域示范点30个、“石榴籽”阵地10处。坚持宗教中国化方向，创新基层宗教治理“3533”工作模式和“三爱五正”工作方法，依法加强宗教事务管理，积极引导宗教与社会主义社会相适应，民族和睦、宗教和顺、社会和谐的局面更加巩固。基层治理更加高效。全面推进乡村、社区、宗教、校园、企业、社团及网络空间等领域治理，承办全国乡村治理体系建设试点示范专题交流会，胜利镇上桥社区被评为全国先进基层自治组织。建成“数字利通”指挥中心，智慧化治理水平显著提升。“兰花芬芳”志愿服务品牌享誉全国，兰花热心小组慈善协会荣获全国“先进社会组织”称号，“中国好人榜”发布仪式在我区举办。扎实推进“八五”普法宣传教育，入选全国公民法治素养提升行动试点县区。严厉打击电信网络诈骗、非法集资等行为，八类刑事案件同比下降25%。加强和改进人民信访工作，有效化解重复访、信访积案48件，乡村两级“一站式”矛盾纠纷调处中心实现全覆盖。全域创建食品药品安全区取得实效，连续5年未发生较大及以上安全生产事故。

一年来，我们突出勤政务实提效能，自身建设全面加强。以党的政治建设为统领，坚决落实党中央、自治区、吴忠市及区委各项决策部署，以“大学习、大讨论、大宣传、大实践”活动为抓手，落实落细自治区第十三次党代会主要任务，扎实推进“10+8”重点工作落地见效。自觉接受人大、政协和社会监督，办理人大议案建议31件、政协提案125件，办复率100%。大力推进法治政府建设，全面落实会前学法制度，加大政务公开力度，开展“政府开放日”“局长谈公开”26场次，发布重点领域政务信息1.24万条，办结各类群众诉求1.6万件。工程建设、政府采购等专项治理扎实推进，审计整改成效明显。严格落实党风廉政建设责任制，坚决贯彻中央八项规定及其实施细则精神和自治区加强作风建设“八条禁令”，发扬“严细深实勤俭廉＋快”的工作作风，牢固树立过“紧日子”思想，“三公”经费压缩10%，将更多财力用于保障和改善民生。统计、国防动员、人民防空、防灾减灾、青少年、妇女儿童、供销、气象等工作取得新成绩。

各位代表，事非经过不知难，成如容易却艰辛。过去一年，我们克服了很多困难，破解了许多难题，打赢了不少硬仗，取得了来之不易的成绩。这是习近平新时代中国特色社会主义思想科学指引的结果，是自治区、吴忠市党委、政府坚强领导、深切关怀的结果，是区委统揽全局、把关定向的结果，是区人大、区政协有力监督、鼎力支持的结果，是全区广大干部群众众志成城、奋勇拼搏的结果。在此，我谨代表利通区人民政府，向辛勤奋战在各条战线的广大干部群众，向人大代表、政协委员、民主党派、工商联、人民团体、离退休老同志，向驻利部队、武警官兵、政法干警和消防救援队伍，向所有关心、支持利通发展的社会各界人士，致以崇高的敬意和衷心的感谢！

在肯定成绩的同时，我们也清醒地认识到，我区发展还面临一些困难和问题。主要表现在：产业融合发展程度还不够高、结构还不平衡，奶产业附加值还不高，战略性支柱产业的含金量、含新量、含绿量仍显不足；引领产业发展、补齐民生短板的大项目、好项目还不多，固定资产投资后劲不足；城乡居民增收渠道不宽；教育、医疗、养老等公共服务供给与人民群众对美好生活的向往还有差距；财政刚性支出不断扩大，收支矛盾不断凸显；营商环境与市场主体的期盼仍有差距，干部作风和能力水平需进一步提升，等等。对此，我们将直面问题、认真对待，采取有力措施，切实加以解决。

2023年预期目标和主要任务

2023年是全面贯彻落实党的二十大精神的开局之年，是深入贯彻落实自治区第十三次党代会安排部署的发力之年，做好全年工作意义重大、影响深远。根据区委五届五次全会安排部署，明年政府工作的总体思路是：高举中国特色社会主义伟大旗帜，坚持以习近平新时代中国特色社会主义思想为指导，全面贯彻落实党的二十大和二十届一中全会精神，深入贯彻落实习近平总书记视察宁夏重要讲话和重要指示批示精神，按照自治区第十三次党代会、吴忠市第六次党代会和区第五次党代会决策部署，弘扬伟大建党精神，坚持稳中求进工作总基调，完整准确全面贯彻新发展理念，主动融入中国式现代化建设全局，紧扣推动高质量发展的首要任务和“三区”建设的部署要求，统筹发展和安全，围绕“六区”发展定位，自信自强、守正创新，踔厉奋发、勇毅前行，奋力谱写全面建设社会主义现代化美丽新利通的新篇章。

主要预期目标是：地区生产总值增长6.5%；固定资产投资增长8%；规上工业增加值增长7%；一般公共预算收入增长2%；社会消费品零售总额增长5%；城镇和农村居民人均可支配收入分别增长7%、9%。

围绕以上目标任务，重点做好以下工作：

一、千方百计扩大有效投资，着力增强经济发展后劲。坚持把发展作为第一要务，全面加快黄河流域生态保护和高质量发展先行区建设，以高质量投资和项目建设促进结构调整、动能转化和民生改善，努力打造投资消费旺地。加快项目建设。深入开展扩大有效投资巩固提升年活动，继续实行重点项目领导包抓、部门帮办、全链条跟踪服务和“三实”“四个一”闭环推进机制，强化项目用地、供水供电等要素保障，确保“首季开门红、全年投资稳”。加快实施牛首山能源板桥共享储能电站、宁夏农垦2.5万头奶牛牧场等80个新建项目，推动新希望万头奶牛标准化牧场等35个续建项目早日投产达效，115个计划实施项目上半年全部开工，全年完成投资100亿元以上。全力上争资金。突出农村生活污水治理、粪污资源化利用、城乡基础设施建设、公共服务补短板、乡村全面振兴样板区建设等重点，谋划一批政策契合度高、落地条件成熟、示范带动作用明显的大项目、好项目，实施一批扩大就业、增加收入、提升公共服务水平的重点民生项目，形成梯次推进、接续跟进的项目建设格局。适度超前做好项目前期，加大跑厅进局对接力度，上争资金20亿元以上。精准招商引资。立足资源禀赋和优势领域，围绕牛奶、肉牛、清洁能源、装备制造、文化旅游等“六新六特六优”产业，组建若干专业小分队，大力招引一批投资规模大、产业层次高、创新能力强、带动潜力足的大项目、好项目，促进主导产业集聚发展。采取“云招商”、园区招商、以商招商等模式，高频次开展联促联动洽谈等各类招商活动，力争河北丰泰年产1亿米宽幅面料、浙江华伊仓储物流、北京中持粪污资源化利用等一批建链延链补链强链产业项目签约落地，确保全年招商引资到位资金48亿元以上。

二、加快推进产业转型升级，着力培育高质量发展动能。实施产业振兴战略，稳定扩展产业链、供应链、价值链，努力打造现代产业基地。推进农业提档增效。围绕“六特”产业，深入实施特色农业提质计划，调优种植结构、做大产业规模、增强加工能力，建设优质农产品供应及加工基地。以国家现代农业产业园为抓手，加快推进五里坡、鸽堂沟标准化奶牛养殖示范区建设，实施优质奶牛扩栏补栏、种子胚胎实验室、饲草料配送中心、奶产业综合服务区等项目，新建规模化奶牛养殖场8家，实现奶牛存栏26.5万头以上。支持伊利、新希望、雪泉等企业研发高端乳制品，巩固提升高端乳制品加工基地和“高端奶之乡”核心区地位。抓好肉牛滩羊扩群增量，培育“50·300”家庭农场20个，肉牛、滩羊饲养量分别达到18万头、60万只以上。内联外引发展设施瓜菜订单农业，冷凉蔬菜及精品瓜菜种植面积稳定在6万亩以上。培育市级以上龙头企业5家、农业专业化合作社等新型经营主体15家，农产品精深加工转化率达到73%。严守耕地保护红线，巩固提高粮食综合生产能力，粮食播种面积稳定在25万亩，粮食产量达到15万吨以上。农林牧渔业增加值增长5%。推进工业经济提质扩量。围绕“六新”产业，深入实施新型工业强区计划和“四大改造”行动，做大规模、提高能级、增强实力。加快推进国储储能系统智能制造基地、佳瑞祥235万米特宽服饰面料等11个新建项目，实施吴忠卷烟厂设备迭代升级、东星塑料绿色化包装等7个技改项目，技术改造投资增长率达到10%以上。加快毛纺织园区能级再塑，实施“闲置资产盘活”专项行动，支持恒丰集团联合君星坊等企业发展麻纺产业，引进一批冷转印花、服装面料等优秀纺织企业入驻园区，打通现代纺织上下游产业链。加快金银滩装备制造园转型升级，打造智能系统装备制造基地。推进信息化和工业化深度融合，新增自治区智能工厂、服务型制造业示范企业等5家以上，规上工业企业上云比例达到100%。新增升规入统企业10家以上，产值过亿元工业企业超过35家。推进服务业提速升级。围绕“六优”产业，实施现代服务业扩容计划，提档升级牛家坊民俗文化村、汽车产业综合服务区等4个现代服务业集聚区，加快推进石佛寺文旅融合、金积堡观光夜市等20个服务业项目。实施县域商业体系提质工程，高标准打造万达小镇、东片区首开区商网等高铁商圈，引进乐高、瑞幸等国内知名品牌旗舰店10家以上，推动农特产品展销中心、汇金彩润城等老商圈转型升级，开展消费促进月等活动30场次，不断释放消费潜力。高标准运行电子商务孵化基地，孵化创业企业25家、培育知名电商团队10个，实现网络零售额8亿元以上。建设冷链物流配送中心4个，乡镇快递物流综合服务中心实现全覆盖。实施餐饮业发展“五大工程”，举办第三届早茶美食文化节，打造绿色饭店、餐饮名店12家，持续擦亮“游在宁夏·吃在吴忠·味在利通”品牌。举办第六届乡村文化旅游节，新建黄河农耕博物馆，新增特色民宿、农家小院80家以上，线上线下融合推广“文旅+康养+休闲+美食”精品旅游线路，不断提升旅游品质。全年接待游客和旅游收入分别增长15%、20%以上。新增规上、限上服务业企业15家。服务业增加值增长5%以上。

三、不断深化改革优化环境，着力激发创新发展活力。始终把创新作为引领发展的第一动力，以更大力度推进改革、更实举措优化营商环境，努力打造科技创新高地、改革开放热土。协同推动科技创新。深入实施科技创新“四大工程”，争取专项资金3600万元以上，实施植物染色与色纺工业化、亚麻籽适温制油加工等科技创新项目25个，培育国家高新技术企业2家、自治区“专精特新”“瞪羚”企业5家、科技型“小巨人”企业3家。深化与中国农业大学、宁夏农科院等院校合作，推行柔性引才引智机制，打造固废循环处理技术创新中心等自治区级科技创新平台5个以上。完成科技成果登记29项，技术合同交易额达到9000万元。建立多元化科技创新投入机制，财政科技投入增长10%以上。深化重点领域改革。围绕“确权、赋能、定价、入市”关键环节，持续推进“六权”改革。创新“水银行”金融服务模式，探索开展灌区社会化运营，依法开展跨行业、跨地域、跨灌区用水权交易。推进林业金融支持和市场交易，盘活山林地资源。健全农村土地产权交易流转机制，探索宅基地有偿使用，农村产权交易金额达到3000万元以上。探索开展用能权有偿使用和交易，明确用能权指标总量和分配方法，鼓励同盛化工、岩鑫冶炼等重点用能单位参与交易。持续深化国企改革三年行动，拓展提升供热、城乡环卫、供餐服务等业务板块运营水平。加快国家数字乡村试点示范区建设，高效运行“数字利通”指挥中心。持续优化营商环境。不断深化“放管服”改革，全面推行“并联审批协同办、容缺承诺先行办、全程帮带主动办、移动终端掌上办”，实现更多事项“一网通办”。精准落实减税降费政策措施，千方百计助企纾困，打造更加便捷高效的政务服务环境。抓好“双随机、一公开”监管，加强社会信用体系建设，全面落实公平竞争审查制度，更好激发市场主体活力。

四、加快实施乡村振兴战略，着力推动城乡融合发展。全面实施城乡面貌提升行动，推动城乡功能更加完善、设施更加完备、生活更加舒适，努力打造塞上乡村乐园、宜居宜业城镇，争创全国乡村振兴示范区。实施乡村建设行动。编制“多规合一”实用性村庄规划11个，建设板桥乡早元村、扁担沟镇黄沙窝村等高质量美丽宜居村庄5个，创建乡村振兴示范村15个，持续抓好金积镇、郭家桥乡重点小城镇建设。深入开展“一村一年一事”行动，实施双石路至罗山大道提升改造等农村公路53公里、安全生命防护工程32公里，建设郭家桥乡等农村运输服务站2个、快递进村网点106个。纵深推进农村人居环境整治提升五年行动，改造危房和抗震宜居房107户，评选“美丽庭院”1000户，创建农村人居环境整治示范乡镇5个。完成高效节水灌溉1.2万亩，建成高标准农田45万亩，争创农田水利基本建设“黄河杯”一等奖。实施城市更新行动。改造裕民小区、银塔南苑等老旧小区20个，实施板桥乡梁湾中心村等保障性安居工程基础设施改造项目3个，完善居民小区公共服务设施，实施吴忠市第二生活垃圾填埋场环境综合整治项目。垃圾分类和资源化利用率达到50%以上。巩固拓展脱贫攻坚成果。常态化开展“四查四补”，健全脱贫群众稳定增收长效机制，解决好移民产业、就业、社会融入三件事。实施移民村设施瓜菜分拣物流配送中心、同利村温棚改造等项目，加大贵州黄牛集团、利原村枸杞番茄、1600座设施温棚种植等联农带农力度，提升移民肉牛养殖园区运营管理水平，带动移民托管养殖肉牛4000头以上，发展钢葱等特色种植1000亩以上，不断扩大“企业＋支部＋合作社＋移民＋金融＋保险”利益联结模式覆盖面。鼓励引导脱贫村发展“六小”庭院经济，持续拓展移民一站式服务中心功能，实现移民就业5000人以上，坚决守住不发生规模性返贫的底线。

五、狠抓生态保护和治理，着力厚植绿色发展底色。坚持全地域加强生态环境保护、全领域推动绿色发展转型，全面协同推进降碳、减污、扩绿、增长，努力打造绿色生态宝地。扎实抓好污染防治攻坚。健全完善重污染天气应急响应机制，实施清洁取暖“双替代”1.35万户，优良天数比例完成自治区下达任务。加快推进苦水河利通区段综合治理、扁担沟扬水灌区调蓄水池工程等项目。争创全国水系连通及水美乡村建设县。纵深推进河湖“清四乱”专项整治行动，实施农村黑臭水体治理、生活污水处理等项目4个，实现河湖四乱问题动态清零。持续加大苦水河、清水沟、南干沟等流域综合治理，确保入黄水质、黄河过境段水质稳定达标。开展“无废利通”建设行动，实施再生资源回收利用园区建设、有机肥应用等项目10个，强化建筑工地、医疗机构等重点区域监管，加强农业面源污染治理，确保土壤环境安全。持续巩固中央、自治区生态环保督察反馈问题整改成果。扎实抓好节能减污降碳。创建绿电园区及能源转型示范区，推进工业绿色化、智能化节能改造。加快实施国开储同利100兆瓦储能电站、昊泽新能源分布式光伏发电等项目，不断扩大清洁能源产业规模。坚决遏制“两高”项目盲目发展，确保碳排放总量保持在合理区间。开展节约型机关和绿色社区、绿色学校、绿色家庭等创建行动，引领绿色低碳生活新风尚。扎实抓好生态保护修复。统筹推进山水林田湖草沙综合治理、系统治理、源头治理，持续开展大规模国土绿化行动，完成营造林1.45万亩，森林覆盖率达到10.4%以上。高标准实施苦水河、渔光湖水环境综合治理项目，实施生态经济林建设工程，新增环村林带500亩以上。加快推进荒漠草原、盐碱地修复治理，实施退化草原生态修复5000亩以上，治理水土流失13平方公里。

六、持续保障增进民生福祉，着力提高人民生活品质。深入实施“六大提升行动”，财政投入民生事业保持在85%以上，用心用力保障和改善民生，努力打造人民生活福地。实施居民收入提升行动。聚焦高校毕业生、农民工等重点群体，开展招聘服务活动20场次、各类职业技能培训2200人次以上。发放创业担保贷款5000万元以上，培育创业实体800个，新增城镇就业3800人以上，农村劳动力转移就业2.1万人以上，城镇调查失业率控制在5.5%以内。实施教育质量提升行动。新建、续建十九小、十三幼等11所学校，新增学位7200个，义务教育巩固率、学前教育毛入园率分别达到97%、93%以上。巩固“互联网+教育”示范区建设成果，打造星级智慧校园12所、自治区级特色示范学校8所。健全“三航”教师培训体系，培养骨干教师154名。深化教育领域综合改革，争创全国学前教育普及普惠县、自治区“区域教研管理改革”和“‘双减’工作试点”项目县。实施健康水平提升行动。全面推进医疗卫生体制改革，加强利通区人民医院龙头学科、重点专科和人才队伍建设。筹建利通区疾控中心，推进板桥乡、郭家桥乡社区卫生服务中心建设。打造“互联网+医疗健康”升级版，加快推进医联体信息平台应用，力争居民健康素养水平达到26%，全力争创自治区健康县区。加强全人群特别是老年人免疫接种，全面摸底并强化重点人群分级管理和保护。扩充基层医务人员，提高乡镇卫生院、社区卫生服务中心发热诊室服务能力。依托医疗健康集团、医共体提升新冠病毒救治能力，更好维护人民群众健康。实施文明素养提升行动。纵深推进全国文明城市创建，新增全国文明村镇2个、全国文明单位4个、文明家庭50户，常态化开展“365”志愿服务5000余场次。实施文化惠民工程，推进公共文化服务云平台、乡镇数字影院、农家书屋数字化建设，培育业余文艺团队12个，举办送戏下乡等文化活动400场次以上。支持金积大缸醋、刘三朵八宝茶等非遗文创产品创新发展。新建金星全民健身中心、古城青少年活动中心，开展广场舞大赛、农民运动会等群众体育活动100场次以上。健全完善社会保障体系。分类做好低保、社会救助，全面完成城乡居民基本养老保险和医疗保险参保任务。实施“养老托育”工程，新建胜利镇社区综合养老服务中心。加强双拥共建和退役军人、优抚对象管理，推进中长期青年工作发展，加强残疾人、妇女、未成年人关心关爱和权益保护。

七、持续完善基层治理体系，着力推进基层治理能力现代化。强化系统观念，创新治理方式，持续巩固发展政通人和、安定团结的好局面。巩固加强民族团结。加快推进铸牢中华民族共同体意识示范区建设，精心打造铸牢中华民族共同体意识示范街区、示范机关等“十进”领域精品点10个、示范点30个，全面构筑共有精神家园，促进各民族交往交流交融。充分发挥铸牢中华民族共同体意识教育基地优势，打造民族工作法治宣传教育示范点2个，引导各族群众树牢“四个与共”理念。坚持宗教中国化方向，支持引导宗教界加强自我教育、自我管理、自我约束，提高宗教事务治理法治化水平，加快建设基层宗教治理模范县区。加强和创新社会治理。持续推动法治利通、法治政府、法治社会建设，扎实开展公民法治素养提升行动全国试点工作，加强“法律明白人”“学法守法示范户”培育，创建民主法治示范村（社区）10个以上。持续巩固提升乡村、社区、宗教、校园、企业、社团六大领域基层治理成效，常态化推进扫黑除恶斗争，开展新一轮禁毒人民战争，严厉打击电信网络诈骗、非法集资等违法犯罪行为。推广人民调解“5+1”模式，打造矛盾纠纷多元化解的“塞上枫桥”品牌，矛盾纠纷化解率达到95%以上。深入开展全国信访工作示范县区创建，实现重复访、信访积案“清零”。健全重大安全风险联防联控机制，全力抓好安全生产、食品药品安全等工作，坚决遏制重特大事故发生，保障人民群众生命财产安全。

全力打造人民满意的服务型政府

各位代表，时代赋予我们重任，人民寄予我们厚望。迈上全面建设社会主义现代化国家新征程，对政府工作提出了新的更高要求。我们将弘扬伟大建党精神，牢记“三个务必”，勤勉尽责、担当作为、苦干实干，全力打造人民满意的服务型政府。

坚持对党忠诚。把政治建设摆在首位，始终同以习近平同志为核心的党中央保持高度一致，坚决拥护“两个确立”，做到“两个维护”，坚持用习近平新时代中国特色社会主义思想武装头脑、指导实践。持续深化“大学习、大讨论、大宣传、大实践”活动，不断提高政治判断力、政治领悟力、政治执行力，不折不扣落实党中央、自治区、吴忠市党委、政府和区委部署要求，确保政府工作始终沿着正确方向前进。

严格依法行政。深入践行习近平法治思想，认真履行重大行政决策法定程序，持续推进法治政府建设。自觉接受人大依法监督和政协民主监督，主动接受新闻舆论和社会公众监督，积极听取社会各界意见建议。严格规范公正文明执法，深化行政执法监督，支持行政公益诉讼，维护社会公平正义。全面推进政务公开标准化、规范化，加强政策宣传解读，主动回应社会关切，切实提升政府民主决策、科学决策水平。

建设高效政府。坚持把抓落实作为重中之重，不断完善重大事项、重点工作督办机制，做到事事有人抓、件件有落实。坚决破除惯性思维、跳出路径依赖，自觉运用系统观念、创新办法解决问题、推动发展。进一步加强和规范政府督查，强化追踪问效。全面推行数字化办公。及时回应企业、群众的诉求和期盼，推动解决存在的突出问题，营造攻坚克难抓落实、雷厉风行抓执行的干事创业氛围。

严守廉洁底线。全面加强政府系统党的建设，深入推进党风廉政建设和反腐败工作，持续深化纠治“四风”，锲而不舍落实中央八项规定及其实施细则精神和自治区加强作风建设“八条禁令”。加强对国有资产、行政审批、工程建设、政府采购等重点领域和关键环节监督管理。坚持“过紧日子”思想，精打细算做好预算安排，严控“三公”经费和一般性支出，强化财政、审计、统计监督，用风清气正的政治生态引导各级干部恪尽职守、廉洁奉公。

各位代表，奋斗成就梦想，实干创造未来。让我们更加紧密地团结在以习近平同志为核心的党中央周围，在自治区、吴忠市党委、政府和区委的坚强领导下，不忘初心、牢记使命，埋头苦干、勇毅前行，为全面建设社会主义现代化美丽新利通而不懈奋斗！

利通区巩固拓展脱贫攻坚成果同乡村振兴有效衔接工作纪实

2022年利通区坚持以习近平新时代中国特色社会主义思想为指导，全面贯彻落实党的二十大及中央农村工作会议精神，按照自治区、吴忠市关于巩固拓展脱贫攻坚成果同乡村振兴有效衔接的安排部署，坚持责任不松动，力度不减弱，政策不断档，为全面推进乡村振兴战略打下了坚实基础。

一、坚持高位领导，确保主要政策总体稳定

（一）强化顶层设计。制定印发了《利通区2022年全面推进乡村振兴重点工作的实施方案》《吴忠市利通区2022年实施乡村振兴战略综合考评方案》，从落实“四个不摘”政策做好有效衔接、健全常态化监测帮扶机制、做好移民后续帮扶工作等方面高标准全方位谋划巩固拓展脱贫攻坚成果同乡村振兴有效衔接工作。组织召开乡村振兴会议13次，专题研究巩固提升年度计划、政策落实、资金使用、项目实施、防返贫监测帮扶大排查、反馈问题整改等工作，狠抓责任落实、工作落实，取得明显成效。2022年度巩固拓展脱贫攻坚成果同乡村振兴有效衔接考核评估涉及的14个方面57个具体问题均已完成整改，整改率100%。脱贫户、监测户人均收入由2021年15210元增加2314元达到17524元，增长率15.2%。

（二）建立三级书记包抓帮扶机制。确定由7名区委、政府领导，14个政府部门共同包抓7个重点提升村，建立完善一村“1领导 +2部门 +1方案”的工作推进机制。区、市、县联动选派52支工作队77人，制定印发了《利通区驻村干部管理办法》，实现对驻村干部驻村情况常态化、全覆盖督查，进一步压实选派单位、监管部门、乡镇和驻村工作队责任。

（三）保持财政资金规模总体稳定。2022年自治区下达我区中央及自治区财政衔接推进乡村振兴补助资金5709万元、地方债资金5000万元。重点围绕助力产业发展、补齐基础设施短板、改善公共服务等方面谋划纳入项目库项目358个，完成投资21249.62万元，358个项目全部开工建设并完工，完工率100%。

二、抓实监测帮扶，守住不发生规模性返贫底线

（一）健全完善防止返贫动态监测帮扶机制。一是制定印发了《利通区健全防止返贫动态监测和帮扶机制实施方案》，明确了监测标准和监测范围，在全区开展防止返贫动态监测会议暨培训班，对防止返贫动态监测工作进行了周密安排和部署。加强行业部门协作配合，织密行业部门横向协同监测、区乡村纵向精准筛查的防贫网。二是组织开展防止返贫动态监测“大排查”工作，

全区累计排查农户10.8万户。共排查纳入监测对象112户375人，及时跟进落实“一户一策”帮扶措施，及时消除返贫致贫风险，坚决防止发生规模性返贫。

（二）建立完善乡村振兴“四查四补”常态化机制。制定印发了《利通区关于建立巩固拓展脱贫攻坚成果有效衔接乡村振兴“四查四补”常态化机制的方案》，建立巩固拓展脱贫成果有效衔接乡村振兴“四查四补”常态化机制任务清单和工作台账。各乡镇各部门边查边补、边查边改，建立清查台账，找准问题症结，制定整改措施，明确整改时限，2022年累计排查问题383个，已完成整改383个，整改率100%

（三）完善信息数据核查机制。对脱贫户、帮扶主体、资金项目、易地扶贫搬迁等数据信息变化情况及时采集核实更新，持续提升数据质量。2022年脱贫户、监测对象自然增加165人、减少99人，采集、录入、调整46个部门、12个乡镇帮扶责任人结对关系246人，涉及脱贫户、监测户334户。

三、紧盯政策落实，持续巩固拓展脱贫攻坚成果

（一）紧盯义务教育控辍保学工作。进一步健全党政管、部门清、乡村找、学校保、家长防的“五位一体”工作机制，采取“三包三保”、随班就读、送教上门等措施，保持失学辍学动态清零，全面落实教育扶贫政策，做到应助尽助、应补尽补，切实减轻已脱贫户教育负担。全年“雨露计划”补贴500人次，发放补助资金75万元。

（二）紧盯健康医疗服务政策。优化“基本医保＋大病保险＋补充保险＋民政救助”四重保障网，标准化卫生室实现全覆盖，已脱贫户和边缘户医保参保率100%。持续推进“三个一批”分类救治，落实“一免一降四提高一兜底”“先诊疗后付费”“一站式”结算，及时跟进解决群众因病致贫、因病返贫问题。

（三）紧盯安全住房工作。按照“危房不住人、住人非危房”“不漏一户、不漏一屋”的原则，在全区范围内开展危房、自建房排查工作。2022年实施抗震宜居房改造309户，脱贫户住房安全信息核验率100%。

（四）紧盯安全饮水保障工作。全面推进“互联网＋城乡供水”工程，巩固提升农村人饮安全水平，组建乡镇灌溉服务专业合作社，建立区、乡、村三级网络监管体系，对地下水进行水质监测，自来水入户率和水质达标率均为100%。

（五）紧盯金融帮扶工作。继续落实脱贫人口小额信贷政策，设立扶贫产业风险补偿金886万元，2022年脱贫人口新增小额信贷545户2518万元，贷款余额874户，4030万元，累计贴息173.11万元，贷款覆盖率达到48%。坚持政府补贴与农户自筹相结合，建立“乡村振兴健康保险”新机制，政府补贴85%，农户自筹15%，家庭意外伤害保险实现已脱贫户、监测户全覆盖，有效抵御返贫风险。使用本级配套资金385万元设立“乡村振兴保”和“乡村振兴防贫救助保”，防止因病、因意外返贫。

（六）紧盯消费帮扶工作。在全区范围内开展多轮帮扶、关爱脱贫户监测户活动，动员协调全区103家机关事业单位工会购买脱贫户、监测户牛羊肉、土鸡、蔬菜等农副产品，落实消费帮扶资金240万余元。今年以来，各级帮扶责任人、帮扶单位为困难群体、移民群众、监测户发放爱心大礼包、蔬菜大礼包、药品大礼包、平价煤、消费券累计1100余万元。

（七）紧盯扶贫资产管理工作。累计清查摸排扶贫项目493个，投入扶贫资金6.59亿元，形成了569个扶贫项目资产，其中公益类资产158个，经营类资产35个，到户类资产376个。进一步完善扶贫资产管理机制，确保扶贫资产管好用好，最大限度发挥帮扶提升作用。

（八）紧盯脱贫户产业补贴政策。制定印发了《关于开展2022年产业帮扶到户项目验收工作的通知》，联合财政局、人社局、审计局对我区脱贫户产业和务工进行验收，共发放产业奖补资金325.08万元，涉及脱贫户监测户773户，发放务工补贴658.8万元，涉及脱贫人口2196人。村集体经济收入实现平均超20万元。

四、扎实推进移民致富提升行动，全力做好易地扶贫搬迁后续扶持工作

制定印发了《利通区关于进一步强化易地搬迁后续扶持实施移民致富提升行动的方案》《利通区关于区级领导干部包抓移民致富提升行动重点村任务分工的通知》，全面推进移民致富提升行动。一是精准推进移民后续扶持。重点围绕助力产业发展、补齐基础设施短板、改善公共服务等方面7个村（社区）谋划纳入项目库项目53个，安排资金4165.1万元（其中专项2818.7万元），开工建设项目53个，已完工项目52个。二是加强移民群众务工就业。制定印发《利通区移民群众三年（2021—2023年）就业推进计划》，利通区政策性搬迁移民3054户13918人，总劳动力人数7467人，现务工就业人数7390人。新安置乡村公益性岗位60人，续聘237人。稳妥有序推进现有2个就业帮扶车间、2家扶贫非遗工坊增效扩面，累计带动就业376人。三是加大移民就业培训力度。组织开展装机、挖掘机、焊工、木工等20余工种培训415人次，举办专场招聘会7场次，达成就业意向486人。四是促进移民社会融入。全面提升公共服务水平，为移民群众提供“一站式”服务。上桥镇成立了社区市民五彩服务驿站。金积镇金丰社区打造了“儿童之家乐园”，同时各移民安置区加强精神文明建设和“文明细胞”创建工作，通过主题宣讲、政策宣讲以及各类典型的选树活动，促进村（社区）居民融合互动和情感交流，有效提升了移民群众的融入感。扁担沟镇同利村、渔光湖村、利同新村、利原村，金积镇金丰社区被自治区确定为移民致富提升行动示范村。

五、“突出四大重点”，全面推进乡村振兴

（一）突出产业发展，夯实乡村振兴基础。全面落实“一稳二减五优四化”产业结构调整思路，进一步深化农业供给侧结构性改革，调优农业结构，优先发展优质奶、优质肉、优质菜、优质果、优质饲草特色优势产业，切实推动农业布局区域化、经营规模化、生产标准化、发展产业化。养殖业方面，聚焦利通区优势特色产业，加快推进五里坡奶牛生态养殖基地四期、肉牛养殖基地等重点项目建设进程。2022年，利通区奶牛存栏21.7万头，鲜奶产量95.29万吨；肉牛存栏11.35万头，牛肉产量11182吨；肉羊存栏26.97万只，出栏23.24万只。种植业方面，成立草畜产业联合体，带动规模养殖场流转土地种植饲草，订单收贮，加快我区粮食产业提质升级步伐。落实粮食种植面积25.3万亩，粮食总产量14.87万吨。玉米种植20.62万亩、水稻2.07万亩，小麦1.7万亩，日光温室定植0.78万亩，拱棚瓜菜0.98万亩，蔬菜种植面积10.38万亩，产量21.6万吨。

（二）突出生态宜居，持续改善农村人居环境。一是提升村容村貌。突出“六清两改一绿”，全面清理农村生活垃圾、村内沟渠、农业生产废弃物、残垣断壁、乱堆乱放垃圾，改变村民的不良生活习惯。2022年，共发动农民群众投工投劳24.3万人次，开展集中整治380余次，整治点位10500余处，清理农村生活垃圾3.8万吨，清理村内沟渠2077公里，清理畜禽养殖粪污等农业生产废弃物32091吨，清理乱堆乱放垃圾4868座，清理废弃房屋和残垣断壁691处，发放《利通区农村人居环境监督牌》11000个。二是村庄绿化美化。按照“见缝补绿、见空增绿、拆违添绿”原则，抓好道路两侧、房前屋后、拆迁空地的绿化美化，加强环村林建设及修枝抚育工作，村庄植树21.6万株，补植绿植面积231亩，进一步提高绿化密度和覆盖率。三是生活垃圾治理。加大机械化清理力度，突出做好村庄内外、犄角旮旯、绿化带内等区域生活垃圾、建筑垃圾清理，加大日常生活垃圾收集清运频率，保证即满即清，无散落垃圾。重点清理清除沟渠湖池水面、岸坡垃圾、漂浮物、废弃物，加强河湖周边生活垃圾、建筑垃圾倾倒整治，消除村庄黑臭水体。

（三）突出乡风文明，繁荣农村文化阵地。一是加强爱国主义、红色文化、形势政策等教育。以初心馆、铸牢中华民族共同体意识信息化教育基地等阵地为载体，常态化开展“四史”宣传教育、红色家风传承、“4.23”世界读书日等活动150余场次。成立15个工作组、12个工作专班，扎实开展“六项提升行动”，对35个老旧小区进行“融合式”集成改造，开展“星级文明户”“身边好人”等评选活动，进一步传承好家风好家训。共评选出“星级文明户”“身边好人”34余户。二是建立乡风文明新高度。认真落实“牢记嘱托行胜于言”志愿服务“365行动”，建强27支区级、800余支基层志愿服务队，推动36家社会组织、11个服务项目落地实践站。常态化开展新时代文明实践“志愿服务主题月”活动，累计开展各类活动3000余场次。组织各级各类志愿者采取进村入户、庭院会议、田间地头等宣传、宣讲220余场次。三是拓展新时代文明实践中心建设。持续深化“金色阳光·七彩家园”主题创建、“文明有面文明有里”亮牌礼遇等特色品牌活动，推动新时代文明实践提质扩面。深入实施“五朵金花向阳开”群众理论宣讲工程，广泛开展“算好身边账”“强国复兴有我”等大众化、分众化、典型化宣讲300余场次。结合“百村万户大走访”等活动，举办“推进移风易俗，树立文明乡风”巡回宣讲50余场次，组织开展“拒绝高额彩礼，推进移风易俗”宣传浸润专项行动及“农村移风易俗主题宣传月”活动，发放移风易俗宣传彩页1万余份，大力宣传移风易俗“利八条”。

（四）突出乡村治理，促进农村和谐稳定。一是培育村民自治管理体系。建立乡镇、村、队三级联动的民主协商机制，完善党组织领导、村民委员会负责、各类协商主体共同参与的“一核多元”协商制。搭建村级协商议事会、红白理事会、道德评议会等平台，广泛开展村民说事、百姓议事等各种协商活动，探索形成马莲渠乡“4431”工作法、兰花芬芳小组345服务模式、郭家桥乡村级组织“六步两管一追责”阳光运行机制、古城镇“5311”村级民主管理法等机制，有力地推进了基层民主政治建设。二是构建信法守法运转体系。加强乡村平安建设，培养“法律明白人”骨干410名，全区村（社区）实现“三官一顾问”全覆盖。坚持和发展新时代“枫桥经验”，深入推行“村组报告、乡镇吹哨、部门报到”联动机制，创新实施社会治安防控网等“网格+”模式延伸到基层治理各方面。三是健全崇德向善民风体系。探索建立乡村治理“积分管理制度”，通过表彰奖励、积分回馈、选树典型等形式，引导群众自我评价、自我管理、自我加压、自我教育。围绕“深入学习贯彻习近平视察宁夏重要讲话精神”“宣传移风易俗利八条”等主题，创新开展“兰花芬芳”理论宣讲、“5533”理论宣讲、“董毅说书”、“葡萄架下传精神”等各类特色宣讲活动100余场次，推动形成崇德向善的文明新风。

六、存在的问题

一是“四查四补”常态化和防返贫动态监测预警帮扶工作仍需持续用力，长期坚持。农村特殊群体、老年群体需持续关注。二是规划、项目、产业、群众四者之间联系不够紧凑，联农带农机制需进一步完善。三是移民群众产业发展、务工就业管理工作思路不清晰，还需持续发力。四是农村人居环境长效管护机制还需进一步完善，农民群众参与度有待提高。

七、下一步工作重点

（一）强化防返贫监测帮扶机制。常态化开展“四查四补”工作，紧盯重点人群和特殊群体，做到应纳尽纳，有针对性地制定落实产业、就业、医疗、教育、兜底等帮扶措施，确保风险应消尽消。聚焦“两不愁三保障”及饮水安全动态新增问题，建立区域内监测帮扶信息跨部门共享机制，整合行业、部门帮扶政策，组成“政策帮扶包”，提升政策干预的前瞻性和帮扶救助的时效性，力争监测对象风险消除占比始终保持在60%以上，坚决守住不发生规模性返贫的底线。

（二）强化巩固“三保障”和饮水安全成果。健全义务教育有保障长效机制，加强控辍保学数据动态监测，防止辍学反弹，继续做好“雨露计划”申报与补贴资金发放工作。落实卫生健康，医疗救助硬件、软件提升，稳步提升服务群众能力，防止因病返贫。加大农村低收入群体等重点对象危房改造，继续实施抗震宜居农房改造工程，实现危房“动态清零”改造力度。加强农村供水保障力度，实施城乡供水一体化工程，全面推广“互联网+城乡供水”，巩固提升农村人饮安全水平。

（三）聚焦提高脱贫人口、监测人口收入。一是突出产业带动，衔接资金用于产业发展的比例不低于60%，重点加大到户到人产业项目支持力度，户均落实资金5000元以上，从有产业到产业精、产业新、产业旺逐步过渡，带动农户以产业发展作为巩固脱贫成果、全面致富小康的有效途径。二是健全联农带农利益联结机制，依托资源优势和特色产业，形成“支部+国企+合作社+群众+银行+保险”联农带农机制，推广“龙头企业+合作社+移民+银行+保险”等经营模式，呈现出“龙头引领、农户参与、金融助力、共同发展”的帮扶模式，带动农户发展产业或就地务工。三是试点庭院经济发展，以生态移民为主体，以发展庭院特色种植、特色养殖、特色手工、特色休闲旅游、生产生活服务为载体，按照项目到户、扶持到人的原则，鼓励和引导移民利用自有院落空间及资源资产发展庭院经济，试点打造12个示范村。四是抓好就业帮扶，实施务工就业3年推进计划，加强劳务工作站建设，提升劳务工作站带动效应，公益岗位带动就业高于2022年；帮扶车间吸纳移民就业比例不低于30%；开展“春风行动”“就业援助月”等岗位推介活动在移民村实现100%覆盖，力争移民劳动力就业率达到90%以上。

（四）深入推进移民致富提升行动。落实好“包抓领导干部+责任部门”一对一包抓机制，做好动态调整，确保包抓工作不断档、不留白。精准编制2023年移民致富提升行动项目实施计划，实行清单化、项目化、责任化管理。围绕劳务移民后续扶持，推动解决就业、住房、公共服务等困难问题。推进同利村、利同新村、渔光湖村、利原村、金丰社区5个移民致富提升示范村创建工作，建立完善移民一站式服务中心服务功能和“一刻钟服务圈”，强化服务意识，让干部多跑腿，群众少走路，真正解决移民群众急难愁盼问题，确保移民群众收入稳步提高，归属感、幸福指数显著提升。

（五）以项目建设带动乡村全面振兴。一是积极争取2023年中央、自治区衔接资金及地方债，力争各类资金在2022年基础上增加10%达到1.0484亿元。二是做好2023年乡村振兴项目建设工作。2023年计划实施乡村振兴项目314个，概算投资5.32亿元。三是健全项目资金监管机制，建立“一月一调度、季度一小结、年底总考评”的工作机制，完善督查专报和通报制度，重点加大对衔接资金使用的监督管理力度，确保衔接资金4月底、6月底、9月底资金支付进度分别达到40%、60%、90%以上，财政直达资金监管系统和全国防返贫信息监测系统支出进度数据一致，防止“两张皮”。

大事记

1月

4日，区委副书记、政府区长宋喜带队前往上桥镇、巴浪湖农场、金积镇等地实地调研吴吃堡城 、牛家坊文旅融合、金积镇养老托管中心二期、金积第二小学等建设项目。

6日，吴忠市委常委、利通区委书记陈宏主持召开党委（工委、党组）书记落实意识形态工作责任制述职汇报会并讲话。

同日，吴忠市委常委、利通区委书记陈宏主持召开2021年度党管武装工作述职汇报会并讲话。

同日，吴忠市委常委、利通区委书记陈宏主持召开2021年度党政主要负责人履行推进法治建设第一责任人职责情况述职汇报会并讲话。

11日，吴忠市委常委、利通区委书记陈宏主持召开区委经济工作会议并讲话。

12日，吴忠市委常委、利通区委书记陈宏主持召开区委常委会党史学习教育专题民主生活会。

13日，利通区召开党史学习教育总结会议。

同日，利通区人民政府党组召开党史学习教育专题民主生活会。

17日，吴忠市委常委、利通区委书记陈宏主持召开履行安全生产责任制述职汇报会并讲话。

同日，吴忠市委常委、利通区委书记陈宏主持召开区委农村工作领导小组2022年第1次会议并讲话。会议强调，要全力以赴做好今年“三农”工作。

同日，吴忠市委常委、利通区委书记陈宏主持召开区委全面深化改革委员会第8次会议并讲话。

28日，利通区召开中共吴忠市利通区第五届纪律检查委员会第二次全体会议。

同日，吴忠市委常委、利通区委书记陈宏主持召开区委机构编制委员会2022年第1次会议。会议研究审定了区司法局、财政局机构编制调整，吴忠市下划防震减灾职能，利通区电子政务中心、新时代文明实践中心更名和编制调整及部分事业编制统筹调配等事宜。

同日，吴忠市委常委、利通区委书记陈宏主持召开区委农村工作会议并讲话。

29日，区四套班子领导带队开展春节走访慰问活动，看望慰问困难职工、老党员、学雷锋标兵等困难群众和各界人士。

同日，区四套班子领导分11组深入辖区企业、乡镇卫生院、农贸市场、高速路口、大型超市等地督导疫情防控及安全生产工作。

30日，区委副书记、政府区长宋喜看望慰问疫情防控一线工作人员，为他们送去慰问品，并向他们致以新春的祝福和诚挚的祝愿，区委常委、组织部部长温丽娟陪同慰问。

2月

7日，吴忠市委常委、利通区委书记陈宏，区委副书记、政府区长宋喜带队前往古城镇调研新华桥村“一二三产业融合发展示范园”规划建设工作。

9日，区委副书记、政府区长宋喜调研扁担沟镇利同新村实施“四大提升行动”及乡村振兴工作推动落实情况。

10日，区委副书记、政府区长宋喜调研农业农村工作并召开座谈会。

14日，吴忠市委常委、利通区委书记、区委巡察工作领导小组组长陈宏主持召开区委巡察工作领导小组2022年第1次会议暨书记办公会议，传达学习了习近平总书记关于巡视工作的重要讲话和指示精神，听取了区发改局（粮食和物资储备局）关于涉粮问题专项巡察整改落实情况汇报、区纪委监委监督检查涉粮问题专项巡察整改落实情况汇报，审议通过了利通区委巡察工作领导小组组成人员调整建议名单、《中共吴忠市利通区委巡察工作规划（2022—2026年）（试行）（审议稿）》《中共吴忠市利通区委2022年巡察工作要点（审议稿）》等事宜。

16日，吴忠市委常委、利通区委书记陈宏带队前往吴忠市立军农机专业合作社、扁担沟镇渠口村春麦种植示范点、金积镇田桥村春麦种植示范点等地调研春耕备耕工作。

18日，吴忠市委常委、利通区委书记陈宏主持召开区委审计委员会2022年第1次会议并讲话。会议研究审定了《利通区2022年度审计项目计划》《利通区审计整改“清零”行动实施方案》《利通区经济责任审计工作联席会议议事规则》《利通区经济责任审计工作联席会议办公室工作规则（送审稿）》。

同日，吴忠市委常委、利通区委书记陈宏主持召开区委政法工作领导小组2022年第1次会议。会议传达学习了中央、自治区党委政法工作会议精神和全国、全区政法队伍教育整顿总结会精神，安排部署有关工作。

同日，吴忠市委常委、利通区委书记陈宏主持召开利通区总河湖长2022年第1次会议并讲话。会议强调，全力推动河湖长制由“全面建立”向“全面见效”转变。会议还研究审定了《关于调整河湖长制领导小组成员的通知（送审稿）》。

3月

8日，吴忠市委常委、利通区委书记陈宏带队调研扁担沟镇移民肉牛养殖场建设项目、利原村日光温室维修改造项目、渔光湖村拱棚维修改造与盐碱地土壤改良项目并查看扁担沟镇移民村产业发展情况。

9日，吴忠市委常委、利通区委书记陈宏主持召开利通区奶产业高质量发展座谈会。

10日，吴忠市委常委、利通区委书记陈宏主持召开区委审计委员会2022年第2次会议并讲话。

同日，吴忠市委常委、利

通区委书记陈宏主持召开区委全面深化改革委员会第九次会议。会议研究审定了《利通区2022年区级领导领衔推动重点改革任务工作安排》《利通区引导社会资本进山入林推进以林养林以地换林实施方案》《利通区林长制配套制度》等事宜。

同日，吴忠市委常委、利通区委书记陈宏主持召开区委教育工作领导小组2022年第1次会议并讲话。会议传达学习了全国、全区教育工作会议精神，安排部署有关工作。

同日，吴忠市委常委、利通区委书记陈宏主持召开2022年利通区禁毒工作会议。会议听取了2021年利通区禁毒工作情况汇报，研究审定了《2022年全区禁毒工作要点（送审稿）》等事宜。

同日，吴忠市委常委、利通区委书记陈宏主持召开区委统一战线工作领导小组2022年第1次会议。

11日，吴忠市委常委、利通区委书记陈宏带队前往上桥镇牛家坊村、东塔寺乡石佛寺村、东塔寺乡白寺滩村等地调研文旅产业发展情况。

14日，利通区召开疫情防控调度会，就近期疫情防控工作做出了具体安排和部署。

15日，自治区党委常委、纪委书记艾俊涛到利通区上桥社区调研社区创建铸牢中华民族共同体意识、促进民族团结进步工作

16日，自治区党委常委、统战部部长马汉成调研利通区志愿服务工作开展情况。

17日，吴忠市委常委、利通区委书记陈宏主持召开区委党的建设领导小组2022年第1次会议。

18日，利通区举行2022年重点项目建设集中开工仪式。区四套班子领导在主会场参加开工仪式，相关区领导分别在金积镇、上桥镇、扁担沟镇、东塔寺乡参加分会场开工仪式。

21日，吴忠市委常委、利通区委书记陈宏带队前往扁担沟镇同利村、扁担沟移民肉牛养殖基地、利浩农业开发有限公司等地调研扁担沟镇移民村产业发展情况，区委副书记、政府区长宋喜，区人大常委会主任赵金峰及相关负责人参加调研，强调要深入实施“四大提升行动”，抓好特色产业培育，积极创新联农带农机制，持续提升移民收入水平，实现巩固拓展脱贫攻坚成果同乡村振兴有效衔接。

24日，吴忠市委常委、利通区委书记陈宏主持召开区委全面依法治区委员会2022年第1次会议。

同日，吴忠市委常委、利通区委书记陈宏主持召开区委保密委员会2022年第1次会议并讲话。

同日，吴忠市委常委、利通区委书记陈宏主持召开区委退役军人事务工作领导小组2022年第1次会议。

30日，吴忠市委常委、利通区委书记陈宏主持召开利通区应对新冠病毒疫情工作指挥部第107次会议暨疫情防控第27次调度会议并讲话。

4月

1日，吴忠市委常委、利通区委书记陈宏主持召开利通区党的建设领导小组2022年第2次会议。

2日，吴忠市通过网络直播的方式举行了线上招商推介会暨重点项目“云签约”仪式，利通区设分会场。

同日，区委副书记、政府区长宋喜深入辖区企业、餐厅、隔离酒店、居住小区等重点领

域督导安全生产和疫情防控工作。

3日，吴忠市委书记徐耀调研牛家坊民俗文化村现代服务业集聚区建设情况。

11日，吴忠市委常委、利通区委书记陈宏带队前往宁夏丰泰永晟纺织科技有限公司、金积镇大庙桥村蔬菜种植大棚、五里坡肉牛养殖基地等地调研移民村产业发展及重点项目建设情况。

同日，吴忠市委常委、利通区委书记、区级总林长陈宏与区委副书记、政府区长、区级总林长宋喜到扁担沟镇五里坡草原和孙家滩等地，全面检查林长制组织体系、林草资源管护力度、森林草原防火等工作落实情况。

12日，吴忠市委常委、利通区委书记陈宏带队前往古城镇党家河湾村、金银滩镇沟台村、扁担沟镇渠口村等地调研大豆玉米带状复合种植情况。

14日，吴忠市委常委、利通区委书记陈宏带队前往古城镇光耀桃园小区、宁夏新家源房地产公司、金积镇秦坝关村等地督办中央环保督察转办信访举报案件整改落实情况。

20日，利通区召开教育工作会议暨教育工作领导小组2022年第2次会议。

同日，吴忠市委常委、利通区委书记陈宏主持召开利通区全面推行林长制启动会暨区级总林长2022年第1次会议。会议传达学习了自治区党委办公厅、人民政府办公厅《关于全面推行林长制的实施意见》、自治区总林长令《关于开展林长巡林巡草工作的通知》精神，研究审定了《关于调整区级林长名单及责任区域的通知》《利通区林长公示牌设置实施方案》《利通区2022年林长制工作要点（送审稿）》，并安排部署利通区全面推行林长制工作。

同日，吴忠市委常委、利通区委书记陈宏主持召开区委审计委员会2022年第3次会议。。

同日，吴忠市委常委、利通区委书记陈宏主持召开利通区禁毒委员会2022年第2次会议。

同日，吴忠市委常委、利通区委书记陈宏主持召开利通区安全生产工作会议并讲话。

同日，吴忠市委常委、利通区委书记陈宏主持召开利通区委国家安全委员会2022年第1次会议并讲话。

27日，吴忠市委常委、利通区委书记陈宏主持召开利通区信访工作2022年第2次联席会议。

同日，吴忠市委常委、利通区委书记陈宏主持召开利通区委安全生产工作2022年第2次会议并讲话。

同日，吴忠市委常委、利通区委书记陈宏主持召开利通区生态环境保护工作领导小组2022年第2次会议。

同日，吴忠市委常委、利通区委书记陈宏主持召开利通区总河湖长2022年第2次会议。会议传达学习了习近平总书记关于治水的重要论述精神，通报了2022年河湖“四乱”问题清理整治进展情况及区乡村三级河湖长第一季度巡河工作情况，研究审定了《利通区河湖长制2022年工作要点（送审稿）》。

同日，吴忠市委常委、利通区委书记陈宏主持召开利通区委外事工作委员会2022年第1次会议并讲话。

同日，吴忠市委常委、利通区委书记陈宏主持召开利通区党的建设领导小组2022年第3次会议。

同日，吴忠市委常委、利通区委书记陈宏主持召开利通区委人才工作领导小组2022年第1次会议。

同日，吴忠市委常委、利

通区委书记陈宏主持召开利通区委党风廉政建设和反腐败工作领导小组2022年第2次会议。

同日，吴忠市委常委、利通区委书记陈宏主持召开利通区应对新冠病毒疫情工作领导小组第23次会议。

同日，吴忠市委常委、利通区委书记陈宏主持召开利通区一季度经济形势分析会议并讲话。

28日，利通区召开应对新冠病毒疫情工作领导小组暨疫情防控指挥部会议，区委副书记、政府区长宋喜参加会议并安排部署相关工作，区政协主席周忠德主持会议。

29日，吴忠市委常委、利通区委书记陈宏，区委副书记、政府区长宋喜分别深入辖区企业、商超、隔离酒店、卫生院、学校、高速路口卡点等场所，督导疫情防控和安全生产相关工作。

5月

1日，利通区委副书记、政府区长宋喜调研老旧小区建筑及消防安全工作，强调属地乡镇、行业主管单位要压实安全生产责任，组织力量全面排查整治老旧小区建筑和消防安全隐患。在扁担沟镇调研假期防溺水工作时，他强调要充分认识预防青少年溺水工作的重要性和必要性，坚持预防为主，关口前移，联防联控，筑牢青少年防溺水的安全防线。

3—4日，自治区党委书记梁言顺沿着习近平总书记2020年6月考察时的足迹，学习感悟总书记对各族群众和民族地区的关心关爱。在利通区金花园社区，梁言顺听社区书记讲“总书记来到咱们家”的热烈场面，学习总书记在社区广场的深情讲话，他说，大家把总书记的殷切嘱托牢记在心，用行动把总书记的重要要求落到了实处，要沿着总书记指引的方向感恩奋进，在新征程上一起奋斗、并肩前行，一个少数民族也不能少。梁言顺来到利通区黄河古城湾砌护段，了解黄河宁夏段生态保护和治理情况，他说，总书记心系黄河安澜，对黄河流域生态保护和高质量发展看得很重，黄河是母亲河、是宁夏的生命河，保护黄河是永恒的主题，我们要坚决贯彻落实总书记的重要指示精神，尽到保护黄河的责任，抓住机遇，加快先行区建设，更好造福宁夏各族人民。

4日，自治区党委书记梁言顺到利通区调研民族团结工作，看望民族团结进步模范周吉荣。

7日，吴忠市委常委、利通区委书记陈宏主持召开利通区信访工作2022年第3次联席会议。

同日，吴忠市委常委、利通区委书记陈宏主持召开利通区委农村工作领导小组2022年第2次会议并讲话。

同日，吴忠市委常委、利通区委书记陈宏主持召开利通区委全面深化改革委员会2022年第3次会议暨“四权”改革领导小组2022年第1次会议。

同日，吴忠市委常委、利通区委书记陈宏主持召开利通区委财经委员会2022年第1次会议暨财政金融风险防范化解领导小组2022年第1次会议。

同日，吴忠市委常委、利通区委书记陈宏主持召开利通区党的二十大安保维稳动员部署会暨更高水平平安利通建设推进会。

同日，吴忠市委常委、利通区委书记陈宏主持召开利通区委国家安全委员会2022年第2次会议。

同日，吴忠市委常委、利通区委书记陈宏主持召开利通区委网络安全和信息化委员会

2022年第1次会议。

同日，吴忠市委常委、利通区委书记陈宏主持召开利通区委安全生产工作2022年第3次会议。会议传达学习了全国、自治区安全生产、防汛抗旱工作电视电话会议及全国、自治区自建房安全专项整治电视电话会议精神，听取利通区自建房和危房排查工作情况汇报，安排下一步工作。

8日，吴忠市利通区第二批重大项目集中开工现场推进会在鸽堂沟奶牛养殖基地举行。此次集中开工的宁夏鑫源祥2万吨果品仓储冷链物流等18个项目，总投资12.6亿元，年度计划完成投资8.8亿元。

10日，吴忠市委常委、利通区委书记陈宏带队前往扁担沟镇渔光湖村西瓜和芹菜种植大棚、移民肉牛养殖园调研移民村产业发展情况，相关区领导参加调研。

12日，四套班子领导带队前往12个乡镇，实地督查利通区脱贫攻坚与乡村振兴有效衔接考核评估问题整改工作集中排查及自建房屋（危房）安全隐患排查整治工作。

17日，吴忠市委常委、利通区委书记陈宏主持召开利通区县域社会治理现代化试点工作领导小组2022年第1次会议。

同日，吴忠市委常委、利通区委书记陈宏主持召开利通区委全面依法治区委员会2022年第2次会议。会议传达学习了习近平总书记在中央政治局第35次集体学习时的重要讲话精神，自治区依法治区委员会第六次会议及办公室第六次会议精神；听取了利通区落实中央依法治国办督察宁夏法治政府建设反馈意见整改情况汇报，研究审定了《利通区2022年自治区法治政府建设示范创建实施方案（送审稿）》。

同日，吴忠市委常委、利通区委书记陈宏主持召开利通区总河湖长2022年第3次会议。

同日，吴忠市委常委、利通区委书记陈宏主持召开利通区委国家安全委员会2022年第3次会议。

23日，利通区召开关于深入学习贯彻习近平新时代中国特色社会主义思想暨习近平总书记视察宁夏重要讲话和重要指示批示精神宣讲报告会。

24日，吴忠市委常委、利通区委书记陈宏主持召开区委农村工作领导小组2022年第3次会议，区四套班子主要领导，区委农村工作领导小组主要负责人参加会议。会议通报了巩固拓展脱贫攻坚成果同乡村振兴有效衔接考核评估问题整改及防止返贫动态监测帮扶集中“大排查”工作开展情况，安排部署了下一步问题整改、防返贫监测帮扶工作。

29日，吴忠市委常委、利通区委书记陈宏主持召开利通区稳经济保增长促发展工作会议暨重点工作和各类反馈问题整改专题会议，区四套班子主要领导，各乡镇、各部门主要负责人参加会议。

30日，吴忠市委常委、利通区委书记陈宏主持召开利通区委巡察工作2022年第2次书记专题会议。

31日，利通区召开学习贯彻习近平总书记在庆祝中国共产主义青年团成立100周年大会上的重要讲话精神座谈会。

同日，吴忠市委常委、利通区委书记陈宏带队前往东塔寺乡石佛寺村、金积镇郝渠村、上桥镇牛家坊村等地调研2022年下半年拟落地开工重大项目。

6月

1日，吴忠市委常委、利通

区委书记陈宏主持召开利通区基层治理工作领导小组2022年第1次会议。

同日，吴忠市委常委、利通区委书记陈宏主持召开区委应对新冠病毒疫情工作领导小组第24次会议并讲话。

同日，吴忠市委常委、利通区委书记陈宏主持召开利通区创建全国文明城市推进会。

同日，吴忠市委常委、利通区委书记陈宏主持召开利通区全面推进黄河流域生态保护和高质量发展先行区建设工作领导小组暨实施“八大工程”领导小组2022年第1次会议并讲话。

2日，吴忠市委常委、利通区委书记陈宏带队前往黄河电焊机有限公司、康定达生活超市、利通区第十四小学等地督导端午节前疫情防控及安全生产工作。

同日，吴忠市委常委、利通区委书记陈宏带队前往东塔寺乡干饭渠村、利通区第九小学、马莲渠乡巴浪湖村“马莲花开”创业创新孵化基地调研党建领域创新示范点。

同日，区委副书记、政府区长宋喜到集中隔离酒店、高速卡口、农贸市场暗访督查疫情防控和安全生产工作。

6日，吴忠市委常委、利通区委书记陈宏带队前往孙家滩、扁担沟镇渔光湖村和同利村等地调研2022年下半年拟落地开工包抓重大项目及扁担沟镇移民村产业发展情况。

7日，吴忠市委常委、利通区委书记陈宏带队前往金星镇金塔社区秦汉文化大院、金星镇开元社区盛世开元小区、利通区万达商圈党建示范街调研2022年党建领域创新示范点。

同日，吴忠市委常委、利通区委书记陈宏主持召开利通区巩固拓展脱贫攻坚成果同乡村振兴有效衔接考核评估问题整改2022年第2次推进会。会议听取了利通区巩固拓展脱贫攻坚成果同乡村振兴有效衔接考核评估问题整改工作情况汇报，研究审定了《处级领导、科级领导包抓重点贫困乡镇、村（社区）和监测户任务清单（送审稿）》，并安排部署下一步工作。

同日，吴忠市委常委、利通区委书记陈宏主持召开利通区党的二十大暨自治区第十三次党代会期间维稳安保工作2022年第2次推进会。

同日，吴忠市委常委、利通区委书记陈宏主持召开利通区自建房安全专项整治工作推进会。

同日，吴忠市委常委、利通区委书记陈宏主持召开利通区安全生产工作2022年第3次会议并讲话。

15日，吴忠市委常委、利通区委书记陈宏主持召开利通区领导干部大会，传达学习自治区第十三次党代会精神，安排部署学习宣传贯彻工作，区四套班子全体成员参加会议。

16日，吴忠市委常委、利通区委书记陈宏主持召开各类反馈问题整改专题会议。

同日，利通区政府党组书记、政府区长宋喜主持召开政府党组会议，专题学习自治区第十三次党代会精神。

17日，吴忠市委常委、利通区委书记陈宏主持召开利通区委全面依法治区委员会2022年第3次会议。

20日，吴忠市委常委、利通区委书记陈宏在金花园社区宣讲自治区第十三次党代会精神。

21日，自治区党委常委、组织部部长石岱调研利通区金星花园社区基层治理工作。

同日，区委副书记、政府区长宋喜以视频会议的形式为扁担沟镇全体镇村干部、各村党员宣讲自治区第十三次党代会精神。

22日，吴忠市委常委、利通区委书记陈宏带队前往上桥镇牛家坊村调研利通区文旅融合项目建设情况。

23日，区委副书记、政府区长宋喜前往扁担沟镇利同新村，就脱贫户和三类监测人口收入增长、产业发展等情况进行了走访，并与帮扶单位、驻村工作队和镇村干部座谈交流，共谋产业发展、移民增收。

27日，利通区总工会开展“喜迎二十大·夏送清凉关爱职工”走访慰问活动。

26—29日，吴忠市委常委、利通区委书记陈宏带队赴江苏省南通市，实地考察南通海星电子股份有限公司电极箔生产研发项目、首帆动力科技股份有限公司储能系统装备制造项目，政企双方就企业投资需求、招商引资政策等进行座谈，并达成初步合作意向。

7月

6日，吴忠市委常委、利通区委书记陈宏主持召开2022年利通区委议军会暨人民武装委员会全体会议。

同日，吴忠市委常委、利通区委书记陈宏主持召开利通区委安全生产工作2022年第4次会议。

同日，吴忠市委常委、利通区委书记陈宏带队前往东塔寺乡石佛寺村、白寺滩村，上桥镇牛家坊村调研乡村旅游发展情况。

8日，吴忠市委常委、利通区委书记陈宏带队前往金星镇富平社区、吴忠高速路口卡点、中石油南苑加油站督查节前疫情防控及安全生产工作。

14日，吴忠市委常委、利通区委书记陈宏主持召开利通区防汛减灾工作会议。

同日，吴忠市委常委、利通区委书记陈宏带队前往宁储利通区100兆瓦/200兆瓦时共享储能电站、扁担沟镇移民肉牛养殖园区、利通区防汛抗旱物资储备库等地调研建设黄河流域生态保护和高质量发展先行区观摩点并走访贫困户。

同日，区委副书记、政府区长宋喜前往利通区苦水河段郭家桥乡水文站、金银滩镇苦水河大桥督导检查未来两日强降雨可能造成的山洪、地质灾害。

15日，吴忠市委常委、利通区委书记陈宏深入各乡镇及项目建设现场督导检查防汛减灾及安全生产工作，调研黄河流域生态保护和高质量发展先行区重大项目建设情况。

18—19日，吴忠市委常委、利通区委书记陈宏带队前往古城镇五星社区养老服务中心、板桥社区卫生服务中心等地调研2022年未开工项目、进展缓慢项目推进情况。

21日，全国妇联党组书记、副主席、书记处第一书记黄晓薇调研利通区金花园社区“党建＋妇联”工作。

25日，在中国人民解放军建军95周年即将到来之际，吴忠市委常委、利通区委书记陈宏，利通区委副书记、政府区长宋喜及四套班子领导分别带队走访慰问驻利部队及部分退役军人。

26日，吴忠市委常委、利通区委书记陈宏，区委副书记、政府区长宋喜及四套班子领导分别带队走访慰问驻利部队及部分退役军人。

28日，吴忠市委常委、利通区委书记陈宏主持召开全区2022年上半年经济形势分析会。

同日，吴忠市委常委、利通区委书记陈宏主持召开利通区委党的建设领导小组2022年第4次会议。

同日，吴忠市委常委、利通区委书记陈宏主持召开利通区禁毒委员会2022年第3次会议。会议传达学习了全国禁毒工作电视电话会议精神，听取了2022年度上半年利通区禁毒工作情况汇报，并对有关工作作出安排部署。

8月

2日，吴忠市委常委、利通区委书记陈宏深入扁担沟镇同利村，就脱贫户的家庭收入、产业发展等情况进行了走访调研。

同日，区委副书记、政府区长宋喜主持召开利通区河湖长制工作暨河湖“四乱”问题整改现场推进会。宋喜同志带队先后到苦水河郭家桥乡段秦渠渡槽南侧、苦水河左岸吴忠林场4队桃花湾、苦水河左岸扁担沟镇双吉沟村段等地，现场查看围垦河道林地、木炭厂河滩地堆放树木等“四乱”问题整治情况，并明确整改措施和整改时限。

3日，吴忠市委常委、利通区委书记陈宏带队前往板桥乡蔡桥村、金积镇大庙桥村、马莲渠乡马莲渠村调研乡村振兴示范村建设。

同日，区委副书记、政府区长宋喜主持召开利通区创城重点工作推进会。会议传达学习了吴忠市创城重点工作推进会精神和徐耀书记批示精神，通报了利通区创城工作中存在的突出问题，并对下一阶段问题整改以及创城有关工作进行了安排部署。

4日，吴忠市委常委、利通区委书记陈宏主持召开利通区应对新冠病毒疫情工作领导小组第32次会议暨指挥部第114次会议。

同日，吴忠市委常委、利通区委书记陈宏主持召开利通区2022年巩固拓展脱贫攻坚成果同乡村振兴有效衔接考核评估问题整改暨“四级包抓”工作推进会，会议通报利通区2021年度巩固拓展脱贫攻坚成果同乡村振兴有效衔接考核评估问题整改工作进展情况和“四级包抓”工作推进情况，安排部署了下一步工作。

5日，吴忠市委常委、利通区委书记陈宏带队督导利通区大规模核酸检测工作。

6日，吴忠市委常委、区委书记陈宏带队前往东塔寺乡、郭家桥乡、上桥镇调研文旅产业发展情况。

7日，吴忠市委常委、区委书记陈宏带队前往扁担沟镇同利村、利同新村开展包抓移民村入户走访活动，调研移民村产业发展、村集体经济发展情况。

同日，吴忠市委常委、区委书记陈宏主持召开利通区重点项目、重点工作专题会议。

8—9日，吴忠市委常委、利通区委书记陈宏带队前往上桥镇凯悦建材城、板桥乡花卉市场、新生农副产品市场等地调研创建全国文明城市工作。

8—9日，吴忠市委常委、利通区委书记陈宏带队前往马莲渠乡柴桥村、古城镇五星村、郭家桥乡涝河桥村等地调研基层党建和基层治理工作。

10日，吴忠市委常委、利通区委书记陈宏带队前往吴忠市文化馆、高闸镇新时代文明实践所、胜利镇新华社区等地调研未成年人思想道德建设及新时代文明实践等工作。

同日，吴忠市委常委、利通区委书记陈宏带队督导利通区大规模核酸检测工作。

11日，吴忠市委书记徐耀到利通区胜利镇新华社区新时代文明实践站调研全国文明城市创建工作。

同日，吴忠市委常委、利通区委书记陈宏带队前往金银滩镇调研停减产企业情况。

同日，吴忠市委常委、利通区委书记陈宏主持召开利通区委党的建设领导小组2022年第5次会。

同日，吴忠市委常委、利通区委书记陈宏主持召开利通区委财经委员会2022年第2次会议，审定了2022年新增一般债券项目资金安排等事宜。

同日，吴忠市委常委、利通区委书记陈宏主持召开利通区委安全生产工作2022年第5次会议，听取了安全生产、防汛抗旱、消防救援、食品药品安全工作情况汇报，并安排部署有关工作。

同日，吴忠市委常委、利通区委书记陈宏主持召开利通区委人才工作领导小组2022年第2次会议。

同日，吴忠市委常委、利通区委书记陈宏主持召开利通区党的二十大维稳安保暨国家安全委员会2022年第3次会议。

12日，吴忠市委常委、利通区委书记陈宏主持召开利通区储能项目专题会议。

15日，吴忠市委书记徐耀调研利通区板桥共享储能电站建设情况。

同日，吴忠市委常委、利通区委书记陈宏带队前往调研金星镇金花园A区配套基础设施改造项目、古城镇新华桥村高质量美丽宜居村庄建设项目、金积体育公园建设项目等利通区重点项目建设情况。

16日，自治区党委书记梁言顺到利通区古城镇五星村、道道渠清真寺调研基层治理和宗教工作。

同日，吴忠市委常委、利通区委书记陈宏主持召开利通区重点工作、重点项目碰头会。

17日，吴忠市召开“六新六特六优”产业及重点项目包抓落实情况汇报会，吴忠市委常委、利通区委书记陈宏参加会议，并就利通区“六新六特六优”产业情况做汇报。

18日，吴忠市委常委、利通区委书记陈宏主持召开利通区委全面深化改革委员会2022年第4次会议。

19日，吴忠市委常委、利通区委书记陈宏主持召开利通区党的建设重点工作推进会。

同日，吴忠市委常委、利通区委书记陈宏带队督导利通区重点项目、重点工作及特色创新亮点工作推进情况。

22日，吴忠市委常委、利通区委书记陈宏主持召开利通区重点工作、重点项目碰头会。

同日，吴忠市委常委、利通区委书记陈宏主持召开利通区文旅产业发展专题会。

同日，吴忠市委常委、利通区委书记陈宏主持召开利通区“8·12”动物疫病处置工作汇报会。

同日，吴忠市委常委、利通区委书记陈宏主持召开利通区委2022年第10次重点工作专题会议。

24日，利通区召开生态环境安全生产社会稳定领域风险隐患排查整治工作培训会。

同日，吴忠市委常委、利通区委书记陈宏前往东塔寺乡、郭家桥乡、马莲渠乡、上桥镇参加全国乡村治理体系建设试点示范工作考察，在牛家坊村参加率先开展农村移风易俗重点领域突出问题专项治理启动仪式。

25日，吴忠市委常委、利通区委书记陈宏参加全国乡村治理体系建设试点示范工作交流会并致辞。

26日，吴忠市委常委、利通区委书记陈宏前往吴忠燃气公司金银滩储气站、宁夏昊胜傲农饲料科技有限公司、金积镇大院子村等地督导生态环境、安全生产、社会稳定领域风险隐患排查整治工作。

29日，吴忠市委常委、利通区委书记陈宏主持召开利通区委全面深化改革委员会2022年第5次会议。

同日，吴忠市委常委、利通区委书记陈宏主持召开利通区委审计委员会2022年第6次会议。

30日，吴忠市委常委、区委书记陈宏主持召开利通区委常委会涉粮问题专项巡视整改专题民主生活会及违规收送红包礼金和不当收益及违规借转贷或高额放贷专项整治专题民主生活会。

同日，市委常委、区委书记陈宏主持召开金银滩镇镇区、新渠中心村集中供热清洁取暖改造及运营专题会议。

31日，吴忠市委常委、利通区委书记陈宏前往金星镇、胜利镇、利通区大数据中心、融媒体中心调研基层党建及铸牢中华民族共同体意识工作。

9月

1日，吴忠市委常委、利通区委书记陈宏带队前往利通区第九中学、板桥乡巷道村、李闸区村调研基层党建、基层治理、村集体经济发展等工作。

2日，吴忠市委常委、利通区委书记陈宏主持召开区委2022年第11次专题会议。

5日，吴忠市委常委、利通区委书记陈宏带队前往扁担沟镇同利村、宁夏康盛达农牧有限公司、利通区绿地牛粪处理厂，实地督导巩固拓展脱贫攻坚成果同乡村振兴有效衔接及安全生产、生态环境领域风险隐患排查整治等工作。区委副书记、政府区长宋喜和相关单位主要负责人参加督导。

同日，吴忠市委常委、利通区委书记陈宏带队前往宁夏恒丰瑞斯特、精艺裘皮制品股份有限公司、宁夏恒丰纺织科技股份有限公司等公司调研利通区轻工纺织产业发展情况。

6日，吴忠市委常委、利通区委书记、利通区总河长陈宏带队前往金银滩镇、上桥镇、郭家桥乡、古城镇督导河湖“清四乱”工作。

同日，吴忠市委常委、利通区委书记陈宏主持召开利通区轻工纺织产业高质量发展座谈会。

7日，中央统战部调研组十二局副局长朱立军到利通区板桥道堂和道道渠清真寺调研。

同日，吴忠市委常委、利通区委书记陈宏主持召开区委2022年第12次专题会议，会议传达学习了自治区、吴忠市总河长会议精神，自治区“六权”改革推进会精神、自治区林长第1次会议精神，听取了用水权、土地权、山林权、用能权改革工作进展情况、利通区2022年上半年林长制工作推进情况、利通区创建国家食品安全示范城市工作进展情况，并安排部署下一步工作。

8日，吴忠市委常委、利通区委书记陈宏主持召开利通区委应对新冠病毒疫情工作领导小组第33次会议暨指挥部第115次会议。

同日，吴忠市委常委、利通区委书记陈宏主持召开利通区全民国防教育工作领导小组2022年第1次会议并讲话。

同日，吴忠市委常委、利通区委书记陈宏主持召开利通区生态环境保护工作领导小组2022年第3次会议，听取了1-8月利通区生态环境保护工作情况汇报，并安排部署了下一步工作。

同日，吴忠市委常委、利通区委书记陈宏主持召开利通区委退役军人事务工作领导小组2022年第2次会议。

同日，吴忠市委常委、利通区委书记陈宏带队走访慰问广大教职员工和退休教师。

同日，吴忠市委常委、利通区委书记陈宏带队前往宁夏长燃物流有限公司、国贸大厦、宁夏景盛源冷链有限公司，实地督导安全生产工作。

9日，中央政法委专项督查组前往利通区金积镇、民生派出所、郭家桥乡督查《中国共产党政法工作条例》落实情况，吴忠市委常委、利通区委书记陈宏陪同。

同日，吴忠市委常委、利通区委书记陈宏参加全国、自治区、吴忠市新冠病毒疫情防控工作电视电话会议。

13日，吴忠市委常委、利通区委书记陈宏前往利通区大数据中心、融媒体中心等地调研铸牢中华民族共同体意识教育基地建设情况。

14—15日，吴忠市委常委、利通区委书记陈宏主持召开利通区2022年巩固拓展脱贫攻坚成果同乡村振兴有效衔接自评会议。

16日，吴忠市委常委、利通区委书记陈宏主持召开利通区委巡察工作2022年第3次书记专题会议及书记办公会议。

同日，吴忠市委常委、利通区委书记陈宏督办信访积案化解及重点项目推进情况。

19日，吴忠市委常委、利通区委书记陈宏带队调研督导巩固拓展脱贫攻坚成果同乡村振兴有效衔接、林长制工作及吴忠林场民宿（民俗）建设情况。

20日，吴忠市委常委、利通区委书记陈宏陪同中组部考察组开展实地调研，督导利通区电子商务孵化基地建设情况。

21日，吴忠市委常委、利通区委书记陈宏督导利通区疫情防控工作。

22日，吴忠市委常委、利通区委书记陈宏主持召开利通区委应对新冠病毒疫情工作领导小组第34次会议暨“9·21”疫情应急处置工作调度会议。

26—30日，吴忠市委常委、利通区委书记陈宏督导利通区疫情防控工作。

10月

8—13日，吴忠市委常委、利通区委书记陈宏督导利通区疫情防控工作。

14日，吴忠市委常委、利通区委书记陈宏主持召开利通区疫情防控专题会议。

17—19日，吴忠市委常委、利通区委书记陈宏督导利通区疫情防控工作。

20日，吴忠市委常委、利通区委书记陈宏主持召开利通区疫情防控专题会议，并督导利通区疫情防控工作。

21日，吴忠市委常委、利通区委书记陈宏主持召开利通区疫情防控专题会议，并督导利通区疫情防控工作。

24日，吴忠市委常委、利通区委书记陈宏督导利通区疫情防控工作。

25日，吴忠市委常委、利通区委书记陈宏主持召开利通区疫情防控专题会议，并督导利通区疫情防控工作。

26日，吴忠市委常委、利通区委书记陈宏主持召开利通区疫情防控专题会议。

同日，利通区委召开传达贯彻党的二十大精神会议，吴忠市委常委、利通区委书记陈宏传达了党的二十大精神，并对全区学习宣传贯彻工作作出安排部署。

27—28日，吴忠市委常委、

利通区委书记陈宏主持召开利通区疫情防控专题会议，并督导利通区疫情防控工作。

31日，吴忠市委常委、利通区委书记陈宏主持召开利通区疫情防控专题会议，并督导利通区疫情防控工作。

11月

1日，吴忠市委常委、利通区委书记陈宏主持召开利通区疫情防控专题会议，并督导利通区疫情防控工作。

同日，吴忠市委常委、利通区委书记陈宏主持召开利通区国防动员委员会2022年第1次会议。会议传达学习了习近平总书记关于国防军队建设重要讲话精神。

同日，吴忠市委常委、利通区委书记陈宏主持召开利通区委农村工作领导小组2022年第3次会议。

同日，吴忠市委常委、利通区委书记陈宏主持召开利通区委安全生产工作2022年第4次会议，听取了利通区整改落实国务院安委会2021年度安全生产和消防工作情况及近期安全工作情况的汇报。

同日，区政府党组书记、政府区长宋喜主持召开政府党组会议，传达学习贯彻党的二十大精神，班子成员进行交流研讨，并研究政府系统贯彻落实工作。

2日，吴忠市委常委、利通区委书记陈宏督导利通区疫情防控工作。

3日，吴忠市委常委、利通区委书记陈宏主持召开利通区"两个收入"专题会议。

同日，吴忠市委常委、利通区委书记陈宏深入金花园社区，向基层干部群众、退休老党员宣讲党的二十大精神。

6日，吴忠市委常委、利通区委书记陈宏主持召开利通区2022年前三季度经济形势分析会并讲话。

同日，吴忠市委常委、利通区委书记陈宏主持召开利通区委全面深化改革委员会2022年第6次会议。

7日，利通区委副书记、政府区长宋喜督导郭家桥乡腰带沟开通自来水工作，到同利村、利同新村督导脱贫入户帮扶工作。

8—10日，吴忠市委常委、利通区委书记陈宏督导利通区巩固拓展脱贫攻坚成果同乡村振兴有效衔接工作。

10日，吴忠市委常委、利通区委书记陈宏主持召开利通区委全面深化改革委员会2022年第7次会议。会议听取了处级领导领衔督办改革任务完成情况汇报，并安排部署相关工作。

同日，吴忠市委常委、利通区委书记陈宏主持召开利通区委机构编制委员会2022年第4次会议。会议研究审定了调整利通区城乡环境卫生管理中心机构编制、设立利通区疾病预防控制中心等事宜。

16日，区委副书记、政府区长宋喜调研东塔寺乡、上桥镇民宿建设运营情况及危房改造情况。

17日，区委副书记、政府区长宋喜调研处置突发疫情、督导市场、商超疫情防控措施落实情况。

18日，吴忠市委常委、利通区委书记陈宏主持召开专题会议，听取各项经济指标和年终效能目标考核工作情况汇报，安排部署下一步工作。

21日，吴忠市委常委、利通区委书记陈宏主持召开利通区疫情防控挖根行动工作调度会。

同日，吴忠市委常委、利通区委书记陈宏主持召开利通区区级领导干部大会。

22—25日，吴忠市委常委、

利通区委书记陈宏督导利通区疫情防控工作。

26日，区委副书记、政府区长宋喜开展利通区疫情挖根行动，对辖区14个集中隔离点进行了督导检查，与隔离点驻点干部逐一通话，详细了解隔离人员情况和驻点工作人员、医护人员配备，现场协调解决相关问题。

29日，吴忠市委常委、利通区委书记陈宏主持召开闲置校舍改造集中隔离点工作会议。

30日，吴忠市委常委、利通区委书记陈宏主持召开利通区疫情防控挖根行动工作调度会，并督导利通区疫情防控工作。

12月

1—2日，吴忠市委常委、利通区委书记陈宏主持召开利通区疫情防控挖根行动工作调度会，并督导利通区疫情防控工作。

6日，利通区组织党员干部职工集中收听收看江泽民同志追悼会。

同日，吴忠市委常委、利通区委书记陈宏主持召开利通区委统一战线工作领导小组2022年第3次会议。

同日，吴忠市委常委、利通区委书记陈宏主持召开利通区委农村工作领导小组2022年第4次会议，传达学习自治区2022年度巩固拓展脱贫攻坚成果同乡村振兴有效衔接考核评估和中央一号文件贯彻落实情况督查动员会精神，安排部署下一步工作。会议还研究审定了《利通区乡村全面振兴样板区建设实施方案（送审稿）》《吴忠市利通区关于打造塞上乡村乐园的实施方案（送审稿）》。

8日，吴忠市委常委、利通区委书记陈宏主持召开利通区领导干部大会。

同日，吴忠市委常委、利通区委书记陈宏主持召开利通区重大安全风险研判防控工作机制2022年第1次会议暨区委国家安全委员会2022年第5次会议。

同日，吴忠市委常委、利通区委书记陈宏主持召开利通区委外事工作委员会2022年第2次会议。

同日，吴忠市委常委、利通区委书记陈宏主持召开利通区委审计委员会2022年第7次会议。

同日，吴忠市委常委、利通区委书记陈宏主持召开利通区总林长2022年第3次会议，传达学习自治区林长第1次会议精神，听取了利通区林长制工作推进情况汇报。

同日，吴忠市委常委、利通区委书记陈宏主持召开利通区委应对新冠病毒疫情工作领导小组第38次会议。

12日，政协吴忠市利通区第五届委员会第二次会议召开。

20日，利通区召开利通区党员冬季轮训班，吴忠市委常委、利通区委书记陈宏出席会议并宣讲党的二十大精神。

同日，区委副书记、政府区长宋喜督导检查郭家桥职业技术学校、巴浪湖学校集中隔离点改造工作，调研宁储板桥共享储能电站投产运营情况。

22日，吴忠市委常委、利通区委书记陈宏主持召开利通区2022年度党委（党组、工委）书记述责述廉会议，听取党委（党组、工委）书记述责述廉，安排部署下一步工作。

同日，吴忠市委常委、利通区委书记、依法治区委员会主任陈宏主持召开利通区2022年度党委（党组、工委）书记履行推进法治建设第一责任人述职会议，听取党委（党组、工委）书记履行推进法治建设第一责任人职责述职，安排部署下一步工作。

同日，吴忠市委常委、区委书记陈宏主持召开利通区2022年度党委（党组、工委）落实意识形态工作责任制述职会议，听取利通区部分重点监测单位落实意识形态工作责任制情况汇报，安排部署下一步工作。

同日，吴忠市委常委、利通区委书记、人武部党委第一书记陈宏主持召开利通区2022年度党管武装述职暨人民武装委员会会议，听取各乡镇党委书记、武装部政治教导员党管武装工作述职，安排部署2023年工作任务。

23—24日，吴忠市委常委、利通区委书记陈宏主持召开区委专题会，听取各乡镇、各部门2023年工作思路汇报，安排部署下一步工作。

同日，吴忠市委常委、利通区委书记陈宏主持召开利通区委应对新冠病毒疫情工作领导小组第39次会议。

同日，吴忠市委常委、利通区委书记陈宏主持召开利通区委机构编制委员会2022年第5次会议，传达学习梁言顺同志在自治区党委编委第七次会议上的讲话精神。研究审定了调整利通区国防动员体制改革涉及机构编制、《吴忠市利通区城乡环境卫生管理中心机构编制方案（送审稿）》等事宜。

28日，吴忠市委常委、利通区委书记陈宏主持召开利通区党的建设领导小组2022年第6次会议。

29日，吴忠市委常委、利通区委书记陈宏带队前往东塔寺乡卫生院、上桥镇卫生院、高闸镇卫生院等基层卫生院调研利通区医疗救治体系和医药物资储备调配等工作。

30日，吴忠市委常委、利通区委书记陈宏督导检查利通区元旦节前安全生产工作。

综 览

地理人文

【自然地理】

利通区地处银川平原南端，西临黄河与青铜峡市毗连，南与中宁、红寺堡两县交界，东北部与灵武市接壤，距宁夏首府银川市59千米。地处宁夏平原中部，黄河中上游，介于东经104°10′~107°39′、北纬35°14′~39°23′之间，总面积1384平方千米。地势南高北低，似宝瓶形，境内沟渠纵横，林带成网，平均海拔1125米。

【人口民族】

截至2022年年末，利通区常住人口为46.45万人，与上年相比增加0.15万人，其中，城镇人口33.12万人，占全区常住人口的71.3%，乡村人口13.33万人，占全区常住人口的28.7%。人口出生率9.06%，死亡率5.82%；自然增长率3.24%。2022年年末利通区公安户籍总人口418213人，其中，城镇人口218100人，乡村人口200113人；汉族人口152545人，占总人口的36.48%，其他民族人口265668人，占总人口的63.52%。

【自然资源】

利通区土地总面积106424公顷，其中林地面积27145公顷，占利通区总面积的25.5%；非林地面积79279公顷，占利通区总面积的74.5%。

【气候特征】

利通区属温带半干旱气候区，冬无严寒，夏无酷暑。年降水量在260毫米，年蒸发量在2000毫米，平均气温11.2℃，极端气温最低为−22.4℃，四季分明，日照充足，蒸发强烈，雨雪稀少，昼夜温差大，全年日照3000小时，无霜期171天，是全国太阳辐射最充足的地区之一，适宜农作物及瓜果生长。每年5—10月间，利通区气候宜人，是旅游观光的黄金季节。具有春暖迟、夏热短、秋凉早、冬寒长的特点。

【行政区划】

利通区辖8镇4乡、106个行政村、3个农场（办）、28个社区，区政府驻地胜利镇。镇：上桥镇、古城镇、金星镇、胜利镇、金积镇、金银滩镇、高闸镇、扁担沟镇。乡：东塔寺乡、板桥乡、马莲渠乡、郭家桥乡。

经济建设

【总体经济情况】

2022年，利通区实现地区生产总值254.96亿元，按不变价格计算，同比增长1.2%。从产业看，第一产业实现增加值31.36亿元，同比增长4.6%，对经济增长的贡献率为46.6%，拉动经济增长0.5个百分点。第二产业实现增加值115.42亿元，同比增长 -0.3%。第三产业实现增加值108.19亿元，同比增长1.6%。对经济增长的贡献率为64.5%，拉动经济增长0.8个百分点。一二三产业占地区生产总值的比重由上年同期的12.6∶42.9∶44.5调整为12.3∶45.3∶42.4。

【现代农业】

利通区深入推进五里坡、鸽堂沟奶牛养殖基地建设，新建标准化养殖场9家，培育“50·300”家庭牧场8家，奶牛存栏23.3万头，生鲜乳年产量116万吨，奶产业优势持续巩固。肉牛、滩羊存栏分别达到11.2万头、27.2万只。高标准整治农田25.7万亩，新增高效节水灌溉1.97万亩。粮食种植面积25.4万亩，粮食总产量15.3万吨。建成绿色瓜菜种植基地7个，瓜菜种植6.45万亩。新培育产业化龙头企业6家、示范合作社8家、星级家庭农场7家，认证“三品一标”18个。历时三年成功创建第四批国家现代农业产业园，入围全国农业现代化示范区创建名单。全年农林牧渔业增加值增长6%。

【工业经济】

利通区全面落实自治区工业稳增长36条，出台帮扶中小微企业纾困解难40条，帮助企业融资12.7亿元，留抵退税4122万元。实施宁储板桥共享储能电站等工业项目8个，全面完成骅泰自动化焊接机械臂等技改项目4个，顺利承接金积工业园区纺织服装产业发展区块。新增规上工业企业4家，培育自治区“专精特新”中小企业5家、标志性主导产业链“链主”企业6家，战略性新兴产业占规上工业增加值的比重达到11.7%。万元 GDP 综合能耗下降任务全面完成。全年规上工业增加值增长3%。

【现代服务业】

利通区实施吴吃堡城、黄河文化公园等重点服务业项目15个，打造市级以上服务业集聚区4个。建成利通区电子商务孵化基地，举办“吃住行游购娱”等各类促消费活动45场次，带动消费2亿元以上。联合举办第二届吴忠早茶美食文化节，培育中餐特色美食企业7家、早茶示范店11家，早茶产业收入达到8亿元。出台“引客入利”政策，举行“两晒一促”推介活动，举办第五届乡村文化旅游节，打造白寺滩等特色旅游民宿集群4个，新增精品民宿、农家小院90家。“吴忠黄河金岸趣味赏花游”入选全国推介旅游线路，东塔寺乡入选全国乡村旅游重点村镇，牛家坊村入围全国乡村特色产业超亿元村，新华桥村被评为中国美丽休闲乡村。全年累计接待游客212万人次，实现旅游收入9330万元，分别增长20%、16%。

【科技创新】

利通区创新实施“1788”工作机制，联合宁夏农林科学院建成蔬菜博士指导工作站，依托宁夏民族职业技术学院成立全区首家奶业现代产业学院，国家农业科技现代化先行县建设经验在全国交流。争取自治区科技专项资金3800万元，引进高层次人才15名，实施自治区级重点科技项目12个，培育国家级高新科技企业4家、“瞪羚”企业2家，新增自治区科技

“小巨人”、农业高新技术等企业52家，打造科技创新平台11个、示范基地15个。

【城乡建设】

利通区以打造塞上乡村乐园和宜居宜业城镇为抓手，推进城乡共建、协同发展，区域整体形象全面提升。实施乡村建设行动，五里坡奶牛园区苦水河大桥建成通车，新增农村公路43公里、改造抗震宜居农房331户，群众走路更舒心、住房更安心。推进农村人居环境综合整治，农村卫生厕所改造率达到92.5%，金积镇、郭家桥乡重点小城镇建设高标准推进。实施城市更新行动，分类排查整治安全隐患自建房屋20栋，改造老旧小区35个、小区防汛排涝系统164处。梯次推进生活垃圾分类收集转运处理工作，城乡环境卫生保洁覆盖率和生活垃圾无害化处理率均达到100%。五里坡奶牛园区苦水河大桥建成通车。

政治建设

【党的建设】

2022年，中共利通区委始终深入贯彻落实新时代党的建设总要求和新时代党的组织路线，坚持和加强党的全面领导，坚定不移推动全面从严治党向纵深发展、向基层延伸。常委会始终把习近平总书记发表的重要讲话、作出的重要指示批示精神作为“第一议题”，及时传达学习，认真研究落实，推动各级党员干部在政治立场、政治方向、政治原则、政治道路上同党中央保持高度一致，推动党中央和区市党委各项决策部署在利通区落地见效，坚定捍卫“两个确立”，坚决做到“两个维护”。严格执行民主集中制、重大事项请示报告等制度，坚持科学执政、民主执政、依法执政，政治能力和领导水平不断提高。始终坚持党管意识形态，建立健全各级党委（党组）意识形态工作任务、问题、责任“三个清单”，牢牢掌握意识形态工作领导权、管理权、话语权。加强意识形态阵地建设和管理，不断提高民族、宗教、学校、网络等领域意识形态治理能力，有序推进“正道”“新风”两大集中行动，扎实开展“清朗”“净网”等专项行动，风清气正的良好局面更加巩固，全区意识形态领域总体稳定。坚持把纪律和规矩挺在前面，全面夯实管党治党的政治责任，强化“一把手”和领导班子监督，领导班子和领导干部的决策和用权行为持续规范。持之以恒落实中央八项规定及其实施细则精神和自治区“八条禁令”，与时俱进纠“四风”树新风，开展工程建设政府采购等重点领域突出问题专项治理、违规收送红包礼金和不当收益及违规借转贷或高额放贷专项整治，求真务实、清正廉洁的新风正气不断充盈。严格监督执纪问责，运用“四种形态”批评教育帮助和处理党员干部131人次，立案43件43人，始终保持反腐高压态势。开展2轮6个乡镇党委巡察，延伸巡察村（社区）60个，共发现问题537个，有效发挥了巡察“利剑”和审计“体检”作用。

【基层组织建设】

2022年，中共利通区委坚持大抓基层鲜明导向，聚焦乡村振兴，扎实推进“一抓两整”、换届“回头看”、软弱涣散党组织整顿、“两个带头人”队伍培育、扶持壮大村集体经济等重点任务，切实增强了农村基层党组织的政治功能和组织功能。深化抓党建促基层治理，持续推进红色物业提质增效，大力培育自治红色骨干力量，联合党委“平战转换”“双报到双服务”等机制在疫情防控中得到实践检验。成立“小个专”综合党委，通过创建万达商圈等4个“小个专”党建示范街，推动新兴领域党建工作质量明显提升。统筹推进机关、中小学校党建工作，以高质量党建引领高质量发展的基础更加牢固。注重实践历练干部，抽调531名干部到乡村振兴、疫情防控、信访巡察等重要岗位、关键领域、重点环节交流历练，全方位提升干部应对和处理复杂问题能力。坚持标准选拔干部，树立以德为先、注重实绩的用人导向，提拔重用务实苦干、群众公认的89名优秀干部。强化素质培育干部，持续做好新时代基层党员干部主题培训，完成换届后乡镇领导班子等各类培训34期、培训基层干部6885人次，干部政治意识更加牢固、政治立场更加坚定、履职能力更加突出。

【民族团结建设】

2022年，中共利通区委持续推进铸牢中华民族共同体意识示范区建设，建成利通区铸牢中华民族共同体意识教育基地，打造中医药文化教育体验中心、秦汉文化大院两个体验区，培育金星镇裕西社区等“十进”领域示范点30个。实施各族群众凝心聚魂等5项工程，深入开展“中华民族一家亲、同心共筑中国梦”等系列活动200余场次，全面构筑中华民族共有精神家园，形成了各民族和睦相处、和衷共济、和谐发展的生动局面。

【基层治理】

利通区牢固树立总体国家安全观，开展“百日会战”“百日攻坚”“守土专项行动”，坚决维护国家政治安全。深入推进依法治区，强化市域社会治理现代化试点创建，全面落实“谁执法、谁普法”普法责任制，深化矛盾纠纷排查调处，集中化解信访积案，数字利通指挥中心投入试运行，社会治理效能持续增强，利通区被确定为开展公民法治素养提升行动全国试点地区，胜利镇上桥社区被评为全国先进基层群众性自治组织，上桥镇创建为自治区乡村治理示范镇。全面加强“平安利通”建设，有力开展打击整治养老诈骗专项行动和反诈人民战争，金积镇人民政府、利通区人民检察院被评为平安宁夏建设先进集体。扎实开展三大领域风险隐患问题排查整治，全区安全生产形势稳中向好，社会大局和谐安宁。

社会建设

【乡村振兴】

利通区严格落实脱贫户、监测户、低收入群体“四级包抓”责任机制，国家考核评估14个方面57个问题全面整改销号。争取衔接资金9033万元，实施扁担沟镇移民肉牛养殖园区等产业发展项目22个。创新“企业＋支部＋合作社＋移民＋金融＋保险”利益联结机制，新建改建设施温棚1600座，带动移民发展特色种植500亩、扩大肉牛养殖4000头，实现联农带农1209户，脱贫户人均可支配收入增长20.2%。建成移民一站式服务中心，发放小额信贷1960万元，实现移民就业5500人以上，“乡村振兴保”“乡村振兴防贫救助保”实现全覆盖。

【就业创业】

坚持把就业作为民生之本，全面落实居民收入提升行动，紧盯退役军人、高校毕业生、农民工等重点就业群体，培育创业实体749家，带动就业3028人，开展各类职业技能培训50期1977人，新增城镇就业3605

人，调查失业率控制在5.5%以内。依托特色农业产业就地就近提供务工岗位9000余个，农村劳动力转移就业2.3万人、工资性收入达3亿元，城乡居民人均可支配收入分别增长7%、8%。

【教育事业】

坚持教育优先发展战略，全面落实教育质量提升行动，新扩建中小学、幼儿园5所，新增学位2700个，推进学前教育普及普惠，义务教育优质均衡发展。促进“互联网+教育”融合应用创新，打造“互联网+教育”五育并举教育体系。同步推进中小学校党组织领导的校长负责制和县管校聘改革，采取学校竞聘上岗与组织统筹调剂相结合的措施，推动区域学校师资均衡配置。构建校园治理“四个体系”和“15541”工作模式，现代化校园治理水平不断提升。

【卫生健康】

坚持把保障人民健康放在优先发展的战略位置，全面落实健康水平提升行动，深化“互联网+医疗健康”示范区和健康利通建设，扎实开展“优质服务基层行”活动，建成吴忠市方舱医院、利通区人民医院，创建国家推荐标准卫生院3家，实现乡镇卫生院国家标准和中医馆全覆盖，紧密型医共体建设迈出实质性步伐，群众医疗卫生服务更加优质便捷。全区人均预期寿命提高到76.6岁，居民健康素养水平提高至22.08%，获自治区全民健康水平提升行动沿黄市辖区考核第一名。

【社会保障】

聚焦群众切身利益，健全完善以基本生活救助、专项社会救助、急难社会救助为主体，社会力量参与为补充，覆盖全面、分层分类、综合高效的社会救助格局，累计发放各类救济救助金8647余万元。全面实施全民参保计划，全面完成养老保险参保任务，医疗保险参保率达到96%以上。强化妇女儿童、失独家庭、未成年人关爱服务，特殊群体权益更有保障。积极健全社会养老服务体系，全区千名老人养老床位数达到37张，胜利镇新华社区创建为全国示范性老年友好型社区。

生态文明建设

【污染防治】

利通区实施入黄排水沟水环境综合治理项目，整治河湖“四乱”问题313个，治理河湖沟道85公里，重点入黄排水沟水质稳定在Ⅳ类标准及以上，黄河过境断面水质保持Ⅱ类进Ⅱ类出，集中式饮用水水质全部达标，清水沟被评为自治区示范河湖。实施农村生活污水治理项目15个，新建扩建农村生活污水处理站4座，农村生活污水治理率达65%以上，治理经验在自治区交流推广。严控建筑施工、道路扬尘、餐饮油烟等污染，实施农村清洁取暖“双替代”1.5万户，全区优良天数比例达到82%，环境空气质量稳定达到国家二级标准。持续开展农业面源污染治理，打造有机肥应用示范点10个，农作物秸秆综合利用率和农用残膜回收率均达到90%以上。

【生态保护修复】

利通区统筹山水林田湖草沙系统治理，拓展营造林2.64万亩，修复退化生态草原1.5万亩。实施完成小流域综合治理、山洪沟道治理等8项工程，治理水土流失10.67平方公里。高效节灌水权转换项目按期竣工，各级环保督察反馈问题年度整改任务全面完成。

精神文明建设

2022年，中共利通区委坚持以公民素养提升推动社会文明提升，全面落实文明素养提升行动，大力培育和践行社会主义核心价值观，拓展新时代文明实践中心建设，实现乡镇、村（社区）新时代文明实践所（站）、学雷锋志愿服务点全覆盖，常态化开展“365”志愿服务5000余场次，兰花热心小组慈善协会荣获“全国先进社会组织”称号，2022年第三季度“中国好人榜”发布仪式暨全国道德模范与身边好人现场交流活动在牛家坊村举办。扎实推进移风易俗，广泛深入开展新闻宣传、网络宣传、社会宣传，通过短视频、微传播、云端课堂、专栏解读、宣传标语等方式，把会议精神延伸到每一个角落，营造了奋进新征程的良好社会氛围。依托“五朵金花”、董毅说书、“金声田韵”等宣讲品牌，多层次、多形式宣讲2000余场次，受众6.6万余人次，持续推动会议精神飞入寻常百姓家、传入田间地头里。大力繁荣文化事业，实施文化馆5G数字化平台建设和智慧图书馆应用项目，广泛开展阅读推广、文艺演出、“送戏下乡”等各类活动380余场次，群众文化生活不断丰富繁荣，精神面貌焕然一新。

组织机构及领导人

（2022年1月1日—12月31日在职）

中共吴忠市利通区委员会

书　记：陈　宏

副书记：宋　喜

　　　　马　泰

常　委：钱晓明

　　　　温丽娟

　　　　马长军（回族，2022年2月免）

　　　　王贻宁

　　　　马　迁（回族，2022年1月免）

　　　　王学海（回族）

　　　　郭志强

　　　　马铁斌（回族）

　　　　辛建平（2022年5月任）

　　　　马泽新（回族，2022年5月任，10月免）

　　　　乔　喜（2022年11月任）

区委办公室

主　任：任少平（2022年8月免）

　　　　牛旭升（回族，2022年8月任）

副主任：马　伟（回族，2022年8月免）

　　　　张亚玮

　　　　杨攀龙（2022年8月任）

　　　　马　彪（2022年10月任）

　　　　王琛皓（2022年12月任）

利通区人大常委会

主　任：赵金峰

副主任：李　渊（回族）

　　　　张庆华

　　　　马学军（回族）

办公室主任：洪　军（2022年8月免）

　　　　强海涛（回族，2022年8月任）

人大民族宗教法制工作委员会主任：

　　　　马晓琴（女，回族）

人大代表联络与选举委员会主任：

　　　　梁成勇（2022年8月免）

　　　　叶自明（2022年8月任）

人大财经农业教科文卫工作委员会主任：

　　　　李绍斌（2022年8月免）

　　　　周国鸿（2022年8月任）

办公室副主任：马玲红（女，回族，2022年10月免）

马晓芳（女，回族，2022年10月任）

利通区人民政府

区　长：宋　喜

副区长：马长军（回族，2022年2月免）

马铁斌（回族）

马　迁（回族，2022年1月免）

马泽新（回族，2022年5月提名，10月免）

乔　喜（2022年12月任）

官　雨（2022年6月免）

杨　平（2022年6月提名）

杨晓娟（女）

郭春晖

政府办公室

主任（信访局局长）：谭学军

副主任（信访局副局长）：马新民（回族）

副主任：王小宏（回族）

刘晓梅（女，回族，2022年8月任）

政协利通区委员会

主　席：周忠德（回族）

副主席：杨红梅（女，回族）

马金良（回族）

徐建军

办公室主任：李建宁（2022年8月免）

马忠国（回族，2022年8月任）

政协提案和委员联络委员会主任：

刘少荣（女，2021年6月任）

政协教科文卫体委员会主任：

沈天惠（女）

政协社会治理委员会主任：

田　升（2022年8月免）

任少军（回族，2022年8月任）

政协经济委员会主任：

韩向荣（女，回族）

办公室副主任：李　潇（女）

利通区人民法院

党组书记、院　长：郭　勤

党组成员、副院长：

王晓明（回族，2022年6月免）

王学祥（回族，2022年6月免）

张道春（2022年6月免）

赵　军（2022年6月任）

张莉琴（女，回族，2022年6月任）

贾淑玲（女，2022年6月任）

利通区人民检察院

党组书记、检察长：郭生鹏

党组成员、副检察长：

张国栋（回族，2022年6月免）

陈丽春（女，2022年6月免）

贾少川

杨学萍（女，回族，2022年6月任）

刘丽娟（女，2022年6月任）

利通区人民武装部

政　委：钱晓明

部　长：白文明

军事科科长：陈　铎

政工科负责人：薛慧杰

保障科负责人：林嘉楠

区委工作部门

纪委监委

纪委书记、监委主任：郭志强

纪委副书记、监委副主任：

杨晓勃

马学贵（回族，2022年4月任）

纪委常委、监委委员：

曹瑞瑛（女）

马学贵（回族，2022年4月免）

虎　鹏（2022年8月免）

李金梅（女，2022年4月任）

郭凯丽（女，回族，2022年8月任）

监委委员：赵玉春（回族）

组织部

部　长：温丽娟（女）

副部长（区直机关工委副书记）：

赵小林

副部长：何金容（女，回族）

郝　健（回族）

宣传部

部　长：王贻宁

副部长、文明办主任：马　晶（回族）

副部长：王红苗（女，2022年8月免）

武丽莉（女，2022年10月任）

统战部

部　长：王学海（回族）

副部长（民族宗教事务局局长）：马建云（回族）

副部长：刘梦彬（女）

政法委

书　记：马　泰

副书记：马俊平（回族）

王彦萍（女，2022年10月免）

丁　骁（回族，2022年10月任）

政策研究室

主　任：赵建强（2022年8月免）

马伏江（回族，2022年8月任）

副主任：马伏江（回族，2022年8月免）

网络安全和信息化委员会办公室

主　任：宁晓宇（回族）

副主任：杜晓刚（2022年4月免）

胡　雪（女，2022年4月任）

机构编制委员会办公室

主　任：鲁兴平

副主任：马荔枝（女，回族，2022年4月任）

巡察工作领导小组办公室

主　任：马文霞（女，回族，2022年8月免）

　　　　鲍晓菲（女，2022年8月任）

副主任：康立功

关心下一代工作委员会

主　任：闵　波（2022年8月任）

副主任：张福新（回族）

区政府工作部门

发展和改革局

局长（金融工作局局长、粮食和物资储备局局长）：

　　　　杨卫军（2022年8月免）

　　　　童晓英（女，回族，2022年8月任）

副局长：周保军（回族）

　　　　童晓英（女，回族，2022年4月任，8月免）

教育局

局　长：周　茂

副局长：王　颖（女，回族，2022年4月任）

　　　　马婷婷（女，回族）

　　　　鲁少辉（2022年6月调任）

科学技术局

局　长：丁剑峰（回族）

副局长：撒风兰（女，回族）

工业信息化和商务局

局　长：田学明（2022年8月免）

　　　　王　瑛（女，2022年8月任）

副局长：王　春（回族，2022年1月免）

　　　　史文丹（女，2022年8月免）

　　　　庞　悦（女，回族，2022年4月任）

　　　　马　伟（回族，2022年8月任）

公安分局

分局党委书记、局长：官　雨（2022年6月免）

　　　　杨　平（回族，2022年6月任）

分局党委副书记、政委：郭　佳（回族）

分局党委委员、副局长：

　　　　蔡明华（回族）

　　　　杨　健（回族）

　　　　王　涛

民政局

局　长：马利克（回族）

副局长：王保忠（回族）

　　　　金晓萍（女，回族）

司法局

局　长：马英明（回族）

副局长：陈金瑜（2022年8月免）

　　　　吴学华（女，2022年10月免）

　　　　马子茜（女，回族，2022年10月任）

　　　　马丽雯（女，回族，2022年8月任）

财政局

局　长：涂　娜（回族）

副局长：鲍晓菲（女，2022年8月免）

　　　　王　燕（女）

　　　　王　玲（女，回族，2022年8月任）

人力资源和社会保障局

局　长：任少军（回族，2022年8月免）

丁爱华（女，回族，2022年8月任）

副局长：杜小峡（女，2022年8月免）

马淑娟（女，回族）

马灵燕（女，回族，2022年8月任）

自然资源局

局长（林业和草原局局长）：

牛旭升（回族，2022年8月免）

赵建强（2022年8月任）

副局长：桂进才

和艳波（女）

王　权

生态环境分局

局　长：王宏德

住房城乡建设和交通局

局　长：张广军

副局长：许晓钰（女，2022年8月免）

马希慧（回族）

水务局

局　长：马铁马

副局长：杜彦斌

农业农村局

局　长：辛建平（2022年5月免）

郝学忠（回族，2022年8月任）

副局长：田学福（回族）

眭　浩

纪　刚（2022年4月任）

文化旅游体育广电局

局长（文物局局长）：马克勤（回族）

副局长：金晓荣（女，回族）

哈　燕（女，回族，2022年4月任）

卫生健康局

局　长：马小林（回族）

副局长：吴学忠（回族）

马丽华（女，回族）

退役军人事务局

局　长：强海涛（回，2022年8月免）

杜小峡（2022年8月任）

副局长：何　勇（2022年8月免）

马伏海（回族）

应急管理局

局　长：马学军（回族）

副局长：何俊文（回族）

赵科军

马学军（回族）

审计局

局　长：张晓萍（女）

副局长：马林军（回族，2022年4月免）

惠彦彦（女，回族，2022年4月任）

刘　婷（女）

统计局

党组书记：马福军（回族）

局　长：马　瑞（女，回族）

副局长：杨　丽（女，回族）

综合执法局

局　长：焦志敏

副局长：周迎春（瑶族）

纪　刚（回族，2022年4月免）

杜晓刚（2022年4月任）

马林军（回族，2022年4月任）

医疗保障局

局　长：马自强（回族，2022年8月免）

许晓钰（女，2022年8月任）

副局长：金国仁

审批服务管理局

党组书记：聂俊花（女）

局　长：马　阳（女）

副局长：王建辉

群团组织

利通区总工会

主　席：李娟清（女，2022年10月免）

张庆华（2022年10月提名）

副主席：周国鸿（2022年8月免）

王红苗（女，2022年8月提名）

艾永峰（2022年1月免）

金晓菲（女，2022年8月提名）

沈玉琴（女）

共青团利通区委员会

书　记：俞　娇（女，2022年4月任）

副书记：张雨萌（女）

利通区妇女联合会

主　席：丁素红（女，回族）

副主席：丁丽琴（女，回族，2022年1月免）

杨静美（女，2022年4月任）

利通区红十字会

会　长：杨晓娟（女）

常务副会长：马金瑞（回族）

专职副监事长：王海燕（女）

利通区残疾人联合会

理事长：曹玉魁（2022年4月任）

副理事长：绽红花（女，回族）

企事业单位

巴浪湖农场

党委书记董事长：孟卫成

党委副书记总经理：郭彦斌

纪委书记：周立春

副总经理：李万虎

李建军

陈泽贵

办公室负责人：高　洋

吴忠林场

场　长：冯　骦

副场长：徐志勤（女）
刘飞飞

机关事务管理中心

主　任：唐少梅（女）
副主任：盛立霞（女）

吴忠市供销社

主　任：谢万奇

利通区城乡环境卫生管理中心

党总支书记、主任：何伟民（9月免，回族）
何志坚（9月任）
党总支副书记、副主任：张　媛（12月免，女）
退休党员党支部书记、副主任：马红兵
机关党支部书记、工会主席：郭红武

融通公司

董事长：何伟民（回族）
总经理：马　晔

自治区驻利单位

税务局

党委书记局长：苏吉生（回族）
副局长：李　鑫（女）
李克琳（2022年8月免）
来建斌
丁学忠
罗　京（女）
王　虎（2022年8月任）

市场监督管理局利通区分局

局党总支书记、局长：孙尚杰（2022年1月任）
局党总支副书记：靳宁雯（女，2022年1月任）
局党总支委员、副局长：黄　毅（满族）
马洪志（回族）
马　军（回族，2022年12月）

消防救援大队

大队长：张　甲
教导员：马冬生（回族）
副大队长：司宁华（2022年4月任）
邓树霏（2022年4月任）

气象局

副局长（主持工作）：宋慧萍

利通区供电公司

经　理：吴宝贵（2022年7月免）
胡宝宁（2022年7月任）
党委书记：强　荣（回族）
副经理：杨瑞亮（2022年7月免）
边　疆（2022年7月任）
陈腾飞

乡　镇

金积镇

党委书记：马铁斌（回族，2022年5月任）
辛建平（2022年6月任）
党委副书记、政府镇长：莫　鹏
人大主席：马忠吉（回族）

党委副书记：马广韬
纪委书记：刘晓东（回族）
党委委员、组织委员：牛晓娟（女，回族）
党委委员、政府副镇长：
童晓英（女，回，2022年4月免）
朱　桃
党委委员、武装部部长：李　铁（回族）
政府副镇长：杨攀龙（2022年8月免）
杨兴荣（回族，2022年8月提名）
党委副书记：王　晶（女，回族）
纪委书记：张　荣
党委委员、组织委员：余海娜（女）
党委委员、政府副镇长：马　萍（女，回族）
杨志瑞
党委委员、武装部部长：何玉滨（回）
政府副镇长：马　奔

高闸镇

党委书记：柏永宏（2022年4月免）
周立峰（回族，2022年4月任）
党委副书记、政府镇长：
王耀林（回族）
人大主席：马小东（回族）
党委副书记：王　琦（回族）
纪委书记：马　毓（女，回族，2022年8月免）
顾晓莉（女，2022年8月任）
党委委员、组织委员：顾晓莉（女，2022年8月免）
武　静（女，2022年10月任）
党委委员、政府副镇长：
金存军（回族，2022年10月免）
杨作义（回族）
党委委员、武装部部长：苏晓明（回族）

金银滩镇

党委书记：王　瑛（女，2022年8月免）
王志武（回族，2022年8月任）
党委副书记、政府镇长：
王志武（回族，2022年8月免）
唐新军（2022年8月任）
人大主席：文　林（2022年8月免）

扁担沟镇

党委书记：周立峰（回族，2022年4月免）
柏永宏（2022年4月任）
党委副书记、政府镇长：
黎龙强（2021年6月任）
王　莹（女，2022年4月任）
人大主席：刘　海
党委副书记：王　莹（女，2022年4月免）
马克凤（女，回族，2022年4月任，8月免）
何　勇（2022年8月任）
纪委书记：赵宏军
党委委员、组织委员：唐　刚（2022年8月免）
马　越（女，回族，2022年8月任）
党委委员、政府副镇长：
马克凤（女，回族，2022年8月免）
马天虎（回族）
党委委员、武装部部长：
马如刚（回族）
政府副镇长：金　龙（回族）

古城镇

党委书记：马忠国（回族，2022年8月免）
马文霞（女，回族，2022年8月任）

党委副书记、政府镇长：丁学林（回族）

人大主席：马卫宁（回族）

党委副书记：张　鑫

纪委书记：黄建军（回族）

党委委员、组织委员：马　晖（女，回族）

党委委员、政府副镇长：马海燕（女，回族）

　　张　玉

党委委员、武装部部长：吴志军（回族）

政府副镇长：锁国心（回族）

上桥镇

党委书记：吴建林

党委副书记、政府镇长：陈云佳（女）

人大主席：唐新军（2022年8月免）

党委副书记：马国云

纪委书记：吴　媛（女，回族，2022年8月免）

党委委员、组织委员：王　蓉（女，回族）

党委委员、政府副镇长：李　洋（女,2022年8月免）

　　张　丽（女，2022年8月任）

党委委员、武装部部长：马云涛

政府副镇长：毕　涛（女，2022年8月任党委委员）

　　刘丹彤（2022年8月任）

胜利镇

党委书记：丁爱华（女，回族，2022年8月免）

　　任少平（2022年8月任）

党委副书记、政府镇长：吴伟伟

人大主席：杨德云

党委副书记：金晓菲（女，回族，2022年8月免）

　　吴　媛（女，回族，2022年8月任）

纪委书记：刘宁芳（2021年4月任）

党委委员、组织委员：

　　马荔枝（女，回族，2022年8月免）

　　张　宇（女，回族，2022年8月任）

党委委员、政府副镇长：金冬至（回族）

　　黄　鑫

党委委员、武装部部长：杨　文（回族）

金星镇

党委书记：马　琰

党委副书记、政府镇长：

　　鲍文强（女，回族）

人大主席：刘丽萍（女）

党委副书记：王伊莎（女，回族，2022年8月免）

　　张　婕（女，回族，2022年8月任）

纪委书记：马光兵（回族）

党委委员、组织委员：杨　静（女，回族）

党委委员、政府副镇长：

　　马利军（回族）

　　兰　芳（女，回族，2022年8月免）

党委委员、武装部部长：聂文庆

东塔寺乡

党委书记：尤　韬（2022年8月免）

　　李建宁（2022年8月任）

党委副书记、政府乡长：

　　王　乐（回族）

人大主席：叶自明（2022年8月免）

党委副书记：肖　飞

纪委书记：马　勇（回族）

党委委员、组织委员：

　　王　颖（女，回族，2022年4月免）

金　鹿（女，回族，2022年4月任）

党委委员、政府副乡长：

马国兵（回族）

魏娜娜（女）

党委委员、武装部部长：

武丽莉（女，2022年10月免）

马　翔（回族，2022年10月任）

政府副乡长：马　林（回族）

板桥乡

党委书记：郝学忠（回族，2022年8月免）

杨卫军（2022年8月任）

党委副书记、政府乡长：张建民（回族）

人大主席：韩　磊

党委副书记：万文霞（女）

纪委书记：唐　刚（2022年8月任）

党委委员、组织委员：

武　桐（女，回族，2022年8月免）

杨丽华（女，回族，2022年8月任）

党委委员、政府副乡长：张宝宁

马惠平（女，回族）

党委委员、武装部部长：杨　婷（女，回族）

政府副乡长：范钊槐

马莲渠乡

党委书记：刘东阳

党委副书记、政府乡长：王　萍

人大主席：杨兴荣（回族，2022年8月免）

文　林（2022年8月提名）

党委副书记：

何志坚（2022年8月免）

马克凤（女，回族，2022年8月任）

纪委书记：马瑞峰（回族）

党委委员、组织委员：姚海峰（女）

党委委员、政府副乡长：杨静美（女,2022年4月免）

丁　宇（女，回族，2022年10月免）

蒋　钊（2022年8月任）

金存军（回族，2022年10月任）

党委委员、武装部部长：梁　栋

政府副乡长：马　霭（女，回族）

郭家桥乡

党委书记：白学军（回族）

党委副书记、政府乡长：李　玲

党委副书记：杨冰云（回族）

纪委书记：丁广（回族）

党委委员、组织委员：安洋洋（女）

党委委员、政府副乡长：景旭萍（女）

马成林（回族）

党委委员、武装部部长：黑岳峰（回族）

中国共产党吴忠市利通区委员会

综　述

2022年，面对疫情防控的严峻形势和经济下行的巨大压力，常委会坚持以习近平新时代中国特色社会主义思想为指导，深入学习贯彻党的二十大精神和习近平总书记视察宁夏重要讲话指示批示精神，全面落实自治区第十三次党代会和吴忠市第六次党代会精神，坚定执行党中央和自治区党委、吴忠市委决策部署，始终坚定“三个牢牢把握”方向指引和战略定位，对标对表“四新任务”，加快推进“三区建设”，深入实施“五大战略”，全区各项事业取得了新的进展。全年实现地区生产总值243亿元，同比增长3%；一般公共预算收入3.87亿元，同口径增长10%。城镇居民人均可支配收入39190元，增长7%；农村居民人均可支配收入20693元，增长8%。

重要会议

【利通区委五届二次全会】

1月14日，利通区召开区委五届二次全会。全会由区委常委会主持。全会审议通过了利通区推荐吴忠市出席党的二十大代表和出席自治区第十三次党代会代表候选人推荐人选。

【利通区委五届三次全会】

1月24日，利通区召开区委五届三次全会。市委常委、区委书记陈宏做了讲话。全会审议了区委常委会向全委会所作的工作报告，通过了《中共吴忠市利通区委员会关于全面贯彻落实〈中共宁夏回族自治区委员会关于全面贯彻落实党的十九届六中全会精神更加坚定维护习近平同志党中央的核心、全党的核心地位更加自觉坚持习近平新时代中国特色社会主义思想的指导地位的决议〉的实施意见（草案）》和《中共吴忠市利通区委员会关于创建铸牢中华民族共同体意识示范区推进利通区民族工作高质量发展的实施意见》《中共吴忠市利通区第五届委员会第三次全体会议决议（草案）》。全会号召，全区各级党组织和党员干部要更加紧密地团结在以习近平同志为核心的党中央周围，坚持以习近平新时代中国特色社会主义思想为指导，全面贯彻落实党的十九届六中全会精神和区、市党委全会精神，切实把智慧和力量凝聚到抓推进、促落实上，以优异成绩迎接党的二十大和自治区第十三次党代会胜利召开。

【利通区委五届四次全会】

11月7日，利通区召开区委五届四次全会。全会由区委常委会主持。全会审议通过了《中共吴忠市利通区委员会关于深入学习宣传贯彻党的二十大精神的实施意见》。全会号召，全区各级党组织、广大党员和干部群众要更加紧密团结在以习近平同志为核心的党中央周围，全面贯彻习近平新时代中国特色社会主义思想，坚定信心、同心同德，埋头苦干、真抓实干，为全面建设社会主义现代化美丽新宁夏、实现党的二十大确定的目标任务团结奋斗！

【利通区委五届五次全会】

12月9日，利通区召开区委五届五次全会。全会由区委常委会主持。吴忠市委常委、利通区委书记陈宏受常委会委托，向全会报告区委五届三次全会以来的工作，提出了明年经济社会发展各项工作的意见。全会号召，全区各级党组织、广大党员和干部群众要更加紧密地团结在以习近平同志为核心的党中央周围，坚定沿着习近平总书记指引的方向阔步前进，不忘初心、牢记使命，埋头苦干、勇毅前行，为全面建设社会主义现代化美丽新利通而不懈奋斗！

【五届区委2022年第一次常委会会议】

1月5日，市委常委、区委书记陈宏主持召开。会议研究审定了《利通区推荐出席党的二十大代表候选人推荐人选工作方案》《利通区推荐出席自治区第十三次党代表大会代表候选人推荐人选工作方案（送审稿）》《利通区委常委会党史学习教育专题民主生活会方案（送审稿）》《区委常委会2022年工作要点（送审稿）》等事宜。

【五届区委2022年第二次常委会会议】

1月6日，市委常委、区委书记陈宏主持召开。会议传达学习了国家主席习近平发表的2022年新年贺词，习近平总书记在全国政协新年茶话会上的重要讲话精神，关于党内法规工作的重要指示和全国党内法规工作会议精神等内容。会议听取了区委网信办、编办、巡察办及总工会、团委、妇联、红十字会2021年工作情况汇报。会议研究审定了《中共利通区委常委会工作报告》《中共吴忠市利通区委员会关于全面贯彻落实〈中共宁夏回族自治区委员会关于全面贯彻落实党的十九届六中全会精神更加坚定维护习近平同志党中央的核心、全党的核心地位更加自觉坚持习近平新时代中国特色社会主义思想的指导地位的决议〉的实施方案（送审稿）》《利通区2022年春节走访慰问实施方案（送审稿）》等事宜。

【五届区委2022年第三次常委会会议】

1月11日，市委常委、区委书记陈宏主持召开。会议传达学习了《中国共产党纪律检查委员会工作条例》、中共中央办公厅《关于加强巡视整改和成果运用的意见》，中共中央办公厅、国务院办公厅《关于更加有效发挥统计监督职能作用的意见》等内容。会议听取了工商联、科协、残联2021年工作情况汇报。会议还研究审定了《利通区2022年春节前走访慰问生活困难党员、老党员和老干部工作方案（送审稿）》《吴忠市利通区贯彻落实中央生态环境保护督察组转办信访投诉案件整改销号方案（送审稿）》；研究审定《利通区涉粮问题专项巡察反馈问题整改方案（送审稿)》《利通区开展党史学习教育总结报告(送审稿)》等事宜,套开区委党史学习教育领导小组第5次会议。

【五届区委2022年第四次常委会会议】

1月14日,市委常委、区委书记陈宏主持召开。会议推荐吴忠市出席党的二十大代表候选人推荐人选和吴忠市出席自治区第十三次党代表大会代表候选人推荐人选。

【五届区委2022年第五次常委会会议】

1月17日,市委常委、区委书记陈宏主持召开。会议传达学习了习近平总书记在省部级主要领导干部学习贯彻党的十九届六中全会精神专题研讨班开班式、中共中央政治局常务委员会会议上的重要讲话精神,自治区党委两会、春节、北京冬奥会期间维护社会稳定专题工作会议精神等内容。会议听取了自治区审计厅经济责任审计、易地搬迁专项审计调查、全区大气污染防治和节能减排资金专项审计调查情况汇报。会议还研究审定了《利通区经济责任审计反馈问题整改方案》《利通区易地搬迁专项审计调查反馈问题整改方案(送审稿)》等事宜。

【五届区委2022年第六次常委会会议】

1月24日,市委常委、区委书记陈宏主持召开。会议听取了各组对《中共吴忠市利通区委员会关于全面贯彻落实〈中共宁夏回族自治区委员会关于全面贯彻落实党的十九届六中全会精神更加坚定维护习近平同志党中央的核心全党的核心地位更加自觉坚持习近平新时代中国特色社会主义思想的指导地位的决议〉的实施意见(讨论稿)》等讨论情况的汇报。

【五届区委2022年第七次常委会(扩大)会议】

1月28日,市委常委、区委书记陈宏主持召开。会议传达学习了习近平总书记在中央政治局会议、中央政治局第三十六次集体学习的重要讲话精神,十九届中央纪委六次全会、自治区纪委十二届六次全会和吴忠市纪委六届二次全会精神等内容。会议听取了利通区安全生产工作、信访积案化解工作、“我为群众办实事”实践活动等工作情况汇报。会议还研究审定了《利通区纪委五届二次全会工作报告(送审稿)》,表彰利通区武装工作先进单位和先进个人,利通区出席共青团吴忠市第五次代表大会代表候选人建议人选等事宜,并对春节期间疫情防控、值班值守、信息报送等工作做了安排部署。

【五届区委2022年第八次常委会会议】

2月10日,市委常委、区委书记陈宏主持召开。会议研究了市直部门正处级领导干部考察对象建议人选。

【五届区委2022年第九次常委会会议】

2月10日,市委常委、区委书记陈宏主持召开。会议研究审定了市直部门正处级领导干部拟提拔人选。

【五届区委2022年第十次常委会(扩大)会议】

2月18日,市委常委、区委书记陈宏主持召开。会议传达学习了习近平总书记赴山西看望慰问基层干部群众、在2022年春节团拜会上的重要讲话精神,《中共中央办公厅、国务院办公厅关于印发地方党委和政府领导班子及其成员粮食安全责任制规定的通知》精神等内容。会议听取了利通区防范打击治理电信网络新型违法犯罪工作、重点人员、重点群体信访案件化解情况,2021年度发展党员工作开展情况汇报。会议还研究审定了《中共吴忠市利通区委巡察工作规划（2022—2026）（试行）》《2022年利通区委巡察工作要点》（送审稿）《利通区关于推进落实自治区党委办公厅政府办公厅关于推进新时代残疾人事业高质量发展的意见的实施方案（送审稿）》等事宜。

【五届区委2022年第十一次常委会会议】

市委常委、区委书记陈宏主持召开。会议研究了干部事宜。

【五届区委2022年第十二次常委会（扩大）会议】

3月10日，市委常委、区委书记陈宏主持召开。会议传达学习了习近平总书记在中央党校（国家行政学院）中青年干部培训班开班式、中央政治局会议、中央政治局第三十七次集体学习、全面深化改革委员会第二十四次会议上的重要讲话精神，《中共中央办公厅印发关于加强和改进新时代市县政协工作的意见的通知》等内容。会议听取了十二届自治区党委巡视反馈问题整改完成情况和工程建设政府采购等重点领域突出问题专项治理工作、安全生产、食品药品安全和消防救援等工作汇报，并安排部署相关工作。会议研究审定了《利通区区委和政府领导班子及其成员粮食安全责任制规定（送审稿）》《吴忠市利通区冬季清洁取暖实施方案（送审稿）》《2022年利通区高标准重点小城镇高质量美丽宜居村庄建设实施方案（送审稿）》等事宜。

【五届区委2022年第十三次常委会会议】

3月17日，市委常委、区委书记陈宏主持召开。会议传达学习了习近平总书记在全国两会部分团组会议上的重要讲话精神，十三届全国人大五次会议、全国政协十三届五次会议精神，自治区、吴忠市传达贯彻全国两会精神会议精神；传达学习习近平总书记关于党内法规工作的重要论述，《中华人民共和国民法典》（第一编）等内容。会议研究审定了《关于在全区村级党校和中小学开展国家安全教育工作的实施方案（送审稿）》《2022年“全区领导干部廉政警示教育周”实施方案》《2022年利通区全面从严治党党风廉政建设和反腐败工作主要任务分工方案（送审稿）》等事宜。

【五届区委2022年第十四次常委会（扩大）会议】

3月24日，市委常委、区委书记陈宏主持召开。传达学习了习近平总书记在中央政治局会议、同美国总统拜登视频通话时的重要讲话精神，对东航客机坠毁作出的重要指示，习近平总书记两次视察宁夏重要讲话精神等内容。会议听取了利通区贯彻落实习近平总书记视察宁夏重要讲话精神情况、实施“四大提升行动”工作情况、近期信访工作情况的汇报。会议研究审定了《关于加强清廉利通建设的实施方案（送审稿）》《全区机关事业单位工作人员健康体检工作实施方案（送审稿）》《利通区委、区政府领导班子成员安全生产责任清单（送审稿）》等事宜，并安排部署党的二十大安保维稳等工作。

【五届区委2022年第十五次常委会（扩大）会议】

4月1日，市委常委、区委书记陈宏主持召开。会议传达学习了习近平总书记向中瓦建交40周年、第四届中古两党理论研讨会致的贺电贺信，《中共宁夏回族自治区委员会关于新时代坚持和完善人民代表大会制度加强和改进人大工作的实施意见》等内容。研究审定了《利通区2022年实施农村居民收入提升行动重点任务及分工方案》《利通区2022—2025年粮食产业高质量发展实施方案（送审稿）》《利通区残疾人基层组织建设工作实施方案（送审稿）》等事宜。

【五届区委2022年第十六次常委会（扩大）会议】

4月20日，市委常委、区委书记陈宏主持召开。会议传达学习了习近平总书记在海南考察调研，在中央政治局常务委员会会议、北京冬奥会冬残奥会总结表彰大会上的重要讲话精神，自治区党委常委会会议精神，《信访工作条例》《中央信访工作联席会议办公室 国家信访局关于认真学习宣传贯彻落实信访工作条例的通知》精神等内容。

【五届区委2022年第十七次常委会（扩大）会议】

4月27日，市委常委、区委书记陈宏主持召开。传达学习习近平总书记在中央全面深化改革委员会第二十五次会议、博鳌亚洲论坛2022年年会开幕式上的重要讲话精神，给北京科技大学老教授的回信，致首届全民阅读大会的贺信等内容。会议听取了利通区粮食种植进展情况汇报。会议研究审定了《利通区关于推进中小学校教师“县管校聘”管理改革的实施方案（送审稿）》《吴忠市利通区全面推进黄河流域生态保护和高质量发展先行区建设2022年工作要点（送审稿）》等事宜，并对“五一”劳动节、开斋节期间疫情防控、信访维稳、安全生产、值班值守、信息报送等有关工作作了安排部署。

【五届区委2022年第十八次常委会（扩大）会议】

5月7日，市委常委、区委书记陈宏主持召开。会议传达学习了习近平总书记在中央政治局会议、中央政治局常务委员会会议、中央政治局第三十八次集体学习、中央财经委员会第十一次会议上的重要讲话精神，习近平总书记视察宁夏重要讲话精神，自治区党委常委会会议精神等内容。会议听取了利通区贯彻落实《中国共产党政法工作条例》及《中共宁夏回族自治区委员会贯彻〈中国共产党政法工作条例〉实施细则》情况、创建全国文明城市及未成年人思想道德建设等工作情况汇报，并安排部署相关工作。会议还研究审定了《中共利通区委关于落实自治区党委主要领导点人点事问题的整改方案》《中共利通区委关于落实自治区党委第二巡视组巡视反馈意见的整改方案》等事宜。

【五届区委2022年第十九次常委会（扩大）会议】

5月17日，市委常委、区委书记陈宏主持召开。会议传达学习了习近平总书记在庆祝中国共产主义青年团成立100周年大会上的重要讲话精神，李克强总理在农业农村部考察并主持召开座谈会时的讲话精神等内容。会议听取了利通区安全生产及自建房、城乡危房隐患排查整治等工作情况，并作出安排部署。会议还研究审定了《利通区人武部贯彻落实〈关于加强和改进新时代全民国防教育工作的意见〉的措施意见（送审稿）》《吴忠市利通区统计领域突出问题专项治理工作方案（送审稿）》等事宜。

【五届区委2022年第二十次常委会会议】

5月23日，市委常委、区委书记陈宏主持召开。会议研究审定了县区领导班子副职考察对象建议人选及公务员职级晋升考察对象建议人选。

【五届区委2022年第二十一次常委会会议】

5月23日，市委常委、区委书记陈宏主持召开。会议研究审定了2021年度利通区效能目标管理考核有关事宜。

【五届区委2022年第二十二次常委会（扩大）会议】

6月1日，市委常委、区委书记陈宏主持召开。会议传达学习了习近平总书记在《求是》杂志上发表的《正确认识和把握我国发展重大理论和实践问题》重要文章，习近平总书记在中央政治局会议分析研究当前经济形势和经济工作时的重要讲话精神，全国稳住经济大盘电视电话会议、国务院常务会议精神，自治区党委常委会会议及自治区稳经济保增长促发展电视电话会议精神等内容。会议听取了利通区档案工作情况、贯彻落实《中国共产党组织工作条例》情况、打击整治养老诈骗专项行动等工作情况的汇报，并安排有关工作。会议还研究审定了《中共吴忠市利通区委员会关于加强新时代检察机关法律监督工作的实施意见（送审稿）》《利通区加强粮食储备安全和管理的实施方案（送审稿）》《利通区稳就业促增收及高校毕业生就业创业工作方案（送审稿）》等事宜。

【五届区委2022年第二十三次常委会（扩大）会议】

6月7日，市委常委、区委书记陈宏主持召开。会议传达学习了习近平总书记在中央政治局会议、中央政治局第三十九次集体学习时的重要讲话精神等内容。会议研究审定了《宁夏吴忠市利通区兰花芬芳志愿服务五年（2022—2026年）发展规划（送审稿）》《吴忠市利通区碳达峰实施方案》《吴忠市利通区能耗双控三年行动计划（2022—2024年）（送审稿）》等事宜，并安排部署自治区第十三次党代会期间疫情防控、值班值守、信息报送等工作。

【五届区委2022年第二十四次常委会（扩大）会议】

6月17日，市委常委、区委书记陈宏主持召开。会议传达学习了习近平总书记在四川考察调研时的重要讲话精神，自治区党委办公厅《关于加强和改进新时代市县政协工作的实施意见》，自治区第十三次党代会精神等内容。会议听取了利通区"复耕乱象"整治工作进展情况汇报，并作出安排部署。会议还研究审定了《关于深入学习宣传贯彻自治区第十三次党代会精神的通知》《利通区中小学校推行党组织领导的校长负责制工作实施方案（送审稿）》《吴忠市利通区消防事业发展"十四五"规划（2022—2025）（送审稿）》等事宜。

【五届区委2022年第二十五次常委会会议】

市委常委、区委书记陈宏主持召开。会议研究了干部事宜。

【五届区委2022年第二十六次常委会（扩大）会议】

7月6日，市委常委、区委书记陈宏主持召开。会议传达学习了习近平生态文明思想，习近平总书记在中央政治局会议审议《关于十九届中央第八轮巡视金融单位整改进展情况的报告》《中国共产党政治协商工作条例》及中央政治局第四十次集体学习、中央全面深化改革委员会第二十六次会议上的重要讲话精神等内容。会议听取了利通区上半年"双过半"工作情况，开展党的二十大维稳安保、打击整治养老诈骗专项行动、打击电信网络诈骗、近期信访维稳等工作情况的汇报，并安排部署有关工作。会议还研究审定了《利通区深入贯彻落实自治区第十三次党代会报告主要任务工作方案（送审稿）》《利通区落实宁夏巩固拓展脱贫攻坚成果同乡村振兴有效衔接“十四五”规划主要任务分工方案（送审稿）》《吴忠市利通区“十四五”文化发展规划（送审稿）》等事宜。

【五届区委2022年第二十七次常委会（扩大）会议】

7月28日，市委常委、区委书记陈宏主持召开。会议传达学习了习近平同志《论“三农”工作》一书，习近平总书记在省部级主要领导干部专题研讨班上的重要讲话精神，习近平总书记关于安全生产重要论述和指示批示精神，学习《中华人民共和国乡村振兴促进法》等内容。会议研究审定了《利通区关于深入打好污染防治攻坚战的实施方案（送审稿）》《吴忠市利通区2022年重大行政决策事项目录清单（送审稿）》《关于吴忠市利通区2022年上半年国民经济和社会发展计划执行情况的报告（送审稿）》等事宜。

【五届区委2022年第二十八次常委会（扩大）会议】

8月11日，市委常委、区委书记陈宏主持召开。会议传达学习了《习近平谈治国理政》第四卷，新华社主题报道《习近平的山海情》，习近平总书记关于做好新时代档案工作重要指示批示精神，习近平总书记在中央政治局会议、中央政治局第四十一次集体学习、中央党外人士座谈会上的重要讲话精神等内容。会议听取了利通区上半年人武部党委工作、专项整治工作、创建全国文明城市等工作汇报，并对有关工作作了安排部署。会议还研究审定了《利通区关于全面加强新时代少先队工作的实施方案（送审稿）》、调整利通区关心下一代工作委员会及成立老年大学、举办2022年利通区第五届乡村文化旅游节等事宜。

【五届区委2022年第二十九次常委会会议】

8月18日，市委常委、区委书记陈宏主持召开。会议传达学习了习近平总书记关于生态环境保护的重要论述，习近平总书记重要文章《全党必须完整、准确、全面贯彻新发展理念》，学习《中华人民共和国环境保护法》等内容。研究审定了《区委常委会涉粮问题专项巡视整改民主生活会方案》《区委常委会开展违规收送红包礼金和不当收益及违规借转贷或高额放贷专项整治专题民主生活会方案（送审稿）》《吴忠市利通区“十四五”服务业发展规划（送审稿）》等事宜。

【五届区委2022年第三十次常委会（扩大）会议】

8月29日，市委常委、区委书记陈宏主持召开。会议传达学习了习近平总书记在辽宁考察时的重要讲话精神，习近平总书记关于青海大通县重大山洪灾害抢险救灾工作的重要指示批示精神等内容。会议研究审定了《2022年度利通区效能目标管理考核方案（送审稿）》《关于实施文明素养提升行动的意见（送审稿）》，调整区委常委工作分工等事宜。

【五届区委2022年第三十一次常委会会议】

8月30日，市委常委、区委书记陈宏主持召开。会议传达学习了《习近平强军思想学习问答》，全国深化“放管服”改革持续优化营商环境会议精神等内容。会议研究审定了《吴忠市利通区能源转型发展行动计划（2022—2025年）（送审稿）》《利通区全民健身实施计划（2021—2025年）（送审稿）》及吴忠市利通区农村生活污水治理项目等事宜。

【五届区委2022年第三十二次常委会（扩大）会议】

9月8日，市委常委、区委书记陈宏主持召开。会议传达学习了习近平总书记在中央政治局会议、中央全面深化改革委员会第二十七次会议上的重要讲话精神，《中共中央、国务院转发国家发展和改革委员会关于上半年经济形势和做好下半年经济工作的建议的通知》和自治区党委常委会会议精神等内容。会议听取了区政府党组1—7月份利通区经济运行情况及区总工会、团委、妇联、红十字会、残联2022年上半年工作情况的汇报，并安排下一步工作。会议还研究审定了《利通区关于推动落实政法机关“3331工程”的具体措施（送审稿）》《吴忠市利通区安全生产“十四五”规划》《吴忠市利通区综合防灾减灾救灾“十四五”规划（送审稿）》等事宜。

【五届区委2022年第三十三次常委会（扩大）会议】

10月26日，市委常委、区委书记陈宏主持召开。会议传达学习了党的十九届七中全会精神、党的二十大精神，习近平总书记在中央政治局会议上的重要讲话精神，《中华人民共和国民法典》第一章、第二章内容及《中华人民共和国动物防疫法》等内容。会议研究审定了《利通区2022年度效能目标管理考核细则（送审稿）》等事宜。

【五届区委2022年第三十四次常委会会议】

11月1日，市委常委、区委书记陈宏主持召开。会议传达学习了《习近平关于依规治党论述摘编》，习近平总书记在中共中央政治局第一次集体学习的重要讲话精神，《中共中央办公厅印发〈十九届中央政治局贯彻执行中央八项规定情况报告〉〈关于党的十九大以来整治形式主义为基层减负工作情况的报告〉的通知》精神，自治区党委常委会会议有关精神等内容。会议听取了五届区委第一轮巡察整改落实监督检查情况、五届区委第二轮巡察综合情况、未成年人思想道德建设等工作情况的汇报。会议还研究审定了《利通区委第三轮巡察工作方案（送审稿）》《吴忠市利通区粮食和物资储备发展“十四五”规划》《吴忠市利通区稳定和促进残疾人就业实施方案（2022—2024年）》等事宜。

【五届区委2022年第三十五次常委会（扩大）会议】

11月6日，市委常委、区委书记陈宏主持召开。会议传达学习了习近平总书记在同越共中央总书记阮富仲举行会谈时的重要讲话精神，《中共中央关于认真学习宣传贯彻党的二十大精神的决定》，学习《中华人民共和国民法典》第三章、《中华人民共和国乡村振兴促进法》等内容。会议研究审定了《中共吴忠市利通区委员会关于认真学习宣传贯彻党的二十大精神的实施意见（送审稿）》《吴忠市利通区奶产业高质量发展“十四五”规划（2021—2025年）》《吴忠市利通区肉牛产业高质量发展“十四五”规划（2021—2025年）》等事宜。

【五届区委2022年第三十六次常委会会议】

市委常委、区委书记陈宏主持召开。会议研究了干部事宜。

【五届区委2022年第三十七次常委会（扩大）会议】

11月10日，市委常委、区委书记陈宏主持召开。会议传达学习了《习近平关于依规治党论述摘编》《中华人民共和国民法典》第四章、《中华人民共和国统计法》等内容。会议听取了巩固拓展脱贫攻坚成果同乡村振兴有效衔接各处级领导“四级包抓”工作落实情况及自查考核评估反馈问题整改情况、前三季度食品药品安全和消防工作情况汇报，并安排相关工作。会议还研究审定了《利通区党的二十大精神宣讲工作方案》《关于深入开展党的二十大和习近平总书记视察宁夏重要讲话、重要指示批示精神“大学习、大讨论、大宣传、大实践”活动的实施方案（送审稿）》《利通区推动城乡建设绿色发展实施方案（送审稿）》等事宜。

【五届区委2022年第三十八次常委会会议】

市委常委、区委书记陈宏主持召开。会议研究了干部事宜。

【五届区委2022年第三十九次常委会会议】

11月28日，市委常委、区委书记陈宏主持召开。会议研究审定了干部违纪有关事宜。

【五届区委2022年第四十次常委会（扩大）会议】

12月6日，市委常委、区委书记陈宏主持召开。会议传达学习了《习近平关于依规治党论述摘编》，习近平总书记在二十国集团领导人第十七次峰会、亚太经合组织第二十九次领导人非正式会议上的重要讲话精神，学习《中华人民共和国民法典》第一编第五章、《中华人民共和国乡村振兴促进法》《中华人民共和国义务教育法》等内容。会议听取了利通区1—10月份经济运行情况、纪委监委2022年派驻纪检监察组工作情况、安全生产等工作情况的汇报，并安排部署相关工作。会议还研究审定了《利通区委常委会工作报告》《利通区委常委会2023年工作要点（送审稿）》《吴忠市利通区贯彻落实食品安全“两个责任”实施方案（送审稿）》等事宜。

【五届区委2022年第四十一次常委会会议】

12月8日，市委常委、区委书记陈宏主持召开。会议研究了推荐处级干部事宜。

【五届区委2022年第四十二次常委会会议】

12月8日，市委常委、区委书记陈宏主持召开。传达学习了习近平总书记在中央政治局会议的重要讲话精神，自治区实施基层党组织建设提质增效工程工作会议精神，学习《中华人民共和国劳动法》等内容。会议研究审定了《利通区委2022年落实全面从严治党主体责任情况报告（送审稿）》、召开五届区委第五次全体会议等事宜。

【五届区委2022年第四十三次常委会会议】

12月9日，市委常委、区委书记陈宏主持召开五届区委五次全委会。

【五届区委2022年第四十四次常委会会议】

12月11日，市委常委、区委书记陈宏主持召开。会议传达学习了《求是》杂志发表的习近平总书记重要文章《在党的十九届七中全会第二次全体会议上的讲话》，向国史学会成立30周年致的贺信，《关于在自治区人大政府政协领导班子换届期间进一步严肃换届纪律的通知》精神，学习《中华人民共和国消防法》等内容。会议听取了利通区2022年意识形态工作责任制落实情况和思想政治等工作情况汇报，并安排部署有关工作。会议还研究审定了《吴忠市利通区第五届人民代表大会常务委员会工作报告（送审稿）》《政府工作报告（送审稿）》《政协吴忠市利通区第五届委员会常务委员会工作报告（送审稿）》《政协吴忠市利通区第五届委员会常务委员会工作报告（送审稿）》等内容。

【五届区委2022年第四十五次常委会会议】

12月15日，市委常委、区委书记陈宏主持召开。会议传达学习了习近平总书记在中国—海湾阿拉伯国家合作委员会峰会上的主旨讲话、在首届中国—阿拉伯国家峰会开幕式上的主旨讲话，学习《中国共产党章程》和《中华人民共和国食品安全法》以及自治区党委人大工作会议精神等内容。会议听取了区人民政府党组、人大常委会党组、政协党组、人民法院党组、政法工作、基层党建、统一战线等2022年度工作情况的汇报，并安排部署相关工作。会议还研究审定了《利通区2023年春节走访慰问的实施方案（送审稿）》《吴忠市利通区疾病预防控制中心设置方案（送审稿）》、召开利通区残疾人联合会第六次代表大会等事宜。

【五届区委2022年第四十六次常委会会议】

12月19日，市委常委、区委书记陈宏主持召开。会议传达学习了党的二十大精神，《求是》杂志发表习近平总书记重要文章《继承和发扬党的优良革命传统和作风，弘扬延安精神》，《中国共产党地方委员会工作条例》《中华人民共和国残疾人保障法》，中央经济工作会议精神等内容。会议听取了2022年度总工会、团区委、妇联、残联、红十字会等部门工作情况的汇报，并安排相关工作。会议还研究审定了召开吴忠市利通区总工会第十七次代表大会、中国共产主义青年团吴忠市利通区委员会第四次代表大会等事宜。

【五届区委2022年第四十七次常委会会议】

12月23日，市委常委、区委书记陈宏主持召开。会议传达学习了《习近平谈治国理政》第四卷节选内容，习近平总书记署名文章《谱写新时代中国宪法实践新篇章——纪念现行宪法公布施行40周年》，在《生物多样性公约》第十五次缔约方大会第二阶段高级别会议开幕式上的致辞，学习《中华人民共和国公务员法》《中国共产党农村基层组织工作条例》，传达吴忠市两会精神等内容。会议听取了2022年度国家安全工作、财政金融风险防范化解、安全生产等工作情况的汇报，并安排部署了相关工作。会议还研究审定了表彰利通区基层武装工作先进单位和先进个人，召开利通区委经济工作会议，召开利通区第十四次妇女代表大会等事宜。

【五届区委2022年第四十八次常委会会议】

12月28日，市委常委、区委书记陈宏主持召开。会议传达学习了习近平经济思想，习近平总书记在中央政治局民主生活会上的重要讲话精神，学习《中华人民共和国行政诉讼法》《中国共产党基层组织选举工作条例》，传达中央农村工作会议精神，自治区党委十三届三次全会暨自治区党委经济工作会议精神等内容。会议听取了全面深化改革工作情况及工作思路、消防安全工作情况及工作思路的汇报。会议还研究审定了《党口部门、人民团体2023年重点工作、创新特色亮点工作任务清单（送审稿）》《政府部门2023年重点工作、创新特色亮点工作及重点项目任务清单（送审稿）》、吴忠市利通区总工会第十七次代表大会等事宜，并安排部署元旦期间安全生产、疫情防控、信访维稳、信息报送、值班值守工作。

纪委监委

【概况】

利通区纪委监委机关行政编制47名，实有人员38人。事业人员编制8名，实有人员7名。设区纪委常委8名，其中，区纪委书记1名，副书记2名（正科长级）；区监委主任1名，由区纪委书记兼任；区监委副主任2名，由区纪委副书记兼任；区监委委员4名。内设室主任职数7名，派驻纪检监察组组长职数6名。下设办公室、党风政风监督室、信访室、案件监督管理室、纪检监察室、案件审理室、宣教室和派驻第一至派驻第六纪检监察组，共7个内设机构，6个派出纪检监察组。2022年，是全面建设社会主义现代化国家新征程上具有承上启下意义的重要一年。党的二十大胜利召开，为全面建设社会主义现代化国家指明了前进方向，确立了行动指南。自治区第十三次党代会科学描绘了未来五年乃至更长时期全面建设社会主义现代化美丽新宁夏的宏伟蓝图。一年来，区纪委监委深入学习宣传贯彻党的二十大精神，坚决贯彻落实习近平总书记视察宁夏重要讲话指示批示精神和党中央重大决策部署，以彻底的自我革命深入推进全面从严治党，全区党风廉政建设和反腐败斗争取得新成效，现代化美丽新利通彰显新风貌。在市纪委监委和区委的坚强领导下，利通区纪委监委坚持以习近平新时代中国特色社会主义思想为指导，深刻领悟“两个确立”的决定性意义，不断增强“四个意识”、坚定“四个自信”、做到“两个维护”，牢牢把握团结奋斗的时代要求，坚持不懈正风肃纪反腐，围绕服务中心大局发挥监督保障执行、促进完善发展作用，以高质量纪检监察工作护航现代化美丽新利通发展。

【政治监督】

紧盯“关键少数”，压实“一把手”责任。坚决扛起全面从严治党协助职责，扛实监督责任，协助区委制定《全面从严治党、党风廉政建设和反腐败工作主要任务分工》，健全“三个清单”，将重点任务分解为6大项53小项。印制主体责任、“一岗双责”等工作记录手册，分级分类细化监督“一把手”和领导班子工作任务80项。组织各单位“一把手”述责述廉，针对“书记点评”指出的4个单位10项问题跟进落实到位。聚焦职责使命做深政治监督。坚持党中央部署到哪里，政治监督就跟进到哪里，坚决把政治监督放在服务保障中心大局中统筹谋划，先后聚焦落实学习宣传贯彻党的二十大精神，“大学习、大讨论、大宣传、大实践”活动，自治区“三区建设、四新任务、五大战略”，吴忠市第六次党代会及区委“六区建设”等重点工作部署，制定政治监督工作方案，推进政治监督具体化、精准化、常态化，全区共监督保障15项重大部署和专项工作落地落实。挺纪在前精准监督疫情防控。领导班子严格落实“五包一”责任制，发挥示范引领作用，区纪委监委立足监督主责定位，组织9个督查组深入一线督促“挖根行动”“三清零”等防控措施落实，紧盯群众诉求和自治区、吴忠市疫情防控“三察（查）一体”督办工作。健全“日反馈、日报告”制度，下发督查通报50期，点对点督办函20份，推动整改问题357个，创建“无疫小区（村）”24个。印发《突发疫情应急处置期间“五个严禁”》，强化党员干部纪律作风建设，严格执纪执法，严查快办问题线索10件，精准问责15人，为统筹疫情防控和经济社会发展提供坚强纪律保障。

【专项治理】

纾困解忧，整治群众身边腐败问题和不正之风。紧盯群众急难愁盼，深化“一卡通”、卫生健康、养老社保、粮食购销和农村“三资”整治成果，坚持群众对什么问题反映强烈，就持续纠治什么。对于涉及群众切身利益服务事项实地察看、全程监督，把监督触角延伸到“神经末梢”。开展粮食购销领域、卫生健康和工程建设政府采购监督检查36次，下发通报9份，修订15项制度，推动解决53个问题。严查群众身边腐败和不正之风问题33件、问责66人。紧盯乡村振兴，开展专项监督。按照区委关于巩固拓展脱贫攻坚同乡村振兴有效衔接工作要求，对各乡镇、部门（单位）返贫监测帮扶集中排查工作、“四个不摘”“四查四补”和乡村振兴帮扶驻村工作队驻村工作开展情况进行监督检查5次，印发通报2期，反馈督查清单36份，促使职能部门、帮扶部门以及驻村工作队精准帮扶，多为群众办实事办好事，防止帮扶工作与实际脱节。

【作风建设】

培土加固中央八项规定精神堤坝。把贯彻落实中央八项规定精神作为长期有效的铁规矩硬杠杠，持续往深里抓往实里做，结合贯彻落实自治区“八条禁令”，常抓不懈、久久为功。对各乡镇、各部门（单位）落实中央八项规定及其实施细则精神、执行“12个严禁”作风纪律规定等情况开展监督检查，发现问题52个，通报16家单位。9月中旬以来，先后3次对全区各单位贯彻落实中央八项规定精神开展监督检查，采取优先办理、直查直办等方式，查处违反中央八项规定精神问题线索2件2人。纠“四风”树新风并举，推动作风建设常态长效。把家风建设作为作风建设的重要内容贯彻落实，组织全区党员干部系统学习《习近平关于注重家庭家教家风建设论述摘编》《中华优秀家风故事》等读本，以金星镇正丰社区“清风小屋”为依托，开展“清廉家庭”创建等活动，自觉砥砺优良作风，引导党员干部特别是“一把手”筑牢拒腐防变的思想防线。

【巡察监督】

坚持问题导向，精准开展政治巡察。深入贯彻落实习近平总书记关于巡视巡察工作重要论述、全国巡视工作会议精神，围绕区委重点工作和中心工作，聚焦党的理论、路线、方针、政策和党中央决策部署在基层贯彻落实情况，聚焦群众身边腐败问题和不正之风，聚焦基层党组织建设和党员队伍建设，紧盯各级党组织“一把手”和关键风险岗位，精准开展监督检查，发现各类问题351个。利通区巡察工作经验做法受到吴忠市委高度认可，并向全市推广运用。科学统筹全覆盖，推进巡察向基层延伸。牢牢把握政治巡察定位，统筹2022年巡察重点工作，对标对表党中央、自治区党委和吴忠市委巡视巡察工作，充分运用吴忠市委巡察指导督导成果，不断修改完善五届区委延伸村（社区）巡察方案，优化巡察流程，明确目标方向，逐步推动巡察监督向基层延伸。一年来，共完成了五届区委3轮对10个乡镇（部门）的巡察任务，延伸巡察村（社区）党组织56个。同时，按照市委巡察工作部署，区委第三轮巡察开展了交叉巡察，发现面上问题53个，移交问题线索2件，取得了良好的效果。构建监督合力，推动各类监督的贯通融合。认真贯彻党中央、自治区党委关于加强巡视巡察上下联动精神，健全完善巡察监督与其他监督贯通融合机制，形成系统集成、协同高效的监督格局。积极推行“纪检＋巡察”“组织＋巡察”联动监督模式，增强监督的针对性和有效性，形成巡察监督与其他监督相互融会贯通新格局，推动乡镇（部门）解决各类问题136个。

【案件查处】

持续高压反腐，使不敢腐的震慑持续加强。坚持有案必查、有腐必惩，全区纪检监察机关共受理信访举报279件，处置问题线索149件，给予党纪政务处分47人，组织处理95人，采取留置措施1人，移送司法机关4人，严肃查处了吴忠市住房保障中心原工作人员刘某、马某某，利通区政协社会治理委员会原主任田某，板桥乡梁湾村原村委会主任丁某某等严重违纪违法职务犯罪案件，强化不敢腐的震慑。深化工程和政府采购、统计、农村“三资”腐败等突出问题专项治理，开展监督检查10次，督促整改问题18个，问责干部15人，其中“一把手”7人，不断营造从严执纪高压氛围，反腐败震慑作用进一步彰显。开展精准监督，优化政治生态。坚持惩前毖后、治病救人原则，全年共运用“四种形态”批评教育帮助和处理党员干部203人（次），“四种形态”占比分别为77.34%、8.87%、6.40%、7.39%。秉持严管与厚爱相结合方针，教育回访受处理处分干部54人（次），严把党员干部政治关、廉洁关，回复党风廉政意见7674人。坚持系统施策，使不能腐的笼子扎得更牢。严格落实违纪违法典型案件“三会两书两报告”工作办法，对重点案件及时启动以案促改、以案促建、以案促治，下发纪检监察建议书25份。启动案件行贿受贿一起查起底工作，对重大案件、典型案例进行系统总结和深入剖析，撰写案件剖析报告6篇、案件情况通报6篇。针对工程领域“一把手”插手过问工程建设项目招投标、侵犯群众利益、干部纪律作风问题，向3个单位下发《以案促改通知书》4份，督促相关单位提高政治站位，切实通过“以案促改”净化政治生态，营造风清气正的生态环境。

【警示教育】

强化组织领导，一体推进布全局。按照“全区领导干部廉政警示教育周”活动统一安排，利通区迅速行动，坚持以上率下，做到统筹兼顾。区委高度重视，全面动员部署。3月17日，利通区委召开区委常委会会议研究审定《2022年“全区领导干部廉政警示教育周”实施方案》，坚持把开展“廉政警示教育周”活动作为落实全面从严治党主体责任，一体推进不敢腐、不能腐、不想腐的有效载体和主要抓手，建立党委示范带头、纪委监委统筹协助、全区上下联动、各单位同步跟进的一体推进警示教育工作机制，细化任务分工，明确工作职责，确保部署落实到位。3月21日，召开区纪委常委会、监委委务会会议，深入学习《自治区党委办公厅印发〈2022年“全区领导干部廉政警示教育周”活动方案〉的通知》，按照区委下发的《2022年“全区领导干部廉政警示教育周”实施方案》，开展“八个一”活动，通过专题廉政学习研讨会、观看警示教育片、参观廉政警示教育基地、进行党章党规党纪法规应知应会知识测试、分级分类开展集体廉政谈话系列活动，丰富活动载体，确保活动实效。强化理论武装，统筹兼顾促落实。全区各级党组织围绕“学习习近平总书记在十九届中央纪委六次全会上的重要讲话”召开专题理论学习中心组学习会，深入学习自治区、吴忠市、利通区纪委全会精神，研读《习近平关于坚持和完善党和国家监督体系论述摘编》《中共中央关于加强对“一把手”和领导班子监督的意见》《中华优秀家风故事》及自治区纪委监委编印的《忏悔警示录》等廉政书籍，筑牢了党员干部的“底线”“红线”意识，增强了拒腐防变的自觉性、坚定性。全区各乡镇、各部门（单位）组织4000余名党员干部观看了《零容忍》《交易之警——宁夏工程建设政府采购等重点领域违纪违法典型案件警示录》《远离家庭腐败》《围猎：行贿者说》《为了庄严的承诺》《权欲之殇——吴忠市政法干警严重违纪违法典型案件警示录》《作茧自缚的“一霸手”》《甘于被“围猎”的政法干警》《“市政硕鼠”的不归路》等警示教育片。深刻认识到把好思想“总开关”的重要性，以案为鉴、警钟长鸣，自觉抵御各种风险和诱惑，做到知敬畏、存戒惧、守底线。丰富教育载体，筑牢思想敲警钟。坚持教育在先、警示在先、预防在先，把警示教育作为干部教育管理的重要方式、严明纪律规矩的重要抓手。组织区级领导干部到自治区廉政警示教育中心接受警示教育，了解了利通区党风廉政建设和反腐败斗争的工作成果，进一步深刻认识到我们党重拳反腐、铁腕纠风的坚定决心。采取集体谈话和个别谈话相结合的方式，区委书记与班子成员、各党委（党组）书记，班子成员与分管部门负责人开展廉政谈心谈话，促进领导干部廉洁从政、廉洁用权、做到抓早抓小，防微杜渐。同时针对农村党员酒驾情况突出问题开展全区酒驾醉驾等违纪违法行为专项治理，印发典型案例通报3起。同时通报1起违反中央八项规定精神典型案例和1起群众身边腐败和作风问题典型案例。围绕教育主题，警钟长鸣促廉洁。坚持政治学习教育与廉政教育两手抓，督促党员干部时刻保持头脑清醒，筑牢思想防线。一是全区各级党组织围绕《习近平关于党风廉政建设和反腐败斗争论述摘编》《习近平关于严明党的纪律和规矩论述摘编》《习近平关于注重家庭家教家风建设论述摘编》《中国共产党纪律处分条例》《中华人民共和国监察法实施条例》《中华人民共和国公职人员政务处分法》等党纪法规，组织4000余名党员干部参加党纪法规知识测试，达到了以考促学、以学促廉的目的。二是结合3月份主题党日活动，全区各级党组织开展了“强化廉政教育，涵养清风正气”为主题的主题党日活动，领导干部围绕“强化廉洁自律意识，筑牢廉洁自律防线”主题，讲廉政党课300余次，对一些党员干部违纪违法典型案件深刻剖析，告诫了党员干部在廉洁问题上必须加强预防，时刻保持警醒。三是3月23日起连续6天在区委宣传部“多彩利通”微信公众号、区纪委监委“廉洁利通”微信公众号推出廉政警示教育片《零容忍》《为了庄严的承诺》，并推送廉政公益广告9期。四是开展1次“树廉洁家风·创最美家庭”家庭助廉活动。以自治区妇联在全区开展“树廉洁家风·创最美家庭”的家庭助廉活动为契机，将家风建设作为领导干部作风建设的重要内容，学习《习近平关于注重家庭家教家风建设论述摘编》、党员干部家风建设读本《中华优秀家风故事》，以家庭家教家风建设助推党风廉政建设。

【队伍建设】

实施“铸魂”行动。始终把学懂弄通做实习近平新时代中国特色社会主义思想作为首要政治任务，印发《利通区纪委监委关于深入学习宣传贯彻党的二十大精神和习近平总书记视察宁夏重要讲话指示批示精神“大学习、大讨论、大宣传、大实践”活动的实施方案》，制定4项15条具体措施，集中学习12次、研讨交流18次、开展纪法讲堂2次、法律法规考学活动9次，利用中国纪检监察内网、宁夏干部网络学院、自治区纪检监察内网、党校轮训等方式组织学习9期80余人次，促进理论学习入脑入心、走深走实。强化履职本领。加强理想信念教育，巩固拓展党史学习教育成果，把思想理论武装和对党忠诚教育、理想信念教育同步推进，特别是认真学习党的二十大和自治区第十三次党代会精神，进一步增强纪检监察干部党性修养，带头捍卫“两个确立”，坚决做到“两个维护”。着力提升履职能力，坚持“抓什么训什么、管什么学什么、缺什么补什么”，扎实推进“高素质专业化队伍建设年”活动，针对性开展“纪法讲堂”、以干带训、结对帮扶、法律法规考学活动，常态化开展季度案件评查，分级分类推进全员培训，全方位提升干部素质能力。完善日常管理。做实做细纪检监察干部日常监督，及时掌握干部思想、工作、作风、生活情况，采取述职述廉、谈心谈话等措施，对干部“八小时之内”实行近距离工作监督，建立健全周汇报、月度清单、季度工作推进制度，定期听取各室（组）、乡镇纪委工作汇报，全面掌握干部履职情况。抓好“八小时之外”，坚持严格要求、严格教育、强化预防、惩教结合的原则，深入开展自查自纠，严格落实请销假、外出活动报告等制度，管好干部社交圈、生活圈、休闲圈。坚持严管厚爱并重，开展微分享、读书分享、演讲比赛、知识竞赛等活动，激励保障干部担当尽责。

组织工作

【概况】

2022年，区委组织部坚持以习近平新时代中国特色社会主义思想为指导，认真学习贯彻落实党的二十大精神、习近平总书记视察宁夏重要讲话精神和自治区第十三次党代会精神，在服务大局中抓根本、破难题，在真抓实干中攻堡垒、强基础，以高质量的党建工作服务高质量发展，取得一定成效。

【领导班子建设】

坚持“四个特别”的政治标准，突出实干实绩实效导向，着力选准用顺管好干部。综合分析研判科学调。建立干部基础信息、现实表现、政治负面表现“三个清单”，注重在工作中了解掌握党员干部日常表现，先后对32个区直部门领导班子、12个乡镇党政领导班子进行调整优化，匹配性调整交流8名专业型领导干部。打破隐性台阶大胆用。建立重要空缺岗位人选“备三选一”机制，综合干部一贯表现、政治能力、专业能力等情况进行跟踪培养考察。新提拔干部中35岁以下年轻干部49人，占比达55.7%，其中90后正科3名，95后副科8名。实施政法机关“3331”工程，建立政法专业年轻干部库和具有法律职业资格年轻干部库，择优配备2名90后班子成员。进一步畅通干部交流使用渠道，调任、提拔20名事业干部，为发改、教育、司法等部门选拔6名专业型干部，将10名历练成熟的选调生提拔到区直部门、乡镇党政领导班子任职，全区科级领导干部中专业型、业务型干部占比不断提高。

【干部监督管理】

深化落实“三个区分开来”要求，严格执行干部容错纠错机制、能上能下若干规定，稳妥推动被问责和受处分影响期满干部合理使用。强化选人用人监督。全面履行选人用人主体责任，严把动议提名、推荐考察、讨论研究等程序关口及任前“体检”关，严格执行廉政意见“双签字”、干部任前公示、信访举报查核等制度，对拟提拔调整的301名干部进行“四必核”，查核公示期间信访举报2件，对3名发现影响使用的干部及时中止选拔任用程序，坚决防止“带病提拔”。

【干部教育培训】

突出政治素质培养，深入实施干部政治能力和专业能力提升“两大工程”，着力引导各级干部培养专业思维、提升专业能力、增强专业精神。围绕“十四五”规划、先行区建设、乡村振兴等战略任务和“十大特色产业”发展需求，深入实施“干部专业化能力提升计划”，将短学制、小规模、高频次和分段式培训相结合，靶向举办防返贫动态监测帮扶、水权改革、县域社会治理现代化等专业培训38期，换届后领导班子、乡镇干部履职能力提升等专题班7期，培训基层干部6492人次，有效提升干部的专业思维、专业素养和专业方法。持续深化“导师帮带制”，98名年轻干部与领导班子成员、村党组织书记结成“多帮一”对子，定期开展“书记门诊”“书记有约”“书记讲坛”等活动，通过传经验、帮工作、带作风，解决年轻干部经验不足、综合能力不强等问题。坚持在重大任务、重点工作等一线识别检验干部，先后抽调531余名干部到乡村振兴、疫情防控、创城、信访、巡察等重要岗位、关键领域、重点环节历练增强本领，选派9名干部到中组部、区市机关及基层一线挂职锻炼学习。

【干部选拔任用】

2022年共研究调整任免干部10批409人次，其中，提拔88人（正科级15人，副科级73人），进一步使用11人，晋升职级187人，交流任职55人（正科级26人，副科级29人），调任6人，转任职级8人，重新定级1人，免职务职级53人。

【公务员管理】

持续规范公务员招录、遴选、转任、调任、登记等程序关，对在乡村振兴、疫情防控、项目建设等工作中表现突出的62名公务员优先晋升职级。切实发挥考核的激励导向作用，对2021年度考核优秀等次139人给予嘉奖，28人记三等功。成功推选1名工作业绩突出的乡镇公务员荣获自治区“人民满意的公务员”，用身边典型引导公务员担当作为。持续推动乡镇机关工作人员收入高于区直机关同职级人员20%以上，落实公务员健康体检。强化选调生培养教育管理，安排10名新录用选调生到村任职，累计发放选调生一次性安置费24万元。

【人才管理】

成立区委人才工作领导小组，制定人才强区实施方案和党委联系服务专家和优秀人才制度，建立玉米、蔬菜、葡萄、林果、牧草、奶牛、果树、粪污资源化利用、农业品牌创建9个博士（专家）工作站，打造科技创新平台11个，转化科技成果14项，培育国家级高新技术企业6家，自治区科技小巨人、农业高新技术等企业13家，入库国家、自治区科技型企业共66家。实施本土人才培育计划11个，开展乡村产业人才精准培训等各类培训67期3470人，培育“土专家”“田秀才”等本土人才170余人。建立创业孵化、实操实训基地5个，培育创业实体749家，带动就业3028人。

【党员干部队伍建设】

坚持在重大任务、重点工作等一线识别检验干部，抽调2197名干部到乡村振兴、疫情防控、信访巡察等重要岗位、关键领域、重点环节历练增强本领，提拔重用89名表现优秀干部，111人晋升职级，10名新录用选调生到村任职，在乡村振兴一线淬炼本领。细化“两大工程”措施，持续做好新时代基层党员干部主题培训，明确6个主题14个系列培训计划，完成换届后乡镇领导班子等各类培训65期，培训基层干部8492人次。实施政法机关“3331”工程，择优建立政法部门干部配备人选储备库，为干部队伍蓄足“源头活水”。围绕区委中心工作，指导各单位制定年度担当作为计划616条，梳理创新亮点工作51条，同步开展对卫健、教育系统干部专项考察，以工作任务“清单化”倒逼各部门拉高标杆、晋位争先、开拓创新。对2021年度考核优秀等次139人给予嘉奖，28人记三等功，向自治区推荐2名工作业绩突出的基层公务员作为“人民满意的公务员”建议人选，切实发挥考核正向激励作用。

【强化基层基础保障】

深入实施发展党员“源头工程”，储备入党积极分子418人，推行党员积分制和“转入党员欢迎卡”等“七卡”关爱模式，打造标准化党员档案室12个；实施村集体经济倍增计划，对上争取资金，对下激发活力，争取10个扶持壮大村集体经济项目和乡村振兴衔接资金6033万元，以有限的项目资金撬动村集体经济发展活力，促进良性运行。把“六个先锋”评选活动作为农村基层治理、民风建设的有力抓手，授牌先锋示范户4202户，从典型宣传、积分兑换、先锋宣讲、外出学习等措施入手，强化结果运用，进一步提升群众参与的积极性。

【基层党组织建设】

抓党建促乡村振兴。一体推进“一抓两整”、换届“回头看”“百村大调研”“一村一案”，整顿1个软弱涣散村、9个后进村和7个移民村（社区），健全完善村干部专业化管理等6项制度。修订完善驻村工作队管理办法，对106个行政村全覆盖选派驻村第一书记，农村党组织三色管理、移民村“五抓五促”、联村党委在乡村振兴等大战大考中初显成效。抓党建促基层治理。从组织、机制、队伍、服务入手，实施红色物业攻坚行动，创新提出“1+6+N”机制，推动31家物业公司实现组织覆盖，62名社区直管党员当选业委会主任，76个老旧小区实现“红色托管”。打造35个网格党群服务驿站并配套完善“15分钟”生活圈，完善联合党委“平战转换”机制，“社区吹哨、部门报到”和在职党员“双报到双服务”等机制在城市基层治理中得到实践检验。

【非公企业和社会组织党组织建设】

持续推进“五强五促”行动和党支部规范化建设，成立“小个专”综合党委，打造万达—财满街、国贸百货、中华美食街3个“小个专”党建示范街区，评选星级示范户43户，开展“我们的节日”“消费促进月”等活动23场次，推动“小个专”党建工作融入城市基层党建大格局。设立22个红色暖“新”服务驿站，引导157名外卖、快递骑手加入社区志愿服务队，积极参与志愿服务活动，让新就业群体从城市治理“新兴变量”成为“治理增量”。

宣传工作

【概况】

2022年12月，区委宣传部共有行政编制6人，事业编制4人，工勤编制1人，新闻中心劳务派遣8人，其中副科级以上（含事业编副科级）领导干部5人。区委宣传部是利通区委主管意识形态方面工作的职能部门，为正科级单位，挂区精神文明建设指导委员会办公室、区新闻出版局牌子。主要职责有16项，内设机构（岗位）5个，分别为办公室、意识形态和理论工作岗、文明创建和宣传教育工作岗、新闻工作岗、文艺及出版和电影工作岗。

【理论学习中心组学习】

2022年，吴忠市利通区突出抓好党的二十大、习近平总书记视察宁夏重要讲话和重要指示批示精神、自治区第十三次党代会精神学习宣传，区委开展理论学习中心组学习18场次、交流研讨15场次，辐射带动各级党委（党组）通过中心组学习、“三会一课”、干部培训班、研讨交流会等方式开展学习，推进党的创新理论深入人心。区委宣传部组织全区宣传思想文化系统干部开展为期3个月的集中学习班，分专题学习研讨，推动宣传干部读原著、学原文、悟原理。通过专业培训、岗位练兵、跟班学习等，提升宣传干部的专业精神、专业素养、专业能力。结合组织生活会开展“三看三查”问题专项整改，列出问题清单、整改清单，查摆到位、整改彻底。依托主题党日、“三会一课”、干部例会等，开展重温党章、入党誓词、入党志愿书、革命先烈家书，阅读红色经典书籍、讲主题党课、过“政治生日”等60余场次，进一步强化党员意识、增强党性修养。

【基层理论宣讲】

2022年，吴忠市利通区对照党的二十大报告目标要求，结合不同领域、不同行业党员干部群众实际，通过开设“理论课堂”“红色课堂”“榜样课堂”，分众分类开展学习220余场次。依托“五朵金花”、董毅说书、“金声田韵”等宣讲品牌，采取“旮旯课堂”、网格“微宣讲”、“小板凳”宣讲会等形式，开展宣讲140余场次。持续深化“五朵金花向阳开”群众理论宣讲工程，在全区分级举办“五朵金花”理论宣讲擂台赛，授牌命名“金银花”宣讲员280名，打造理论宣讲示范点6个，开展主题宣讲1100余场次，受众5.2万余人。加强“学习强国”学习平台推广应用，向全区各级党组织推广“强国TV”，开启全民学习新模式、新场景，更好地推动党的创新理论走进基层，“飞入寻常百姓家”。

【精神文明创建】

2022年，吴忠市利通区统筹整合各类资源，2月底实现新时代文明实践所、站全覆盖。认真落实“牢记嘱托行胜于言”志愿服务“365行动”，组织开展志愿服务项目展示交流活动，累计开展各类活动5000余场次，推动志愿服务精准化、常态化。深入开展文明上网、文明出行等“五大文明行动”，扎实落实到届的全国、自治区、吴忠市文明村镇及文明单位、文明校园重新申报工作，加大对各级各类文明单位推荐力度。开展“星级文明户”“身边好人”等评选活动，共评选出“星级文明户”“身边好人”34户，“六个先锋”示范户3363户。制定《关于深化婚丧习俗改革推进移风易俗工作的实施方案》，详细规定彩礼金额、人情礼金、酒席桌数等内容。结合“百村万户大走访”等活动，举办“推进移风易俗树立文明乡风”巡回宣讲50余场次，组织开展“拒绝高额彩礼推进移风易俗”宣传浸润专项行动及“农村移风易俗主题宣传月”活动，组织各级各类志愿者采取进村入户、庭院会议、田间地头等宣传、宣讲220余场次，发放移风易俗宣传彩页、宣传品3万余份，大力宣传移风易俗“利八条”。

【新时代文明实践中心工作】

2022年，吴忠市利通区新时代文明实践中心、所、站实现全覆盖。建成利通区新时代文明实践中心1个，乡镇实践所12个，村（社区）场、办实践站137个，实践点（广场）81个，打造初心馆、农耕博物馆、兰花芬芳志愿服务中心、家风家训馆等文明实践点42个。注重发挥党员干部、文化人才、科技能人、先进人物、返乡创业人员、群众性活动带头人骨干作用，成立区级文明实践志愿服务总队，指导相关部门和乡镇组建“金色阳光”“文体先锋”等区级志愿服务支（分）队27支，培育发展退役军人“橄榄绿”、红十字会“博爱”、志愿服务联合会、逆行者救援服务中心、蓝天救援5支应急救援组织，充分吸纳基层先进典型、文化人才、科技能人等，培育胜利镇“睦邻家”、高闸镇“金土地”、马莲渠乡“新红娘”、金星镇“老娘舅”等特色志愿服务队伍800余支，推动优质资源下沉为基层群众服务。利通区参与志愿服务人数近10万人，注册志愿者达9.8万人，志愿服务项目总时长达到877万余小时。“9·20”疫情发生以来，第一时间启动平战转换机制，3164名在职党员、4806名单元红管家化身“志愿红”，志愿服务联合会、青年志愿者协会等23家社会组织积极响应，招募志愿者2300余名，发动各类企业捐资出力，共同投入到抗疫一线，为战胜疫情凝聚起强大信心和力量。持续深化“金色阳光·七彩家园”主题创建、“文明有面文明有里”亮牌礼遇等特色品牌活动，推动新时代文明实践提质扩面。5月3—4日，自治区党委书记梁言顺在金星镇金花园社区新时代文明实践站调研时强调，以铸牢中华民族共同体意识为主线，在已有良好的基础之上，进一步构筑共有精神家园，促进各民族像石榴籽一样紧紧抱在一起，共同团结奋斗、共同繁荣发展。

【融媒体中心】

2022年8月，融媒体中心正式成立并入驻电信大楼三楼。利通区融媒体中心与黄河云视签署战略合作协议，运用好黄河云融媒体中心的资源优势、人才优势和引领优势，为融媒体中心提供人员运行平台培训和技术支持，推动利通区融媒体平台“策、采、编、发、播、评”全流程媒体生产、发布、监测、管控等，助力利通区融媒体中心由“建起来”向“用起来”到“用得好”转变，推动全区全媒体人才建设和媒体深度融合发展步伐，全方位、立体化、多形式做好重点工作宣传报道。充分利用“多彩利通”等宣传平台，开设“欢庆党的二十大”“我在一线学习党的二十大精神”等专栏，制作短视频35期，发布宣传报道90余篇。通过宣传栏、电子屏、横幅标语等形式，悬挂（播放）学习宣传贯彻党的二十大精神标语2430余条（次），在全区形成浓厚的宣传氛围，引导党员干部感党恩、听党话、跟党走。

【文化文艺工作】

2022年，吴忠市利通区提升文化软实力，推动繁荣发展新时代文化事业。完善利通区级非物质文化遗产代表性项目名录体系，评定利通区级第一批非物质文化遗产代表性传承人30名，成功推荐10人获评吴忠市第七批非遗代表性项目传承人。支持魏家车门舞狮、传统武术、花儿、剪纸、刺绣等非遗项目进校园，努力形成一校一特色、深入普及、文化育人新格局。组织非遗传承人参加剪纸、花儿、非遗工坊等培训班4场，辖区数十个非遗项目亮相“2022中国面食博览会暨第二届吴忠早茶美食文化节”，非遗文创产品销售成绩可观。成功举办“喜迎二十大、奋进新征程”广场舞大赛、啦啦操大赛，广泛开展“我们的节日”主题活动及“国学课堂”等各类阅读推广、文艺演出、“送戏下乡”等活动380余场次，组织开展“二十四节气”读书联谊会20余场次，开展“戏曲进校园”演出3场次，完成“送戏下乡”演出50场次。

【特色亮点工作】

2022年8月24日，全国乡村治理体系建设试点示范单位率先开展移风易俗活动启动仪式在利通区举行，由农业农村部农村合作经济指导司主办。启动仪式上利通区委常委、宣传部部长作了交流发言。11月18日，2022年第三季度“中国好人榜”在宁夏吴忠市利通区牛家坊现场发布。本次发布活动由中央文明办主办，中国文明网、光明网、中共宁夏回族自治区委员会宣传部、宁夏回族自治区文明办承办，中共吴忠市委员会宣传部、吴忠市利通区新时代文明实践中心协办。中国文明网、“学习强国”学习平台、人民网、新华网、光明网、“看吴忠”App、“微吴忠”微信视频号等多个平台同步全程直播。

统战工作

【概况】

中共吴忠市利通区委统战部共有行政编制12个，在编10人。2022年，利通区统一战线系统深入学习贯彻中央统战工作会议精神，全面落实全国、全区统战部长会议及自治区党委第十三次党代会和吴忠市第六次党代会精神，以“五大提振行动”为抓手，努力建设铸牢中华民族共同体意识示范区、基层宗教治理模范区，紧紧围绕党的二十大精神，努力推动统一战线工作争先创优，走在前列。

【宣传教育】

开展统战系统“大学习、大讨论、大宣传、大实践”活动，组织民主党派、无党派人士开展“矢志不渝跟党走携手奋进新时代”、民营经济人士“守法诚信经营坚定发展信心”、宗教界“爱党爱国爱社会主义”等主题教育活动20余场次，教育引导广大统战成员增进政治共识、坚定信念信心。建立了“党政领导＋思政老师＋N”宣讲团队伍，深入全区累计宣讲

300余场次，不断拓展宣传覆盖面。创新美篇、微视频等形式推送信息累计点击量5000余次，制作建设铸牢中华民族共同体意识示范区等专题片8个，编印宣传《吴忠市利通区建设铸牢中华民族共同体意识示范区典型案例汇编》《吴忠市利通区建设铸牢中华民族共同体意识示范区媒体宣传报道摘编》500余本，在《人民日报》《宁夏日报》等权威媒体刊发统战信息30余篇，切实扩大利通统战影响力。

【民族团结进步创建】

以建设铸牢中华民族共同体意识示范区为目标，坚持精准谋划一体推进，创新确定“三十五”工作措施，制定铸牢中华民族共同体意识创建“十进”活动量化标准（试行），为创建工作提供坚强政治保证和行动指南。坚持把创建工作纳入党的建设和意识形态工作责任制，区级领导和相关单位开展铸牢中华民族共同体意识巡察检查5次、专项督查1次，互观互检互评活动3次，亮出创建特色，形成比学赶超的良好氛围。搭建特色载体高效推进，打造了以利通区铸牢中华民族共同体意识教育基地为核心，以中医药文化教育体验中心、秦汉文化大院两个体验区为引领，辐射带动“十进”领域30个示范点；深化推广利通三小“互联网+镜子伙伴+N”、强家老醋“文旅融合”等特色做法，不断巩固创新、推出精品。聚焦巩固民族团结进步创建成果，推荐申报了利通区第三小学、上桥镇等4个示范点为全区民族团结进步示范单位。持续开展“民族团结进步月”“社区邻居节”等活动200余场次，各族群众在欢度节庆、文化浸润、生产生活中广泛交往交流交融。延伸创建路径纵深推进，坚持以党建网络为支撑，织密“镇—社区—网格—小区—楼栋”五级网络，探索提出“五进五级”联创做法，打造了金星镇、裕西社区、上桥社区瑞景名邸小区广场等示范点，推动创建工作向末端延伸。建设“石榴籽”工作室、“石榴籽”长廊、铸牢中华民族共同体意识广场等阵地10余处，推动铸牢中华民族共同体意识教育走向基层、走向群众。坚持拓面升级强力推进，充分发挥融媒体中心、新时代文明实践站、党群活动中心等阵地作用，做到与党建、党风廉政、精神文明、基层治理、经济发展等工作深度结合，让铸牢中华民族共同体意识更具多元性、丰富性。

【党外人士工作】

支持加强党派建设，完善民主党派直接向区委提出建议、政府部门与民主党派对口联系等制度，引导支持提交建议提案55件。完成“新型农业主体发展”“文旅品牌发展”等8个精品调研课题，选派20名民主党派成员对教育等12个政府部门开展特约民主监督，促进监督成果落地落实。打造民主党派服务中心、网联会等活动阵地，协助各民主党派建立健全民主议事规则和制度规范，完善轮岗值班、参政议政等11项运行机制，切实提升工作活力。助推经济社会发展，协调民主党派开展“关爱厨房·共享健康”公益活动20余场次，为贫困家庭免费安装净水器200余台。聚焦“六新六特六优”产业发展，争取少数民族发展资金407万元，民贸民品贴息引导支持资金670.8万元，助力企业发展。动员新阶层人士、网联会开展“同心抗疫”“春风行动”等志愿服务，助农销售10万斤滞销蔬菜。统一战线领域优秀代表不断涌现，区工商联主席陈斌荣获全国脱贫攻坚先进个人，农工党主委马阳、副主委魏旭芳等党员荣获自治区级“优秀党员”“疫情防控先进个人”“脱贫攻坚先进个人”等多项荣誉，新的社会阶层人士余斌荣获“自治区社会服务先进个人”，网络新媒体人士联谊会会长杨泰荣获自治区级创业培训讲师，统战成员全年荣获国家级、自治区级奖项近20项，示范带动行业领域争先创优。积极开展各类活动，组织各民主党派开展“送春联进社区”“博爱牵手”、送医送药、关爱帮扶等特色服务活动20余场，开展工商联“税企一家亲春雨润苗助成长”等送政策、进企业主题宣传和培训活动9场次，选派党派、侨联成员及新阶层人士赴西安、杭州等地开展能力提升培训，开展统战成员圆桌会、网络沙龙等活动，促进统战成员立足岗位“双建功”“双奉献”。

【依法管理民族宗教事务】

以“五进”宗教场所活动为载体，探索宗教中国化“三爱五正”（爱党、爱国、爱社会主义，正信、正行、正解、正身、正路）工作方法，精心打造道道渠清真寺、城区东清真寺等一批宗教中国化示范点，先后接待国家宗教事务局局长及自治区党委书记等区内外领导调研20余次，自治区党委书记梁言顺对古城镇五星村的“五星五心”（抓党的建设凝心、抓综合治理安心、抓经济发展暖心、抓宗教管理聚心、抓为民服务贴心）工作法给予赞许。注重教职人员素质提升，先后开展了180余次“网络学习、视频点名”、11次“三定”学习教育活动、4次“喜迎二十大坚定跟党走”专题教育，先后推荐了200余名宗教人士参加区、市两级组织的专题培训和学历提升教育。探索建立基层宗教治理“3533”（“三会管理”“五级责任”“三项制度”“三包一督”）工作模式，在全区统战部长会议上受到通报表扬。

政法工作

【概况】

中共吴忠市利通区委政法委员会（以下简称“区委政法委”）行政编制7人，其中书记1名、副书记2名。下设办公室、综治维稳室、执法监督和队伍建设室、国家安全委员会办公室4个科室。根据自治区党委国安办相关文件要求，国家安全委员会办公室于2022年5月中旬移至区委办。2022年，区委政法委获得“平安宁夏建设先进集体”等荣誉称号4项，建成了利通区总体国家安全观主题广场等基地4个，“三官一顾问+N”专家上门问诊等相关工作多次得到上级部门充分肯定。

【维护国家政治安全】

2022年，区委政法委深入开展国家安全人民防线建设，建成国家安全宣传、教育基地2个，分层级、分领域、分类别开展系列宣传活动，提升干部群众国家安全意识。持续保持对非法宗教活动和邪教组织打击处置的高压严打态势，坚决抵御防范境外组织渗透破坏，牢牢守住政治安全的“生命线”。

【推进扫黑除恶斗争】

区委政法委抓好2022年扫黑除恶十件实事，共接收转办扫黑除恶线索65件，发现并整改重点行业领域乱象问题67个。开展《中华人民共和国反有组织犯罪法》宣传活动30余次，发放宣传资料22万余份，营造了“全民扫黑”的良好氛围。

【加强公共安全防范】

充分发挥区平安办牵头抓总作用，统筹全区政法机关聚焦社会乱象，坚持以打开路，维护社会安定。2022年，利通区连续9个月保持总体刑事发案逐步下降的良好势头，全区现行命案发1破1。破获电诈案件339起，止付挽损6459.5万元，用实际行动守护人民群众的“钱袋子”。同时根据党中央决策部署，开展了为期半年的打击整治养老诈骗专项行动，专项行动期间，共侦破案件13起，追赃挽损17.5万元，切实维护了老年人的合法权益。

【完善社会治理体系】

2022年，全区共建成社会治理特色示范点55处，配备群众参与的平安巡防队伍137支1286人，在134个村（社区）建立了“和谐积分服务站”，以“小积分”撬动“大治理”。促进技防人防相结合，紧紧抓住“雪亮工程”建、联、管、用4个关键环节，全力推进视频监控增点扩面，共建设视频监控3019路，利用视频监控破获刑事案件1211起，协助破获83起。

【推进政法领域全面深化改革】

2022年，区委政法委持续推进政法领域全面深化改革，进一步深化司法改革的“助推器”，校准司法办案质效的“风向标”，稳固司法为民的“压舱石”，有力提升了执法司法质效和公信力。严格落实行政执法“三项制度”，推进“3+F”执法办案管理机制建设、“两个一站式”诉讼服务体系建设等，不断深化司法体制改革。制定了《2022年利通区政法领域全面深化改革工作要点》，明确了14条改革重点任务，聚焦健全执法司法制约监督体系，推进司法责任制改革等。

【政法队伍教育】

2022年，区委政法委不断巩固政法队伍教育整顿成果，深入推进政法队伍建设常态化。严格落实涉法涉诉信访工作制度，共接收转办涉法涉诉信访案件20件，均依法依规处理并妥当答复举报人。组织政法各单位开展了案件评查工作，累计评查案件288件，有效提高了执法司法规范化水平。积极落实自治区政法机关“3331”工程，培养选拔政法年轻干部，区委政法委、区司法局分别配备了90后班子成员。组织全区政法干警先后开展了2期政治轮训，进一步提升了政法干警法治思维和法治素养。

政策研究

【概况】

2019年2月，根据自治区党委、吴忠市委机构改革安排，成立利通区政策研究室（以下简称区政研室），核定行政编制5名。设主任1名（正科级），副主任1名（副科级），内设政策研究岗、综合管理岗、改革财经岗。2022年，区政研室坚持以习近平新时代中国特色社会主义思想为指导，坚决贯彻落实中央、自治区、吴忠市及利通区委各项决策部署，围绕中心、服务大局，聚焦主业、狠抓落实，深化改革、课题调研等重点工作扎实推进，各项工作取得了明显成效。

【重要文稿起草】

2022年区政研室紧紧围绕利通区委全委会、常委会、深改会、专题会等重要会议，把握全局、抓住重点，注重写实、力戒空虚，先后起草了《利通区贯彻落实自治区第十三次党代会报告主要任务工作方案》等重点工作实施方案和各类重要文稿50余篇，其中《坚定不移抓好“三农”工作为建设现代化美丽新利通提供有力支撑》等10余篇文稿刊发在《宁夏工作研究》《吴忠工作研究》等报刊，充分发挥聚智善谋、以文辅政的作用。

【重大课题调研】

2022年区政研室聚焦利通区重点工作，着眼领导决策的需要、群众关心的难点热点问题开展自主调研，形成奶产业、绿色食品、供港蔬菜等调研报告8篇。统筹推进利通区调研工作，总体安排、定期调度、会商审定、筛选整理61篇高质量调研报告，着力促进调研成果交流和有效转化。

【推进改革任务落实】

2022年区政研室紧密结合利通区改革工作实际，制定印发了《利通区2022年全面深化改革工作要点》《利通区2022年区级领导领衔推动重点改革任务工作安排》和《2022年“四权”改革工作清单》，承办了全国乡村治理体系建设试点示范系列交流活动、自治区农业水价综合改革暨农业用水管理现场观摩会、“互联网＋教育”示范区建设成果展示暨现场推进会、县域共青团基层组织改革现场部署推进会，县域共青团组织改革试点经自治团区委评估推荐、团中央复核被评为优秀，古城镇新华桥村村庄规划入选自然资源部国土空间规划优秀案例等，扎实推动各项重点改革工作蹄疾步稳、落地见效。

【财经工作】

2022年区政研室筹备召开利通区委财经委会议，及时传达学习财经工作相关会议、文件精神，加强财经工作学习研究，承接落实好财经工作任务，做好经济领域重大工作的顶层设计、总体布局、统筹协调、整体推进、督促落实，为区委财经工作做好服务协调，确保财经工作落地见效。

【队伍建设】

2022年区政研室坚持把理论学习作为加强思想政治建设和干部队伍建设的重要载体来抓，健全学习制度，创新学习载体，努力在创新理论武装上走前列、作表率，有效推动党员干部综合能力有提升、上台阶。

机关党建

【概况】

2022年，区直机关工委坚持以习近平新时代中国特色社会主义思想为指导，认真落实中央和国家机关党的建设工作会议精神及各级决策部署，以“五型”模范机关创建为载体，围绕中心、建设队伍、服务群众，全面加强机关党的建设，用实干、实绩、实效书写了新时代机关答卷。

【机关党员教育】

注重思想理论武装。严格落实理论学习“第一议题”制度，将学习贯彻党的二十大精神、习近平新时代中国特色社会主义思想等作为第一议题。机关党组织书记围绕党的二十大精神、习近平总书记视察宁夏重要讲话精神、铸牢中华民族共同体意识等主题带头讲党课490余场次，深入浅出讲解党的政策、诠释党的理论，着力提高机关党员干部的“政治三力”。坚持红色文化育人。深化拓展对党忠诚教育，举办“党旗在基层一线高高飘扬”“党课开讲啦”等系列活动140余次。组织机关干部赴井冈山、六盘山等地开展红色教育，依托利通区初心馆、铸牢中华民族共同体意识教育基地等开展教育培训100余次，配发党的二十大学习用书等各类读本5000余本，做好“光荣在党50年”纪念章发放，困难党员、老党员走访慰问等工作，激励动员广大党员不忘初心、开拓奋进。

【支部建设】

提高机关工委统筹谋划、督促指导能力，督促各单位健全完善内部管理制度，制定机关单位年度担当作为计划276条，联合区纪委监委不定期开展干部作风监督检查，以抓人管事带动干部作风持续向好。强化政策理论、党章党规党纪学习，推动常态化警示教育和监督执纪，着力打造过硬机关工作队伍。压实党建主体责任，从严落实机关党组织书记抓党建“四个清单”，抓细“三会一课”、主题党日等基本组织生活制度，组织开展机关党建互观互检、党建品牌观摩促评2次，形成比学赶超、争先创优浓厚氛围。对46个机关党组织党建工作存在问题逐一进行排查，以常态化督查促进机关党建质量提升。

【模范机关创建】

制定《利通区“五型”模范机关创建方案》，将文明单位创建、清廉机关建设、巡视巡察等内容纳入模范机关创建考评，充实丰富创建内涵。巩固深化“红石榴”“稻花飘香传科技”等机关党建品牌，新探索“党建领航，智税服务”“党建引领、传承精神、建功环卫”等26个机关党建品牌，让红色引擎助推中心工作、业务工作的动力更强。

【为民办实事】

聚焦巩固拓展脱贫攻坚成果同乡村振兴有效衔接，集中做好防返贫动态监测、产业扶持、政策指导等帮扶工作，通过协调解决公益性岗位、消费扶贫等方式有效促进脱贫户增收。选派24名区直机关干部作为驻村第一书记、工作队员。发挥机关党员模范带头作用，落实“双报到双服务”机制，参与文明城市创建、法治宣传教育、环境卫生整治等志愿服务活动2000余次，为民办实事78件，投入共建经费36.7万元。

【机关党员管理】

结合新时代基层党员干部主题培训，设置党务、财务、保密、统计等专业能力提升“主题课堂”，将短学制、小规模、高频次和分段式培训相结合，精准针对区直部门干部举办各类培训班98期13920人次。通过“大讲堂”“岗位大练兵”等方式，组织干部进行业务技术交流、实操训练、专业测试、技能比武，有效提升干部的专业思维、专业素养和专业方法。

巡察工作

【概况】

2022年，利通区委巡察工作认真贯彻中央、自治区和吴忠市委的巡察工作部署，以高度的政治责任和政治自觉，狠抓6项工作不放松。2022年2月28日至4月29日，组织开展五届区委第一轮巡察。2022年6月27日至8月30日，组织开展五届区委第二轮巡察。2022年11月18日至2023年1月13日，组织开展五届区委第三轮巡察。

【政治巡察】

2022年开展了五届区委第一轮至第三轮常规巡察，全区共启动3轮巡察，完成对10个乡镇（部门）党组织的巡察任务，其中常规巡察6个乡（镇）、2个部门（单位）党组织，由市级统筹派出盐池巡察组进行交叉巡察2个部门（单位）。延伸巡察56个村（社区）。发现、反馈问题351个，移交问题线索2件。

【完善机制】

对现有的26项巡察制度进行梳理，修改完善了9项制度，停止使用了1项制度，结合工作需要新修订了2项制度，确保了工作有章可循、有规可依，稳步推进。对标巡视工作，严把各巡察组组内巡察工作实施方案，系统规范巡前、巡中、巡后各环节工作，确保巡察组依规依纪依法开展巡察。借鉴党中央和自治区党委和吴忠市委巡视巡察工作好经验好做法，对各巡察组开展个别谈话，确定和移交立行立改事项，信访处置工作等流程环节进一步明确，确保巡察各环节工作有效规范衔接。

【巡察整改】

强化巡察机构与纪委监委、组织部协作配合，按照区委巡察工作领导小组安排，纪委监委、组织部对四届区委第十二轮巡察和涉粮专项巡察以及五届区委第一轮、第二轮巡察整改落实情况开展专项监督检查，发现问题42个，形成专题报告1个，有力推动巡察整改工作的落实。

【自身建设】

区委在编制较为紧张的情况下，增加事业编2个（纪委监委调配），加强了巡察人员力量保障。强化抽调巡察干部业务培训，年内参加自治区巡视办全员培训9人次，市委巡察办培训30人次，巡察办组织培训92人次，不断提高巡察干部政治素质和业务能力。

党校工作

【村级党校】

利通区村级党校立足党员需求，从农村“烟火气”着眼，不断提升党员教育的力度、深度和温度，丰富培训内容，满足个性化、差异化的学习需求，真正打通农村党员教育“最后一米”。利通区从机制体制、师资建设、监督考核等方面推动村级党校有序运行，让党员真正学有所成。区财政每年为村级党校安排资金20万元以及党员人均10元标准予以保障，确保村级党校“有钱办事”。截至2022年底，村级党校共举办各类培训班87期，培训党员群众8875人次；现场教学点共培训区内外党员群众约24.5万人次。

网信工作

【概况】

中共吴忠市利通区委员会网络安全和信息化委员会办公室（以下简称区委网信办）成立于2019年，作为区委网络安全和信息化委员会的办事机构，是区委工作机关，挂利通区互联网信息化办公室牌子，下设综合办公室，行政编制5名，其中主任1名（正科），副主任1名（副科）。2022年，区委网信办在区委的坚强领导下，认真学习习近平新时代中国特色社会主义思想，贯彻党的二十大精神和习近平总书记关于网络强国的重要思想，扎实推进网信各项工作。

【思想引领】

2022年，区委网信办坚持以习近平新时代中国特色社会主义思想为指引，学习贯彻党的二十大精神和习近平总书记视察宁夏重要讲话指示批示精神，筑牢网络安全屏障，进一步提升网络安全保障能力。区委网信办组织召开区委网络安全和信息化委员会会议，制定分解年度工作要点，明确目标任务，压紧压实各党组织主体责任，促进网络意识形态工作有力落实。

【主题宣传】

2022年，区委网信办以“两微一端”和政务网站为平台，组织推送主流思想相关学习视频和理论文章，及时推送重大会议和重大部署精神的实际行动和成效125篇。结合重要时间节点和重大活动，开展网络宣传活动，设置专题专栏，利用各乡镇、各部门政务新媒体平台推送相关文章70余篇。

【法治宣传】

2022年，区委网信办联合吴忠市委网信办开展以“网络安全为人民网络安全靠人民”为主题的网络安全宣传周活动，设立启动日、金融日、电信日、校园日、法治日、青少年日、个人信息保护日7个主题日，并开展网络安全知识答题竞赛等活动，共计33个乡镇、部门（单位）参加了宣传活动，宣传普及网络安全知识，营造健康文明的网络环境。

【舆情监督】

2022年，组织协调开展舆情监督工作，指导协调网络舆情信息工作，组织开展网络舆情信息收集、分析研判和处置，跟踪了解和掌握网络舆情动态，提升队伍思想政治素养和业务能力，建设政治过硬、本领高强的高素质网信队伍。做大做强网上主流舆论、弘扬正能量，积极推进网络文明建设。做好网上舆论引导，对社会舆论实施正确引导。

【网络安全】

2022年，严格落实网络安全工作责任制，切实担负起网络安全工作的主体责任，全面加强网络安全检查，对网络系统安全风险进行排查和预警处置，不断完善应急预案。着力推进数字利通建设，推动新一代信息基础设施建设升级。区委网信办联合吴忠市委网信办开展网络安全应急演练，组织区政府、纪委监委、人民法院、人民检察院、区委组织部及区教育局参加演练，以演促练，以演促学，切实提高全区网络突发事件应对处置意识和能力。定期开展风险点排查，完善全区新媒体、自媒体平台的管理，对有害信息进行处置，凝聚人心民心，构建清朗网络空间。全区共计备案政务网站6个，微信公众号33个，微博账号16个。

【脱贫攻坚】

2022年，区委网信办始终将乡村振兴作为重要政治任务来抓，巩固帮扶村脱贫攻坚成果，专题研究部署乡村振兴工作，完善一把手牵头、班子成员密切配合、党员干部全员上阵的工作机制，压实压紧责任链条，凝聚推动巩固拓展脱贫攻坚成果同乡村振兴有效衔接工作的强大动力。通过实地入户走访，真实、细致地掌握帮扶村的整体情况、帮扶户的家庭生产生活情况、政策落实保障等情况，拨付1.6万元帮扶资金加强帮扶村基础设施建设，推进现代农业、美丽乡村加快发展，带动农民增收致富，推动乡村振兴战略落地落实。

【信息化建设】

2022年，区委网信办统筹推进加快建设数字利通和融媒体中心。统筹推进数字乡村建设，实施乡村信息基础设施提升工程，完成5G基站建设71个，4G无线网农村覆盖率100%，光网宽带农村覆盖率98.4%。建设利通区数字乡村大数据平台，实现对全区各类农业资源数据、生产数据、管理数据、服务数据的集中管理、统一调度和综合利用。开展数字牧场建设与应用示范，以五里坡生态养殖园区为重点，建设了7家数字奶牛规模化养殖场，1家5G智慧示范牧场，配套应用大数据、云计算、物联网、人工智能等技术，实现自动喂料、环境控制、排泄物清理机械化达到80%以上，病死动物无害化处理、智能化监管机械化率达到70%以上。统筹推进“互联网+医疗服务”，构建了集视频会议、远程医疗、多媒体指挥调度、公共卫生应急指挥于一体的远程医疗体系，乡镇医疗机构远程医疗覆盖率为100%。完成跨城乡实时交互诊断的互联网医院和云影像平台，进一步提高农村医疗水平。深化“互联网+教育服务”。乡村中小学实现“宽带网络校校通”，互联网接入带宽按需提升至1000Mbps以上。大力推进城乡一体的在线教育应用，建设“名师课堂”30个，“名校网络课堂”实验校2个。打造“三个课堂”在教育教学中的常态化应用，农村学校教学质量不断提高。

【党风廉政建设】

2022年，区委网信办严格落实中央八项规定及其实施细则精神，将全面从严治党、党风廉政建设和反腐败工作主体责任列入网信工作重要议事日程，加强党员日常教育管理。以参观警示教育基地和召开警示教育大会为契机，增强党员干部廉政意识。扎实做好违规收送红包礼金和不当收益及违规借转贷或高额放贷专项整治工作，营造风清气正的政治生态环境。

【干部队伍建设】

2022年，区委网信办始终把学习贯彻习近平新时代中国特色社会主义思想、党的二十大精神、习近平总书记视察宁夏重要讲话指示批示精神和自治区第十三次党代会精神等作为抓思想理论武装的重中之重。持续巩固党史学习教育成果，通过组织集中观看、党员自学观看，引导党员学中有思考、观后有感悟、成效见行动。制定《区委网信办2022年干部理论学习计划》，每周组织全体干部集中学习，认真落实“三会一课”制度，深入学习习近平总书记关于网信领域的重要讲话和重要指示批示精神，跟进学习习近平总书记最新重要讲话、指示批示和文章，领导班子发挥“风向标”和“排头兵”作用，围绕“十个明确”“十四个坚持”“十三个方面成就”，聚集“三区建设”“四新任务”“五大战略”“六大提升活动”等重要内容，党员领导干部联系思想联系实际，深入交流研讨，开展党员干部集中学习10余次，交流研讨6次，撰写心得体会6篇，开展党员培训三期，外出观摩学习2次，对学习内容积极探讨、深刻领会，确保学习成果入脑入心。

机构编制

【概况】

利通区委机构编制委员会办公室（以下简称“区委编办”）成立于2019年2月，为区委机构编制委员会的常设办事机构，归口区委组织部管理，挂事业单位登记管理局牌子，主要承担区委机构编制委员会日常工作，负责行政管理体制和机构改革以及机构编制管理等工作。2022年区委编办在区委、区委编委坚强领导下，利通区机构编制工作围绕中心、服务大局，锐意进取、迎难而上，在深化重点领域改革，优化执政资源配置，规范机构编制管理等方面取得了一定成效，为利通区高质量发展“编织”好体制机制保障网。

【编制管理】

2022年区委编办严抓机构编制纪律，切实增强底线意识。一是强化机制约束。深入贯彻落实《中国共产党机构编制工作条例》和《机构编制违规违纪违法行为处理和问责规则（试行）》，开展学习讨论5次，评估检查3次，将机构编制监督检查内容纳入区委巡察范围，对10个乡镇、部门进行了巡察，进一步提升“编制就是法制”权威性和严肃性。二是深化审批联动。加强信息共享和联合督查，深化与纪委监委、组织、财政、人社、审计等部门协作联动，在职务调整、领导干部配备、人才引进、公务员考录、事业人员招聘等方面，建立事先沟通机制，从源头杜绝了超职数、超规格配备领导干部现象的发生。三是规范实名管理。实行信息动态调整，每月对机构数据、人员数据、编制和职数等多项指标校验修正，办理实名制业务600余条，机构信息维护210条，人员编制管理286条，确保实名制系统信息数据更新及时准确。四是优化职权调整。按照“职权法定、程序合法、权责一致”原则，严格执行“政府各部门认领补充、编办和司法部门复核审定”的工作程序，调整清理21个部门行政职权事项，审核梳理9个部门权责清单1100项。五是强化登记管理。以事业单位登记管理系统为依托，抓实信息审核关，截至2022年12月，先后为33个单位变更统一社会信用代码证书信息、对66个事业单位法人证书进行了变更登记，对8个已撤销事业单位进行注销登记，并督促指导72个事业单位进行了年报公示，对15个事业单位法人公示信息进行了抽查，确保事业单位登记管理程序规范有序，牢牢抓住对各登记单位行使监督管理的主动权。六是规范权责清单管理。按照“三级四同”规范化管理要求，利通区直各部门现保留各类行政权力事项1186项，其中行政许可84项，行政处罚675项，行政强制51项，行政征收7项，行政给付42项，行政检查78项，行政确认25项，行政奖励61项，行政裁决8项，其他类77项。2022年，经政府各部门对照自治区各行业系统权力清单指导目录，并会同司法部门合法性审查，对利通区农业农村局、水务局、民政局等7个行政部门进行权责清单调整，共梳理利通区本级权责清单804项，增加行政职权56项。利通区各乡镇现有各类行政权力事项99项，其中行政许可9项，行政处罚7项，行政强制3项，行政征收1项，行政给付6项，行政检查11项，行政确认7项，行政奖励6项，行政裁决4项，其他类45项，并为利通区10个涉农乡镇赋权59项，非涉农乡镇赋权51项。

【编制改革】

2022年区委编办深化机构编制改革，优化盘活编制资源。一是立足“减”，压缩事业机构编制水分。切实发挥内部挖潜作用，整合撤并“小散弱”和职责交叉重叠、职能相同相近的事业单位，调整优化20家事业单位机构编制事项，收回事业编制123名；制定《教育系统控编减编方案》，收回教育系统教职工空编11名；合并农业农村局下属两个副科级事业单位，升格中小企业服务中心，调减利通区城乡环卫中心部分职能职责编制，核减至25名，最大程度优化了机构编制资源。二是立足“统”，保障重点领域编制需求。紧盯脱贫攻坚、疫情防控、项目建设等重点工作，研究调整机构编制事项24项。优先保障义务教育、医疗卫生等重大民生领域编制需求，为区项目建设服务中心、中小企业服务中心、新时代文明实践中心、乡村振兴服务中心等单位核增事业编制52名，为利通区人民医院核定人员总量260名，设立利通区疾控中心，核定全额预算事业编制8名，争取自治区“周转池”事业编制72名解决特岗教师占编问题，切实做到了重点领域、重点部门机构编制保障有力、支持到位。三是立足“实”，优化改革理顺运行机制。深化全区跨领域跨部门综合执法改革，创新构建“行业领域综合执法+跨领域跨部门综合执法+乡镇综合执法”的“大执法”体制机制，实行“局队合一”，整合精减执法队伍和人员编制，创新推行“线上+线下”智慧综合执法模式，将利通区综合执法局执法事项由416项调整为368项，有效解决多头执法、多层执法、重复执法等问题，大幅优化了城市治理效能，先后3次作为自治区级示范点迎接全区编办观摩调研。全面落实自治区国防动员体制改革涉及机构编制事项部署要求，以区住房城乡建设和交通局挂牌设置的人民防空办公室为基础，组建利通区国防动员办公室，并调整设在区发展和改革局，撤销区国防动员委员会下设各办公室，进一步理顺国防动员体制机制。

【编制监管】

2022年区委编办强化机构编制监管，校准调整使用航向。一是抓实机构编制评估。2022年5—8月开展机构编制执行情况和使用效益评估试点，聚焦“三定”规定执行情况、机构编制管理规范等5个方面，通过实地测评、调查问卷、座谈交流等方式，对区文体局、科学技术局机构编制执行情况和使用效益进行全面系统评估。制定评估指标体系30项，统计分析内（外）部调查问卷51份，高质量完成了区文体局、科学技术局试点评估工作，探索形成了“内部+外部、线上+线下”双结合，紧盯部门“三定”规定落实情况、机构编制管理情况、重点工作任务完成情况三个维度及一份试点部门“评估报告”的“231”多元化评估模式，受到了自治区党委编办的高度认可。全面开展乡镇机构改革评估工作，围绕56项指标体系，通过“谈、听、看”方式，对12个乡镇机构改革运行情况逐一核验、精准把脉、打分排名，进一步巩固提升了乡镇改革成效，以评估最高分代表吴忠市迎接了自治区党委编办的实地核验。二是规范线上登记。全面推进党政机关和事业单位中文域名注册管理工作，已注册政务和公益中心中文域名126个，实现了机构编制网络管理全覆盖。持续做好机关事业单位网上登记，对33个事业单位统一社会信用代码及66个事业单位法人证书信息及时变更登记，按流程注销8个已撤销事业单位，督促指导59个事业单位进行线上年报，对7个事业单位法人年报公示信息进行抽查。8月，成功承办自治区机构编制业务能力提升培训班。

档案工作

【档案管理】

按照自治区党委组织部相关文件要求，组织协调区委组织部、区教育局、区人力资源和社会保障局对专审过的事业干部档案进行了“回头看”，并对“回头看”中发现的问题进行了认真的审核、整改。对2022年新录用的8名选调生、14名公务员、40名事业干部、区外调入的18名干部档案进行整理、审核、扫描、归档工作。对43名需要转出人员档案按照程序进行了转递，配合各级纪委、各单位开展档案调阅1253人次。9月份开展“干部人事档案材料收集月”活动，共集中收集材料5426份。

老干部工作

【概况】

利通区离退休干部党工委成立于2015年6月，未单独核定人员编制，老干部局局长（党工委书记）由区委组织部副部长兼任。随着利通区退休老干部人数逐年增加，为解决党工委“空挂”问题，确保老干部工作有人抓有人管，2017年6月经吴忠市委编办同意，为利通区核增1名副科级离退休干部党工委专职副书记，利通区委组织部同时定岗1名工勤岗事业编干部负责利通区老干部活动中心日常工作，2名“4050”人员作为服务及后勤工作人员。

【政治引领】

结合党史学习教育和“大学习、大讨论、大宣传、大实践”活动，开展离退休干部深入学习贯彻习近平总书记视察宁夏重要讲话和重要指示批示精神、党的二十大精神、自治区第十三次党代会精神等报告会及专题学习会等60余场次，组织召开老干部茶话会、座谈会11场次，赴初心馆等基地参观学习3次，教育引导离退休干部做“两个确立”的坚定拥护者。

【理论武装】

认真落实“三会一课”、组织生活会等基本制度，组织各离退休干部党支部开展“传承红色基因弘扬革命精神”“喜迎二十大建功新时代”等主题党日活动，及时宣传党的主张，传播党的声音，架起党组织与离退休干部的“连心桥”。

【组织建设】

扎实推进离退休干部党组织有形覆盖和有效覆盖，指导7个党支部如期换届，督促相关单位对发挥作用不明显或因个人原因无法继续任职的3名党支部书记和4名委员进行了调整。以“示范党支部”创建为契机，对18个党支部进行两轮次督导检查，督促整改问题15条；积极探索离退休干部党建与社区党建有效融合，动员引导老党员到社区“双报到双服务”，常态化开展红色教育、文明传承等活动。

【服务机制】

制定在职党员担任离退休干部党支部党建联络员、在职党员与离退休干部结对联系等制度，定期开展走访联系、送学上门，确保离退休干部思想不掉队。将离退休干部工作纳入“星级化”管理考核体系，按照每人每月200~260元标准兑现离退休党支部书记工作补贴37440元，通过倒逼责任、强化考核等措施，推动离退休干部工作提质增效。

【阵地建设】

延伸打造35个社区网格党群服务驿站，15个城市社区日间照料中心，邀请社会工作者、按摩、理发等人员进驻服务，努力实现老干部“就近学习、就近活动、就近得到关心照顾、就近发挥作用”，助推老干部工作不断向基层延伸。聚焦老干部文化生活需求，成立利通区老年大学，搬迁服务阵地，新增活动面积400平方米，新增功能室2个，优化完善“1+N”（以区老年大学为中心，设立N个教学点）办学模式，实现教育阵地多点布局，教育覆盖面不断扩大。

【待遇落实】

高效落实离退休干部走访慰问制度，结合春节、七一等重大节日，走访慰问离退休干部1079人次，发放慰问金51.26万元。全额返还党费6.61万元。将退休干部体检经费纳入财政预算，拨付体检经费13.78万元，让老干部真真切切感受到组织的关怀和温暖。

【建言献策】

以喜迎二十大为契机，广泛凝聚老干部听党话、感党恩、跟党走的共识，组织开展离退休党支部书记“建言二十大”“我看中国特色社会主义新时代”座谈交流会10次，举办喜迎二十大征文活动，共征文50余份。

【赓续传承】

以10名理论知识深厚、工作经验丰富的老同志为主体，组建“五老”宣讲团，结合党的二十大、自治区第十三次党代会精神学习宣传，深入机关、学校、乡村、社区等开展政策大宣讲活动160余场次，受教育人群达到2.1万人次，让党的优良传统和红色血脉代代相传。

【志愿服务】

充分发挥离退休干部党员社会影响广泛、善于做群众工作的优势，组建“红袖标”巡逻队、“夕阳红”矛盾纠纷调解等12支志愿服务队，共开展疫情防控、文明城市创建、政策宣传、关心下一代活动等235场次，参与人数达到936人次，“银耀利通”志愿服务精神持续传承。

利通区人大常委会

综　述

【概况】

2022年，区人大常委会共有利通区级代表222人，有常委会委员30人，设常委会主任1名，副主任4名，常委会下设三委一办，分别是代表联络与选举工作委员会、财经农业科教文卫工作委员会、民族宗教法制工作委员会和办公室。2022年，在区委的坚强领导下，区人大常委会坚持以习近平新时代中国特色社会主义思想为指导，认真学习贯彻党的二十大、习近平总书记视察宁夏重要讲话和重要指示批示精神，紧跟核心、紧扣中心、紧贴民心、紧守初心，团结依靠全体代表和全区人民，真抓实干，全年共召开常委会会议8次、主任会议11次，作出决定决议3项，听取审议专项工作报告4项，组织执法检查、视察调研15次，评议政府工作部门3个，任免国家工作人员104人（次），全面完成各项目标任务。

【自身建设】

提高履职水平。注重改进作风，提升能力，常委会班子成员带头深入基层调研，带头撰写调研报告5篇。配合区市两级人大常委会开展执法检查3次，组织常委会组成人员和区乡两级人大代表外出培训，学习借鉴外省市及兄弟县区人大工作先进经验，接待新疆、湖南、平罗、彭阳等省市县人大到利通区考察学习和交流5批次，拓宽思路、深化改革，加强对乡镇人大工作的指导和联系，指导8个乡镇顺利召开了新一届人民代表大会第二次会议。

依法履职尽责。自觉把人大工作置于区委领导之下、融入全区发展大局之中，不折不扣贯彻执行区委各项决策部署。常委会年度工作计划、监督议题、重要决议决定和主要工作开展情况及时向区委请示报告，全年履职情况报告3次，请示报告重要事项26（件）次。坚持党管干部原则与人大依法任免相统一，认真审议各项人事任免议案，严格落实任前法律知识考试、供职发言、依法票决、向宪法宣誓等制度，确保区委的意图和人民的意志相统一。对上级党委和区委的决策部署及时传达学习、坚决贯彻落实，确保人大依法履职的过程成为执行区委决策部署、落实区委工作意图、服务中心大局的过程。

【监督检查工作】

动态监督。把握稳中求进工作总基调，积极研究全区经济运行的新情况，听取审议全区国民经济和社会发展计划执行情况、财政预算执行情况、审计查出问题整改等工作报告及重点项目建设情况的报告。提出要紧盯重点项目和优势产业，延链补链、壮链强链，支持和督促政府在招商引资、项目建设、产业提质等方面持续用力，不断推动产业结构更优、基础更牢、质效更好。按照“过紧日子”要求，对预算编制提前介入，预算执行及时监督，预算调整随时审议，先后审查批准预算调整方案3次，调整预算资金2.63亿元，保障了利通区人民医院建设、老旧小区改造、幼儿园建设等26项重点民生项目资金的需要。听取审议国有资产管理工作情况的报告，督促政府及相关部门厘清利通区国有企业“家底”，推动国有资产管理与监督工作逐步实现制度化、规范化。

重点项目监督。紧盯“三区”建设目标任务，把准经济发展的脉络，综合运用审议专项工作报告、视察调研、执法检查、跟踪监督等方式，开展调查研究，推动项目发展。在监督中提出真知灼见促进发展，在发展中查漏补缺强化监督，先后组织人大代表对重点项目建设情况进行视察2次。针对阶段性出现的项目进展速度较慢、任务指标完成较低等突出问题，提出了加大储备项目、精准谋划项目、高效招引项目、压茬推进项目、统筹协调保障和优化营商环境等9条意见建议，着力助推全区经济高质量发展。

质效监督。紧扣巩固拓展脱贫攻坚成果同乡村振兴有效衔接，严格落实“四个不摘”要求，聚焦产业、就业、社会融入“三件事”进行调研，听取审议专项工作报告，提出审议意见7条，政府相关部门紧盯考核评估14个方面57项具体问题，落实整改措施，努力实现农业高质高效、乡村宜居宜业、农民富裕富足。组织对全区农业产业培育、文旅产业培育开展调研，聚焦奶牛、肉牛、滩羊、冷链蔬菜等“六特”产业，督促政府拓展农业功能，延长产业链条，加快构建现代农业产业体系、生产体系、经营体系，促推利通区创建全国农业现代化示范县区。

依法监督。紧扣法治政府建设对法治社会建设的示范引领作用，组织各级政府和社会各界开展国家宪法日宣传，弘扬宪法精神，树立宪法权威。听取和审议区人民政府关于未成年人保护法实施情况的报告、开展铸牢中华民族共同体意识示范区创建工作的报告；听取和审议区人民法院关于创建枫桥法庭，推进诉源治理工作的报告；听取和审议区人民检察院关于保障律师执业权利，推动法律职业共同体建设情况报告，为全面推进依法治区提供优质法治保障和法律服务。督促区人民政府对审计整改单位严格落实区委的决定。听取和审议区人民政府关于2021年度区本级预算执行和其他财政收支审计查出问题整改情况的报告，督查压实整改单位责任，限期整改销号。落实规范性文件备案审查制度，对“一府一委两院”规范性文件以及乡镇人民代表大会决议、决定进行审查，规范性文件备案14件。

【代表工作】

服务保障坚强有力。常委会研究印发《关于在区乡两级人大代表中深入开展履职能力提升三年行动的实施意见》，把代表培训作为一项基础性工程来抓，先后举办代表初任培训班，召开人大代表宪法知识培训会、学习贯彻习近平总书记关于坚持和完善人民代表大会制度的重要思想交流会等8期，培训代表870人次。密切常委会组成人员与代表、代表与群众的联系。按标准发放无固定收入代表误工补贴，激发代表履职热情，先后邀请18名人大代表列席区人大常委会，组织人大代表167人次参加视察调研。

议案办理成效明显。办理代表议案建议是政府及其部门的法定责任，是推动决策民主化、科学化的有效途径。常委会按照“年初会议交办，常委会领导领衔督办、责任部门对口承办、年底考核促办”的议案建议办理机制，多次深入现场调研督办，督促政府和各承办单位认真研究新形势下议案建议办理面临的新情况、新问题，不断改进办理方式方法，积极主动做好办理回复工作，推动办理工作取得实效。交办的3件议案、13件重点建议意见、15件一般性意见建议办结率84%。

拓宽联系渠道。规范化建设乡镇代表联络站12个和村（社区）代表活动室105个，搭建代表主动联系选民平台，开展代表向选民述职评议活动，为代表履职创造良好条件。围绕“多听民生需要，多找问题症结，多提管用建议”，常态化开展代表进联络站点（室）接待群众工作，共组织代表活动234场（次）、征求群众意见建议176条。认真做好来信来访工作，接待人民群众来信来访11件13人次。全区各级人大代表坚持“民有所呼、我有所应”，最大限度吸纳民意、汇集民智、履职尽责，在丰富全过程人民民主工作中展现新作为。

重要会议

【区五届人大第三次常委会会议】

2022年4月19日，利通区第五届人大常委会第三次会议召开。区人大常委会党组书记、主任赵金峰主持会议，区委常委、纪委书记、监委主任郭志强，区人民政府副区长杨晓娟，区人民法院院长郭勤，区人民检察院检察长郭生鹏列席会议。会议学习了《中华人民共和国地方各级人民代表大会和地方各级人民政府组织法》；学习了《习近平谈治国理政》第三卷节选；学习传达了全国两会精神和习近平总书记在海南考察时重要讲话精神；学习传达了《关于新时代坚持和完善人民代表大会制度加强和改进人大工作的实施意见》文件精神。听取和审议了区人民政府关于利通区乡镇公共文化服务基础设施建设情况的报告；表决通过了区人民政府、区监察委员会提请的人事任免议案。决定免去：马长军的区人民政府副区长的职务，马文霞的区监察委员会副主任、委员的职务。

【区五届人大第四次常委会会议】

2022年6月18日，利通区第五届人大常委会第四次会议召开。区人大常委会党组书记、主任赵金峰主持会议，区人民政府区长宋喜，区纪委书记、监委主任郭志强，区人民法院院长郭勤，区人民检察院检察长郭生鹏列席会议。区政协副主席马金良应邀参加会议。会议学习传达了习近平新时代中国特色社会主义思想和相关重要会议精神。听取和表决了区人民检察院关于依法保障律师执业权利工作情况的报告、区自然资源局工作情况的报告、区卫生健康局工作情况的报告和区综合执法局工作情况的报告，对区人民检察院、自然资源局、卫生健康局和综合执法局的工作进行了评议。听取和表决了《关于批准2022年利通区本级预算调整方案的决议（草案）》。会议表决通过了区人民政府、区监察委员会、区人民法院和区人民检察院提交的人事任免议案，决定任命马铁斌为利通区人民政府副区长，马泽新为利通区人民政府副区长（兼），杨平为利通区人民政府副区长，并为21位新任职人员举行了向宪法宣誓仪式。

【区五届人大第五次常委会会议】

2022年8月5日，利通区第五届人大常委会第五次会议召开。区人大常委会党组书记、主任赵金峰主持会议，区人民政府区长宋喜，区纪委副书记、监委副主任杨晓勃，区人民法院院长郭勤，区人民检察院检察长郭生鹏列席会议。区政协副主席杨红梅应邀参加会议。会议学习传达了《习近平论经济建设（2022年）》、7月28日中央政治局会议精神、习近平总书记在中央统战工作会议上的重要讲话精神，听取和审议了区人民政府关于2022年实施重点项目建设进展情况的报告、关于利通区2022年上半年国民经济和社会发展计划执行情况的报告和关于利通区2021年本级决算和2022年上半年本级预算执行情况的报告，听取了区人民政府关于2021年度利通区本级预算执行和其他财政收支情况的审计工作报告，听取和审议区人民法院关于建设“塞上枫桥人民法庭”工作情况的报告，通过修订常委会有关工作制度。

【区五届人大第六次常委会会议】

2022年11月8日，利通区第五届人大常委会第六次会议召开。区人大常委会党组书记、主任赵金峰主持会议，区人民政府区长宋喜，区纪委副书记、监委副主任杨晓勃，区人民法院院长郭勤，区人民检察院检察长郭生鹏列席会议。会议传达学习了党的二十大精神、党的二十大后习近平总书记首次到地方视察的重要讲话精神和自治区党委十三届二次全会、吴忠市委五届六次全会精神。听取和审议了区人民政府关于贯彻执行《中华人民共和国未成年人保护法》工作情况的报告、关于开展铸牢中华民族共同体意识示范区创建工作、移民致富提升行动工作、基础教育质量提升行动工作情况的报告，批准了区人民政府关于2022年利通区本级预算调整方案，表决通过了区人大常委会、区人民政府和区监察委员会提请的人事任免议案，决定任命强海涛为利通区人大常委会办公室主任，童晓英为利通区发展和改革局局长，郭凯丽为利通区监察委员会委员。

【区五届人大第七次常委会会议】

2022年12月2日，利通区第五届人大常委会第七次会议召开。区人大常委会党组书记、主任赵金峰主持会议，区人民政府区长宋喜，区人民政府副区长候选人乔喜列席会议。会议传达学习了习近平总书记近期重要讲话精神、党的二十大精神、自治区党委统战工作会议和全区宗教工作会议精神。听取区人民政府区长宋喜作《关于区五届人大一次会议代表议案建议办理情况的报告》及《关于2022年环境状况和环境保护目标完成情况的报告》，表决区人民政府关于区五届人大一次会议代表议案建议办理情况的报告、关于2022年环境状况和环境保护目标完成情况的报告；表决请辞决定（草案）；听取区人民政府区长宋喜作《关于提请乔喜等同志职务任免的议案》。听取区人大常委会副主任马学军受主任会议委托作《关于提请补选冯茂璋等3名同志为利通区出席吴忠市第六届人民代表大会代表的议案》，审议通过吴忠市利通区第五届人民代表大会常务委员会第七会议补选办法，补选利通区出席吴忠市第六届人民代表大会代表；听取区五届人大常委会代表资格审查委员会主任委员马学军作《利通区第五届人大常委会代表资格审查委员会关于利通区五届人大一次会议以来代表变动情况及补选代表资格审查报告。

【区五届人大第八次常委会会议】

2022年12月11日，利通区第五届人大常委会第八次会议召开。区人大常委会党组书记、主任赵金峰主持会议，区人民政府区长宋喜列席会议。会议传达学习了中共中央政治局会议精神。听取了区人民政府关于2021年度区本级预算执行和其他财政收支审计查出问题整改情况的报告，听取了区人民政府关于2021年度国有资产管理情况的综合报告，听取和审议了区人民政府《关于审定〈2022年利通区本级预算调整方案〉的请示》。研究审议了关于召开利通区第五届人民代表大会第二次会议有关事宜，讨论利通区人大常委会工作报告。

利通区人民政府

【概况】

利通区人民政府共有22个政府工作部门，包括政府办公室、发展和改革局、教育局、科学技术局、工业信息化和商务局、民政局、司法局、财政局、人力资源和社会保障局、自然资源局、住房城乡建设和交通局、水务局、农业农村局、文化旅游体育广电局、卫生健康局、退役军人事务局、应急管理局、审计局、统计局、综合执法局、医疗保障局、审批服务管理局。利通区政府直属事业单位共有4个，包括吴忠林场、机关事务管理中心、城乡环境卫生管理中心、吴忠市供销社。利通区政府下属的国有企业为吴忠市利通区融通城乡建设投资有限公司。2022年面对疫情防控的严峻形势和经济下行的巨大压力，坚持以习近平新时代中国特色社会主义思想为指导，深入学习贯彻党的二十大精神和习近平总书记视察宁夏重要讲话、重要指示批示精神，在自治区、吴忠市党委、政府和区委的坚强领导下，在区人大、政协的监督支持下，按照自治区第十三次党代会、吴忠市第六次党代会和区第五次党代会部署要求，紧紧依靠全区人民群众，统筹疫情防控和经济社会发展，全力推进黄河流域生态保护和高质量发展先行区建设，勇担使命、锐意进取、真抓实干，各项事业再上新台阶、取得新成效。全年实现地区生产总值254.96亿元，增长1.2%；固定资产投资同比下降0.8%；一般公共预算收入3.5亿元，同口径增长1.8%；一般公共预算支出27.7亿元，增长19.5%；社会消费品零售总额87.9亿元，增长0.4%；城镇居民人均可支配收入38766.1元，同比增长5.8%；农村居民人均可支配收入20597.3元，增长7.5%。

【项目建设】

全年实施各类项目110个，完成投资82.4亿元。招商引资到位资金47.7亿元，上争项目资金20.6亿元，分别完成目标任务的106%、103%。

【创新驱动】

创新实施“1788”工作机制，联合宁夏农林科学院建成蔬菜博士指导工作站，依托宁夏民族职业技术学院成立全区首家奶业现代产业学院，国家农业科技现代化先行县建设经验在全国交流。争取自治区科技专项资金3800万元，引进高层次人才15名，实施自治区级重点科技项目12个，培育国家级高新科技企业4家、"瞪羚企业"2家，新增自治区科技"小巨人"、农业高新技术等企业52家，打造科技创新平台11个、示范基地15个。

【现代农业】

深入推进五里坡、鸽堂沟奶牛养殖基地建设，新建标准化养殖场9家，培育"50·300"家庭牧场8家，奶牛存栏23.3万头，生鲜乳年产量116万吨，奶产业优势持续巩固。肉牛、滩羊存栏分别达到11.2万头、27.2万只。高标准整治农田25.7万亩，新增高效节水灌溉1.97万亩。粮食种植面积25.4万亩，粮食总产量15.3万吨。建成绿色瓜菜种植基地7个，瓜菜种植6.45万亩。新培育产业化龙头企业6家、示范合作社8家、星级家庭农场7家，认证"三品一标"18个。历时三年成功创建第四批国家现代农业产业园，入围全国农业现代化示范区创建名单。全年农林牧渔业增加值增长6%。

【服务行业】

实施吴吃堡城、黄河文化公园等重点服务业项目15个，打造市级以上服务业集聚区4个。建成利通区电子商务孵化基地，举办"吃住行游购娱"等各类促消费活动45场次，带动消费2亿元以上。联合举办第二届吴忠早茶美食文化节，培育中餐特色美食企业7家、早茶示范店11家，早茶产业收入达到8亿元。出台"引客入利"政策，举行"两晒一促"推介活动，举办第五届乡村文化旅游节，打造白寺滩等特色旅游民宿集群4个，新增精品民宿、农家小院90家。"吴忠黄河金岸趣味赏花游"入选全国推介旅游线路，东塔寺乡入选全国乡村旅游重点镇（乡），牛家坊村入围全国乡村特色产业超亿元村，新华桥村被评为中国美丽休闲乡村。全年累计接待游客212万人次，实现旅游收入9330万元，分别增长20%、16%。

【城乡面貌】

扎实推进城乡面貌提升行动，实施金花园A区、李闸渠安置区等基础设施改造工程5个，改造老旧小区35个、小区防汛排涝设施164处，安装充电桩6550组。实施吴忠市城乡生活垃圾收集转运系统工程，城市生活垃圾无害化处理率保持在100%。

高标准推进金积镇、郭家桥乡重点小城镇建设，打造李桥村等高质量美丽宜居村庄6个。编制完成"多规合一"实用性村庄规划9个，新华桥村村庄规划入选全国国土空间规划优秀案例。常态化开展农村人居环境整治，完成"一村一年一事"111件，改造危房及抗震宜居农房331户，评选美丽庭院800户，农村卫生厕所普及率达到92.5%。新建农村公路43公里，五里坡奶牛园区苦水河大桥建成通车。

【生态建设】

实施入黄排水沟水环境综合治理项目，整治河湖"四乱"问题313个，治理河湖沟道85公里，重点入黄排水沟水质稳定在Ⅳ类标准及以上，黄河过境断面水质保持Ⅱ类进Ⅱ类出，集中式饮用水水质全部达标，清水沟被评为自治区示范河湖。实施农村生活污水治理项目15个，新建扩建农村生活污水处理站4座，农村生活污水治理率达65%以上，治理经验在自治区交流推广。

严控建筑施工、道路扬尘、餐饮油烟等污染，实施农村清洁取暖"双替代"1.5万户。全区优良天数比例达到82%，环境空气质量稳定达到国家二级标准。持续开展农业面源污染治理，打造有机肥应用示范点10个，农作物秸秆综合利用率和农用残膜回收率均达到90%以上。

统筹山水林田湖草沙系统治理，拓展营造林2.64万亩，修复退化生态草原1.5万亩。实施完成小流域综合治理、山洪沟道治理等8项工程，治理水土流失10.67平方公里。高效节灌水权转换项目按期竣工，各级环保督察反馈问题年度整改任务全面完成。

【民生事业】

实施就业提升工程，打造创业孵化示范基地8个，发放创业担保贷款7352万元，培育创业实体749家，城镇新增就业3605人，农村劳动力转移就业2.25万人，城镇调查失业率控制在5.5%以内。分类提高城乡低保、特困供养、临时救助标准，发放各类救助资金8647万元。城乡居民基本养老和医疗保险实现“应保尽保”。全区千名老人养老床位数达到37张，胜利镇新华社区成功创建全国示范性老年友好型社区。

社会事业普惠均衡。持续办好人民满意教育，新建改建中小学、幼儿园5所，新增学位2700个，普惠性幼儿园覆盖率达到87%，义务教育阶段“大班额”全面消除。建成教师智能研修中心，承办自治区“互联网＋教育”示范区建设现场会。持续推进健康利通建设，建成利通区人民医院、滨河社区卫生服务中心，医联体信息平台投入使用，乡镇卫生院中医馆实现全覆盖。深入实施文化体育惠民工程，培育非遗传承人30人，新建全民健身场馆、乡镇综合文化站6个，开展各类文化体育活动400余场次。

疫情防控精准有效。坚决贯彻“三个坚定不移”，全面落实第九版防控方案和优化疫情防控“二十条”及“新十条”，最大限度减少疫情对经济社会发展的影响。常态化抓好疫情防控，细化完善应急预案和工作手册，完成3岁以上人群疫苗接种109万剂次，仅用43天建成吴忠市方舱医院。科学应对“9·20”“11·16”等突发疫情，高效运行市区一体指挥体系，迅速激活平战转换机制，精准开展“三大清零行动”，有效遏制疫情扩散蔓延，最大程度保护了人民生命安全和身体健康。

【脱贫攻坚】

落实脱贫户、监测户、低收入群体“四级包抓”责任机制，国家考核评估14个方面57个问题全面整改销号。争取衔接资金9033万元，实施扁担沟镇移民肉牛养殖园区等产业发展项目22个。创新“企业＋支部＋合作社＋移民＋金融＋保险”利益联结机制，新建改建设施温棚1600座，带动移民发展特色种植500亩、扩大肉牛养殖4000头，实现联农带农1209户，脱贫户人均可支配收入增长20.2%。建成移民一站式服务中心，发放小额信贷1960万元，实现移民就业5500人以上，“乡村振兴保”“乡村振兴防贫救助保”实现全覆盖。

【行政效能】

以党的政治建设为统领，坚决落实党中央、自治区、吴忠市及区委各项决策部署，以“大学习、大讨论、大宣传、大实践”活动为抓手，落实落细自治区第十三次党代会主要任务，扎实推进“10+8”重点工作落地见效。自觉接受人大、政协和社会监督，办理人大议案建议31件、政协提案125件，办复率100%。大力推进法治政府建设，全面落实会前学法制度，加大政务公开力度，开展“政府开放日”“局长谈公开”26场次，发布重点领域政务信息1.24万条，办结各类群众诉求

1.6万件。工程建设、政府采购等专项治理扎实推进，审计整改成效明显。严格落实党风廉政建设责任制，坚决贯彻中央八项规定及其实施细则精神和自治区加强作风建设“八条禁令”，发扬“严细深实勤俭廉+快”的工作作风，牢固树立过“紧日子”思想，“三公”经费压缩10%，将更多财力用于保障和改善民生。统计、国防动员、人民防空、防灾减灾、青少年、妇女儿童、供销、气象等工作取得新成绩。

重要会议

【政府全体会议】

4月19日，利通区委副书记、区人民政府党组书记、政府区长宋喜主持召开利通区五届人民政府第一次全体（扩大）会议暨廉政工作会议。相关区领导，区人民政府全体组成人员，各乡镇人民政府、直属事业单位主要负责人参加会议。

会议深入贯彻落实习近平总书记视察宁夏重要讲话精神、党的十九大和十九届历次全会精神，认真落实自治区、吴忠市政府全体会议精神，进一步安排部署全区经济社会发展各项重点工作和政府系统党风廉政建设工作，动员全区上下进一步坚定发展信心、狠抓工作落实，以优异成绩迎接党的二十大和自治区第十三次党代会胜利召开。会议强调，要坚持以更高站位抓落实，把“两个确立”作为必须长期坚持的最高政治原则，持续巩固拓展党史学习教育成果，更好把握和运用党的百年奋斗历史经验，弘扬伟大建党精神，深刻领悟“两个确立”的决定性意义，确保上级党委、政府的各项部署落地见效。要坚持以更实举措抓落实，进一步坚持目标导向、问题导向，把狠抓发展作为第一要务，精准施策、靶向发力，保持经济持续向好的运行态势。会议强调，要坚持以更优效能抓落实，严格按照宪法法律规定履行政府职能，确保各项工作始终在法治框架下运行。要进一步深化“放管服”改革，加快数字政府建设，推行“不见面办事”“一件事一次办”，创造更加优质的营商环境，让政府服务更便捷，让市场主体更满意。会议要求，各乡镇、各部门要牢固树立“一盘棋”思想，坚持以更好的作风抓落实，积极主动克服各种困难，自觉把本单位的工作放到全区大局中来思考、来谋划、来落实，共同推动各项工作落实到位，全力打造亮点，形成利通特色。要全面落实新时代党的建设总要求，深入落实各级纪委全会精神，严格落实中央八项规定及其实施细则精神，严格执行自治区加强作风建设“八条禁令”，严格落实党风廉政建设“一岗双责”，从严加强重点领域和关键环节监管，始终严守廉洁纪律要求，永葆清正廉洁的政治本色。

【五届区政府第5次常务会议】

1月10日召开，利通区委副书记、政府区长宋喜主持。会议传达学习了习近平总书记在中共中央政治局党史学习教育专题民主生活会上的重要讲话精神、习近平总书记关于做好“三农”工作的重要指示、习近平总书记关于统计工作重要讲话及全国、自治区发展和改革工作会议，《自治区应对新冠病毒疫情指挥部办公室关于进一步加强疫情防控的紧急通知》等文件精神，听取中央环保督察组反馈问题整改情况汇报，安排部署下一步工作。会议还传达学习了习近平总书记在中国文联第十一次全国代表大会、中国作协第十次全国代表大会上的重要讲话，研究审定《利通区2022年老旧小区改造实施方案（送审稿）》及《吴忠市利通区贯彻落实中央生态环境督察组转办信访件投诉案件整改销号方案（送审稿）》等有关事宜。

【五届区政府第6次常务会议】

1月25日召开，利通区委副书记、政府区长宋喜主持。会议传达学习习近平总书记在十九届中央纪委六次全会上的重要讲话精神，自治区纪委十二届六次全体会议精神，自治区政协十一届五次会议和十二届人大五次会议精神，传达学习吴忠市安委会第一次全体会议精神，听取吴忠市利通区农业科技现代化先行县共建工作进展情况，安排部署相关工作。会议还传达学习了全国信访局长会议精神、全国教育工作会议精神，研究采购应急救灾储备物资有关事宜，审议《利通区落实〈关于推进新时代残疾人事业高质量发展的意见〉的实施方案（送审稿）》等有关事宜，研究部署下一步工作及其他事宜。

【五届区政府第7次常务会议】

2月11日召开，利通区委副书记、政府区长宋喜主持。会议传达学习了全国、全区审计工作会议及李克强总理在听取审计工作汇报时的讲话精神，推动黄河流域生态保护和高质量发展领导小组全体会议和自治区黄河流域生态保护和高质量发展先行区建设第六次推进会会议精神，陈润儿书记在慰问全区应急管理系统值班值守人员时的讲话精神，并安排部署相关工作。会议还审议了《吴忠市利通区"十四五"科技创新发展规划（2021—2025年）（送审稿）》《吴忠市利通区冬季清洁取暖实施方案（送审稿）》等有关事宜，研究了2022年新能源项目合作框架协议，安排部署下一步工作。

【五届区政府第8次常务会议】

3月15日召开，利通区委副书记、政府区长宋喜主持。会议传达学习了《中华人民共和国行政处罚法》《全国政府系统值班工作规范（试行）》及自治区"扩大有效投资攻坚年"活动动员大会精神，听取当前经济形势分析汇报，安排下一步工作。会议还传达学习了习近平总书记在中央党校（国家行政学院）中青年干部培训班开班式上的重要讲话精神，2022年中央一号文件及自治区党委、吴忠市委农村工作会议精神，《地方党委和政府领导班子及其成员粮食安全责任制规定》的有关精神，研究审议《"数字利通"项目实施方案（送审稿）》《关于进一步加强乡村基层治理队伍建设的实施方案》等有关事宜。

【五届区政府第9次常务会议】

3月19日召开，利通区委副书记、政府区长宋喜主持。会议就拨付吴忠市利通区融通城乡建设投资有限公司注册资本金、马银才等5户草原管护费及地面附着物补偿资金有关事宜进行了研究。

【五届区政府第10次常务会议】

3月23日召开，利通区委副书记、政府区长宋喜主持。会议研究拨付利通区消防救援大队装备建设资金有关事宜，审议了《吴忠市利通区应急成品粮粮权买断工作方案（送审稿）》。

【五届区政府第11次常务会议】

3月30日召开，利通区委副

书记、政府区长宋喜主持。会议传达学习习近平总书记关于党内法规工作的重要论述、《中华人民共和国民法典》第一编、《中国共产党纪律检查委员会工作条例》及全国新冠病毒疫情防控工作电视电话会议精神，研究审议《利通区残疾人基层组织建设工作实施方案（审议稿）》，研究部署相关工作。会议还传达学习了习近平总书记在全国两会部分团组会议上的重要讲话精神，十三届全国人大五次会议、全国政协十三届五次会议精神，习近平总书记3月17日在中央政治局常委会会议、在十九届中共中央政治局第三十七次集体学习时的重要讲话精神及中央全面深化改革委员会第二十四次会议精神，研究审议《利通区贯彻落实第二轮中央生态环境保护督察反馈意见整改方案（送审稿）》《吴忠市利通区2022年农村人居环境整治行动方案（送审稿）》及其他事宜。

【区政府五届第12次常务会议】

4月19日召开，利通区委副书记、政府区长宋喜主持。会议传达学习了习近平总书记在北京冬奥会冬残奥会总结表彰大会、在参加首都义务植树活动时的重要指示精神和习近平关于总体国家安全观的重要论述，李克强总理关于安全生产批示精神和全国、自治区安全生产电视电话会议精神，自治区党委书记梁言顺调研自治区安全生产和社会稳定工作讲话精神，审议《利通区残疾人保障和发展“十四五”规划（送审稿）》，安排部署相关工作。会议还传达学习了自治区党委应对新冠病毒疫情工作领导小组第24次会议精神及梁言顺同志在有关单位督导检查疫情防控工作时的讲话精神。审议《吴忠市利通区全面推进黄河流域生态保护和高质量发展先行区建设2022年工作要点（送审稿）》及其他事宜。

【五届区政府第13次常务会议】

4月26日召开，利通区委副书记、区人民政府党组书记、政府区长宋喜主持。会议研究利通区2022年第一批自治区财政衔接推进乡村振兴补助资金及本级财政统筹资金使用、拨付疫情防控工作经费有关事宜，审议《利通区2021年度巩固拓展脱贫攻坚成果同乡村振兴有效衔接考核评估问题整改方案》。

【五届区政府第14次常务会议】

5月8日召开，区委副书记、政府区长宋喜主持。会议传达学习了习近平总书记视察宁夏重要讲话精神、对湖南长沙居民自建房倒塌事故作出的重要指示精神以及近期重要讲话精神，传达学习全国、自治区、吴忠市自建房安全专项整治电视电话会议精神，听取利通区安全生产大检查排查隐患整改落实、重点改革任务推进落实、中央环保督察反馈问题整改等相关工作汇报，并安排部署有关工作。会议还传达学习了中央、自治区2021年度巩固拓展脱贫攻坚成果同乡村振兴有效衔接考核评估发现问题整改工作电视电话会议精神，研究了《2022年利通区深化“放管服”改革工作要点（送审稿）》《利通区关于进一步促进就业创业工作措施（送审稿）》等事宜。

【五届区政府第15次常务会议】

5月18日召开，区委副书记、政府区长宋喜主持。会议审议了《吴忠市方舱医院建设方案（送审稿）》，会议指出，面对复杂严峻的疫情防控形势，建好吴忠市方舱医院是贯彻习近平总书记关于疫情防控重要讲话和重要指示批示精神，贯彻党中央、国务院关于疫情防控决策部署和自治区、吴忠市关于疫情防控工作要求的具体行动，是应对疫情输入风险、保障人民群众安全的关键举措。会议还研究调整了副区长工作分工事宜。

【五届区政府第16次常务会议】

5月25日召开，区委副书记、政府区长宋喜主持。会议专题研究了利通区人民医院医疗设备采购有关事宜，决定由区卫生健康局负责，依法依规组织实施设备采购相关工作。由区审计局负责，加强审计监督，确保资金合理合规使用。

【五届区政府第17次常务会议】

6月1日召开，区委副书记、政府区长宋喜主持。会议传达学习习近平总书记在庆祝中国共产主义青年团成立100周年大会上的重要讲话精神，学习全国、自治区、吴忠市2022年“安全生产月”活动启动电视电话会议精神，全国稳经济大盘电视电话会议、国务院常务会议精神，传达学习自治区稳经济保增长促发展电视电话会议、自治区“六稳”“六保”专题会议、自治区政府常务会议精神，通报全区1—4月份经济运行情况及重大项目、上争资金进展情况，安排部署有关工作。

【五届区政府第18次常务会议】

6月7日召开，区委副书记、政府区长宋喜主持。会议传达学习了习近平总书记在《求是》杂志上发表的《努力建设人与自然和谐共生的现代化》重要文章精神，习近平总书记在中共中央政治局第三十九次集体学习时的重要讲话精神，致中国宋庆龄基金会成立40周年、中国儿童中心成立40周年、2022年“六五世界环境日”国家主场活动的贺信精神，中央政治局会议精神。传达学习了全国自建房安全专项整治工作推进视频会议精神，自治区生产安全事故警示通报暨自治区第十三次党代会期间安全防范工作视频会议精神，听取利通区自建房安全排查整治、防溺水工作情况汇报，安排部署下一步工作。会议审议了《利通区2022年深入推进动物疫病强制免疫补助政策实施方案（送审稿）》《吴忠市利通区第九中学开学筹备方案（送审稿）》，并研究实施利通区2022年为民办实事基础设施修补项目等有关事宜。

【五届区政府第19次常务会议】

6月16日召开，区委副书记、政府区长宋喜主持。会议审议《2022年利通区农村房屋安全隐患排查整治工作实施方案（送审稿）》《吴忠市利通区消防事业发展“十四五”规划（2021—2025）（送审稿）》，并研究扁担沟镇同利村1000万套巾被项目审计反馈问题整改等有关事宜。

【五届区政府第20次常务会议】

7月1日召开，区委副书记、区政府区长宋喜主持。会议传达学习习近平总书记在四川考察调研时的重要讲话精神，传达学习自治区第十三次党代会精神及《自治区应对新冠病毒疫情工作指挥部办公室〈关于印发全区新冠病毒疫情防控“九不准”自查清理工作方案〉的紧急通知》，听取利通区防汛抗旱、防溺水工作情况汇报，安排部署下一步工作。

【五届区政府第21次常务会议】

7月15日召开，区委副书记、区政府区长宋喜主持。会议传达学习了习近平生态文明思想，习近平总书记在湖北武汉考察时、在庆祝香港回归祖国25周年大会暨香港特别行政区第六届政府就职典礼上的重要讲话精神等。传达学习了自治区第十三次党代会报告，梁言顺同志在自治区第十三次党代会闭幕式、自治区党委十三届一次全会上的讲话精神，全国、自治区防汛抗旱工作电视电话会议，吴忠市防汛减灾视频会议精神等。会议审议了《利通区安全生产百日专项整治行动方案（送审稿）》《利通区关于深入打好污染防治攻坚战的实施方案（送审稿）》等，研究了利通区2022年“晒文旅·促消费”文旅促消费活动资金等有关事宜。

【五届区政府第22次常务会议】

8月8日召开，利通区委副书记、政府区长宋喜主持。会议专题研究“数字利通”项目建设有关事宜，会议指出，为深入贯彻落实党中央、国务院和自治区党委、人民政府关于推进政府职能转变，深化“放管服”改革等部署要求，提速推进“数字政府”建设，2022年，区委、区政府规划开展了“数字利通”建设项目。会议强调，要坚持整体协同，加强数字政府建设的顶层设计与工作统筹，切实做到“一张图规划、一体化部署、一盘棋推进”，形成各方联动的工作合力。

【五届区政府第23次常务会议】

8月5日召开，利通区委副书记、政府区长宋喜主持。会议传达学习《习近平谈治国理政》第四卷，《人民日报》头版头条刊发的文章《习近平的山海情》及自治区第十三次党代会精神等内容。听取了2022年上半年道路交通安全工作情况汇报、2022年上半年推进“互联网＋医疗健康”工作进展情况汇报等，安排部署下一步工作。会议还审议了《2022年利通区本级预算调整方案（送审稿）》《利通区关于2022年招募“学前教师”“城乡社区”“乡村医生”“司法协理”基层服务专项计划实施方案（送审稿）》《利通区2022年“乐购利通悦享生活”促消费活动方案（送审稿）》等。

【五届区政府第24次常务会议】

8月8日召开，利通区委副书记、政府区长宋喜主持。会议传达学习习近平总书记在中央统战工作会议上的重要讲话精神，听取2022年上半年全区经济运行情况汇报及2022上半年推进新型城镇化工作进展情况汇报，安排部署相关工作。会议还听取了工程建设政府采购等重点领域突出问题专项治理工作进展情况汇报，研究审议有关事项，安排部署了下一阶段工作。会前传达学习《中华人民共和国审计法》《中共中央办公厅印发关于建立健全领导干部自然资源资产离任审计评价指标体系的意见》。

【五届区政府第25次常务会议】

8月28日召开，区委副书记、政府区长宋喜主持。会议传达学习习近平总书记在中央全面深化改革委员会第二十六次会议上的重要讲话精神，自治区党委全面深化改革委员会第十九次会议精神，听取2021年度巩固拓展脱贫攻坚成果同乡村振兴有效衔接考核评估问题整改情况汇报，安排部署下一步工作。会前，与会人员还专题学习了《中华人民共和国动物防疫法》。

【五届区政府第26次常务会议】

9月9日召开，区委副书记、政府区长宋喜主持。会议传达学习了习近平总书记在辽宁考察时、在8月30日中央政治局会议上的重要讲话精神，学习《求是》杂志发表的习近平总书记重要文章《新发展阶段贯彻新发展理念必然要求构建新发展格局》等内容。审议了《利通区设立乡村振兴基金实施方案（送审稿）》《利通区乡村振兴融资担保基金管理办法（试行）（送审稿）》等。会议还研究了金积镇金福苑小区楼房安全隐患问题等有关事宜。

【五届区政府第27次常务会议】

9月18日召开，区委副书记、政府区长宋喜主持。会议传达学习习近平总书记关于青海大通县重大山洪灾害抢险救灾工作的重要指示批示精神，习近平总书记在中央全面深化改革委员会第二十七次会议上的重要讲话精神，李克强总理在第十次全国深化“放管服”改革电视电话会议上的讲话精神，听取利通区1—8月份全区经济运行情况汇报，安排部署下一步工作。会前，与会人员专题学习了《中华人民共和国传染病防治法》。

【五届区政府第28次常务会议】

10月7日召开，区委副书记、政府区长宋喜主持。会议传达学习梁言顺同志在自治区党委疫情防控专题会议、视频督导调度全区安全生产工作时的讲话精神，自治区“9·20”疫情隔离收治场所和物资保供稳价指挥调度领导小组第1、2次会议精神，安排部署有关工作。

【五届区政府第29次常务会议】

10月31日召开，区委副书记、政府区长宋喜主持。会议传达学习党的二十大和二十届一中全会精神，李克强总理关于森林草原防灭火工作批示精神，安排部署有关工作。会议强调，要深入学习贯彻习近平总书记关于安全生产的重要论述，按照李克强总理批示要求及全国安全生产电视电话会议、自治区安委会部署要求，深刻认识做好当前安全稳定工作的极端重要性、极端复杂性和极端紧迫性，把做好安全稳定工作作为衷心拥护“两个确立”，忠诚践行“两个维护”的重要检验、政治考验，以最高标准、最严要求、最硬措施，扎实抓好防风险、保安全、护稳定各项工作，坚决守牢安全稳定底线防线。

【五届区政府第30次常务会议】

12月3日召开，区委副书记、政府区长宋喜主持。会议传达学习习近平总书记在二十届中央政治局第一次集体学习时的重要讲话精神，自治区党委统战工作会议及全区宗教工作会议精神，安排部署有关工作。会前学法，专题学习《中华人民共和国乡村振兴促进法》。

【五届区政府第31次常务会议】

12月9日召开，区委副书记、政府区长宋喜主持。会议传达学习习近平总书记在江泽民同志追悼大会上致的悼词，12月6日中共中央政治局会议精神和11月22日国务院常务会议精神，安排部署有关工作。会议强调，习近平总书记在中共中央政治局会议上的讲话对贯彻落实稳经济、促发展、惠民生、反腐败等工作作出重要决策部署，这对于正确认识当前形势任务，提振发展底气，坚定发展信心意义重大、影响深远，为我们战胜困难挑战、推动经济高质量发展提供了根本遵循和科学指南。会前学法专题学习《中华人民共和国消防法》。

审批服务

【概况】

利通区审批服务管理局属利通区人民政府组成部门，内设办公室、综合审批岗及运行管理岗。主要职责是贯彻执行审批服务管理改革、“放管服”改革等方面的决策部署。2022年，利通区审批服务管理局认真贯彻落实党中央、国务院、自治区、吴忠市和利通区委、区政府关于深化“放管服”改革工作的决策部署，坚持求实创新，深入分析存在的困难问题，研究部署年度重点工作，以实招硬招优化服务模式，推动体制机制创新，助力更好服务“六稳”“六保”，促进经济高质量发展。

【深化“放管服”改革】

对标自治区深化“放管服”改革举措，制定《利通区2022年深化“放管服”改革要点》，围绕深化行政审批制度改革、提升投资建设便利化水平、推进商事制度改革、维护公平竞争秩序等10个方面研究提出了16个牵头部门59条工作任务，召开1次全区深化“放管服”改革与政务服务推进会，完成自治区、吴忠市和利通区相关政务服务改革调研3次，同步制定政策解读65条，在区人民政府网站同步公示公开，推进各项工作任务按照时间步骤高质量完成。

【基层审批服务便民化改革】

依据整合基层审批执法力量改革工作要求，联合区委编办和区民政局、区司法局对12个乡镇民生服务专项开展基层审批改革专项评估1次，乡镇赋权清单实施情况专题调研1次，通过细化13项政务服务指标，列出3条整改问题，针对性提出完善办事指南、改进服务方式等7条整改意见，推进12个乡镇赋权事项规范运行，五办四中心均能按照各自工作职责形成各司其职、各负其责、协同推进的良好态势。

【政务服务事项标准化建设】

依据国家政务服务事项基本目录，规范依申请办理的行政权力事项和公共服务事项全部汇聚至政务服务事项基本目录和实施清单，动态调整乡镇、部门政务服务事项19项，形成《利通区政务服务事项清单（2022年版）》1019项及16个子清单，其中马上办事项608项、网上办事项920项、可不见面办事项872项。2022年全区共办结政务服务事项45.2万件，其中一窗办理事项22.8万件，不见面办理19.7万件。

【全程网办】

设立跨省通办、区内通办综窗1个，分窗2个，梳理利通区“跨区域通办”政务服务事项297项（2022年版）。在推进残疾人两项补贴、居民身份证核发和户口迁移审批等事项在异地代收代办方式基础上，重点加快企业开办、残疾人证核发和就（失）业登记等跨区域高频审批事项“全程网办”。2022年共办结跨省通办业务343件。

【兰花帮办】

将帮办代办工作与“兰花芬芳”志愿服务相结合，通过统筹规范业务工作流程、设置帮代办服务区域，打出“提前介入＋上门服务＋智慧导办”组合拳，业务范围拓展至农业、工业及服务业等项目投资领域，并组建成一支以275名政务服务工作人员为主体的帮代办队伍，确定第一批部门代办事项109项，乡镇、村（社区）帮办事项42项。率先在金星镇建成帮办代办服务示范点，在区本级大厅设置“全科代办”专窗，实现教育局、应急管理局和卫健局3个部门的高频帮代办事项阶段性进驻政务大厅办理，在金积镇将园区业务全部纳入便民服务中心办理，形成“窗口+社区工作者+网格员”的帮代办模式，打造了“兰花帮办”政务服务品牌。2022年，三级政务服务场所帮代办服务满意率100%。

【一件事一次办】

推送“婚育户一件事”“开诊所”“我要经营林木种子”等7件第二批“一件事一次办”事项清单至宁夏政务服务网（利通区）站点办理。推出“全链快办”特色“一件事”，梳理出涉及自治区、吴忠市、利通区三级23个部门，涵盖81项审批事项的牛奶产业服务链及涉及备案、审批、消防等13项审批事项的养老机构服务链特色“一件事”，分别制作出牛奶产业“全链快办”事项审批流程图和4000册“婚育户联办”、养老机构开业“一件事”等系列服务指南，助力企业办事从“分头办”向“协同办”转变。

【强化社会监督】

25名政务服务特邀监督员切实履行对政务服务工作作风、工作效率、服务态度、业务办理等情况的监督职责，认真充当企业和群众的“眼睛”和“耳朵”，针对政务服务工作的重点、焦点、难点及关于加强行风作风建设，推动政府效能提升等方面，开展座谈交流1次，提出监督意见42条，促进全区政务服务行风建设不断迈上新台阶。

【“好差评”机制】

以“政务服务好不好，群众说好才算好”为目标，通过现场巡查、群众回访等方式积极宣传“好差评”评价制度，引导办事群众主动参与线上线下服务评价，实现“办完即评”“随时可评”。同时，建立“差评”办件反馈、整改、监督和复核等全流程工作机制，确保评价数据客观、真实，使之成为推动政务服务人员转变作风的“助推器”。2022年，共收到有效评价28358条，线下评价率维持在99.9%以上。

【12345工单办理】

聚焦物业管理、教育教学、综合执法等社会热点，12345利通分中心全面切换应用“宁夏12345政务服务便民热线”管理平台，组织操作培训会1次，联合区政府督查室开展诉求工作办理情况督查2次，向51个承办单位收集热线配套知识库信息480条，形成《利通区12345政务服务便民热线工作情况通报》10期。同时，全力构建“中心+职能部门+责任人”的服务架构，疫情防控期间安排专人24小时在岗值守，第一时间对接主责部门，迅速分析研判，快速核实处理，助力提高一线工作人员解决问题的精准度。截至2022年底，共受理咨询、建议、举报、求助、投诉和其他类诉求工单12103件，办件总量超吴忠市其余县（市、区）之和，办结率98.11%，满意率90.16%。

政府信息公开

【主动公开】

2022年，利通区人民政府通过区政府网站、政府公报等平台主动公开行政规范性文件6件，区政府（办）公文87件。做好重点领域公开，积极回应公众关切。按时更新发布教育卫生、生态环境、乡村振兴、财政资金等重点领域信息2127条，集中发布政府公报4期，政策解读52期，其中视频解读3期。全年办理“领导信箱”82件，发布网站民意征集意见建议10次。

【依申请公开】

定时更新政府信息公开指南，健全登记、审核、办理、答复、归档工作制度。严格执行《宁夏回族自治区政府信息公开申请办理规范》，2022年，共收到政府信息公开申请11件，均在规定期限内完成答复。未发生涉及政府信息公开的行政诉讼案件。

【信息管理】

不断完善优化公开属性认定，对报请区政府或区政府办公室发文的公文，明确公开属性、公开方式、解读方案。及时查纠公开信息的不规范文字表述，定期排查处理个人隐私信息，准确规范发布信息。全年共梳理政府文件公开目录12期，以区政府名义下发文件7个，以区政府办公室名义下发文件82份，及时在政府网站进行公示。

【平台建设】

持续优化网站建设，加强专栏内容维护，聚焦法定主动公开内容，增强群众对政府信息的获得感和满意度。加强政务公开专区建设，注重发挥政务服务窗口直接公开作用。不断强化政务微博、微信等政务新媒体的宣传作用，强化内容保障，及时发布群众关心关注的重点事项，不断扩大各项政策及工作的知晓面。加大对政务新媒体的监管力度，对难以保障、运行效率低下的政务新媒体进行关停整合。

【监督保障】

严格落实《中华人民共和国政府信息公开条例》规定的“工作考核、社会评议、责任追究”等要求。加强政府网站的日常监管，对错链、更新不及时等问题，及时整改纠错，确保政府网站作为区政府政务公开第一平台的合法性、规范性、稳定性。采用线上线下、点面结合的方式开展政务公开业务培训，定期开展政务公开工作落实情况督查，年中组织开展政务公开观摩学习。加强考核力度，定期对各乡镇、政府各部门进行督察检查，及时通报各单位政府信息公开工作情况。

【重点领域信息公开】

一是加强涉及市场主体信息公开。制定印发《2022年利通区政务服务改革工作要点》《吴忠市利通区关于全面推行政务服务帮办代办工作的实施方案》，加大办事环节精简和流程再造力度，提升政务服务事项网上办理深度，提供申请受理、审查决定、结果送达等全流程、全环节网上服务，推动更多适合网上办理的政务服务事项由网上可办向全程网办、好办易办转变。印发《利通区2022年“乐购利通·惠享生活”消费促进月活动方案》《利通区关于进一步促进就业创业工作措施》《2022年利通区深化“放管服”改革工作要点》《利通区促进消费工作实施方案》以及《吴忠市利通区支持扩大消费的若干政策措施》政策指南，并制作政策解读模板，加大公开力度，促进稳就业和消费恢复。利用利通区政府网站和政务新媒体公开反垄断和反不正当竞争政策信息，开展反垄断和反不正当竞争宣传活动。二是加强涉及减税降费信息公开。在利通区政府网站开设“行政事业性收费及减税降费”专栏，财政局根据自治区相关文件及时更新“行政事业性收费和政府性基金目录清单”内容，并根据实际情况更新各项减税降费政策。在利通区政府网站设置行政事业性收费及减税降费专栏，链接国务院减税降费政策库和自治区减税降费政策库。三是加强涉及扩大投资的信息公开。贯彻落实中央和自治区经济工作会议精神和政府工作报告要求，在利通区政府网站公开扩大有效投资政策文件及重大建设项目信息，在政府网站法定主动公开内容中设置行政事业性收费目录清单，常态化公开行政事业性收费目录清单。四是抓好疫情防控信息公开。在利通区政府网站设置疫情防控专栏，持续发布利通区疫情防控政策措施、疫情防控进展信息等。加强疫情防控信息发布协调，严格按照上级单位下达的工作指令向社会公开发布疫情防控信息。从严审核、公开发布，依法保护个人隐私，规范流调信息管理发布，避免影响当事人正常生活。五是抓好就业稳岗信息公开。制定《利通区关于进一步促进就业创业工作措施》，利用利通区政府网站以及微信公众号发布各类招聘信息以及就业稳岗政策，帮助各类群众就业创业。加大就业政策培训力度，提升政策理解力和执行力，让各项政策落得快、落得准、落得实，开展利通区职业技能提升行动，帮助更多人获得职业技能，实现就业。六是抓好司法行政信息公开。认真梳理利通区本级政府现行有效行政规范性文件，并在政府网站、政府信息公开专栏集中公开利通区2022年行政规范性文件目录。针对利通区政府网站集中发布的行政规范性文件标识有效性或失效期，逐步规范行政文件分类展示，按照发布机构、发布年份和文件主题等方式分类展示。

【重要政策多元解读】

一是坚持“谁起草谁解读”，要求各文件起草单位解读材料要对政策背景依据、目标任务、主要内容、执行标准、惠民利民举措、新旧政策差异等进行重点说明，收集、提炼社会公众对政策文件的普遍关注点和疑虑点，重点解读政策措施的背景依据、目标任务、主要内容、涉及范围、执行口径，以及注意事项、关键词诠释、惠民利民举措、新旧政策差异等，让群众听得懂、记得住、信得过、用得上，做到图文解读占比达到80%，发布各项政策解读54条。扩大政策施行后解读，针对政策施行后出现的新情况、新问题，积极开展跟踪解读、多轮解读，对咨询、意见、建议较为集中的内容，有针对性地予以解答，发布《利通区促进消费工作实施方案》后，及时制定发布《吴忠市利通区支持扩大消费的若干政策措施》政策指南。常态开展政策咨询和政民互动，组织开展“政策公开讲”活动3期。积极开展政策咨询和政民互动。二是优化咨询服务。在利通区政务服务大厅安排专人负责政策咨询窗口，为办事人员提供政策咨询。积极完善政策问答库并持续更新内容，更新12345政务服务热线、政务服务中心政策问答库，做到准确、便民。三是精准推送政策。继续开展教育、人才、就业、税务、小微企业和招商引资重要政策及解读精准推送，区教育局、人社局、税务局、工信和商务局、发改局开展“政策礼包”“办事提醒”等服务，推动政策个性化、主动化供给。要求各业务部门通过入企业开展常规工作时，进行惠企政策的宣传；印制各类政策宣传单，积极发挥社区网格员作用，将相关政策对社会公众进行宣传，实现“政策找人、政策找企业”。

动态更新政务服务事项，编制权责清单，并在网站进行公示，方便社会公众全面了解制度规定，监督行政机关有效实施行政管理。

【完善政务公开工作框架】

一是规范执行公开制度，坚持“涉密信息不公开、敏感信息不上网、隐私信息要遮掩”原则，严格落实“三审三校”制度，对公开信息严格审查，提高保密审查标准，防止发生泄密事件和敏感信息泄露。二是科学界定公开方式。准确把握不同类型公开要求，科学选择公开方式，防止危害国家安全、公共安全、经济安全、社会稳定或者泄露个人隐私、商业秘密。通过利通区政府网站公开涉及公共利益调整、需要公众广泛知晓的政府信息。涉及部分特定群体或明确要求特定范围公示的政府信息，科学选择公开方式。三是全面优化公开平台。落实网络意识形态责任制，对政府网站信息发布严格落实“三审三校”制度，坚持24小时读网，强化政府网站日常巡查、维护，确保发布信息权威、准确、及时。提高信息发布原创比例，强化与政府网站的稿源互通，杜绝重形式、轻内容和过度“娱乐化”。从严审核、审慎发布未成年人信息，依法公布公民个人信息，采取去标识化、删除或遮盖等手段妥善处置现有身份证号、手机号码、金融账户、家庭住址等个人信息，切实保护公民隐私。利通区政府网站已完成集约化建设，已实现互联网协议第6版支持。严格落实《全区政务新媒体管理细则》，要求利通区各部门、各乡镇政务新媒体自查梳理，常态开展全区政府系统网络工作群清理。四是调优配强公开队伍。利通区政府政务公开办公室配备3名专兼职人员负责推进、指导、协调、监督全区政务公开工作，各乡镇、各部门均有分管负责和专兼职工作人员负责政务公开工作，确保政务公开工作任务落地、责任到人。五是持续推动政府开放。制定并印发“政府开放月”活动通知，各相关部门围绕公众关注领域开展政府开放并设置答疑、座谈或问卷调查等环节，全区23个单位开展“政府开放日”活动。

【强化政务公开业务指导】

加强各部门、乡镇、村（社区）等基层单位的政务公开工作指导力度，定期开展督查，提升工作水平。制定印发《利通区2022年政务公开工作要点》，并于2022年5月19日在网站进行发布。切实改进工作作风。通过开展“政府开放日”活动、政务公开提质增效行动、政务公开工作专项督查、政务公开观摩学习，进一步推进利通区政务公开工作的质量和效果。

信访工作

【概况】

2022年，信访工作坚持以习近平新时代中国特色社会主义思想为指导，认真学习贯彻自治区第十三次党代会精神，坚持和加强党对信访工作的全面领导，践行以人民为中心的发展思想，圆满完成党的二十大及重点时期信访保障工作，认真学习贯彻《信访工作条例》，努力创建信访工作示范区，扎实推进信访积案化解专项工作，积极开展化解信访突出问题“百日攻坚”专项行动，切实维护了群众合法权益和社会和谐稳定。截至年底，利通区共登记、办理人民群众来信来访网上投诉281件（批）次，295件（人）次，同比批次人次都有所上升；到吴忠市来访47

批69人，同比批次下降9.52%，人次上升4.76%；到自治区来访6批次6人次，同比批次上升20%，人次上升20%；到国家信访局来访13批次15人次，同比批次下降了18.75%，人次下降了11.76%；越级访3批次3人次，同比批次下降了72.73%，人次下降了75%，全区未发生大规模的进京赴银群体访及因信访事项引发的极端事件，全区信访形势逐渐平稳。

【信访维稳】

利通区信联办及时制定印发《关于做好2022年春节、冬奥会及全国两会期间信访工作的通知》《关于做好自治区第十三次党代会期间信访维稳工作的通知》《党的二十大信访维稳工作方案》《关于做好党的二十大期间利通区区级领导接访安排的通知》，召开党的二十大信访安全保障部署安排会议3次，信访联席会议3次、安全保障推进会2次。压实各方责任，为党的二十大胜利召开提供坚强的组织保证。常态化开展矛盾纠纷大排查大化解行动，共摸排116件，化解44件，72件正在化解中。成立“2+2+3”稳控专班，制定分级稳控台账，第一时间启动“三色”稳控机制，及时就地化解初信初访。成立督查工作专班，二十大期间信联办对各乡镇、巴浪湖农场开展不打招呼督查工作，及时形成党的二十大重要信访信息专报，每日呈送区委、区政府主要领导，并将信访督查情况在党的二十大重要信访信息专报中进行通报，要求各单位紧盯督查中发现的问题立行立改，强化稳控措施。坚持信访信息日报告制度，每日向区委、区政府主要领导报送《每日信息动态》，共报送每日信访情况110期，编发《党的二十大重要信访信息专报》10期。根据书记批示及时转送包案领导及责任单位，推进信访案件化解和重点人员稳控工作。不定期向区委、区政府分管领导汇报信访工作情况，重点时期利通区无集体性上访和群体性事件发生。

【信访事项办理】

区信联办结合实际，制定印发《吴忠市利通区开展学习宣传信访工作条例活动实施方案》《关于集中开展信访工作条例宣传活动的通知》《利通区关于深化信访工作条例学习的通知》，将学习宣传贯彻落实条例融入信访积案化解、矛盾纠纷源头治理和领导接访下访、包案化解等重点工作，坚决防范化解信访领域重大风险。强化干部常态化学习宣传《信访工作条例》和信访业务学习，加大信访工作智能辅助平台的运用，引导群众通过网上投诉平台、App、微信公众号，进行网上访、掌上访，打造畅通便捷、规范高效、务实管用的信访新渠道，有力推动信访问题一次解决。2022年共接受吴忠市信访局定向交办3批58件，其中第1批交办9件，第2批交办25件，第3批交办24件；纸质版交办19件，已全部办结。开展集中治理重复信访、化解信访积案专项行动，2批共交办利通区信访件105件，其中国家交办43件，自治区交办25件、吴忠市交办37件，截至年底，交办信访件已全部化解上报。扎实推进信访积案专项攻坚行动，坚持领导包案推化解。按照“五个一”工作要求，区委、区政府主要领导带头包时间跨度长、涉及人数多的骨头案、钉子案。包抓化解重复治理信访案件，真下访，走进群众家门，了解情况，解决问题；真化解，发扬钉钉子精神，综合运用法律、政策、经济、行政等手段和教育、协商等方法，多措并举化解信访矛盾。坚持多向合力促化解。充分发挥信访联席会议机制的协调作用，综合运用司法、公安、法院、政法等单位的合力，千方百计推动积案化解，有效维护群众合法权益。坚持跟踪督办保化解。对中央、自治区、吴忠市交办的重复信访案件，采取网上督办、实地督办、重点督办相结合方式，全程跟踪，督责任落实、督工作进度、督化解质量。

【信访矛盾化解】

开展化解信访突出问题“百日攻坚”专项行动。全面深入开展矛盾纠纷的大排查大调处活动，以集中排查与分散排查、全面排查与重点排查相结合的方式，对辖区内和工作职责范围内的各类矛盾纠纷进行一次“拉网式”大排查，做到矛盾纠纷和信访隐患早发现、早化解、早控制、早处理，不断提高初信初访办结率，切实把矛盾化解在基层、把人员吸附在当地，最大限度控制信访增量。对排查出的重点信访事项实行台账管理，签订化解责任书，并及时将办理结果录入系统。对涉众面大、群众关注度高的住房建设方面的延期交房和“办证难”，劳动保障方面的企业欠薪欠费、拖欠农民工工资等问题，通过联合接访、困难救助等有效做法，集聚力量，化解息访，做到隐患不积累、矛盾不激化、问题不上交、信访不上行。严格按照“属地管理、分级负责”和“谁主管、谁负责”的原则，对上访老户、上访活动频繁和有进京非访或赴银上访苗头的信访人员登记造册，制定稳控措施，防止出现失控现象，坚决杜绝进京非访事件的发生。对预警性、行动性信息、扬言类问题第一时间协调处置，确保一旦发生大规模集体上访或突发性事件，快速反应，妥善处置，把负面影响降到最低。区级领导严格执行领导接访制度，按时到信访大厅接待来访群众，现场答复、解决群众诉求，对反复上访的疑难复杂问题和协调难度大、责任不落实及上级信访部门交办的重大信访案件，及时组织相关部门开展联合约访、带案下访，切实解决突出信访问题。活动期间，自治区、吴忠市交办利通区重点信访事项13件，利通区自排重点信访事项10件，已全部完成化解。

【全国信访工作示范区创建】

根据《利通区2022年信访工作示范区创建活动实施方案》《吴忠市争创无访村（社区）无访乡镇（街道）的实施方案》，充分调动基层广大干部群众共同做好信访工作的积极性和首创精神，压实基层和属地责任，推动全区信访工作示范区创建总体达标。区委、区政府主要领导亲自带头接访群众，带动全区各级各部门主要领导主动担负起信访工作主要责任人的责任，对信访工作亲自抓、负总责，对重要信访事项亲自过问、亲自处理、亲自督办，形成了一级抓一级、一级对一级负责、层层抓落实的信访工作领导责任体系。根据创建方案要求，对照“全国信访工作示范县”创建指标，利通区还存在差距，其中进京访为13批15人次。以“最多跑一地”改革理念为牵引，拓宽信访矛盾纠纷多元化解路径，整合各单位资源，对矛盾纠纷进行全科受理，综治联办，进一步推进区、镇、村三级社会矛盾纠纷调处化解中心规范化建设。自2022年3月份开始，区信访局加大完善各级社会矛盾纠纷调处中心建设力度，严格统一建设标准，截至2022年底利通区12个乡镇已全部完成建设工作。充分发挥区（县）信访工作联席会议职能作用，畅通和规范群众诉求表达、利益协调、权益保障通道，切实打通信访工作责任落实“最后一公里”，区信联办制定印发《关于在乡镇建立信访工作联席会议》的通知，形成乡镇党委、政府主要领导分别承担第一召集人和第二召集人，乡镇派出所、司法所、五办四中心及村“两委”等作为成员单位的乡镇信访工作齐抓共管、统筹协调、上下联动的良好格局。利通区实现乡镇信访工作联席会议全覆盖。

机关事务

【概况】

利通区机关事务管理中心核定事业编制7名，正科级1名，副科级2名，科级以下4名。主要承担机关后勤事务管理工作和集中接待工作的有关规章、制度、规划、方案并组织实施。

【公车管理】

印发《利通区机关事务管理中心公务用车委托管理监督检查制度》，定期开展公务用车监督检查，确保公车管理运行高效规范。联合区纪委开展公务用车监督检查4次，下发立行立改通知书18份。开展醉驾违纪违法专题警示教育活动1次。日常派遣公务用车2951车次，安全行驶里程367941公里。

【公房管理】

开展党政机关办公用房自建房安全专项整治工作。对全区12个乡镇47个部门开展党政机关自建房安全隐患排查，及时将排查结果上报专项整治工作领导小组。及时封存不符合《民用建筑可靠性鉴定标准》（GB50292-2015）的机关大院1号、2号办公楼。开展办公用房搬迁调整工作。积极协调各部门有序搬迁，顺利完成了全区28个部门的办公用房搬迁安置工作，调整分配办公用房面积5327.84平方米。顺利完成了全区2022年度办公用房信息化管理数据审核上报工作。经核查，全区12个乡镇、42个部门均不存在超标准、超面积使用办公用房等情况。开展办公用房资产盘点、产权确权工作。全面摸排统计全区58栋党政机关办公楼权属登记情况，完成了利通区机关大院土地证补办申报和1号、2号、3号办公楼等5处办公楼的确权登记报备工作。按照《宁夏回族自治区党政机关办公用房管理办法》，结合利通区实际研究制定《利通区党政机关办公用房清查盘点制度》。

【高效服务】

聚焦重大会议活动服务保障，全方面抓好会前、会中、会后各个环节，高标准完成各级、各类重要会议和活动服务。全年完成利通区委、区政府各级各类会议服务保障760场（次）。物业保洁管理精细规范，安排专人不定期对各公共区域物业服务保障工作进行监督检查，先后开展爱国卫生日活动7次，日常检查10次，绿地维护24次。认真履行安全生产责任制，定期组织人员对管辖区域的电、水、气、消防设施进行安全生产检查11次，实现365天安全无事故。严格执行来访人员登记制度，引导各类上访人员6231人次，登记来访来客

14588人次。优化停车位布局，对机关大院内部部分停车位进行复线，车辆停放有序整齐。及时解决上下水、电路等各方面的问题，确保各公共区域办公环境舒适、顺畅。完成零星维修385次，完成机关大院办公楼修缮、粉刷等大中型维修改造工作13次。

政协利通区委员会

综　述

【概况】

政协第五届委员会共设置27个界别，委员规模217人；2022年实有委员202人，其中常委32人。委员中中共党员81人，少数民族委员111人，女性委员70人。成立4个委员活动小组。2022年，区政协以习近平新时代中国特色社会主义思想为指导，认真学习贯彻中共十九届历次全会精神和二十大精神以及习近平总书记视察宁夏重要讲话指示批示精神，深入贯彻落实自治区第十三次党代会精神，牢牢把握团结和民主两大主题，聚焦区委、区政府中心工作，扎实开展“政协党的建设巩固年”年度主题活动，充分发挥专门协商机构作用，汇聚共识谋发展、建言献策做贡献、服务大局显担当，各项工作取得了新进展新成效。

【思想政治建设】

贯彻落实中共十九届历次全会精神、二十大精神以及习近平总书记视察宁夏重要讲话指示批示精神，建立了以习近平新时代中国特色社会主义思想学习座谈会制度为引领的学习制度体系，笃学深悟习近平新时代中国特色社会主义思想。确定2022年为“政协党的建设巩固年”，制定利通区政协专委会功能型党支部工作制度，完善“政协党组＋机关支部＋功能型党支部”组织架构，将79名党员委员编入各专委会功能型党支部，实现了党的组织对党员委员、党的工作对全体委员“两个全覆盖”。建立党员委员联系党外委员机制，切实发挥党员委员“先锋模范”和中共界别委员“关键少数”作用。

【调研视察】

全年开展了加快草畜一体化助推奶产业发展、移民产业发展和增收、“旅游＋产业”融合发展、安全生产专项整治落实情况、义务教育“双减”工作6个专题调研，先后对利通区“四权改革”、移民致富提升行动、粮食安全、城乡网格员队伍建设、中央生态环境保护督察落实、现代纺织产业发展6个课题开展了监督性视察，对公益诉讼检察工作、用水权改革、公共卫生防控工作3个专题开展了视察，深入进行协商，推进工作落实，形成专题调研视察报告12份。

【提案工作】

坚持和完善重点提案党政领导领衔督办制度，区委、区政府主要领导及政协主席会成员对《关于进一步加强我区移民增收致富工作的建议》《关于加快推进休闲农业发展的建议》等普惠百姓的6件重点提案办理落实情况进行实地督查，确保意见建议得到采纳和落实，提案得到了高质量办理。五届一次会议以来，共征集提案247件，立案140件，办结140件，办复率达到100%。同时，向自治区政协提交提案11件，向吴忠市政协提交提案30件，部分提案被区、市政协立案。

【社情民意信息】

结合政协“五个一”和“我为群众办实事”活动，收集社会各界的意见建议，把群众的呼声和诉求反映上来。五届一次会议以来，共收到社情民意信息224件，报送自治区政协70件，采用14件；报送吴忠市政协22件，采用6件；转利通区相关部门办理15件。《关于加强优质社会组织孵化培育的建议》《关于预测研判防范奶牛肉牛产业风险的建议》《关于对全区新型电信网络违法犯罪打防对策建议》等信息得到自治区有关领导的批示，并转相关部门解决和落实。

【民主监督工作】

区政协坚持把改进监督形式、提高监督实效作为民主监督的重要方向，努力做到不缺位、有作为。向法院、检察院等司法机关委派了10名委员担任特邀监督员，先后组织37名政协委员积极参与区人民法院、检察院以及政府各部门开展的“听证会”“开放日”等活动，进一步增强了民主监督的广度和深度。

【联系党派群团】

加强同各民主党派、各人民团体的联系与合作，落实主席会成员走访看望、座谈交流、谈心谈话等制度，广泛听取意见、协商讨论，及时反映诉求、改进工作，努力营造民主、团结、和谐的氛围，把各族各界群众紧密团结在党的周围，增进政治认同、思想认同、理论认同、情感认同，为全区改革发展减阻力、聚合力、添动力。一年来，共走访委员实体企业82家（次），走访委员130人次，收集整理意见建议45条。各党派团体政协委员积极参加政协会议、参与调研视察12次。党派团体和党派人士在政协参政有舞台、建言有机会、协商有渠道，广泛汇聚起团结奋进的正能量。

【拓民协商平台】

五届以来，利通区政协将工作向基层延伸、向群众延伸，积极探索搭建委员履职新平台。因地制宜搭建协商议事平台，依托基层党群服务中心、“道德大讲堂”等资源，搭建了永昌社区委员联络站、裕西社区“有事好商量”协商议事室、界别工作室、委员会客厅等7个基层协商平台，把协商议事平台搭建到群众“家门口”，常态化开展“微协商”等协商议事活动，使政协基层协商成为倾听民声民愿的“新路径”、汇聚民智民力的“新模式”、赢得民心民情的“新平台”。一年来开展“委员大讲堂”活动16次，围绕农资价格上涨、老旧小区改造、民法典应用等议题开展协商活动37次，进一步密切政协工作同人民群众的联系，不断推动政协协商向基层延伸。

【自身建设】

区政协主动适应新形势、新要求，强化制度建设，狠抓政协委员和机关干部两支队伍建设，充分展现新时代政协组织和政协委员的良好风貌。五届一次会议以来，共修订完善19项工作规则、工作制度及办法，构建了更加系统完善的制度体系。全方位加强委员学习教育，选派部分政协委员、机关干部分批次参加自治区、吴忠市政协委员履职能力提升培训班。组织47名政协委员到延安干部教育培训学院开展为期7天的政协委员履职能力提升集中培训，强化委员履职服务管理。建立区政协党组、机关党支部和功能型党支部一体推进的党建工作格局，不断提高综合素质，锻造了政治过硬、作风优良、清正廉洁、懂政协、能力强的政协机关干部队伍，全面提升了机关服务效能。

重要会议

【五届二次全委会议】

2022年12月11—14日在吴忠红宝宾馆召开政协利通区第五届委员会第二次全体会议。会议应出席委员203名，实到174名。周忠德同志代表政协利通区第五届委员会常务委员会作了工作报告，徐建军同志作了《五届一次会议以来提案工作情况的报告》。会议期间，委员们列席了吴忠市利通区第五届人民代表大会第二次会议，听取并讨论了《政府工作报告》和其他报告。会议审议通过了《利通区政协2023年协商工作计划》《利通区政协五届二次会议关于提案审查情况的报告》《利通区政协第五届委员会第二次会议决议》。按照政协章程，经过民主协商，补选产生政协利通区第五届委员会秘书长马忠国、常务委员何金容。

【第一次常委会会议】

1月14日，区政协第五届委员会第一次常委会会议在会务中心第三会议室召开，会议应到常委32人，实到31人。区政协主席周忠德主持会议。会议集中学习了习近平总书记《关于〈中共中央关于党的百年奋斗重大成就和历史经验的决议〉的说明》及《中国共产党第十九届中央委员会第六次全体会议公报》，习近平总书记在全国政协新年茶话会上的重要讲话以及吴忠市两会精神。通报区委人事任免决定、区政协领导班子工作分工、委员活动小组分组名单，区政协《“委员活动日”方案》。审议通过《政协吴忠市利通区委员会全体会议工作规则（草案）》《政协利通区委员会常务委员会工作规则（草案）》《政协利通区委员会协商工作规则（草案）》《政协利通区委员会专门委员会通则（草案）》。审议通过区政协2022年工作要点（讨论稿），审议人事决定（草案）。

【第二次常委会会议】

6月28日，区政协第五届委员会第二次常委会会议在会务中心多功能厅召开，会议应到常委32人，实到26人。区政协主席周忠德主持会议。会议传达学习了习近平总书记在庆祝中国共产主义青年团成立100周年大会上的重要讲话、习近平总书记两次视察宁夏重要讲话精神以及自治区党委书记梁言顺在中国共产党宁夏回族自治区第十三次代表大会上的报告精神。邀请自治区第十三次党代会代表张丽萍传达自治区第十三次党代会精神，通报利通区2022年重点项目建设情况，审议通过《政协吴忠市利通区委员会委员履职考核办法（试行）》《利通区政协协商成果报送反馈工作制度（讨论稿）》等工作制度。

【第三次常委会会议】

11月7日，区政协五届三次常委会会议在区人力资源和社会保障局四楼会议室召开，会议应到常委32人，实到30人。会议集中学习了中国共产党第二十次全国代表大会会议精神，传达学习了全国政协第十三届二十四次常务委员会会议精神；会议听取了区政府关于推动“旅游+产业”融合发展情况的通报，区政协就《关于利通区“旅游+产业”融合发展情况协商报告》作了说明。政协常委、委员开展讨论发言，发展和改革局、农业农村局、文化旅游体育广电局、上桥镇、东塔寺乡等有关部门及乡镇作了表态发言。

【第四次常委会会议】

12月10日，区政协五届四次常委会会议在区会务中心第五会议室召开，会议应到常委32人，实到30人。会议集中学习了中共二十大报告，部分政协委员围绕学习中共二十大精神进行交流。会议审议通过了政协吴忠市利通区第五届委员会第二次会议会议议程（草案），会议日程（草案），各次大会执行主席、主持人建议名单，大会秘书长和副秘书长建议名单，提案审查委员会组成人员建议名单，开幕会、选举会、闭幕会主席台就座人员建议名单，委员分组及各组召集人建议名单，邀请人员名单，列席人员建议名单，提案截止时间，秘书处各组负责人建议名单等有关事宜；审议通过政协吴忠市利通区第五届委员会常务委员会工作报告（审议稿），政协吴忠市利通区第五届委员会常务委员会关于五届一次会议以来提案工作情况的报告（审议稿），审议通过利通区政协2023年协商工作计划（草案）。会议审议通过了五届委员变动情况。

【第五次常委会会议】

12月13日，区政协五届四次常委会会议在吴忠红宝宾馆北楼8楼第三会议室召开，会议应到常委32人，实到28人。会议听取了区政协五届二次全体会议各讨论组关于各项报告讨论情况，听取各讨论组对政协吴忠市利通区第五届委员会秘书长、常务委员候选人建议名单酝酿讨论情况，通过了候选人建议名单；审议通过总监票人、监票人建议名单，通过选举办法（草案）；审议通过利通区政协2023年协商工作计划（草案），审议通过政协吴忠市利通区第五届委员会提案审查委员会关于五届二次会议提案审查情况的报告（草案），审议通过政协吴忠市利通区第五届委员会第二次会议决议（草案）。

政协专门委员会工作

【提案和委员联络委员会】

五届一次会议以来，共征集提案247件，立案140件，办结140件，办复率达到100%。同时，向自治区政协提交提案11件，向吴忠市政协提交提案30件，部分提案被区、市政协立案。区政协提案工作坚持围绕中心，服务大局，坚持和完善重点提案党政领导领衔督办制度，创新提案工作机制，加大提案督办力度，增强提案办理成效，压实“提出、交办、办理、督察、答复、考核”等各环节的工作责任，提案工作取得了明显成效。反映社情民意信息。共收到社情民意信息224件，报送自治区政协70件，采用14件；报送吴忠市政协22件，采用6件；转利通区相关部门办理15件。《关于加强优质社会组织孵化培育的建议》《关于预测研判防范奶牛肉牛产业风险的建议》《关于对全区新型电信网络违法犯罪打防对策建议》等信息得到自治区有关领导的批示，并转相关部门解决和落实，委员们反映的社情民意信息成为各级党委政府制定政策和科学决策的有益参考。调研视察，对利通区“四权改革”工作进行了视察，形成《关于利通区“四权改革”工作的视察报告》。搭建平台，建立永昌社区、怡园社区政协委员基层联系点2个，开展委员帮扶贫困学生、委员大讲堂、非遗剪纸技艺培训、党的二十大精神宣讲等委员联系界别群众活动。

【经济委员会】

对利通区用水权改革工作、移民产业发展和增收工作、生态环保工作等4个题目进行了专题调研视察。联谊交流，接待自治区、吴忠市政协来利调研视察4批次，接待外县（区）兄弟政协来利学习考察4次。

【教科文卫体委员会】

调研视察，对利通区公共卫生疾病防控工作、“旅游＋产业”融合发展、粮食安全、教育“双减”工作专题进行了调研视察，形成专题调研视察报告4篇。微协商民意，对利通区人才科技工作、农化品应用情况、绿色农业发展等方面工作开展微协商，形成社情民意信息12篇。联系交流，共组织开展各项活动20余项（次），其中举办专题座谈会、情况通报会9次，参加对口职能部门召开的会议6次，接待自治区政协、吴忠市政协及兄弟县（市、区）政协对口委员会来利调研、考察活动6次。文史工作，撰写了2021年度自治区政协、吴忠市政协年鉴利通政协篇章，完成了《自治区政协志》利通政协撰稿、校稿、审稿。信息宣传。编写委员大讲堂、功能型党支部活动、工作动态等“多彩利通”简讯14篇，《人民政协报》《华兴时报》累计刊登稿件共14篇。搭建平台，搭建了区政协1+N教育界别工作室、张维玲委员会客室履职活动平台，持续开展“我为群众办实事”等活动。开展了立德树人专题讲座、健康素养知识等主题委员大讲堂活动6场次，参与活动界别群众500余人。功能型党支部活动，组织委员开展“校外培训机构”视察，“委员党组织阵地建设”观摩学习等主题活动。

民主党派和工商联

民革利通区总支

【概况】

民革利通区总支以习近平新时代中国特色社会主义思想为指导，自觉践行习近平总书记提出的“四新”“三好”总要求，以建设高素质参政党为总目标，深入贯彻落实民革中央、区委会开展的“矢志不渝跟党走、携手奋进新时代”政治交接主题教育活动，全面开展好“履职能力建设年”各项工作任务，紧扣市委、市政府的中心工作，出力献智、履职尽责，各项工作稳中有进、进中有新，取得良好成效。2022年，民革利通区总支共有民革党员95人，平均年龄52.2岁，其中本科学历及以上学历67人，自治区人大代表2人、政协委员2人，吴忠市人大代表2人、政协委员5人，利通区人大代表1人、政协委员5人、常委2人。

【思想教育】

深入学习贯彻中共十九大、二十大精神，自治区第十三次党代会精神和吴忠市第六次党代会精神，全面贯彻落实《中共中央关于加强中国特色社会主义参政党建设的意见》等三个重要文件精神，坚定捍卫“两个确立”、坚决做到“两个维护”，践行“四新”“三好”目标要求，始终在思想上政治上行动上同以习近平同志为核心的中共中央保持高度一致，切实加强中国特色社会主义参政党建设，努力做中国共产党的好参谋、好帮手、好同事。

【组织建设】

坚持贯彻民主集中制，坚持集体领导和分工负责相结合，充分调动班子成员主观能动性，发扬团结协作的优良作风，在提高政治把握能力、参政议政能力、组织领导能力、合作共事能力、解决自身问题能力上狠下功夫，班子整体功能和凝聚力得到进一步增强。民革利通区总支农牧科技支部获“民革全市参政议政工作先进集体”，民革利通区总支文教卫生支部，获“民革全市社会服务工作先进集体”。

【参政议政】

形成《关于利通区新型农业经营主体高质量发展的调研报告》，为区委、区政府对新型农业产业高质量发展科学决策提供更具针对性和操作性的参考建议。在利通区政协五届一次会议上，民革利通区总支集体提案立案6件，党员委员个人提案立案9件，在各党派中提案提交数量和立案数量居6个党派之首。提交的《关于利通区奶产业高质量发展的建议》《关于提升行业管理水平》《关于利通区休闲农业发展的建议》3篇提案被确定为区政协重点督办提案。《关于疫情防控工作的几点建议》被自治区政协采用。

【社会服务】

通过民革区委会“关爱厨房·共享健康”惠民服务活动，为利通区贫困家庭免费安装广沁园净水器100余台，价值15余万元。开展关爱困难党员活动，看望了得重病的民革利通区总支委员、社会法制支部副主委，并带去了民革中央中山博爱基金会“博爱·牵手”关爱困难民革党员的关怀，送去了10000元的慰问金。开展疫情防控工作，民革利通区总支党员第一时间参加了所在单位和社区的疫情防控工作，文教卫生支部主委慷慨解囊，为防疫点捐赠物资共计2万余元。民革党员先后参与疫情防控30余人次，为疫情防控尽自己的一份力量。

民盟利通区总支

【概况】

2022年，以“矢志不渝跟党走、携手奋进新时代”政治交接主题教育活动为载体，以习近平新时代中国特色社会主义思想为指导，深入学习贯彻落实中共二十大会议精神，围绕提升“五种能力”，践行“四新”“三好”要求，大力开展自身建设，立足利通区建设发展主动参政履职，为推进和谐利通进程大力开展社会服务，取得了积极的成效。年末，民盟利通总支共有民盟盟员40人，平均年龄48岁，其中本科学历28人，吴忠市政协委员1人，利通区政协委员4人。

【思想建设】

组织盟员学习习近平治国理政重要论述，全国、自治区、吴忠市两会精神，民盟宁夏十一届三次全委（扩大）会议精神等。开展专题学习、盟员培训学习，选派王婷等新盟员参加区民盟在宁夏社会主义学院的培训学习，选派1名盟员到南京大学参加市政协组织的委员履职能力提升班学习。

【组织建设】

重视组织发展，切实加强组织建设。2022年是中央和自治区换届之年，民盟利通总支认真做好换届配合工作。注重后备力量的培养，继2021年民盟利通总支的换届选举之后，2022年完成了四中支部的换届选举工作。考察发展1名公务员新盟员。

【参政议政】

盟总支班子成员参加区委组织的党外代表人士座谈会，围绕利通区区委、区政府中心工作和社会关注的热点难点问题提出建议，提供决策参考。2022年，盟总支和盟内政协委员向区政协共提交涉及社区管理、教育发展等类别提案9件，立案4件，社情民意2件。利用政协平台，扩大影响，结合区委统战部命题调研报告要求，盟总支调研组开展调研考察活动，为利通区经济社会发展建真言、谋良策、出实招。盟总支向区委统战部上报调研报告1篇。提案主要有关于加强社区管理、社会治理、社区调解的建议，关于加强学生思想政治课建设的建议。

【社会服务】

发挥民盟优势，开展社会服务活动。民盟是以文化、教育、科技为主界别的参政党，社会服务主要以开展教育活动为主。6月1日，到扁担沟镇同利村燕宝小学开展爱心图书、文体用品捐赠活动，捐赠6000元舞蹈服。同时在扁担沟中学、同利燕宝小学开展送教下乡活动，先后有13名盟员教师参加讲课、评课等教研活动。

民建利通区总支

【概况】

2022年，是中国共产党二十大和自治区第十三次党代会、民建宁夏区委会第八次代表大会召开之年，也是落实市第六次党代会目标任务的起步之年。民建利通区总支坚持以习近平新时代中国特色社会主义思想为指导，紧紧围绕区委、区政府中心工作，切实加强自身建设，不断提升履职能力，充分发挥特色和优势，积极参政议政，为利通区经济社会高质量发展作出应有的贡献。年末，民建利通区总支共有会员66人，平均年龄49.57岁，其中研究生4人，本科学历30人，省级政协委员1人，市级政协委员2人，利通区政协委员13人。

【思想教育】

开展主题教育活动。按照民建中央开展“矢志不渝跟党走、携手奋进新时代”政治交接主题教育工作的安排部署，民建宁夏区委会《关于印发〈开展“矢志不渝跟党走、携手奋进新时代”政治交接主题教育工作方案〉的通知》精神和吴忠市委统战部《关于深化党史学习教育进一步支持各民主党派开展“不忘合作初心，继续携手前进”主题教育活动的通知》精神和要求，市委会制定了《民建吴忠市委会“矢志不渝跟党走、携手奋进新时代”政治交接主题教育工作方案》。利通区总支积极参与市委会的学习活动。各种学习和培训活动取得较好效果。一是选派张宇参加8月13—20日在自治区统战部在西安举办的全区各民主党派、党外知识分子联谊会基层组织负责人专题培训班；二是8月14—20日，会员杨绪令参加宁夏年轻一代民营企业家红色教育培训班；三是8月21—27日，选派会员丁彦臣、李兴龙、金燕、朱颖参加民建宁夏区委会在浙江大学举办的社情民意信息培训班；四是8月23—27日，会员杨玉英参加在隆德县举办的2022年“新生活·新风尚·新年画”美术创作专题培训班；五是选派丁晓琳参加11月7—11日民建中央线上举办的2022年民建第八期骨干会员培训班。通过学习培训，会员拓宽了视野、丰富了知识，自身的思想认识有了较大提高，精神境界有了进一步提升。

【组织建设】

总支活动内容不断拓展。一是1月17日总支联合吴忠民族书画院开展文化惠民“送春联下乡”走进社区活动，送出春联200余副，“福”字200余件，剪纸作品50余件。二是1月28日总支开展科普助力“双减”活动，让青少年在科普基地领略科学之美。三是4月1日总支联合民建吴忠市直工委会员代表赴涝河桥革命烈士陵园，开展“瞻仰烈士纪念碑，缅怀革命先烈”主题祭扫活动。四是5月18—20日，民建利通区总支2名代表出席在银川召开的民建宁夏第八次代表大会，配合区委会顺利完成换届工作。会上，利通区总支荣获参政议政工作先进集体，马建兴、张汉勇荣获社会服务工作先进个人，杨昊、丁晓琳荣获会务工作先进个人，受到表彰。五是5月19—27日，吴忠市音乐家协会等

12个文艺家协会相继召开代表大会，圆满完成换届选举工作。在此次换届中，会员马晓燕当选为吴忠市音乐家协会副主席，曹永东当选为吴忠市美术家协会副主席，赵文花、杜建霞当选为吴忠市民间文艺家协会副主席，杜建霞当选为吴忠市文艺志愿者协会主席。六是5月23日，会员杨绪令积极参加王兰花热心小组慈善协会携手共青团利通区委和青年志愿者协会，在黄河吴忠滨河大道古城湾砌护段的安澜亭开展的“喜迎二十大、永远跟党走、奋进新征程”暨“青春守护母亲河”节水护水生态环保公益活动。七是7月2日联合市直工委来到吴忠滨河大道古城湾砌护段的安澜亭开展“矢志不渝跟党走、携手奋进新时代”主题教育活动。八是10月16日上午10时，中国共产党第二十次全国代表大会在北京召开，总支组织全体会员通过观看直播、网络参会等形式全程观看会议并认真聆听习近平总书记所作的报告。

【参政议政】

2022年两会期间，我会人大代表、政协委员深入调查研究，认真准备议案提案，在会议上认真履行职责、积极建言献策。在利通区政协五届二次会议上，民建利通区总支提交的13件提案，通过审查立案7件，提案立案总数位列第1。2022年紧紧围绕区委、区政府中心工作，完成了《关于利通区营商环境工作的调研报告》。

【社会服务】

2022年2月22日，在会员杨绪令及社会各界人士的共同组织下，吴忠市“多爱文艺之家”残疾人就业创业中心正式启动。在启动仪式上杨绪令为创业中心捐赠现金1万元，作为残疾人创业启动资金，受到了现场残疾人和各界人士的一致好评。2022年3月20日，民建吴忠市委会召开传达学习全国两会精神暨全区组织宣传工作会议，会后马春梅带领民建利通区总支、市直工委等骨干会员前往会员企业宁夏佳瑞祥纺织科技有限公司调研参观。2022年9月15日，会员吴忠市利通区人民法院马存福庭长应邀为吴忠市价格认定暨价格争议纠纷调解专题培训班授课，题目为《价格认定暨价格争议纠纷调解注意事项和案例分析》。2022年10月4日，利通区金积镇郝渠村菜农韩生保主动联系，因其温棚里的油菜、茼蒿等蔬菜马上就要过了采摘期，寻求帮助。青年志愿者、会员杨绪令就近招募18名青年志愿者带队前往助农采摘。菜农主动将3000斤新鲜蔬菜捐出，有茼蒿、油菜、小白菜等，缓解了小区物资紧张问题，也增加了社区一线工作人员抗击疫情的信心，再一次诠释了团结互助友爱之心和齐心协力共抗疫情的决心。2022年10月7日，自治区政协副主席、民建宁夏区委会主委杨培君一行带着民建会员自发捐助的物资赴吴忠市利通区慰问一线防疫工作者，看望慰问了三个隔离点和疫情防控执勤点的工作人员。此次，民建宁夏区委会多方筹集慰问品方便面2500箱、矿泉水200件、棉大衣50件、速热壶30只，折合人民币3.5万余元，物资捐献至吴忠市利通区疫情防控一线。2022年10月17日，会员企业宁夏智源公司向疫情卡点捐赠价值5000元的防疫物资，助力全区疫情防控工作。

民进利通总支

【概况】

2022年，民进利通总支坚持以习近平新时代中国特色社会主义思想为指导，团结带领广大会员，认真学习贯彻中共二十大、民进十三大和自治区第十三次党代会精神，以“矢志不渝跟党走、携手奋进新时代”政治交接主题教育为主线，不断巩固思想政治基础，全面推进自身建设，认真履行参政党职能。年末，民进利通总支共有会员81名，吴忠市级人大代表1人，市级政协委员3人，利通区级人大代表1人，政协委员11人。

【思想教育】

深入学习贯彻中共二十大精神，引导广大会员全面领会中共二十大的精神实质和核心要义，切实把思想和行动统一到中共二十大精神上来。深入学习民进十三大和自治区第十三次党代会精神，广泛开展“大学习、大讨论、大宣传、大实践”活动。开展“矢志不渝跟党走、携手奋进新时代”政治交接主题教育，不断增进对中国共产党领导和中国特色社会主义的政治认同、思想认同、理论认同、情感认同。民进中央副主席王刚到基层联系点吴忠市委会调研指导工作时，走访调研利通总支“会员之家”，听取工作汇报，推进主题教育走深走实。

【组织建设】

顺利完成总支换届。5月22日，总支召开第四次会员代表大会，选举产生新一届领导班子。新一届领导班子由9人组成，杨晓娟当选为第四届委员会主任委员，杨明、李娟、李小强当选为副主任委员，马保林、毛萍、兰金梅、张探武、康瑞芳当选为委员。加强会员队伍建设。严格按照会员发展程序，优化会员结构，新发展会员5名，由青铜峡市委会转入1名，全部为大专及以上学历。加大对会员的教育培训，组织参加区委会新会员入会培训、基层支部负责人培训、参政议政能力提升培训和党外干部培训班，不断提升会员整体素质。做好会员关爱工作。积极对接市委会和区委统战部，春节前夕对部分退休会员、困难会员进行慰问，送去组织的关怀与温暖，为身患重病会员郭小飞争取到民进中央5000元困难救助资金。

【参政议政】

围绕教育“双减”、奶产业高质量发展、文旅产业融合发展、废旧资源回收利用、优化营商环境等重点课题深入调研，向区政协五届二次大会提交集体提案2件，委员提案10件，社情民意信息22件。全年向市委会提交社情民意信息24件，其中会员任荣撰写的《优化政务热线服务，更快更实更优解决群众烦心事》、会员李小强撰写的《关于稳定农资市场，保障粮食生产的建议》《关于加强对农村地区废资源回收站点管理的建议》、会员彭伟撰写的《关于加强公共场所健身器材管理的建议》被自治区政协采用。按照区委2022年重点课题调研要求，总支围绕奶产业发展开展调研，提交《关于推进奶产业高质量发展的调研报告》。

【社会服务】

践行民进“立会为公”优良传统，积极开展社会服务活动。利通总支联合区委会和市委会在利通区渔光湖村开展“送医送药”义诊活动，开展健康知识和慢性病讲座，累计接待群众150余人次，发放各类药品价值1万元。广大会员积极投身疫情防控，会员张敏带头进入方舱救治阳性人员，机关单位中的民进会员下沉社区，配合社区测温验码、小区执勤。教育界会员停课不停学，通过网络课堂的形式继续为学生传授知识，答疑解惑。李娟、彭伟、杨登婷、任荣、张帅等经济界会员捐赠现金和防疫物资4.5万元。会员杨明被吴忠市委、市政府评为疫情防控先进个人。

农工党利通区总支

【概况】

农工党利通区总支围绕利通区委、区政府中心工作，以农工党中央、区委会会议精神为指导，以吴忠市委会具体安排和部署为统领，以服务为主题，认真履行参政党的职能，积极做好社会服务，努力为利通区各项社会事业的全面发展贡献力量。年末，农工党利通区总支共有农工党党员20人，平均年龄47岁，其中本科学历12人，市级政协委员2人，县级政协委员4名。

【思想教育】

坚持以习近平新时代中国特色社会主义思想为指导，坚持中国共产党领导，深入学习习近平总书记系列重要讲话精神、中共二十大精神、农工党中央十六大及历次全会精神、自治区第十三次党代会精神以及农工党宁夏区第八次代表大会精神，通过不断学习，夯实政治基础，提高政治站位。年内组织开展线下专题学习2次，总支党员参加中共二十大精神培训班等各类线上学习培训30余人次。组织党员以多种形式收听收看中共二十大及自治区第十三次党代会。积极组织党员撰写心得体会，参加征文活动，朱宇娇等党员提交征文5篇、心得体会7篇。

【组织建设】

以“矢志不渝跟党走，携手奋进新时代”政治交接主题教育为契机，深入学习贯彻习近平新时代中国特色社会主义思想，系统学习中共十九大和十九届历次全会精神，及时学习中共二十大精神，巩固拓展中共党史学习教育成果，认真学习习近平总书记关于新时代党的统一战线工作的重要思想，引导广大党员深刻领悟“两个确立”的决定性意义，不断增强“四个意识”、坚定“四个自信”、做到“两个维护”，持续加强自身建设，进一步提高党员干部的政治把握能力、参政议政能力。注重吸纳新鲜血液进入党派队伍，年度内发展党员1名。2022年5月底在市委会的支持下，投入资金2万元在金星镇裕西社区打造了以开展社会服务活动为主兼具党员之家和利通总支阵地功能的社会服务基地，6月16日，市委会与利通总支共同举行了“党员之家”揭牌仪式。荣获农工党宁夏区委会2018—2022年先进基层组织。党员魏旭芳、马阳获得农工党宁夏区委会2018—2022年先进个人。

【参政议政】

年度围绕利通区科技创新短板不足开展调研，提交统战系统调研报告1篇。在利通区政协五届委员会第二次会议上共提交提案7件，其中被立案提案5件，转社情民意2件，提交社情民意2件。党员魏旭芳、杨帆获得农工党宁夏区委会“喜迎中共二十大奋力建功新时代”理论征文二等奖，朱宇娇获得三等奖。

【社会服务】

积极参加市委会举行的各项社会服务活动，党员积极参与为公众普及医疗保健、心理健康、慢病防治等健康知识，不断提升中老年人保健意识和慢病防治能力。“9·20”疫情发生以来，利通总支各党员冲在一线、率先垂范、主动作为，用实际行动诠释着在疫情防控这个特殊战场上农工党员的奉献精神。在社区防疫卡点，党员们争当人民群众的“安全卫士”，在临时封控区域，党员们穿着密不透风的防护服，分拣生活物资，进行消毒，并将物资挨家挨户送到居民手中，彰显了农工党员的责任担当。党员马阳获得2022年农工党宁夏区委会疫情防控先进个人。

利通区工商联

【概况】

利通区工商联属社会团体性质运行，会员145名，所辖行业协会5个，设主席1名，副主席14名，均由非公经济人士担任。2022年在利通区委、区政府的坚强领导下，利通区工商联围绕“两个健康”工作主题，坚持“团结、服务、引导、教育”工作方针，认真履职，充分发挥了党和政府联系非公有制经济人士的桥梁和纽带作用，坚持以习近平新时代中国特色社会主义思想为指引，全面贯彻落实自治区第十三次党代会精神，把握发展大势，抢抓机遇、提振信心，为全区经济社会事业发展作出了积极贡献。

【思想引领】

全面落实《利通区加强新时代统战成员思想政治引领广泛凝聚共识的工作措施》，深入开展理想信念、法治观念和社会主义核心价值观教育，常态化开展民营经济人士“守法诚信经营坚定发展信心”主题教育，主席、副主席每月至少一次列席统战部理论学习中心组学习会议，专题学习党的二十大、中央统战工作会议和自治区第十三次党代会精神等，不断增进政治认同、思想认同、情感认同。开展“送政策·进企业”、铸牢中华民族共同体意识教育进企业活动，围绕政策开展宣传引领、法律维权服务、企业文化建设等内容，开展“税企一家亲春雨润苗助成长”“深度解读财税政策共享线上发展红利”等主题宣讲活动9场次，打造宁夏强家老醋生物科技有限公司、宁夏恒丰纺织有限公司等企业示范品牌，通过美篇、微视频等形式宣传报道，讲好企业发展和企业家的优秀故事，促进形成创先争优的良好态势。

【服务企业】

区工商联团结带领民营企业严格落实防控主体责任，深入企业及时传达各项惠企措施及疫情防控重点指引等政策文件，提供金融、法律等方面的政策宣导。开展了区内会员企业“大走访、大调研”活动，促进相互了解、业务畅通。协助企业与工信、工会等职能部门及金融机构联系对接，帮助企业把握政策，提振发展信心。强化骨干培育，推荐非公经济人士赴延安、杭州等地开展能力提升培训19人次。开展吴忠籍在外人才家乡行活动，组织马文万等6名在外经营的企业负责人回乡开展经验交流，促进跨区域合作。指导年轻非公经济人士参加创业交流、网络沙龙等活动，鼓励年轻一代成为产业发展生力军。推荐优秀非公经济代表人士为各级政协委员、人大代表，围绕统计指标、劳动用工等问题，向区人大、政协会议提交议案、提案和社情民意12件。围绕推动利通文旅发展等方面深入实地调研，撰写了《坚持高质量发展推动我区文化旅游项目向更高品牌发展的调研报告》等，不断提升非公有制经济人士参政议政能力。促进和谐发展，指导非公企业开展学习，主动学习宣传党和国家民族政策等，结合企业经营特点，开展了铸牢中华民族共同体意识示范班组、示范员工评选表彰活动，举办民族舞会、篮球赛、技能比拼等丰富的教育实践和文化体育活动，不断引导员工在生产过程中加深了解、增进情感。设置纠纷诉求调解岗，及时化解企业与企业之间、不同民族员工之间产生的矛盾纠纷，引导企业和谐发展、员工和睦相处。

【帮扶工作】

引导参与社会光彩事业，疫情期间会员单位主动担当，宁夏浩凯牧业有限公司带头捐助牛肉、救护车、食品等价值73万元，精艺裘皮制品股份有限公司捐助1.5万元，各执委积极参与卡点执勤任务、免费分发餐饭百余份，助农销售10万余斤滞销蔬菜，同时，慰问困难群众、公司员工、“两癌”患病妇女和贫困学生，纷纷彰显企业家精神。实施人才与乡村振兴互促行动。深入开展民企联村、“万企兴万村”行动，会员企业结对共建7个重点移民提升村，通过困难慰问、产业帮扶、劳动力输出等形式形成工商联倡导、企业助力、贫困农户参与的帮扶机制，浩凯牧业、恒丰同利巾被等非公企业，通过实施托管养殖、解决就近就业等形式，助力乡村振兴发展大局。积极发挥带头作用，开展煤矿特种作业、应急管理、安全管理、工商贸、道路运输等线上线下培训班99期10520人，依托中医药研创、养殖园区、网络新媒体人士实践创新等基地开展实训及人才孵化，帮助培养“土专家”、电商等各种专业实用人才和致富能手，助力乡村百姓无业者有业、有业者乐业。

群众团体

利通区总工会

【概况】

2022年利通区总工会（以下简称区总工会）机关内设综合办公室（含经审办、女工部、财务部）、组织部、宣教网络部、经济技术部、权益保障部（含职工服务中心）5个部室，行政编制6名，社会化工会工作者27人。下辖12个乡镇（总）工会、1个园区工会、55个直属机关工会。全区建立工会组织480家，涵盖法人单位2188个，会员38586人，农民工会员10060人。

【模范机关创建】

2022年区总工会扎实推进模范机关和星级党组织创建，认真落实党组议事规则和“三重一大”集体决策制度，召开党组会议17次，听取专项工作汇报、研究相关事项87项；认真落实“三会一课”制度，召开党员大会、专项整治工作部署会、民主生活会、组织生活会等8次，班子成员讲党课6次。认真落实党风廉政建设“第一责任人”责任，督促班子成员切实履行“一岗双责”，开展廉政教育5次，廉政谈话12人次。

【基层工会建设】

2022年区总工会积极开展25人以上企业、奶产业及新就业形态劳动者建会入会，新建工会组织56家，发展会员3532人，涵盖法人单位61家；全区非公企业厂务公开、职代会建制率动态保持在95%以上；申报自治区、吴忠市工会服务阵地项目7家。

【劳动模范推荐评选】

2022年区宁夏昊恺牧业发展有限公司饲草部技术员马克云荣获自治区五一劳动奖章，吴忠中创自控阀有限公司技术创新中心荣获自治区工人先锋号；申报推荐“吴忠工匠”7人。复验各级劳模创新工作室8家、新建2家，开展“劳模聚服务”活动5场次，慰问利通区劳模、先进工作者、工匠及高龄劳模、困难劳模27人次，体检26人次，发放慰问金74000元。

【产业工人队伍建设】

2022年区总工会统筹推进产业工人队伍建设改革工作，组织召开协调会、专项部署会5次，积极推动产改示范点建设，利通区产业工人队伍建设改革工作在全市深入推进产业工人队伍建设改革工作会议上作经验交流发言。5家非公企业围绕试点项目开展提质活动20场次，创新发明专利18项，宁夏好运电焊机有限公司39名焊工获得自治区人社厅颁发的高级工证书。开展面向奶产业企业职工的主题服务活动30场次。

【劳动和技能竞赛】

2022年区总工会团结动员广大职工实施建功立业，全面激发职工创新创造潜能。深化群众性创新活动，承办全市肉制品行业、餐饮行业职工技能大赛，指导基层工会举办创新创业大赛、技能比武等竞赛5场次。15家非公企业在自治区、吴忠市职工技术创新成果展中荣获佳绩；“安康杯”知识竞赛覆盖企业177家班组541个职工8520人，开展职业健康保护行动等活动25场次。申报宁夏强阿萨生物科技有限公司、精艺裘皮股份有限公司为自治区级健康企业。

【厂务公开民主管理】

2022年区总工会依法推进民主管理，深化“公开解难题、民主促发展”主题活动，紧紧依托“123X”工作机制推进厂务公开规范化建设，申报精艺裘皮制品股份有限公司、吴忠市中创自控阀有限公司为市级厂务公开民主管理示范单位；上报优秀职工代表提案6个。指导184家企事业单位建立职工（代表）大会制度，厂务公开、职代会建制率动态保持在95%，区域（行业）职代会建制率动态保持在80%以上。培树市级厂务公开示范单位2家，利通区级厂务公开示范单位10家。

【精准帮扶】

2022年利通区总工会各基层工会累计开展慰问活动4226人次，支出经费177.85万元。“夏送清凉”慰问7967人，支出经费248977.2元，其中区总工会本级慰问6978人，支出经费158977.2元；“冬送温暖”慰问425人次，支出经费82.696万元。稳步促进消费，牵头推动103家企事业单位参与消费扶贫，落实脱贫户、动态监测户消费扶贫资金231万余元；争取利通区政府保障资金26.24万元，通过发放消费券形式慰问新就业形态劳动者、困难职工、城镇低收入职工群体、困难劳模共计328人。实施精准帮扶，深化救助活动。2022年度动员收缴互助资金220万元，参与人数43654人，补助2021年和2022年患病职工529人，发放互助资金207万余元；慰问受疫情影响低收入家庭56人，发放慰问金60250元。

【职工文化生活】

2022年区总工会团结引导广大职工听党话跟党走，坚定扛起党赋予的政治责任。持续深化理论宣传，组织开展集中学习、知识测试、专题辅导培训、交流研讨80余场次，撰写心得体会、调研报告36篇。编发各类信息209期，其中市级以上媒体刊登120余篇，通过新媒体平台发布各类信息800余条。广泛凝聚职工力量，围绕“中国梦·劳动美喜迎二十大建功新时代”主题，依托“企业工会三讲小课堂”“劳动者之声”等载体，开展各类专题宣讲20场次、微宣讲40余次，覆盖一线职工1500余人次；组织开展演讲比赛、主题阅读、体育赛事、普惠公益等活动36场次，参与职工5761人次，投入活动经费82.37万元。强化意识形态管理，专题研究意识形态工作4次，开展清查自查4次；组织开展党的二十大精神线上线下宣讲、专题辅导、交流研讨12场次，覆盖干部职工500余人次；开展铸牢中华民族共同体意识专项答题、宣讲进企业3场次。

【开展“互联网+集体协商”】

2022年区总工会按照企业、区域、行业特色，确定区域行业协商任务6个、互联网+协商7个；修订《利通区级专职集体协商指导员管理办法》，科学制定奖励标准；制定集体协商指导员网格化工作专栏，选聘自治区级指导员3名、市级指导员1名、利通区级指导员14名。

【维护职工合法权益】

2022年区总工会开展维护劳动领域政治安全专项排查工作，组织专题会议、调研、全覆盖排查15次，完善劳动关系风险监测点12个；突出新就业形态劳动者权益维护，深入美团外卖、货车司机中开展送法律、送健康、送温暖活动8场次，新建货车司机、网约送餐员暖心驿站2家；实现50人以上基层劳动争议调解组织建制率达100%；成功办结货车司机跨省维权等案件14起，信访诉求办结率达98%以上。扎实开展普法服务，开展农民工法律服务行动、会聚良缘婚恋服务等活动16场次，开展新修订工会法、民法典等法律法规主题宣传系列活动18场次；受理职工信访案件76件，办结率100%；联合开展农民工工资专项检查6次，累计处理劳动纠纷案件16起；建设户外劳动者（法律援助）服务站点9家，获评自治区级二类站点1家、三类2家，提供各类暖心服务50余次。

【工会经费审查审计】

2022年区总工会做好经费审查审计监督工作，对区总工会本级上一年度预算执行情况和专项资金管理使用情况进行审计；完成对20家行政事业单位工会活动补助资金事前审查，审计资金达20万元；完成90家基层工会经费审查审计，被审计单位整改率达94%。

共青团利通区委员会

【概况】

2022年共青团利通区委员会（以下简称团区委）核定机关行政编制4人，机关后勤服务编制1人，其中书记1名（正科）、副书记1名（副科）。2022年团员新增180名，新增基层团组织227个，截至2022年底，利通区共有团员16855名、基层团组织669个。2022年，团区委紧盯共青团根本任务、政治责任和工作主线，紧扣保持和增强政治性、先进性、群众性目标，以迎接和学习宣传贯彻党的二十大为主线，结合庆祝建团100周年，全面落实自治区第十三次党代会部署，围绕建设“先行区”、创建“示范区”奋斗目标，实施“五项行动”，团结引领广大团员青年为利通区经济社会发展贡献青春力量。

【重要会议】

2022年团区委9月7日召开利通区中长期区青年发展规划联席会议第三次全体会议，11月2日召开共青团利通区委员会三届四次全体（扩大）会议，7月25日召开利通区少工委一届二次全体会议，5月31日召开吴忠市利通区学习贯彻习近平总书记在庆祝中国共产主义青年团成立100周年大会上的重要讲话精神座谈会。

【政治建设】

2022年团区委扎实开展“喜迎二十大、永远跟党走、奋进新征程”主题团队日活动等550余场次，团支部覆盖率100%；开通建团100周年学习专栏、学习二十大专栏，推送“团史天天学”“青年大学习”“红领巾爱学习”网上主题团队课40期，受众3万人。充分发挥“蒲公英”青年宣讲团作用，围绕党的二十大精神和习近平总书记在庆祝建团100周年大会上的重要讲话精神等线上线下开展“六进”宣讲活动20余场次。在利通区初心馆等阵地，开展红色研学游活动10场次；举办示范性集中入队、入团仪式，活动覆盖率达100%。严把团员入口关，新发展团员180名，学社衔接率为100%，扎实开展团员发展违规核查。推荐胜利镇团委荣获全国五四红旗团委、金星镇金花园团支部荣获自治区五四红旗团支部、付晓梅荣获自治区优秀共青团干部、马亮荣获自治区优秀共青团员称号。

【宣传教育活动】

2022年团区委策划“精读二十大”“青声诵金句”“利小团带你游利通”“青春榜样”等系列特色栏目，录制微视频“利通青年说”“利通少年说”各6期，累计播放量超过5万次，让党的声音最广泛地直达青少年。11月，团区委荣获自治区精读二十大工作报告优秀组织奖。

【基层建设】

2022年团区委深化“五项青春行动”，围绕利通区“10+8”重点工作，依托青志协等团属社会组织，实施青春守护母亲河、青春投身乡村振兴、青春维护民族团结、青春创建文明城、青春聚力文明实践行动，举办利通区志愿服务项目展示交流活动，扶持青年社会组织开展“‘河’我一起保护母亲河”生态环保公益实践项目、“石榴籽课堂”青少年民族团结教育项目；开展“青助利”首届乡村振兴青年先锋寻访、凝聚青春力量投身新时代文明实践等活动。

【开展社区青春行动】

2022年团区委申报胜利镇新华社区、金星镇利宁社区为自治区级社区青春行动实施社区，构建人员、项目、阵地、资源“四位一体”的工作模式，号召全区千名青年志愿者、百名返家乡大学生参与社区疫情防控、基层治理等工作，常态化开展“七彩假期”“公益课堂”等活动。

【深化推进改革】

2022年团区委自被确定为全国县域共青团基层组织改革试点以来，大胆探索，精准实施，着力破解“四大难题”，推动各项改革任务落地落实。8月，经自治团区委评估推荐、团中央复核，改革试点工作评估为优秀。

【建强队伍聚合力】

2022年团区委机关按照“1+1+1+3+N”模式配备专职、兼职、挂职干部16人，调整基层团组织书记134人，实现支部书记全部由35岁以下“两委”班子担任。公开选聘62名在校大学生担任兼职副书记，基层团组织经常性工作力量达744人。出台《利通区共青团基层团组织书记述职评议考核办法（暂行）》《挂（兼）职团干部考核评价机制》等制度，年度评议结果同步反馈至同级党组织并与评先树优挂钩，改革以来提拔使用优秀团干部12名，2名优秀乡镇团干部依规依程序考入公务员队伍。实施青春建功“十四五”行动，团结引领广大团员青年建功新时代。充分发挥联系青年的桥梁和纽带作用，积极搭建青年沟通交流平台，支持青年创业就业，为辖区内青年创业提供帮扶；组织动员团员青年在常态化疫情防控、“四大提升行动”、基层治理、乡村振兴、文明城市创建等紧急任务和中心工作中发挥生力军作用，让团旗紧跟党旗飘扬在战斗一线。

【服务青年】

2022年团区委争取资金15万元，联办利通区第三届“创青春”青年创新创业大赛，培育选树青年创业典型18名，举办创业培训班2场次，为6名创业青年申请“青农贷”资金190万元。挂牌成立青年创新创业园区，实施“青春e行数动利通”青年电商赋能计划，开展“电商菁英”人才培养、“宁产优品”宣传推广、“青耘中国”直播带货行动。发挥中长期青年发展联席会议优势，制定“我为青年办一件实事”清单，落实“青年来信”受理反馈机制，开展“共青团与人大代表、政协委员面对面”活动，推荐提案获得团中央权益部全国青少年优秀模拟政协提案作品，举办“青春作伴乐享好时光”等青年交友活动2场，为100余名适龄青年搭建沟通平台。联合开展“中考解压”“爱心送考·助梦启航”“自护教育”及未成年人保护政策宣传等活动30场次，开展“法治宣传进校园”“心理健康讲座进社区”等活动10余场次，录制心理疏导直播课4期，开展线上线下“共青团与你同行”心理咨询4场次，为300名留守儿童提供“筑梦课堂”暑托班、寒假公益课堂等关怀。创新开展“青春护航”社工服务项目，为50名困境儿童提供心理疏导、亲情陪伴等服务。开展“点亮微心愿”活动2批次，为150余名困难青少年实现微心愿。

【“希望工程”圆梦活动】

2022年团区委完成希望公益服务中心换届，启动“爱在利通”十项暖冬行动，筹资发放“希望工程”助学金70余万元，在建希望小屋4个，捐赠希望课桌26套，慰问困难青少年37名，争取为20所中小学校分别捐赠140套优质课外读物。开展“您的孩子我来守护”关心关爱疫情防控一线人员子女行动、“爱心直通车”和“余药共享青年送达”专项行动，为1600余名青少年送去温暖。利通团区委、利通区希望公益服务中心积极筹资，各乡镇、各部门（单位）、企业和社会爱心人士积极响应捐资助学号召，慷慨解囊，无私援助。2022年，利通区希望工程筹款49.56万元，宁夏青基会向利通区核拨希望工程自筹款39.48万元。

利通区妇女联合会

【概况】

利通区妇女联合会（以下简称区妇联），现内设4个工作岗位，即综合工作岗（办公室）、城乡工作岗、组宣工作岗、维权与儿童工作岗。现有行政编制5人，其中主席1人，副主席1人，妇儿工委办副主任1人，机关后勤服务事业编制1人。2022年，区妇联认真落实习近平总书记对宁夏及对妇联工作领域重要指示批示精神，先后迎接了全国妇联党组书记、副主席、书记处第一书记黄晓薇，海南省三亚市妇联二级调研员龚玮丹，自治区妇联副主席郝晓红的调研。

【思想政治引领】

2022年，区妇联注重强化先进思想的引领作用，不断激发广大妇女群众“听党话、感党恩、跟党走”的前进动力，累计开展“巾帼心向党喜迎二十大”主题群众性宣传教育活动224场次14500余人。以“巾帼学堂”“妇女之家”为平台，以“党的声音进万家”活动为抓手，在17个社区举办了家风家教、安全保护、法律维权、科普知识宣传等各类宣讲20余场次。

【脱贫行动】

2022年，区妇联持续提升“兰花芬芳巾帼红”志愿服务品牌影响力，以村、社区为主阵地，以“一老一小一困”为重点服务对象，筹措6万余元对174名困境女童和困难妇女进行慰问，疫情期间为生活困难妇女儿童家庭送去价值1万余元的牛奶、方便面等防疫慰问物资。争取全国妇联和自治区妇联“两癌”救助资金共计60万元，救助60名符合条件的“两癌”困境妇女。积极宣传推荐辖区4名农村女孩考录福州外语外贸学院，并减免学杂费48万元。联合中国人寿吴忠分公司为辖区内73名“十二五”劳务移民妇女群众购买价值7300元的“爱妮保”保险。为正源社区等7个村（社区）争取“组织力提升”项目资金7万元。2022年，为农村妇女发放创业担保贷款1264万，帮助131名农村妇女创业增收。争取自治区妇联农村妇女工作者“双培双带”项目资金两批次30万元，扶持6名村级妇联主席成为村级致富带头人。建立“刘三朵”巾帼直播间、“马莲花”巾帼创业创新孵化基地。

【家庭文明创建】

2022年，区妇联持续深化家庭文明创建工作，不断筑牢和谐社会基石。在各乡镇积极开展铸牢中华民族共同体意识示范家庭创建活动，推荐申报3户示范家庭，开展了以“送法进万家家教伴成长”为主题的全国首个家庭教育宣传周活动。在上桥镇新民社区开展《中华人民共和国家庭教育促进法》科普讲座暨家庭教育主题宣讲活动，举办“我和妈妈学科学”巾帼志愿服务活动3场次130余人次。为获得利通区级“美丽庭院”的126户家庭代表颁发了荣誉奖牌，对吴忠林场10户“美丽庭院”示范户进行了命名。全年共建设“美丽庭院”示范村10个，“美丽庭院”800户。

【妇女权益维护】

2022年，区妇联组织利通区法院法官深入乡镇、村（社区）开展百名法官送法进村（社区）暨百万家庭学习《中华人民共和国家庭教育促进法》维权周宣传。动员各单位干部积极参与“巾帼之花与法同行”网络知识有奖竞答活动。邀请宁夏马瑛律师事务所律师在全区开展了女律师进社区面对面法律咨询。在各乡镇运用“利通巾帼”微信公众号、各单位微信群等新媒体平台，线上普及《民法典》《家庭教育促进法》《反家庭暴力法》《妇女权益保障法》等相关法律知识，线下利用送法进村（社区）等现场活动向广大妇女群众宣传“妇联在你身边”维权小程序使用方法和具体作用。持续推进“大学习、大宣传、大走访、大排查＋关爱帮扶”机制，建立了区、乡镇、村（社区）三级九类困难人群动态管控台账。充分发挥马莲渠乡“妮好”家事联调工作室作用，有效解决了妇女儿童在权益保护中存在的突出问题，努力帮助其表达诉求、调处矛盾，真正让广大妇女实实在在拥有更多的幸福感和获得感。建立了金积镇“1+3+N”婚姻矛盾纠纷排查机制，有效预防因家庭矛盾纠纷引发家庭暴力甚至民转刑、刑转命案件的发生。持续做好利通区妇女儿童发展纲要（2021—2030）的编制、出台，多渠道宣传保障妇女儿童权益，促进妇女儿童发展的成果。

【妇联自身建设】

2022年，区妇联注重加大基层妇联组织执委轮训工作力度，强化妇女干部“能干事干成事”自身建设，培育妇女干部使其在基层工作中成为广大妇女群众脱贫致富的领头羊。2022年，利通区区、乡镇、村（社区）三级妇联执委2379人，已培训执委1592人，培训率66.92%，建立了吴忠市首家物业行业妇女组织。

利通区文学艺术界联合会

【概况】

利通区文学艺术界联合会（以下简称区文联）成立于2020年6月22日，挂靠在宣传部，由副科级副部长兼任文联主席，副部长占宣传部编制，文联没有编制（宣传部行政编制6名，领导职数3名，干部3名，干部承担精神文明创建、移风易俗、意识形态、新闻出版，扫黄打非、文明城市创建、新时代文明实践、理论学习、新闻中心、社会宣传等多项职责，没有专职文化干部）。2020年6月22日区文联召开了第一次代表大会，选举产生了第一届委员会委员和主席团。主席王红苗，副主席李潇、马悦、王力、张铁涛，秘书长李元坤。2022年利通区文联在自治区、吴忠市文联的正确领导下，坚持以习近平新时代中国特色社会主义思想为指导，全面贯彻落实习近平总书记关于文艺工作重要论述，重点围绕党的二十大胜利召开、纪念毛泽东同志在延安文艺工作座谈会上的讲话发表80周年、建设黄河流域生态保护和高质量发展先行区、建设黄河文化彰显区等重大主题，紧抓文联改革契机，推进基层文联组织建设，构建新时代文艺志愿服务体系，提高基层文联组织建设水平，进一步为区高质量发展提供强大的价值引导力、文化凝聚力、精神推动力。

【文艺人才培养】

2022年6月区文联举办“名家名师进乡村学校少年宫”“圆梦工程”学员线下集中培训志愿服务活动，邀请“圆梦工程”的高校教师和文艺志愿者，开展“结对子、种文化”活动，对利通区乡村学校、少年宫艺术辅导员和新时代文明实践中心80多名文艺人才开展为期3天的集中培训。完善利通区级非物质文化遗产代表性项目名录体系，评定利通区级第一批非物质文化遗产代表性传承人30名，成功推荐10人获评吴忠市第七批非遗代表性项目传承人。

【文艺精品创作】

利通区文联不断探索“文艺+”的理论宣讲模式，将三句半、情景剧、快板说书等文艺元素与理论宣讲相结合，不断丰富传播手段、创新话语表达、提升百姓志愿参与文明实践的积极性。挖掘辖区文艺爱好者、基层文艺骨干、文艺志愿者深入新时代文明实践中心（所、站），走进田间地头、大街小巷、企业车间、农家小院开展文艺宣传宣讲活动。创作广场舞《共产党好黄河水甜》《迈向新辉煌》等一批具有时代气息、群众喜闻乐见的文艺作品，指导文艺院队创编《幸福吴忠人圆梦二十大》《防诈骗》《从小卖蒸馍》等贴近实际、贴近生活的送戏下乡新作品，获得群众好评连连。胜利镇中华社区新时代文明实践站“百姓书场”，名嘴董毅一亮嗓，引来现场居民一片叫好，用乡音乡语传递党的声音，用百姓话说百姓事，已经成为该镇思想引导的新载体、道德教化的新抓手。胜利镇上桥社区新时代文明实践站“爱尚手工坊”，老党员殷全忠用自己的一双巧手剪出了入党初心，引得围观党员们赞叹不已，争先恐后地要向他“拜师学艺”。

【文化惠民活动】

提升文化软实力，推动繁荣发展新时代文化事业，围绕“做好防疫过好节”主题，以快板、三句半、说书等艺术形式，创作一批符合当前形势需要的原创文化文艺作品。支持魏家车门舞狮、传统武术、花儿、剪纸、刺绣等非遗项目进校园，努力形成一校一特色，深入普及文化育人新格局。组织非遗传承人参加剪纸、花儿、非遗工坊等培训班4场，辖区数十个非遗项目亮相2022年中国面食博览会暨第二届吴忠早茶美食文化节，非遗文创产品销售成绩可观。提升公共文化服务水平，不断丰富群众文化生活，成功举办“喜迎二十大奋进新征程”广场舞大赛、啦啦操大赛，广泛开展“我们的节日”主题活动，“国学课堂”等各类阅读推广、文艺演出、“送戏下乡”等活动380余场次，组织开展“二十四节气”读书联谊会20余场次，开展“戏曲进校园”演出3场次，完成“送戏下乡”演出50场次，进一步弘扬中华优秀传统文化。大力实施胜利镇、金星镇综合文化站改扩建项目和村（社区）综合文化服务中心提升改造项目，提升乡村文化服务水平。

【文联组织建设】

2022年3月10日，为进一步完善文联组织，严格按照程序和要求推荐代表，召开利通区文学艺术界联合会一届二次全委会，选举产生2名副主席，增补6名委员。区文联认真贯彻中国文联“转变作风、重心下沉、广泛联系，紧紧依靠广大文艺工作者，切实增强文联组织政治性、先进性、群众性”工作要求，将加强基层文联基础、充分发挥基层文联组织作用摆上重要位置。将乡镇文联工作目标、推进措施列入区文联工作要点和深化改革内容，实现全区12个乡镇文联组织全覆盖。推荐金积镇文联为乡镇文联示范点，推动各乡镇文联工作在紧紧围绕乡镇中心工作、乡村振兴、基层治理等方面开展工作以外，积极开展新时代文明实践活动，培养群众文艺骨干，充分发挥职能作用，活跃乡村文化氛围，把党的声音和温暖送到千家万户。

利通区科学技术协会

【概况】

2022年利通区科学技术协会（以下简称区科协）坚持“政府推动、全民参与、素质提升、促进和谐”的指导方针，以“大联合、大协作、共推进”的工作方式，聚焦重点、补齐短板、精准发力，着力构建利通区科普工作新格局，利通区公民科学素质水平快速提升，大众传媒科技传播能力大幅提高，科普信息化水平显著提升，科普人才队伍不断壮大，科普社会化发展开创了新局面，全面完成科协各项目标任务。利通区科技局（科协）获得国家节约型机关，宁夏科技厅“大美科技特派员”作品征集活动优秀组织单位等荣誉称号。

【提高全民科学素质服务】

切实履行全民科学素质纲要实施办公室职责。印发《利通区全民科学素质行动规划纲要实施方案（2021—2025）》，投入96万元组织实施全民科学素质纲要项目，确保全民科学素质稳步提高。编制了《吴忠市利通区科学技术普及“十四五”规划（2021－2025）》《吴忠市利通区关于推进全域科普工作的实施方案》《吴忠市利通区全民科学素质行动规划纲要实施方案（2021—2025）》《关于推进全域科普工作的实施方案工作任务台账》等政策性、指导性文件，明确责任分工，确保全域科普工作落地见效。积极开展全国科普日活动。在中国科协全国科普日重点活动管理平台上传活动54场次。推动科技志愿服务常态化，依托利通区“兰花芬芳”文明实践志愿服务品牌，采用志愿服务内容清单化、活动主题多元化、志愿服务常态化的工作模式，建立集中服务与常态化服务相结合的机制，组织科技志愿者深入乡镇、社区（村）、田间地头开展各类科技志愿服务活动105场次。在疫情期间，组织科技志愿者参加社区疫情防控、执勤验码等工作，开展抗疫应急科普线上线下宣传，转发各类疫情防控宣传知识5万余条，印发宣传彩页2万余份。积极动员各企业科协、学会（协会）捐赠口罩、牛奶、苹果等物资慰问利通区一线疫情防控点工作人员，擦亮利通区“科技之光”志愿服务品牌。充分发挥科技馆科普资源，新建社区科技馆1个，科普活动站1个，利用现有的科普活动室、科技馆常态化开展科技教育活动。金星镇裕西社区科普活动入选中科协2021年基层科普行动计划项目典型案例，是宁夏唯一入选的案例。积极组织参加各级青少年科技创新大赛，获吴忠市第八届青少年机器人竞赛一等奖39个，二等奖42个，三等奖41个。参加第36届宁夏青少年科技创新大赛获一等奖2个，二等奖1个，三等奖1个。组织10名农村中学科技馆骨干教师参加线上培训。利通十一小学组织开展“走进科技，你我同行”科技节活动。推进科普信息化建设，加强“科普中国”品牌宣传，下发《关于在全区推广使用“科普中国”App的通知》，发动乡镇、各单位干部群众注册成为“科普中国”信息员，对各乡镇注册人数和传播量定期进行通报。举办科普信息员培训2期，培训100多人次。制定《吴忠市利通区“科普中国”App宣传信息员积分兑换办法（试行）》，发放积分兑换办法宣传彩页4万份，对传播量排名在前的群众给予积分兑换奖励，推动“科普中国”App注册人数及传播量持续增长，科普信息员注册人数14233人，占当地人口总数的3.09%。开展科技助力乡村振兴集中服务活动。紧紧围绕利通区设施农业、林果业、种植业、养殖业等特色产业，邀请科技专家、专业技术人员、科技特派员等科技志愿者深入田间地头开展科技志愿服务活动。累计开展“科技专家服务行志愿服务活动”10场次，受益农户达到1500余人次，现场发放各类宣传资料8000余份。动员社会力量参与科普工作。积极动员辖区农技协、科普基地、企业科协等社会力量参与全国科技活动周、科普日等大型活动，举办各类培训56场次。推荐全国科普教育基地1个，打造自治区社区科技馆1个，创建吴忠市教育基地4个，打造利通区级“科普＋基地”6个，新时代文明实践站所科普活动室2个，青少年科学工作室5个。组织辖区13个科普教育基地与各中小学校长对接，举办“我和妈妈学科学我为家乡代言”活动3场次，制作科普宣传短视频10期。利用中医药科普基地、海军农家乐等科普教育基地组织各类中小学研学活动7期。加强反邪教宣传科普阵地建设，在今年新打造的7个科普宣传栏、长廊中均设立反邪教专栏宣传内容，积极开展反邪教宣传活动20余场次，深入推进反邪教宣传常态化、警示教育制度化，不断提升广大群众的防范意识。配合开展科普大篷车、流动科技馆进校园、进社区等科技志愿服务宣传活动25场次。

【培育科技人才】

积极开展“全国科技工作者日”系列活动。召开科技工作者创新成果互观互检座谈会建言献策，促进特色产业发展，慰问科技工作者20名。开展“低碳减排绿色行动”碳达峰碳中和、消防知识、健康知识科普讲座15场次。开展科技助力乡村振兴科技志愿服务活动5场次，发放各类科普宣传资料2万多份。开展优秀科技人才举荐、评选。向自治区科协推荐“宁夏青年科技人才托举工程”人选2名，推荐出席自治区科协第九次代表大会代表候选人4名。推荐“典赞·2022科普中国”候选人1人，向中国农技协推荐乡土人才1名。

【助力乡村振兴】

紧紧围绕利通区设施农业、林果业、种植业、养殖业等特色产业，邀请科技专家，专业技术人员、科技特派员等科技志愿者深入田间地头开展科技志愿服务活动。累计开展“科技专家服务行”志愿服务活动10场次，受益农户达到1500余人次，现场发放各类宣传资料8000余份。组织实施自治区科技特派员创业行动专项28项，乡村振兴成果引进示范项目10项。组织实施本级农业领域科技发展项目34项。举办利通区养殖业、林果业、设施及种植业科技特派员创新创业能力提升专题培训班4期300余人次。依托科技特派员的专业技术优势，先后在12个村开展“一村一品”科技示范基地建设，推广新技术15项，引进新品种22个，建立科技示范基地12个，培训农民3000余人次，服务农户600余户，带动就业800余人次，培育科技示范户45户。

利通区残疾人联合会

【概况】

吴忠市利通区残疾人联合会（以下简称区残联）于2022年5月登记注册成立，机构编制5人，实有5人，其中理事长1名，副理事长1名，干部3名，下设综合办公室、康复科、教育就业科。

【脱贫攻坚与社会保障】

2022年共开展农村残疾人实用技术培训3期，培训人员160人，帮助农村困难残疾人发展特色种养殖业。投入项目资金20万元，鼓励扶持50名残疾人家庭发展特色种养殖业。开展惠残政策大调查大排查大宣传活动，及时将7309名残疾人信息推送医保局和社保局，推动落实残疾人医疗、养老政府代缴政策，实现应享尽享。落实残疾人“两项补贴”政策，配合民政部门做好两项补贴审核工作，每月对残疾证过期、死亡注销等不符合享受政策的及时停发两项补贴，对符合条件的及时申请纳入，做到应纳尽纳，应退则退。投入项目资金22.5万元，对150名就业年龄段精神、智力及重度肢体残疾人提供居家托养服务；投入资金82.72万元，春节期间慰问556户贫困残疾人家庭和1家康复机构；投入资金13.33万元，对精神病患者进行免费服药和住院救助；投入项目资金36.075万元，帮助7215名处于就业年龄段、具有一定劳动能力的残疾人购买每人50元意外伤害综合保险，并落实就业年龄段残疾人意外伤害综合保险（圆梦护航保）理赔工作，落实保险理赔25人，赔付金额14.7965万元。对148名精神、智力及重度残疾人发放残疾评定补贴2.22万元，对41名缴纳本年度养老保险的残疾人个体工商户给予养老保险补贴。投入资金34.44万元，实施残疾人家庭无障碍改造70户。严格落实残疾人证网上办理、“跨省通办”工作，年内办理残疾人证509人，核查清理注销死亡和人证不符残疾人45人，对残疾鉴定等级核查复议评定40人，开展上门残疾评定服务1次，评定办证509人，跨省跨县通办18人。

【康复服务】

2022年投入项目资金89.38万元，贯彻落实《0—6岁残疾儿童康复救助项目实施方案》，212名0—6岁残疾儿童、2名7—14岁残疾儿童得到康复救助。持续开展残疾人精准康复服务行动，1921名残疾人得到基本康复服务，1414名残疾人得到基本辅助器具适配服务。落实“爱心接力、循环使用”辅助器具免费借用公益项目，新建免费借用点11个。投入项目资金20万元，为19名残疾人免费适配假肢、矫形器，为70名白内障患者实施复明手术。

【教育就业】

2022年资助12名大专以上残疾学生，发放扶残助学资金4.6万元。配合教育局对全县90名残疾儿童开展送教上门服务，保障残疾儿童受教育权利。开展“2022年残疾人就业宣传年”和“就业援助月”活动，配合县人力资源社会和保障局开展5期招聘活动，通过公益性岗位安置8名残疾人就业。审核超比例安排残疾人就业12家，安置残疾人59人，奖励资金21.65万元；集中残疾人就业企业2家，共安排78名残疾人就业，发放养老保险补贴9.98万元。举办残疾人职业技能培训4期，培训残疾人及其家属275人。对2022年12名应届毕业大学生进行就业意愿征求，按照“一人一册”提供就业服务指导；扶持19名残疾人个体创业、109名残疾人灵活就业，扶持建设辅助性就业2个，补贴项目资金15万元；安置18名精神、智力及重度残疾人就业。

【关爱残疾人】

2022年开展助残日、残疾预防日、爱眼日等活动5场次，惠及残疾人345户。贯彻落实《为特殊困难残疾人上门代办服务若干措施》，全面梳理上门代办服务事项，对接相关部门和社会组织，面向残疾人提供“保姆式”服务。推行上门办、网上办、就近办、一次办等便利化服务，着力解决困难残疾人“办事难”问题。受理件数1962件，办结1962件，惠及人数2573人。

【文化体育】

2022年投入项目资金5万元，组织100户贫困残疾人家庭开展文化进家庭“五个一”活动；投入资金2万元，同时组织2个社区开展残疾人文化进社区活动。组织各社区开展残疾人健身周体育活动20场次，参与人数100余人次。

利通区红十字会

【概况】

利通区红十字会经区委机构编制委员会审核，报区委批准同意后于2021年4月25日挂牌成立。按照《吴忠市利通区红十字会职能配置、岗位设置和人员编制规定》，利通区红十字会列入机构编制管理的群团机关序列，由区委领导分管、政府领导联系，正科级单位，核定全额预算事业编制3名。设常务副会长兼秘书长1名（正科级）、专职副监事长1名（副科级），设置综合管理岗和救助救护岗工作岗位2个。

【急救护培训服务】

2022年共举办培训班54场次，累计培训3878人。其中开设救护员培训班21场次，取得心肺复苏（CPR+AED）救护员证书777人；开设应急救护知识普及性讲座33期，培训人数3101人，实现了28个城镇社区、2个旅游村应急救护培训全覆盖，为打造群众身边的红十字会奠定了基础。2022年4月，从卫生、教育系统及社会组织中选派39人参加自治区红十字会应急救护师资培训，并全部取得救护员师资证书，成为利通区应急救护培训师资的中坚力量。

【人道救助】

2022年，接受社会各界捐赠款（物）共计297.55万元。其中，用于疫情防控工作230.50万元，按照利通区疫情防控指挥部指示精神及捐赠方意愿，第一时间全部发放到疫情防控一线，支持利通区疫情防控工作。2022年在“博爱送万家”活动项目中，利通区红十字会积极对接吴忠市红十字会，接收捐赠的物资，并安排辖区内12个乡镇相关人员认领捐赠物资，此次慰问活动共慰问70户困难家庭，发放运动鞋80双、家庭慰问箱30个，总价值13.3万元，共惠及特别困难家庭180户，受益人数500余人。

【造血干细胞捐献、无偿献血、捐赠器官及遗体工作】

2022年，完成造血干细胞采集50人份，全面完成了年度任务。组织开展“关爱生命、救在身边”无偿献血志愿活动，累计献血量22000毫升。组织开展以“关爱生命、救在身边”为主题的“学雷锋志愿者服务”“红十字博爱周”“防灾减灾日”等各类宣传活动6场次。广泛宣传应急救护、无偿献血、造血干细胞捐献、遗体（器官）捐献等红十字人道理念，动员和鼓励更多群众积极参与志愿捐献活动，发放各类宣传资料6000余份，惠及群众近万人。成功完成造血干细胞捐献2例。

【争取项目】

2022年，积极争取宁夏红十字会在全区旅游重点村建设红十字救护站项目1.5万元，在东塔寺乡石佛寺村建成红十字救护站。积极争取宁夏红十字会“乡村振兴博爱家园”项目5万元，在郭家桥乡涝河桥村建成“博爱家园”项目。

人民武装

【概况】

利通区人民武装部编制3名军官（部长、政治委员、副部长）、7名文职人员，编制3个科，分别为军事科（1名科长、2名参谋）、政治工作科（1名科长、1名干事）、保障科（1名科长、1名助理员）。2022年，利通区人武部认真贯彻上级党委决策部署，在直面大考、共迎挑战中经受历练，全面建设稳中有进、持续向好，被宁夏军区表彰为“练兵备战”先进单位。着眼政治之年、大事之年的政治要求，深入学习党的二十大精神，巩固拓展党史学习教育成果，聚焦“忠诚维护核心、矢志奋斗强军”深化主题教育，政治引领彰显新作为。常态化组织首长机关军事训练，按计划组织基干民兵开展挂钩联训和基地化轮训，备战塑势取得新成效。完成62家重点企业潜力核查任务，出台《利通区“十四五”时期民兵建设发展实施意见》，圆满完成年度兵员征集任务，实现了“零退兵”目标，国防动员开启新格局。完成“1校2园区”基层人民武装部设立工作，研究探索了工业园区设立人民武装部“521”工作规范，深入开展条令法规学习季活动，全面开展微信泄密、保密工作专项整治，高标准迎接了军委国防动员部安全大检查，发展基础积蓄新势能。开展工程建设和10万元以上物资、服务采购项目专项问题整治，完成部机关餐厅改造、兵器室改建、库房整修，跟进抓好资产可视化工作开展，扎实做好疫情防控工作，综合保障得到新加强。认真开好党史学习教育专题民主生活会，扎实开展“加强政治建设、严守政治纪律”专项排查整治和基层风气整肃治理，党的建设呈现新气象。高质量落实党管武装各项制度，积极参与衔接支持乡村振兴工作，主动落实“双清单、三助力”机制，军民团结再上新台阶。

【党管武装】

7月6日，组织召开利通区委议军会议，传达学习了习近平主席关于党管武装工作指示批示，讲评了党管武装工作，将人武部政府专项经费列入利通区财政预算，研究出台了《利通区开展基层人民武装部、民兵分队“双争双创”活动实施方案》。7月22日，组织利通区正科级以上领导干部开展军事日活动，观摩民兵分队应急处突综合演练，强化地方领导强国强军的责任担当。11月1日，组织召开利通区国防动员委员会暨人民武装委员会会议，传达学习了习近平主席关于国防和军队建设重要讲话精神以及自治区国动委第一主任梁言顺、主任张雨浦关于国防动员工作批示精神，研究了利通区国防动员和人民武装有关工作事宜。12月23日，组织召开党管武装述职会，听取了12个乡镇武装部政治教导员武装工作述职，总结了2022年度武装工作，对新年度武装工作进行了安排部署，联合利通区委、区政府共同表彰了党管武装好书记、优秀专职人民武装干部、优秀基干民兵和先进基层人民武装部、先进民兵分队。

【民兵轮训】

2022年，全年共完成了3批6支基干民兵分队257人的训练任务，消耗弹药5700发。5月，首次组织民兵与现役部队挂钩联训，组织车辆（工程机械）维修排与特战旅开展挂钩训练，受到军区战备建设局好评。7月，组织了6名民兵教练员和训练骨干强化训练，以突出业务技能为重点，以战领训、按纲施训、科学组训，切实提高了民兵教练员能力素质。民兵分队训练按照基地化轮训、分批组训的方式，分2批依托民兵训练基地完成了应急营1连、利通区民兵应急连、饮食保障排、供气设施抢修排、供水设施抢修排的基地化轮训，轮训中严格按照计划落实训练人数、时间、内容和质量，有效提高了民兵分队应战应急能力。

【专武干部培训】

2022年，利通区人武部采取理论辅导、专题研讨、集中训练、结业考核等形式，扎实开展专武干部业务培训和军事训练，配合宁夏军区、吴忠军分区完成5名武装部长和2名专干任职培训，联合利通区委组织部、区人力资源和社会保障局对3名武装部长进行了履职考评，专武干部履职能力进一步提升。

【征兵工作】

2022年，兵役征集工作聚焦改革强军对高素质兵员的迫切需求，按照“契合利通区域定位、稳中求进高质量发展”的总体目标，紧盯矛盾问题破局，扭住征集主体增效，高标准高质量完成了148名兵役征集任务，大学毕业生54人（含高级技工技师5人），占比36.5%，征兵“五率”在吴忠市排名第一。

【国防教育】

联合利通区委、区政府印发《利通区贯彻落实〈关于加强和改进新时代全民国防教育工作的意见〉的措施》，通过活动牵引增强利通区干部群众爱党爱国爱社会主义的深厚感情。7月21日，邀请陆军边海防学院何兆祥教授为利通区副科级以上干部作国防形势报告，有效提升领导干部居安思危的忧患意识。8月，组织人武部机关工作人员到辖区中小学开展国防教育授课，协调利通区政府投入116.3万元打造“顾金海少年军校”，探索走开青少年国防教育常态化基地化新路。

【乡村振兴】

2022年，利通区人武部坚决扛起巩固拓展脱贫攻坚成果同乡村振兴有效衔接政治责任，持续做好扁担沟镇同利村和该村燕宝小学帮扶工作，全年投入7.5万元为同利村肉牛养殖场购买了铲车、粉碎机等机械设备，助力养殖场科学规范运转；与燕宝小学开展国防教育进校园“五个一”活动，增强师生爱国情怀。八一、春节期间组织走访慰问结对帮扶的脱贫户，主动宣讲脱贫致富政策，鼓励帮扶对象外出务工，并对帮扶户漏雨屋顶进行了修葺，有效防止了返贫问题发生。

法治建设

政法与综合治理

【概况】

中共吴忠市利通区委政法委员会（以下简称“区委政法委”）行政编制7人，其中书记1名、副书记2名。下设办公室、综治维稳室、执法监督和队伍建设室、国家安全委员会办公室4个科室，根据自治区党委国安办相关文件要求，国家安全委员会办公室于2022年5月中旬移至区委办。2022年，区委政法委获得“平安宁夏建设先进集体”等荣誉称号4项，建成了利通区总体国家安全观主题广场等基地4个，“三官一顾问+N”专家上门问诊等相关工作多次得到上级部门充分肯定。

【维护国家政治安全】

2022年，区委政法委深入开展国家安全人民防线建设，建成国家安全宣传、教育基地2个，分层级、分领域、分类别开展系列宣传活动，提升干部群众国家安全意识。持续保持对非法宗教活动和邪教组织打击处置的高压严打态势，坚决抵御防范境外组织渗透破坏，牢牢守住政治安全的“生命线”。

【推进扫黑除恶斗争】

区委政法委抓好2022年扫黑除恶“十件实事”，共接收转办扫黑除恶线索65件，发现并整改重点行业领域乱象问题67个，开展《反有组织犯罪法》宣传活动30余次，发放宣传资料22万余份，营造了“全民扫黑”的良好氛围。

【加强公共安全防范】

充分发挥区平安办牵头抓总作用，统筹全区政法机关聚焦社会乱象，坚持以打开路，维护社会安定。2022年，利通区连续9个月保持总体刑事发案逐步下降的良好势头，全区现行命案发1破1。破获电诈案件339起，止付挽损6459.5万元，用实际行动守护人民群众的“钱袋子”。同时根据党中央决策部署，开展了为期半年的打击整治养老诈骗专项行动，专项行动期间，共侦破案件13起，追赃挽损17.5万元，切实维护了老年人的合法权益。

【完善社会治理体系】

2022年，全区共建成社会治理特色示范点55处，配备群众参与的平安巡防队伍137支1286人，在134个村（社区）建立了“和谐积分服务站”，以“小积分”撬动“大治理”。促进技防人防相结合，紧紧抓住

“雪亮工程”建、联、管、用4个关键环节，全力推进视频监控增点扩面，共建设视频监控3019路，利用视频监控破获刑事案件1211起，协助破获83起。

【推进全面深化改革】

2022年，区委政法委持续推进政法领域全面深化改革，进一步深化司法改革的“助推器”、校准司法办案质效的“风向标”、稳固司法为民的“压舱石”，有力提升了执法司法质效和公信力。严格落实行政执法“三项制度”，推进“3+F”执法办案管理机制建设、“两个一站式”诉讼服务体系建设等，不断深化司法体制改革。制定了《2022年利通区政法领域全面深化改革工作要点》，明确了14条改革重点任务，聚焦健全执法司法制约监督体系，推进司法责任制改革等。

【政法队伍教育】

2022年，区委政法委不断巩固政法队伍教育整顿成果，深入推进政法队伍建设常态化。严格落实涉法涉诉信访工作制度，共接收转办涉法涉诉信访案件20件，均依法依规处理并妥当答复举报人。组织政法各单位开展了案件评查工作，累计评查案件288件，有效提高了执法司法规范化水平。积极落实自治区政法机关“3331”工程，培养选拔政法年轻干部，区委政法委、区司法局分别配备了90后班子成员。组织全区政法干警先后开展了2期政治轮训，进一步提升了政法干警法治思维和法治素养。

公安工作

【概况】

2022年，利通区公安分局在区委、区政府和市局党委的坚强领导下，圆满完成了党的二十大安保维稳任务，成功打赢了疫情防控阻击战。紧盯全年重点工作目标任务，忠诚履职、勇担使命、勠力攻坚，为利通区经济社会发展创造了安全稳定的政治社会环境。在全市公安机关年度重点工作绩效考核和全市公安机关打赢安保维稳攻坚战专项考核中勇夺“双第一”，执法质量考评、执法满意度测评在全区9个城市分局中位列优秀等次，禁毒工作在全区22个分县局中位列优秀等次，朝阳派出所荣获全国公安机关执法示范单位称号。

【创新亮点】

不断加强实践创新，紧盯工作成效亮点精准用力，组建“亮点选树小分队”下沉各派出所协助打造有影响力的特色品牌亮点，已打造古城派出所“五心五联”工作法，朝阳派出所“6+6”矛盾纠纷排查化解法，金积派出所“家宁有约”等可借鉴、可推广、有成效的特色亮点品牌，切实提升了利通公安工作整体效能和核心战斗力。

【科技强警】

不断提升“人防＋物防”水平，持续推进“雪亮工程”“地网工程”“乡村地网工程”建设。细化完善合成作战工作机制，形成情报、技侦、刑侦、网安等警种同步上案、合成打击和合成作战体系。

【维护治安】

紧盯影响群众安全感、满意度的治安问题，狠抓可防性侵财类案件压降发案工作，全力组建利盾宣防服务队，不断强化义警队伍建设，持续加强销赃渠道控制，积极推动公共场所储物柜安装，基层治安防控体系建设水平稳步提升。2022年，分局组建“安澜义警”

队伍148支2096人，在休闲健身公园等场所建设10处免费储物柜，有效压降了发案率。

【社区警务改革】

2022年制定了《两年规划月度任务清单》，制定分局《“为派出所办实事”活动办实事清单》，组织机关警力支援派出所开展“扫楼行动”，组建39人的利盾宣防服务队，组建“安澜义巡”队伍148支2096人；共在滨河运动公园、文化广场等公共场所建设10处免费储物柜；牵头对辖区5类阵地进行了摸排、建档，进一步强化辖区收购行业管理。《利通区公安分局改革和加强派出所工作两年规划》在全区推进会上评为优秀等次。

检察工作

【概况】

2022年吴忠市利通区人民检察院（以下简称区检察院）现有政法专项编制57名，院党组班子由6名成员组成。郭生鹏同志2020年5月经吴忠市利通区区委决定，担任吴忠市利通区人民检察院党组成员、书记；2021年1月，在吴忠市利通区第四届人民代表大会第五次会议第三次全体会议上，全票当选为吴忠市利通区人民检察院检察长。区检察院有政治部（法警大队）、办公室、第一检察部、第二检察部、第三检察部、第四检察部、第五检察部、综合业务部8个内设机构。2022年被最高人民检察院评为全国检察宣传先进单位。

【护航发展大局】

2022年，区检察院惩治各类影响社会大局稳定、侵害群众切身利益的犯罪，起诉406人，同比下降38.95%。严厉打击敌对势力颠覆渗透破坏活动，严惩邪教组织犯罪，批捕2人，起诉9人。

【惩治刑事犯罪】

2022年，区检察院在区公安分局设立侦查监督与协作配合办公室，办理侦查监督线索107件，纠正漏捕漏诉16人，羁押必要性审查60人，侦查、审判活动监督纠正率均实现100%。完成社区矫正检察信息化试点工作，纠正4名社区矫正对象漏管问题。牵头与区法院、公安分局、司法局联合制定利通区社区矫正调查评估实施办法，建立长效工作机制。

【参与社会治理】

2022年，区检察院制发社会治理类检察建议45件，采纳率100%，整改率100%。开展消防安全、特种设备安全、桥梁安全、燃气安全、交通安全、健身器材安全等领域隐患大排查，起诉涉安全生产类犯罪3人，办理公益诉讼案件25件，及时消除各类安全隐患，夯实安全生产基础。深化“首办即息诉首访即罢访”专项活动，拓展“1+5+N”检察服务模式，检察长在内的所有检察官组成接访队伍，接待来访群众143人次，化解矛盾138件，化解率96.5%。院领导带头攻坚信访积案和重复信访案件，包案办结44件疑难复杂信访案件，重复信访率持续下降，该经验被自治区人民检察院推广至全区检察机关学习借鉴。充分发挥12309检察服务中心一体化办案服务功能，抓实“群众信访件件有回复”工作，7日内程序性回复、3个月内办理结果答复率均保持100%。常态化开展公开听证，全面推行简易听证，积极探索“上门听证”，召开31场信访案件听证会。

【刑事检察】

2022年，区检察院对轻微刑事犯罪不批捕64人、不起诉139人，诉前羁押率同比下降5.5%。认罪认罚案件听取意见同步录音录像工作全覆盖。认罪认罚从宽制度适用率从2019年的45.4%提高到92.3%，确定刑量刑建议提出率97.4%，采纳率98%。

【民事检察】

2022年，区检察院针对民事生效裁判提请抗诉4件，提出再审检察建议4件，法院全部支持采纳。对已办结的石中庭、杨某某、马某某等人涉黑涉恶案件开展"回头看"，办理民事虚假诉讼案件线索32件。

【行政检察】

2022年，区检察院开展"全面深化行政检察监督，依法护航民生民利"专项活动，办理城市管理、公共卫生等涉民生民利案件15件。深入开展行政争议实质性化解，挽回当事人经济损失50余万元。

【公益诉讼检察】

2022年，区检察院在"4+9"法定领域担当作为，全年立案111件。深化"河长＋检察长＋警长"机制，常态化开展"携手清四乱保护母亲河"专项活动，办理55件生态环境和资源保护领域公益诉讼案件。坚持在诉前实现保护公益目的，通过磋商、圆桌会议、检察听证或制发检察建议等形式督促整改，与行政机关形成保护合力，有效治理黄河流域利通段"四乱"问题，服务先行区建设。建立"林长＋检察长"协作机制，助力森林草原资源保护。联合秦汉渠管理处建立跨区域协作保护机制，开展世界灌溉工程遗产保护公益诉讼专项活动，共促秦渠、汉渠等古渠道得到长效保护。

【未成年人检察】

2022年，区检察院严惩成年人侵害未成年人权益犯罪，批捕29人，起诉50人，起诉率94.3%，同比上升17.2个百分点。深化"一站式"办案机制，防止未成年被害人"二次伤害"。发挥"七一勋章"获得者王兰花等公益诉讼观察员的积极作用，扩充线索来源，聚焦旅馆、娱乐场所违规接待未成年人，违规向未成年人销售烟草与电子烟等重点领域，办理涉未成年人公益诉讼案件23件。联合区烟草专卖局等部门成立利通区"劝阻青少年吸烟工作室"。与区公安分局携手建立罪错未成年人矫治中心，开展"归航计划"，落实"双向保护"。借助社工、妇联、团委等力量，教育矫治罪错未成年人200余人，发出督促监护令101份。紧盯监护权、抚养权、性侵案件精神损害赔偿等涉未成年人民事纠纷案件，办理涉未成年人民事监督案件11件。深入落实未成年人保护"两法"，扩大"小白杨"品牌影响力，组建"小白杨"宣讲团，在学校建立"小白杨"工作站，28名检察官法治副校长常态化开展"法治进校园"活动53场次，受众师生家长3万余人，推动法治教育驻点扩面，提质增效。

【队伍建设】

2022年，区检察院开展全覆盖政治轮训等各类学习教育45场次，有序推进"3331"工程，构建科学合理干部梯次，中层领导干部中90后占44%，抓实"青年人才树苗计划"等素能提升长期工程，开展检警、检律同堂培训，邀请青年干警和公安民警列席检察委员会，2名青年干警分别入选全国检察机关控告申诉检察人才库和全区检察机关案件管理人才库。

【接受监督】

2022年，区检察院提请区人大常委会人事任免11人次，积极办理代表、委员提出的建议提案4件，在全区率先组建听证员库，邀请20名人大代表、政协委员担任检察听证员，全年开展检察听证193次，互联网听证直播6件，听证员参与率100%。50名社会各界代表全过程参与公开听证、评议案件，人民监督员参与检察办案活动监督40件次，通过“两微一网”等平台公开案件程序性信息552条，法律文书189份，重要案件信息70条，发布检察官接访安排、办案数据、工作动态154条。

法院工作

【概况】

利通区人民法院根据人民法院职责和实际工作需要，设政治部、综合办公室、立案庭、刑事审判庭、民事审判第一庭、民事审判第二庭、综合审判庭、审判管理办公室、执行局、法警队、古城法庭、金积法庭、金银滩法庭、高闸法庭共14个部门。核定中央政法编制数123名，现有在编干警114人，事业编制6名。院党组成员7人，员额法官39人，司法辅助人员51人，司法行政人员11人，司法警察12人，工勤人员6人。院机关党委下设7个党支部（包括退休党员支部），共有党员106人。近年来，利通区人民法院在区委的坚强领导下，在上级法院的精心指导下，坚持以习近平新时代中国特色社会主义思想为指导，深入贯彻党的二十大和十九届历次全会精神以及中央、自治区政法工作会议精神，忠实履行宪法法律赋予的职责，为统筹推进疫情防控和经济社会发展提供了有力司法服务和保障，各项工作取得新成效。2022年，我院共受理各类案件15502件，同比上升1.93%；审执结各类案件13592件，同比上升10.53%；结案率达87.68%，同比上升8.45%。收案、结案数量连续多年位居全区法院第四、全市法院第一。

【刑事审判】

共受理各类刑事案件401件，其中旧存49件，新收352件，审结349件，未结52件，结案率87.03%。上、抗诉案件61件，上、抗诉率17.5%，其中检察院抗诉案件3件，抗诉率0.86%，发回重审1件、改判5件，发改率9.8%。

【民事案件审理】

受理民商事案件9083件，审结7778件，结案率85.63%，切实维护各类民事主体合法权益。践行“法治是最好的营商环境”，依法平等保护各类市场主体合法权益，审结涉企纠纷2352件，涉案标的5.42亿元，处置债权1238.77万元。深化司法服务功能，开展对企“法治体检”，助力企业发展；服务保障创新驱动发展，共受理知识产权案件48件，审结31件。精准保障乡村振兴战略实施，出台《关于充分发挥审判职能服务保障乡村振兴战略实施三十条措施》，审结农村土地承包、相邻关系等案件18件，护航移民致富提升行动。妥善审理涉民生案件，审结就业、教育、医疗等关系群众切身利益的案件420余件。加大对婚姻家庭纠纷案件的调解力度，调解撤诉率达到61.09%，有效防止因案件处理不当引发民转刑案事件，维护良好家风。加强未成年人司法保护，针对某中学发生的校园霸凌事件，发出首份家庭教育令，责令3名学生的监护人切实承担对未成年人监护教育职责。

【行政案件审理】

利通区人民法院受理行政案件49件。审结的一审行政案件数量53件（旧存17件），其中判决撤销行政行为5件，判决撤销行政行为并责令作出1件，确认行政行为违法5件，驳回诉讼请求31件，撤诉4件，按撤诉处理2件，裁定不予立案2件，驳回起诉1件，履行职责1件，责令作出1件。受理非诉行政案件31件，其中裁定不予执行2件、准予执行25件、撤回申请2件。

【案件执行】

利通区人民法院共受理各类执行案件5647案（含旧存958案），执结4802案，执行到位资金2.29亿元。

【司法改革】

审判监督管理持续规范。加强司法责任体系建设，推动健全制约有效、监督到位、权责统一的新型审判权力运行机制。健全完善专业法官会议、审判委员会议事规则，推行类案检索、量刑规范化，运用司法大数据辅助办案，规范法官裁量权，促进裁判尺度统一。稳妥应对四级法院审级职能定位改革后大量新类型和大要案进入本院带来的冲击和挑战，审结知识产权纠纷等新类型案件31件，标的超千万案件5件。院庭长带头办案4829件，占总数的32.17%。细化“四类案件”监督管理，确保院庭长监督不缺位、不越位、可追溯。诉讼制度改革落地见效。持续推进以审判为中心的刑事诉讼制度改革，坚持罪刑法定、疑罪从无原则和“三项规程”，认真落实证人、侦查人员出庭作证制度，深入推进刑事案件律师辩护全覆盖，为80名被告人指定辩护律师。严格落实宽严相济刑事政策，对67名初犯、偶犯、未成年犯等被告人适用非监禁刑，切实加强人权司法保障。强化民事诉讼程序分调裁审、繁简分流改革，努力实现“减流程、降成本、提速度”的工作目标，独任制审结案件4539件，有效提升诉讼效率；速裁团队共审理案件2449件，结案2241件，结案率91.51%，司法效能得到充分激发。“法院+”多元化解纠纷机制得到持续巩固，“两中心”建设取得初步成效，相继与多个单位、社团等组织达成共建共治共享的诉调衔接协议，司法调解、人民调解、行政调解与社会调解同向发力，共建调解平台。调解平台共收案5608件，其中诉前调解4370件，调解成功率70.61%，诉前调解案件平均办理时间14.95天；向基层司法所委派诉前调解共计238件，调解成功60件，向驻院人民调解员委派调解1039件，调解成功549件。现代诉讼服务提质扩面。持续深化集约高效、多元解纷、便民利民、智慧精准、交融共享的“一站式”现代化诉讼服务体系建设。“移动微法院”全面建成，自助立案、缴费交款、材料接转、案件查询、法律咨询等自助诉讼服务系统建至基层法庭、移动终端，鉴定评估、拍卖、申请保全等诉讼辅助事务一站通办。深化案件“当场立、自助立、网上立、就近立”改革，受理网上立案申请1466件，受理线上诉前保全案件40件，处理跨域立案173件，真正实现诉讼服务“零时差、零距离”。为军人、伤残人士等开通“绿色通道”，设立律师工作站，方便群众就近获得法律咨询和法律援助服务。加大司法救助力度，对生活困难符合救助条件的当事人及时办理减、缓、免诉讼费3.4万余元，发放司法救助资金35万元，彰显了司法的人文关怀。

【“智慧法院”建设】

强力推进信息技术与司法实践深度融合，建成“远程提讯”“云上法庭”，实现所有类型案件都能在网上审理，网上开庭85件，线上调解5285件，使用电子送达2209件，建设红利在疫情防控期得到充分释放，为抗疫决战提供有力的司法支撑。建成易判智慧执行系统，实现网上自动查扣冻账户、自动生成执行文书，有效提升了执行效率。依托数字法院“五张网”，自主开发了审判质效数字化分析评价系统，实现各项审判执行质效数据全方位展现、高精度统计、更科学分析，工作成绩可视、可比、可考，为干部队伍管理提供更加权威的参考。

【司法救助】

给予司法救助案件8件，救助人数14人，救助金额为34.2万元。

【参与社会治理】

全力防范化解重大风险。坚决贯彻总体国家安全观，扛牢维护国家安全的政治责任，确保社会大局和谐稳定。严惩邪教等破坏国家政权安全、制度安全犯罪，依法审结了被告人王某某等6人组织、利用邪教组织破坏法律实施案，坚决维护国家政治安全。坚决打击涉众型经济犯罪案件，有效阻断金融风险向社会领域传导。统筹推进疫情防控和司法保障，先后抽调100余名干警投入抗疫一线，大部分干警进入集中隔离点等高风险区域工作，与公安、检察联动，发布公告，依法严惩涉疫犯罪；正确适用不可抗力规定，妥善化解涉疫纠纷，推进疫后治理，确保经济社会稳定。持续开展扫黑除恶斗争，健全常态化扫黑除恶机制。坚持打早打小，严惩破坏社会稳定、和谐的扰乱社会管理秩序类犯罪，审结寻衅滋事、聚众斗殴等犯罪案件12件，铲除黑恶势力萌芽，保障城乡更安宁、群众更安乐。推进黑财清底，执行到位财产刑及追缴、没收违法所得40.43万余元，坚决摧毁黑恶势力经济基础。推进行业清源，向相关部门发出司法建议，着力从源头上防范黑恶势力滋生蔓延。坚决守好民生安全底线。努力守护好人民群众的“菜篮子”“药瓶子”“钱袋子”，审结食品药品安全类犯罪4件，维护食品安全。严惩电信网络诈骗及相关联犯罪，审结27件80人；扎实开展打击整治养老诈骗专项行动，助力打好反诈人民战争，维护群众财产安全。认真贯彻个人信息保护法，审结孙俊文等5人侵犯公民个人信息案，确保公民个人信息安全。审结重大责任事故、涉枪涉爆、交通肇事、危险驾驶等危害公共安全类犯罪141件，维护群众生产安全。依法惩治各类刑事犯罪，共受理刑事案件396件，审结314件，判处罪犯418人。严厉打击故意伤害、抢劫、强奸等严重暴力犯罪，依法审结33件，同比下降48%，人民群众安全感不断增强；重拳打击黄赌毒犯罪，依法审结9件，切实维护社会管理秩序。始终保持惩治腐败高压态势，办结贪污、贿赂等职务犯罪案件3件，确保为政清廉。

【自身建设】

强化党的建设。始终把政治建设放在首位，强化各类主题教育，坚持政治理论学习常态化制度化，坚持重大事项请示报告制度，确保法院工作正确政治方向。推动基层党组织组织力提升，规范建设机关党委、党支部活动阵地和载体，打造“天平卫士”党建品牌，推动党的建设与业务工作共同促进。坚持抓党建带队建，组建党员先锋队、青年志愿服务队，激励干警跟班先进找差距，在疫情防控、脱贫攻坚、大要案办理、文明城市创建、普法宣传等急难险重任务中锤炼党性，展现担当。抓牢思想教育。扎实开展政治轮训，深化意识形态教育。继续坚持“五学”机制，采取“五微举措”，建“书香法院”等有效措施，利用红色教育、警示教育、模范宣讲、人民法院大讲堂等教育载体，帮助干部净心、修身、铸魂，增强政治定力，坚定法治信仰。夯实廉政根基。深入开展各类专项整治活动，严格落实“两个责任”，旗帜鲜明支持驻院纪检监察组工作，切实将管党治党责任落到实处。严格落实防止干预司法“三个规定”，认真开展廉政勤政分级约谈制度，扎实开展以案促改、正风肃纪等警示教育专项活动，抓好正反两个方面典型，坚持问题导向，运用好监督执纪“四种形态”，一体推进不敢腐、不能腐、不想腐。提升司法本领。围绕审判实务，建立以“三化三实五能”为核心内容的干部素能提升计划。扎实推进岗位大练兵，广泛开展案例研讨、庭审观摩、文书评比等活动，认真组织干警参加各类培训，做到参训全覆盖。共有2个集体、5名个人获得市级以上表彰奖励。2个法庭被自治区高院命名为“塞上枫桥”人民法庭，工作经验在全区法院系统推广交流。

【司法公开】

依法接受法律监督，邀请检察长列席审委会，监督审判执行工作，审结检察院抗诉案件3件，其中2件维持原判，1件二审尚未结案，共同维护司法公正。自觉接受社会监督，定期举办“法院开放日”，利用司法公开四大平台公布裁判文书、网络直播庭审。保障人民参与司法，人民陪审员参审案件3104件，推动司法透明，体现司法民主，促进司法公正。

司法行政

【概况】

2022年利通区司法局（以下简称区司法局）是区政府组成部门，为正科级单位。领导职位数为3人，分别为部门正职1人，副职2人。下派12个乡镇司法所，副科级司法所所长11人。机关内设办公室、依法治区办公室、法制室、普法和依法治理室、公共法律服务工作室、基层管理室、社区矫正与安置帮教室7个科室，加挂社区矫正管理局牌子。核定编制53人，截至2022年底，在编人员47名（其中政法专项编46名，事业工勤编1名）。

【法治政府建设】

2022年，区司法局全面推行“并联审批协同办、容缺承诺先行办、全程帮带主动办、移动终端掌上办”，集中统一将发改等26个政务服务部门569项依申请办理的行政权力事项、182项公共服务事项和89项其他类事项归口服务，形成《利通区政务服务事项清单》

840项及16个子清单，不见面事项办理率87.86%，网办比例达92.5%，共办结政务服务事项48.7万件。发布规范性文件6件，依规定分别向市人民政府、利通区人大常委会进行了报备，报备率100%。

【普法与依法治理】

2022年，区司法局深化普法宣传教育，组建了利通区“八五”普法讲师团，围绕习近平法治思想及宪法、民法典等内容，向乡村干部、群众授课。组织新时代文明实践普法漂流驿站志愿服务支队，深入乡村、社区开展普法宣传活动146场次。开展普法人才培养，印发了《关于进一步规范全区“法律明白人”培养工作的通知》，共培养法律明白人2479人，法律明白人骨干1330人。深化普法阵地建设，建设了利通区黄河法治文化阵地，新建上桥镇牛家坊村、高闸镇高闸村、郭家桥乡清水沟村三个法治文化主题公园，改造了利通区宪法主题公园。大力推进线上普法，利用“利通普法”微信公众号推送普法信息，向手机用户发送普法短信，共发送普法信息25万余条。

【基层治理】

2022年区司法局制定了《利通区“调解九进服务万家”活动实施方案》等文件，12个乡镇调委会及交调、医调、校调等行业专业性调委会与法院、公安、信访等互通联动，形成信息共享、职能互补、联合调解的工作格局。健全完善人民调解与诉讼活动相衔接的联动机制，积极构建“调解＋司法确认”的一体化纠纷解决机制。2022年，利通区各级调解组织排查调处各类矛盾纠纷1184起，成功1145起，调解成功率96.7%，涉案金额3376.71万元。共开展人民调解业务培训4次，案卷评查4次，矛盾纠纷分析研判会议8次。

【公共法律服务建设】

2022年，区司法局精准定位三级实体平台，缩小城乡公共法律服务差距。2022年，全区共受理指派各类援助案件1037件（民事案件702件，刑事案件335件），未成年人法律援助案件172件，农民工案件438件；中心累计接待来访群众6233余人次，为困难群众节省律师费用余1033万元。村（居）法律顾问共解答群众法律咨询2300余人次，为群众免费代写法律文书117件，为村（社区）提供法律意见275条，起草、审核、修订合同157份；参与化解矛盾纠纷183余件，协助处理信访问题36件；开展民法典讲座等各类法治宣传活动共计214场次，受众达到2.58万余人次，为基层治理法治化建设提供保障。

【社区矫正工作】

2022年，区司法局积极开展社区矫正执法规范年活动。认真落实社区矫正适用前社会调查评估，严格审批社区矫正对象外出及经常性跨市县活动，定期开展社区矫正对象奖惩考核工作，成立社区矫正考核奖惩小组，开展《中华人民共和国社区矫正法》宣传月活动，做好疫情期间社区矫正对象的心理健康教育、疫情防控等工作。

【安置帮教工作】

2022年，区司法局积极开展安置帮教工作，严格落实刑释解教人员有人接、有人管、有人助，加强普法宣传教育，增强其法律意识，努力实现无漏管、无脱管、无重新犯罪、无影响安全稳定事件的工作目标。购买社区组织服务参与安置帮教工作，开展大排查大走访活动4次，走访排查1100余人，为15名困难安置帮教人员开展帮扶，为2名“三无”安置帮教人员解决了就业及居住问题。

农牧水利

农业和农村工作

【概况】

2022年利通区农业农村局统筹疫情防控和农业农村高质量发展，扎实有序推进乡村发展、乡村建设、乡村治理等重点工作，各项工作进展顺利、成效良好。全年实现农林牧渔业总产值65.06亿元，同比增长4.8%；实现农林牧渔业增加值33.18亿元，同比增长4.6%。粮食种植面积稳定增长。全年全区粮食种植面积25.3万亩，比上年增加0.4万亩，增长1.6%；粮食总产量14.87万吨，比上年减少1466吨，下降1%；综合亩产587公斤，比上年减少15.5公斤，下降2.7%。其中小麦种植1.7万亩，同比增长448.4%，小麦产量6630吨，同比增长455.5%；水稻种植2.07万亩，同比下降48.3%，水稻产量1.26万吨，同比下降47.4%；玉米种植20.62万亩，同比增长0.6%，玉米产量12.85万吨，同比增长2.9%。农村居民人均可支配收入20597元，同比增长7.5%。

【农业发展】

聚焦牛奶、肉牛、滩羊、冷凉蔬菜等“六特”产业，加快推动产业融合发展，不断提高农业质量效益和竞争力。粮食产业严格落实“藏粮于地、藏粮于技”战略，建设优质粮食保供示范区500亩以上示范方10个。主要粮食作物良种覆盖率达到98%以上，主推技术到位率达到95%以上，小麦、水稻、玉等粮食作物耕种防综合机械化率达到93.2%以上。冷凉蔬菜产业建成千亩日光温室蔬菜和拱棚瓜菜生产种植基地7个，对846栋日光温室、拱棚进行改造升级，落实瓜菜种植面积6.45万亩。牛奶产业加快推进五里坡奶牛养殖基地四期及鸽堂沟标准化奶牛养殖示范区基地建设，培育建成奶牛标准化养殖场5家，累计建成奶牛规模养殖场98家，泌乳牛平均单产达到9.3吨。肉牛产业加快建设扁担沟镇移民肉牛养殖园区，新（扩）建3家肉牛规模养殖场，创建了肉牛标准示范场1家。滩羊产业新增滩羊示范村2个、“300”模式家庭牧场8家、滩羊合作社1家，培育千只滩羊养殖场5家，创建自治区滩羊标准化示范场1家。

【人居环境】

2022年有序推进“多规合一”实用性村庄规划编制，完成新接堡村、东沟湾村、马莲渠村等6个实用性村庄规划。加强农村基础设施建设，争取农村道路新建和旧路改造提升23公里，安全生命网防护工程17公里，完成农村电网改造扩容21个村。积极推进农村清洁能源使用，完成高闸镇周闸村、东塔寺乡白寺滩村“煤改电”45户、2个示范点建设，2022年底完成1.5万户冬季取暖改造工作。深入推进村庄清洁提升行动，共发动农民群众投工投劳8.3万人次，清理残垣断壁691处、乱堆乱建4868座，清理各类生活垃圾3.8万吨，秸秆、树枝、畜禽养殖粪污等农业生产垃圾3.2万吨；推进畜禽粪污、农作物秸秆等农业废弃物综合利用，建成区级残膜回收网点2个。调整优化镇村布局，稳妥开展空心村治理，实施金积镇重点小城镇建设试点，白寺滩村、牛家坊村、李桥村、新华桥村、大庙桥村5个高质量美丽村庄建设已全面开工。农村常住户51238户，改厕总户数47390户，卫生厕所普及率达到92.5%。完成厕所革命整村推进行政村77个，整村推进率72.6%。

【农村改革】

2022年加大新型农业经营主体培育力度，申报遴选新型农业经营主体标准化创建5个、智慧型新型农业经营主体试点8个、新型农业经营主体联农带农示范创建2个。申报市级示范社3家、三星级家庭农场3家，利通区级示范社5家、二星级家庭农场3家。实施10个扶持壮大村级集体经济项目，106个行政村集体经营性全部收入均超过10万元，近三分之一行政村的群众从集体收入中拿到了分红。积极开展农业生产托管服务试点工作，围绕粮食作物耕、种环节托管面积8万亩，开展冻害防御托管服务50542亩次。加快农村土地承包经营权确权，完成渔光湖等6个移民村本村户籍符合确权的农户1076户7058.19亩的公示确认、合同签订、证书颁发，做到应确尽确。

种植业

【概况】

2022年，利通区蔬菜种植面积10.38万亩，同比增长13.4%；产量21.6万吨，同比下降18.3%。瓜果类种植面积1.2万亩，同比增长45.5%；产量4.7万吨，同比增长54.3%。其中西瓜种植面积1.17万亩，同比增长60.7%；产量4.65吨，同比增长67.5%。12月份鲜菜市场货源充足价格下降17.3%。全年实现蔬菜产值6.69亿元，占总产值的10.3%，拉动种植业增长1.1个百分点，比上年同期高1.3个百分点。

【老旧日光温室改造】

2022年按照绿色发展先行区综合示范县项目资金使用计划，安排2022年老旧日光温室改造项目资金100万元。通过乡镇自验、村级公示、县级自验、利通区人民政府网站公示的工作程序，2022年在东塔寺乡新接堡村、上桥镇解放村改造老旧日光温室35栋，其中东塔寺乡新接堡村30栋，上桥镇解放村5栋。折合70米标准棚38.95栋，按照每70米标准棚补助2.5万元的标准，共计补助资金97.38万元。

【设施农业】

2022年按照绿色发展先行区综合示范县项目资金使用计划，安排2022年高标准新建设施农业项目资金100万元。通过乡镇自验、村级公示、县级自验、利通区人民政府网站公示的工作程序，2022年利通区新建设施农业面积92.36亩，其中日光温室26.09亩，大跨度全钢架拱棚62.8亩，拱棚3.47亩，涉及高闸镇、东塔寺乡、上桥镇、板桥乡4个乡镇19个建设主体。按照自治区新建全钢架日光温室每亩一次性补助1万元，新建大跨度全钢架拱棚、连栋拱棚每亩一次性补助5000元，新建拱棚每亩一次性补助2000元的标准，共计补助资金581848元。

【农田建设】

2022年制定高标准农田、盐碱地改良、高效节水农业三个规划，完成秋冬季农田水利基本建设各项任务25.65万亩，其中重点治理片区11.02万亩，巩固治理片区14.63万亩。

畜牧业

【概况】

畜牧业持续占据主导地位。在“规模养殖、种养结合、草畜一体化”的战略推动下，畜牧业发展生机蓬勃，奶牛养殖效益基本稳定。全年实现牧业产值44.22亿元，对农林牧渔业总产值的贡献率为108.4%，拉动总产值增长5.2个百分点。其中，肉牛产业贡献力突出。全区牛存栏33.02万头，同比增长10.8%。其中肉牛11.35万头，同比增长3%；牛出栏6.97万头，同比增长7.4%；牛肉产量11182吨，同比增长7.9%。肉牛产业实现产值7.52亿元，拉动农林牧渔业总产值增长5.5个百分点。奶产业继续发挥“稳定器”作用，全区奶牛存栏21.7万头，同比增长15.4%；鲜奶产量95.29万吨，同比增长16.2%。奶牛存栏及鲜奶量分别占吴忠市的64.9%、67.6%。全年实现奶产业产值33.3亿元，占总产值的51.2%，拉动总产值增长1个百分点。

【渔业新技术】

2022年，自治区下达利通区渔业新技术（优质水产品）推广养殖项目资金20万元。为保证项目成效，利通区进一步明确了实施目标，量化了任务指标，确定了池塘优质水产品养殖新技术和稻渔生态综合种养新技术推广工作预期达到的目标。按照渔业新技术推广项目实施方案工作要求，池塘优质水产品养殖新技术养殖面积补助资金标准200元／亩，稻渔生态综合种养稻田开展优质水产品养殖面积补助资金标准300元／亩。对利通区境内2022年开展池塘优质水产品养殖面积达到50亩以上和稻渔生态综合种养稻田开展优质水产品养殖面积达到200亩以上的3家水产养殖场（企业、合作社）进行补助。共有3家水产养殖场、种植企业（合作社）验收合格，核实2022年利通区在池塘开展优质水产品养殖（福瑞鲤2号、鲈鱼）面积100亩，完成计划任务的40%。

【动物疫病防控】

2022年按照“政府保密度，业务部门保质量”和防疫“五不漏”的工作要求，利通区分别于3月2日、9月13日在会务中心多功能厅会议室，召开了利通区2022年春季、秋季动物防疫工作会议，利通区防治重大动物疫病指挥部各成员单位分管负责人、各乡镇分管负责人、各乡镇兽医站站长及防疫公司经理人、规模养殖户负责人等参加。会议明确了动物防疫工作目标、主要任务、重点工作和保障措施，安排部署动物疫病防控和强制免疫工作。不定期对春防、秋防工作进行督查，由于新冠病毒疫情影响，11月底全面完成秋季重大动物疫病强制免疫工作，可防密度达到100%。累计免疫奶牛47.34万头、肉牛21.17万头、羊53.77万只、生猪5.22万头、禽140.39万羽、犬驱虫18680条，应免疫密度达到100%，同时完成免疫注射、佩戴耳标、登记免疫数据和免疫档案。

水　利

【概况】

利通区水务局是利通区水行政主管部门，于2009年底市区分属办公。根据市委编办安排，下设扁担沟扬水站、水利管理站、农村安全饮水管理办公室、水土保持工作站、抗旱打井机电管理站5个事业单位，设板桥乡、古城镇、金银滩镇、金积镇、扁担沟镇、高闸镇6个乡镇水利工作站。2018年3月成立中共吴忠市利通区水务局党组，设党组书记1名、党组成员2名。2018年8月，撤销中共吴忠市利通区水务局委员会。2019年，根据区委、区政府《关于印发〈利通区水务局职能配置、内设机构和人员编制规定〉的通知》文件精神，核定办公室、规划建设管理岗、河湖管理与水土保持岗、法规与水资源管理岗、安全生产和质量监督岗5个内设机构（岗位），核定行政编制5名，设局长1名（正科级），副局长2名（副科级）；机关后勤服务事业编制1名。根据吴忠市利通区编制委员会《关于调整事业机构编制事项的通知》文件精神，将利通区水利管理站、农村安全饮水管理办公室、水土保持工作站、抗旱打井机电管理站4个事业单位合并更名为利通区水利服务和河湖管理中心，保留扁担沟扬水站。2020年，按照区委编办《关于印发利通区机关事务管理中心等33个事业单位机构编制方案的通知》，核定水利服务和河湖管理中心事业编制61名（含副科级1名）、扁担沟扬水站事业编制69名（含副科级1名）。按照利通区推进基层整合审批服务执法力量改革试点工作要求，将区水务局派驻各乡镇的水利工作站及其人员编制全部划归乡镇。2022年，利通区水务局有行政编制5名，实有行政人员4人；机关后勤服务事业编制1名，实有1人；水利服务和河湖管理中心事业编制59名（含副科级1人），实有57人（含副科级1人）；扁担沟扬水站事业编制66名（含副科级1人），实有62人（含副科级1人）。2022年，深入贯彻习近平总书记关于治水重要讲话指示批示精神，落实“节水优先、空间均衡、系统治理、两手发力”治水思路，按照自治区水利厅、利通区委和区政府要求，贯彻落实全区水利工作会议精神，深入推动利通水利高质量发展。利通区代表宁夏在全国农业水价综合改革技术交流研讨会上作典型经验交流，用水权改革工作在中央电视台进行宣传报道。利通区现代化灌区基层管理改革与创新获2021年度宁夏水利科学技术奖一等奖。

【工程建设与管理】

2022年实施重点项目。利通区2022年五里坡奶牛养殖基地三期东南片绿化供水工程，工程总投资1902.1万元，该项目于2022年6月1日开工建设，2022年11月6日建成并投入使用。

【黄河流域生态保护】

2022年，为加快黄河流域生态保护和高质量发展先行区建设，打牢水利项目实施基础，积极争取国家政策、资金支持，利通区水务局围绕“十四五”期间利通区重点水利项目，结合自治区水利厅2022年水利项目前期工作计划，相继开展了苦水河利通区段综合治理工程、扬水灌区调蓄水池工程、水系连通及水美乡村建设试点等项目前期工作，规划至2025年末，治理苦水河23处10.06公里，治理利通区清水沟和苦水河流域问题严重的1个湖泊及23条支流78.21公里，在扁担沟扬水灌区新建调蓄水池2座，总库容225万立方米，计划投资5.2亿元。

【河湖长制】

2022年，利通区列入河湖长制体系内河湖42个，其中河流沟道34条、湖泊8个。建立健全了区、乡、村三级河湖长责任体系，现有成员单位40个，各级河湖长168人，落实村民小组长为巡河员117人，公示牌82块。按照《宁夏回族自治区河湖长履职细则》规定的要求，加强对区、乡、村三级河湖长管理，按照“县级河湖长一月一巡、乡级河湖长半月一巡、村级河湖长一旬一巡”的要求开展巡河，全年共巡河湖3.9万次2.4万小时10.1万公里。

【水资源管理】

2022年，把水资源作为最大的刚性约束，落实最严格的水资源管理制度。2021年度吴忠市实行最严格水资源管理制度和节水型社会建设考核利通区为“优秀”等次。严格控制取用水总量，强化用水计划管理，全年取水总量4.7亿立方米，灌溉用水有效利用系数达到0.547。全力推动改革落地见效，用水权改革全面完成，完成农业、工业和规模化养殖业确权，用水权改革工作被央视综合频道《端牢中国饭碗》栏目进行了宣传报道。率先在自治区全面完成农业水价综合改革任务，召开自治区22个县（区）现场观摩会。征收用水权有偿使用费263万元。试点开展“水银行”，与建设银行吴忠分行签订用水权金融服务合作协议，搭建了利通区水费收缴、水费结算金融服务平台，完成企业用水权证抵押融资一笔3万元。累计发放各类基层水利服务组织经费873万元，其中节水奖励资金81万元，精准补贴25万元。积极开展试点项目建设，利通区被列为自治区建立健全生态产品价值实现机制试点地区。实行水资源消耗总量和强度双控行动，严格地下水资源管理，全面完成取用水管理专项整治工作，关闭自备井7眼。

【农村饮水安全】

2022年，实施利通区2022年农村饮水工程维修养护项目，总投资100万元，维修养护利通区农村饮水工程8处，覆盖人口8.2万人，全面提高了利通区农村饮水工程供水能力，保障居民的日常生活，为群众提供更为安全舒适的人居环境。严格落实脱贫攻坚成果同乡村振兴有效衔接评估问题整改工作，同时针对利通区未入自来水户数、空心房自来水通水情况、农户冬季季节性冻管等涉及饮水安全运行等问题开展大排查，建立问题台账，制定整改措施，列出清单、对账销号，解决了490户未入户群众自来水入户及20处供水管道冬季冻管破损问题。今年以来，全区累计完成自来水入户7.38万户，自来水普及率达99.6%，供水保证率达95%以上，集中供水率达100%，农村供水水源实现城乡一体化，供水水质达标率稳步提升，全区农村常住人口饮水安全得到有效保障。

【水旱灾害防御】

2022年，始终以习近平总书记关于防灾减灾救灾工作“两个坚持、三个转变”的重要指示批示精神为引领，坚持“四不”目标，强化“四预”措施。强化水旱灾害防御责任制，落实辖区内3座水库、29座蓄水池安全度汛“三个责任人”。召开2022年水旱灾害防御工作会议，明确各级水旱灾害防御工作职责，进一步压实水旱灾害各级防御责任。强化预案修编及应急演练，共修订完善区级山洪灾害防御应急预案1套、乡镇级5套、村级16套，组织120人开展了蓄水池防汛应急演练，进一步提高了预案实用性和可操作性。全力应对“7·10”暴雨洪灾。7月10日晚，利通区突降暴雨，最大降雨量站点为巴浪湖农场站167毫米，最大小时降雨量为63毫米，重现期超200年一遇。受暴雨影响，清水沟发生最大83.8立方米/秒洪水过程。区水务局、市气象局联合发布了山洪灾害黄色预警信息，区水务局科学研判汛情发展趋势，及时启动了洪水防御Ⅳ级应急响应，全力做好暴雨洪灾应急处置工作，连续实现洪涝灾害“零伤亡”纪录。

【水土保持工作】

2022年，利通区水务局实施花水沟小流域水土流失综合治理项目，新增水土流失治理面积5.62平方公里；利通区自然资源局牵头实施营造林工程，新增水土流失治理面积10.39平方公里，共新增水土流失治理面积16.01平方公里。2022年减少土壤侵蚀2.47万吨，水土保持率为79.64%，较2021年增长0.08%。

工 业

【概况】

2022年利通区坚持以习近平新时代中国特色社会主义思想为指导，认真贯彻落实党的二十大精神，紧紧围绕利通区第五次党代会精神，聚焦“六区”“七新”目标要求，不断加快产业转型升级，加快新旧动能转换，助力全区经济高质量发展。工业经济平稳增长，积极推动轻工纺织、装备制造等“六新”产业提质扩量。推进轻工纺织产业高效发展增内需，实施上海北连生物添加剂生产项目、宁夏中桦雪面粉有限公司面粉及面熟制品生产项目等10个投资500万元轻工纺织项目。重点支持国海粮油、少武粮油、君星坊3家农产品加工企业开展生产设备改造技术升级项目，投资1500万元。组织宁夏红双赢粮油食品有限公司等10家食品工业企业成功申报《吴忠市促进食品工业高质量发展政策措施》中支持项目共计奖励资金60.15万元。商贸流通逐步向好，大力开展促消费活动，持续开展网上年货节、消费促进月、第二届电商节、“乐购利通悦享生活”、汽车“以旧换新”等促消费活动20多场次，累计投入财政资金350余万元，发放政府消费券21万余张，直接带动消费2600余万元。积极推动餐饮业品牌化发展，举办“2022中国面食博览会暨吴忠市第二届早茶美食文化节”，打造利通区特装馆，培育中餐特色美食企业7家、第二批吴忠早茶示范店11家，兑现餐饮品牌建设奖励资金35万元。招商引资高压推进，聚焦装备制造、现代纺织、健康医养、农副产品精深加工等特色优势产业强链补链延链，大力开展园区招商、以商招商、产业链招商，先后赴京津冀、长三角、珠三角等地外出招商14批次，小分队外出对接64批次，参加自治区和吴忠市组织重大签约活动4次，组织签约仪式3次。全区招商引资开工项目46个，计划总投资58.78亿元，到位资金43.38亿元，完成自治区和吴忠市下达利通区年度目标任务的96.42%，同比增长16.25%。

【行业发展】

2022年，区工业信息化和商务局认真贯彻落实习近平总书记视察宁夏重要讲话精神，按照“稳中求进、好中求快、提质增效、绿色发展”的要求，统筹疫情防控和经济社会发展，积极推进黄河流域生态保护和高质量发展先行区建设。民营经济是经济社会发展不可或缺的重要力量，是创业就业的主要领域，是国家税收的重要来源。2022年，利通区共有民营企业12162家。其中，亿元以上工业企业30家，规上工业企业100家，注册资本5000万元以上企业215家，个体经营户11817家。根据《利通区促进电子商务发展扶持补贴奖励办法》，积极做好区域电商顶层设计，在建设区域电商公共服务体系，扶持壮大企业主体，培育电商直播人才队伍赋能传统产业升级，完善高效低价的物流体系助力产品上行等方面提供政策支持。推动“人人乐”配送中心完善全自动智能化仓储库房项目建设，配套WMS仓储物流配送系统，搭建以微信购物平台为核心的线上购物平台，实现智慧配送模式。鼓励永辉、新百、华联超市上线京东到家、美团、饿了么等线上平台，大力发展微物流等新业态，有效提升流通效率，优化供应链资源。支持刘三朵、红山河等龙头企业积极搭建行业电商平台，开发京东、天猫、淘宝等网上店铺，利通区内自建电商平台并产生交易的企业约12家，其中城市电商平台以“吴忠严选”为主，特色食品企业以夏进乳业、红山河、涝河桥、刘三朵八宝茶等为主，网络消费规模逐渐扩大。2022年，利通区实现网络零售额5.3亿元，同比增长26%。

融华大学生电商创业园由宁夏融华数据科技有限公司于2022年4月25日投资建设完成，项目计划总投资300万元，第一期建设投资150万元，楼宇共有4层，总建筑面积2180平方米，停车场1450平方米。项目以电子商务、互联网+、商务服务、软件开发、短视频运营、直播带货、财税服务、知识产权为孵化方向。园区为入驻企业提供创业办公场地、基本办公设备及财税服务、知识产权、品牌推广、创业辅导、政策申报、资源对接、商业沙龙等全方位的孵化支持。依托项目区位优势，为利通区本地科技创新企业注入新的活力，带动本地电子商务产业创新发展。项目集合孵化空间、成长空间、联创空间、融华商学院等模块，建设具有综合服务体系的双创孵化器，打造利通区数字经济产业平台。项目运营管理团队秉承“互联网+双创”的宗旨，2022年，园区已入驻创业实体有宁夏融华数字科技有限公司、吴忠市聚响网络科技有限公司、宁夏欣赢财税咨询有限公司等7家，带动青年及大学生就业130余人，创业带动就业效果显著。

【工业经济建设】

利通区民营经济主体总量为12162户。民营企业规模小，注册资本5000万元以上的企业仅215家，规上工业企业仅100家，亿元以上工业企业仅30家。2022年，辖区规上纺织企业、装备制造企业分别达到10家、13家，实现产值12.87亿元、14.85亿元；2022年辖区全部工业增加值同比增长1.1%，占全区GDP总量的38.9%，占二产总量的85.9%。全区规模以上工业增加值同比增长1.0%，规上工业增加值占全部工业增加值比重为89.1%，占全区GDP总量比重为34.7%，占二产总量比重为76.6%。按照“发展优势产业，提升传统产业，培育新型产业”的思路，大力实施工业强区战略，农副产品精深加工、智能控制阀、智能焊接设备等产业在西部地区形成了较为明显的特色和优势。利通区现有规上工业企业98家（金积工业园区77家，利通区辖区21家），国家高新技术企业34家，自治区科技“小巨人”企业20家，科技型中小企业131家。2022年底产值过亿的企业33家。坚持以产业创新为基础，发展“六新”产业，增强核心竞争力。在轻工纺织方面，现有54家规模以上轻工纺织企业，2022年实现年产值190亿元，同比增长9.3%，对工业经济贡献率达到145%以上。以恒丰纺织集团为龙头初步建成了与宁夏生态纺织基地相匹配的毛纺织产业聚集区，形成了宁夏恒丰纺织、恒和织造、德悦纺织等龙头企业。在健康食品方面，吴忠是全国黄金奶源基地、中国塞上硒都、全国知名牛羊肉制品生产基地，乳制品领域形成了夏进、雪泉等品牌；粮油加工、健康食品领域拥有中桦雪、少武、国海、涝河桥牛羊肉等一批特色突出、竞争能力强、市场占有率高的标志性企业或知名商标，并形成了健康食品产业集群。利通区装备制造规模以上企业13家，占全区规上工业企业数的13%，占全市规上装备制造企业数的46%。截至2022年底，利通区装备制造企业实现产值32亿元。总体来说，利通区特色产业集群化效益逐年凸显，拉动力逐渐强劲。

【服务企业发展】

加大抓重点企业力度，促进工业经济整体稳产扩产。对于辖区内产值规模达到亿元的吴忠卷烟厂、新南燃气、东星塑编、中环寰慧等重点企业，落实专人专班服务，及时收集企业生产经营、项目建设方面的困难问题，一个一个地帮助协调解决。瞄准重点指标，突出精准分析调度，密切跟踪走势变化，加强分析调度的力度和密度，加力加效落实政策，及时精准解决突出问题，确保规上工业增加值稳定增长。加力帮扶中小企业纾困解难。结合利通区实际，制定并印发《利通区加力帮扶中小微企业纾困解难四十条措施》，加大企业帮扶力度。梳理汇总中央、自治区、吴忠及利通区本级出台的稳经济一揽子优惠措施，并制定印发系列优惠政策汇编、宣传彩页等2000多份，点对点宣传政策，切实把政策红利转化为利通区经济发展的实效，为西麒麟、宁夏伊康企业等4家企业减免房租215.15万元；帮助吴忠仪表有限责任公司、吴忠市少武粮油有限公司等13家申报2022年度自治区专精特新中小企业，吴忠市王国旗生物科技有限公司9家申报“小巨人”企业，申报自治区中小企业公共服务体系能力提升项目示范基地2家，示范平台3家，网络能力提升1家。为西麒麟、宁夏伊康企业等4家企业减免房租215.15万元；组织宁夏红双赢粮油食品有限公司等10家食品工业企业成功申报《吴忠市促进食品工业高质量发展政策措施》中支持项目共计奖励资金60.15万元；帮助企业争取技术改造、稳增长等奖补资金1477万元。持续推进民营企业、中小企业账款清欠，全力以赴筹措资金清欠账款140.01万元。持续优化企业营商环境。为加快政策落实见效，积极开展2022年度奖补资金申报及兑付工作。召开了利通区优化营商环境暨政银企座谈会，全力搞好企业协调服务，让“保姆式服务”体现在具体行动中。加大政策直通服务，通过线上线下、上门对接、政策解读培训等方式，积极向企业宣传自治区工业经济稳增长36条政策措施等一揽子助企纾困政策，制定并印发了《关于贯彻落实自治区〈关于全方位优化营商环境推动民营经济高质量发展的若干意见〉的工作措施》，细化工作任务，明确部门职责，推动政策落实。集中精力抓好规上企业监测指导，一企一策帮助企业解决困难，定期对中小微企业困难问题进行调研收集，掌握企业生产经营状况，主动发现问题、研究问题、解决问题，对企业提出的问题诉求认真研究梳理，已形成了政府主要领导交办、各部门承办、督察室督办销号机制。先后分批梳理了23家企业的30项问题，已全部协调解决。高效统筹疫情防控和安全生产。今年以来，聚焦重点区域、重点行业、重点企业和重点民生，建立实施企业“白名单”制度，征集中桦雪、涝河桥等7家工业企业成功申报自治区重点产业链供应链“白名单”，力促重点产业链供应链稳定畅通。利通区“3·18”及“9·20”疫情发生后，为工业企业解决各类困难问题124个，组织企业有序开展全员核酸检测，确保企业正常生产经营，努力将疫情对工业经济稳定运行的影响降到最低。推荐伊利乳业、吴忠仪表等6家企业申报自治区标志性主导产业链“链主”企业，通过推动链上关键节点企业复工复产，以点带链、以链带面促进工业经济平稳运行，有力支撑工业经济稳定增长。认真开展辖区企业安全生产隐患排查和自建房屋建筑安全隐患专项排查整治活动，督促92家企业整改安全隐患75项，13家企业自建房屋建筑安全隐患10项，守牢稳经济保增长促发展的安全底线。有效扶持服务业企业发展。2022年，成功培育全季酒店、蔬果汇等12家限额以上企业，其中批发零售业企业5家，住宿餐饮企业7家。

【工业创新驱动】

结合利通区“10+8”重点工作，推动轻工纺织、装备制造等“六新”产业提质扩量。2022年，实施上海北连生物科技有限公司生物添加剂生产、宁夏中桦雪面粉有限公司面粉及面熟制品生产项目等10个投资500万元轻工纺织项目。成功申报泰伊博食品、宏民生物等5家企业为2022年度自治区专精特新中小企业，新增创建自治区中小企业公共服务体系能力提升项目示范基地2家、示范平台3家、网络能力提升1家。进一步强化企业的技术创新主体地位，通过落实科技创新政策、加大项目引导、入企跟踪指导，培育国家高新技术企业4家，第二批申报国家高新技术企业2家，培育“瞪羚企业”2家，成功申报自治区科技“小巨人”企业和农业高新技术企业6家，入库国家、自治区科技型中小企业16家。加速产业转型升级。重点围绕绿色食品加工产业、现代纺织产业、装备制造产业等三大优势特色产业，结合“10+8”重点工作，推动优势特色产业提质扩量。加快培育装备制造产业集群发展扩规模，对宁夏合力万兴汽车制造有限公司、黄河焊机等装备制造业企业存在的产销平台、季节性停产、招工用工难等问题，实施一企一策推动企业稳产复产。为宁夏骅泰专用汽车有限公司解决20台油罐车销路问题，稳住了企业经济发展，扩大了企业销量。今年以来利通区绿色食品工业规模以上企业31家，占规上工业企业比重31.6%。

【项目建设】

按照“大抓项目、抓大项目、抓高质量项目”的要求，着力抓协调、抓保障、促投资，确保重点项目早开工、早投产、早达效。2022年，利通区实施工业项目8个（新开工），总投资15.3亿元，2022年计划完成投资14.73亿元，2022年，完成年度投资13.96亿元，完成投资率94.8%。其中列入全市80个重点建设项目暨市级领导包抓重大项目5个，年度计划总投资12.3亿元。吴忠卷烟厂2022年生产设备迭代升级改造项目总投资1.4亿元，购置了设备，完成投资9000万元。来易石墨烯新材料有限公司石墨烯生产制造项目计划年度投资3000万元，租用纺织园区杨海玉纺织生产车间，新增石墨烯生产线8条，开始购置设备。2023年，梳理储备工业项目23个，总投资79.19亿元，计划投资29.77亿元。其中亿元以上项目11个，总投资76.2亿元，年度计划投资27.5亿元。按照行业划分，清洁能源项目9个，现代纺织项目6个，绿色食品项目2个，其他项目6个。

【技术改造】

重点支持国海粮油、少武粮油、君星坊等3家农产品加工企业开展生产设备改造技术升级项目，投资1500万元。鼓励引导企业加快形成绿色化的生产方式，大幅提高工业绿色化、低碳化水平，加快实施以工艺改造、设备升级为主的技术改造，力争在降本增效、节能降耗等方面实现新突破。推进企业实施湖南中烟工业有限责任公司吴忠卷烟厂2022年生产设备迭代升级改造项目、雪泉乳业车间技术改造、宁夏骅泰汽车专用有限公司自动化焊接机器人等技术改造项目5个，1—9月利通区单位工业增加值能耗同比下降10.6%。积极促进产业转型升级，重点支持宁夏万邦包装材料有限公司年产10万只IBC吨桶建设项目等4个技术改造项目，2022年，已完成投资2200万元。

【绿色发展】

2022年，按照《利通区装备制造高质量发展实施方案》《利通区现代纺织产业高质量发展实施方案》工作内容，制定并印发了《吴忠市利通区2022年现代纺织产业发展工作计划》《吴忠市利通区2022年装备制造产业发展工作计划》。1-9月综合能源消费量76.8万吨标准煤（等价值），同比下降7.6%；单位工业增加值能耗同比减少10.6%。

【减负增效】

优化扶企政策，保障企业降本增效。结合利通区实际，梳理汇总中央、自治区、吴忠及利通区本级出台的稳经济一揽子优惠措施，并制定印发系列优惠政策汇编、宣传彩页，印发《利通区加力帮扶中小微企业纾困解难四十条措施》，进一步提高民营企业盈利能力。2022年，争取并兑付惠企政策资金1477万元。加大对民营企业的信贷支持力度，引导金融资金更多流向民营企业。强化“宁科贷”融资贷款业务，帮助宁夏京澳电梯有限公司等6家企业担保贷款1800万元，发放创业担保贷款260笔7352万元。简化审批流程，降低企业办事成本。全区上下以“最多跑一次”改革为抓手，简化审批流程，提升服务效能。制定下发《利通区深化“证照分离”改革进一步激发市场主体发展活力实施方案》《利通区涉企经营许可事项改革清单》，推动“照后减证”，着力解决商户“准入不准营”的问题。2022年，利通区各部门直接取消审批6件、审批改为备案273件、实行告知承诺16件、优化审批服务512件。税务局大力推广电子税务，积极与社保、银行等部门对接，让数据和税务干部多跑路、纳税人少跑路。优化完善服务企业“便利化”机制。梳理“证照分离”改革事项16项，“零材料”办理政务服务事项66项、“一证（照）通办”政务服务事项62项，事项时限压缩率达83.08%，即办件占比58.55%。通过直接取消审批、审批改为备案、实行告知承诺和优化审批服务4种改革方式为企业群众节省办理时间8120个工作日。推进准营证核发等事项“远程视频勘验”，实时进行事前指导，医疗机构变更诊疗科目、民办非企业单位成立登记、社会团体成立登记等64项政务服务事项通过“容缺后补”机制实现“先办后补”。利通区“3·18”疫情发生后，为工业企业办理职工通行证3100张，有力保障了企业正常生产经营。为吴忠卷烟厂等重点企业开辟“绿色通道”，实行闭环管理，落实特事特办，努力将疫情对工业经济稳定运行的影响降到最低。建立利通区疫情封锁状态下生活必需品应急保供企业名单和无接触配送企业矩阵，确定1家生活必需品市场保供重点批发企业、8家生活必需品市场保供重点零售企业、13家重点保供物流企业、23家无接触配送门店。对1家批发市场及5家重点超市开展生活必需品常态化监测，确保生活必需品市场货足价稳。切实为市场主体降成本。落实区级领导包抓重点企业和减停产企业，帮助企业开辟和拓宽销售渠道，鼓励支持企业开展不同形式、不同领域、不同层次的产销对接活动，助推企业扩大销售，降低库存。落实中央、自治区优化营商环境措施，帮助企业争取吴忠市优化营商环境25条减负措施支持。指导企业及时抓好安全生产、环境保护等工作，解决季节性停产问题。指导帮助企业及早掌握劳务、市场、价格、原料等方面的信息，在停产期间做好设备检修、资金筹措等工作。督促企业在停产期间完善安全生产制度，加大环保设施投入，做到安全责任、投入、培训、管理和应急救援“五到位”，确保企业各要素齐备，开足马力投入生产。进一步优化产业结构，制定《利通区2022年装备制造产业发展工作计划》《利通区2022年纺织产业发展工作计划》，切实加强产业发展指导，推动重点工作落实落细，力争装备制造、纺织产业实现年内增速目标。制定《吴忠市利通区2022年工业企业“小升规”培育工作方案》，建立动态培育库及区级领导包抓“小升规”重点企业机制，计划重点培育中环高科电缆（宁夏）股份有限公司、宁夏风汇新能源科技有限公司、吴忠市黄河电焊机有限公司、宁夏万邦包装材料有限公司等重点企业，实现年底入规。培育入规企业3家，分别是宁夏浙哲环保科技有限公司、吴忠市利通区中核新能源有限公司、宁夏骅泰专用汽车有限公司。对市场主体特别是中小微企业、个体工商户的生产经营困难，全面落实新的阶段性、组合式减税降费政策。强化资金分配，使用全链条跟踪监控，落实直达资金政策，更好发挥惠企利民实效。推行惠企政策兑现集成服务。加强惠企政策落实，指导企业用足用好国家“减税降费”，深入贯彻落实自治区“工业经济稳增长24条”“转型升级十大行动”等文件，帮助吴忠仪表有限责任公司、吴忠市少武粮油有限公司等13家申报2022年度自治区专精特新中小企业，吴忠市王国旗生物科技有限公司9家申报专精特新“小巨人”企业，申报自治区中小企业公共服务体系能力提升项目示范基地2家，示范平台3家，网络能力提升1家；组织申报《自治区工业和信息化厅关于组织开展2022年工业互联网建设和应用试点示范项目》；宁夏伊友乳业有限公司，宁夏红双赢粮油食品有限公司等10家食品工业企业成功申报《吴忠市促进食品工业高质量发展政策措施》共计奖励资金60.15万元。持续优化企业营商环境。起草了《利通区加力帮扶中小微企业纾困解难四十条措施》，加大企业帮扶力度。同时为加快政策落实见效，积极开展

2022年度奖补资金申报及兑付工作，兑付资金48万元。召开了利通区优化营商环境暨政银企座谈会，全力搞好企业协调服务，让“保姆式服务”体现在具体行动中。加大政策直通服务，通过线上线下、上门对接、政策解读培训等方式，积极向企业宣传自治区工业经济稳增长36条政策措施等一揽子助企纾困政策，制定并印发了《关于贯彻落实自治区〈关于全方位优化营商环境推动民营经济高质量发展的若干意见〉的工作措施》细化工作任务，明确部门职责，推动政策落实。

【人才培育】

2022年，区工业信息化和商务局深入学习贯彻习近平总书记关于做好新时代人才工作的重要讲话精神，按照利通区人才工作要求，聚焦产业工人思想引领、建功立业、素质提升、队伍壮大等重点任务，推进人才工作稳步推进健全人才工作组织体系。加强对人才工作的组织领导、统筹协调、整体推进和督促落实，形成党组主要负责同志亲自抓，分管同志明确责任具体抓，科室负责人抓落实、抓协调、抓服务的工作机制。积极发挥企业治理牵头作用，结合企业人才队伍建设发展实际，加强与组织部、人社、工会等部门协同联动，强化工业和商贸领域人才工作谋划推进，及时协调解决人才工作中的重大问题，不断健全完善产业人才发展运行机制。持续加强产业工人思想政治引领，强化产业工人思想政治引领，弘扬劳模工匠精神，守牢意识形态阵地，在团结产业工人紧跟党走、站稳立场上下功夫。打造湖南中烟吴忠烟厂、德悦纺织2个企业治理示范点，打造德悦纺织为铸牢中华民族共同体意识企业示范点，深入开展社会主义核心价值观、铸牢中华民族共同体意识、自治区第十三次党代会精神进企业进厂区宣讲活动70多场次，共覆盖2000多人次。开展党的二十大精神线上学习宣传活动，组织34家规上企业、13个规下企业的80多人参加。完善企业宗教治理教育引导机制，常态化开展意识形态工作，确保企业意识形态领域安全稳定。搭建平台助力产业工人成长成才。开展工贸领域人才盘点工作。对利通区企业人才的构成、现状、职业技能等级进行调查摸底，初步统计9家规上工业企业高技能人才213名，中级以上专业技术职称人才196名、本级领军人才1名；对2个电子信息产业园区、10个物流企业的人才进行盘点，共统计现代物流、电子信息产业关键岗位高技能人才4名，经营管理人才2名，拔尖、后备人才2名，领军人才2名，为企业人才库的建设完善奠定了基础。强化产业工人技能培训。通过岗位练兵、技术比武等形式，组织骅泰汽车、合力万兴汽车制造等装备制造企业及恒丰纺织、同利巾被等现代纺织企业开展焊接技能、设备维修、纺织技能、机器操作等各类培训42场次，累计培训人数达到380多人次。分批次开展优秀企业家培训工作，组织宁夏雪泉乳业有限公司、吴忠市物华乳品饮料有限公司、宁夏浙哲环保科技有限公司、吴忠中创自控阀有限公司的10名企业管理人员赴哈尔滨工业大学参加经营管理人才能力素质提升培训；宁夏水投吴忠水务有限公司、中环寰慧（吴忠）节能热力有限公司等6名管理人员赴外考察；组织精艺裘皮、沙欧迪等企业电商团队和创业个人，开展直播带货、视频引流、平台运营、团队协作等电子商务现场培训50多人，线上培训3200多人次，与刘三朵等20家企业签订孵化协议，培育网红达人20名。深化产学研合作。吴忠市黄河电焊机有限公司连续三年与哈尔滨工业大学焊接与连接国家重点实验室签订校企合作协议，引进李海超博士（副教授）研发团队，合作实施远程控制大功率数控等离子弧切割/气刨电源研发项目；宁夏强尔萨生物科技有限公司与山西食品工业研究所签订合作协议，开展提高风味老醋不挥发酸及氨基酸态氮的工艺研究，提升产品质量；积极做好13名河南中烟黄金叶香烟专业技术生产线人员来利的服务对接，帮助吴忠卷烟厂拓展产学研合作。促进企业经营管理人才交流合作。通过实地调研、座谈会等形式，开展中小企业经营管理人才间的交流合作、互学互鉴。开展纺织企业实地调研8次，召开纺织企业家座谈会1场次，恒和织布、丰泰永晟等20多家纺织企业参会座谈。大力弘扬优秀企业家精神，选树和宣传马少武等优秀企业家典型，推动形成尊重企业家价值、鼓励企业家创新的舆论氛围。搭建企业创新平台培育人才。培育泰伊博食品等5家企业为自治区专精特新中小企业，宁夏瑞斯特、恒丰纺织等3家企业为自治区示范平台企业，宁夏德悦纺织为自治区服务型示范企业，德悦纺织高端纺纱高技能人才培训项目纳入2022年度利通区级人才项目，落实补助资金5万元。开展政策援企惠民扩面行动，在已有政策的基础上进一步降低政策门槛、扩大覆盖范围，为稳定就业存量、扩大就业增量、降低失业比例提供政策保障。2022年实现城镇新增就业3605人，城镇失业人员实现再就业1762人。开展“就业援助月”“春风行动”“大中城市联合招聘”“民营企业招聘月”、直播带岗等线上线下招聘活动33场次，参会企业247家，提供就业岗位9573个，达成就业意向590人。通过宁夏公共招聘网、吴忠市人力资源产业园、利通区人力资源和社会保障局微信公众号和利通区职业技能培训联盟平台为1100家企业推送用工信息，统筹疫情防控和就业创业工作，努力实现线上招聘不停歇，就业服务不断电。

重点企业

【宁夏吴忠市精艺裘皮制品有限公司】

宁夏吴忠市精艺裘皮制品有限公司，是中国皮革协会常务理事单位、中国皮革协会毛皮专业委员会常务委员单位，是宁夏较大规模生产滩羊皮产品的出口企业。始建于1988年，2001年改制为现公司，注册资金3000万元人民币，现占地面积26694.7平方米，建筑面积18600平方米。公司具备从原料采购、鞣制染色、产品设计、成品加工到销售贸易的完整产业链条。多年来，公司经过几个阶段的发展，工艺技术水平、生产能力、产品研发能力、综合实力等方面都有了很大提高，生产的产品由裘皮制品的半成品逐步过渡到家居饰品、裘皮成衣等最终消费品，逐步形成了多品种多系列的格局，现年加工能力为100万张计60万件（条）。公司先后通过ISO9001国际质量管理体系认证和ISO14001环境管理体系认证，曾获得优秀私营企业、重合同守信用单位、自治区级农业产业化重点龙头企业、科技型中小企业、宁夏中小企业50强、自治区专精特新示范企业、宁夏回族自治区企事业单位知识产权试点单位、科技“小巨人”企业、自治区企业技术中心、国家高新技术企业、宁夏质量百强企业等多个奖项及荣誉称号。是地方标准《宁夏滩羊二毛皮制品》（DB64/T687-2011）的主要起草单位，2013年，公司《西北路长毛山羊裘皮鞣染技术的研究与应用》取得了自治区科技成果鉴定证书。2022年，公司已取得一项美国国际发明专利的授权，8项国家发明专利和15项实用新型专利授权。公司2016年1月与四川大学轻纺与食品学院签订四川大学轻纺与食品学院皮革系“卓越工程师实习实践基地”协议，建立了“产学研”战略合作关系，并先后开展滩羊皮无害化、生态鞣染等技术的研究与开发。2017年9月“精熠”滩羊二毛皮制品系列产品获得首届中国民族特色旅游商品大赛银奖。2018年10月，公司顺利通过国家知识产权管理体系认证并取得证书。公司在高度重视产品质量的同时，始终坚持品质优先战略，所有滩羊皮均来自宁夏滩羊之乡自然环境中养殖滩羊的上等滩羊皮张，在宁夏的原皮市场具有非常强大的原皮采购能力。公司拥有团结高效的员工队伍、最先进的生态鞣制技术团队、务实高效的核心管理团队，依靠信息化管理手段和精细化的管理理念，为客户提供多种风格、款式新颖、环保健康、天然无异味的滩羊皮褥子、靠枕、坐垫、大毯等多系列产品。产品主要销往意大利、俄罗斯、美国、德国、丹麦、加拿大、澳大利亚、日本、土耳其、印度、瑞士等国家。

【宁夏丰泰永晟纺织科技有限公司】

宁夏丰泰永晟纺织科技有限公司是由丰泰永晟集团有限公司出资投资，于2020年9月成立的一家新型纺织科技企业。公司位于吴忠市利通区生态纺织产业园二期，交通便利，距吴忠市高铁站仅有5公里路程。公司整体技术水准、管理水平和织造设备均处于国内一流水平。公司总占地面积360亩，计划总投资4亿元，设计规模为10万纱锭和576台喷气织机，项目建成后年产值达10亿元。主要经营各类棉纱、服装面料、家纺面料、订单品种、进出口贸易等。一期项目288台喷气织机已稳定生产，年产坯布2500万米；二期在建项目喷气织机288台和10万纱锭，全面投产后，可解决就业人口1600人（年产2500万米高支高密家纺面料劳动定员400人，10万锭纺纱项目劳动定员1200人），可实现年产2500万米高支高密小提花家纺面料及12000吨的高档纯棉精梳和高档混纺精梳新型纤维纱线，年产值可达10亿元。宁夏丰泰永晟纺织科技有限公司专注产品品质，追求卓越，致力于打造国内一流的精品纺织企业，竭诚为新老用户提供最优质的服务！

【吴忠德悦纺织科技有限公司】

吴忠德悦纺织科技有限公司成立于2016年2月，是德州恒丰集团理事单位。公司总占地面积316.54亩（一期94亩、二期222.54亩），设计规模24万纱锭，现已开齐6.08万纱锭。公司现为国家高新技术企业、工信部专精特新“小巨人”企业、自治区专精特新“小巨人”企业、自治区专精特新示范企业、自治区服务型制造示范企业、自治区级中小企业创业创新梯队企业“成长之星”，建设有吴忠新型纺织产业专家服务基地，拥有自治区科技厅授予的差别化纤维纱线（利通）技术创新中心、宁夏新型纱线及面料创新联合体研发平台，规上工业企业，是中国新型纤维纱线研发、创新、生产的领军企业。以生产棉、Modal、Tencel、竹纤维、黏胶、玉竹纤维、涤纶、腈纶、石墨烯纤维、绢丝纤维、聚乳酸纤维、醋酸纤维、防缩羊绒等各种新型纤维的纯纺及混纺特种纱线为主，年生产能力可达7200余吨，销往江浙和广东等市场。公司技术力量雄厚，已建立检测设施先进齐全、技术创新机制科学的新产品研发基地，形成了超强的新产品自主研发能力，可满足高端客户对多种新型纤维纱线的生产研发需求。公司生产设备先进，2019年被自治区工信厅评为自治区机器人推广应用示范项目，2021年获自治区工信厅数字化车间。公司人才丰富，拥有专门技术研发队伍，高学历人才众多，与江南大学、青岛大学等5所高校、1所研发机构建立产学研合作，多人被授予县区级劳模、享受市政府津贴、能工巧匠、金牌工人、吴忠工匠称号，企业被属地人社局评为现代纺织技能人才实训基地。JC40S紧密赛络纺、JC50/Mod5040S紧密赛络纺两个品种获中国针织工业协会2018年针织用纱线推荐产品！顺利通过ISO9001、ISO14001、ISO45001三体系及知识产权贯标体系认证，2项计算机软件著作权、24项实用新型发明、2项发明专利获国家版权局登记，注册“德悦”商标。公司参与的《植物染料染色棉及再生纤维素纤维色纺纱》《纺织企业智能制造能力成熟度评估细则》团体标准已颁布、参与的《腈纶与粘纤混纺色纺纱》行业标准制订已报批，参与新制定《绿色制造 制造企业绿色供应链管理实施指南》国家技术标准。公司检测设施先进齐全、技术创新机制科学，提升了新产品自主研发能力，工艺技术在国际、国内属于领先水平，差别化纤维纱线研发与生产弥补了高端纱线纺织的行业短板，填补了国内外市场的空白。

【吴忠恒和织造科技有限公司】

吴忠恒和织造科技有限公司成立于2014年8月份，位于吴忠市利通区毛纺织产业园B区，总投资5亿元人民币，占地面积130亩。公司从日本、德国、法国、英国等国家引进最先进的喷气织机（日本津田驹喷气织机机型230、280、340）、浆纱机（日本津田驹）、自动穿筘机（法国史陶比尔）、提花机（博纳斯龙头、史陶比尔龙头）等600余台套设备。自2015年9月投产以来，一期项目已形成288台的织机生产规模。公司主要生产高档特宽幅面料、家纺装饰及服装面料等，年生产能力1800万米，主营业务收入4.6亿元，吸纳就业人员400余人，为当地经济发展作出了积极的贡献。公司先后获得自治区科技型中小企业、自治区科技“小巨人”企业、自治区专精特新示范企业、宁夏民营企业100强等荣誉称号。公司拥有一支具有多年生产经验的技术团队，通过技术开发和创新，生产不同风格的高档家纺、装饰及服装面料，所生产的大提花系列、特殊纤维系列、高支高密等系列在市场上受到客户的一致好评。公司遵循“品质领先、价值奉献、协作共赢、合和共生”的经营文化，愿与各界人士携手合作，共谋发展。

烟草专卖

【经营运行】

吴忠卷烟厂位于宁夏吴忠市利通南街489号，厂区占地面积6.79万平方米（不含青铜峡库区），建筑面积5.44万平方米。现有一条生产能力为3000公斤/小时的制丝生产线，8台套卷接包装设备（其中细支设备1台套），2台套嘴棒成型设备，2台10吨/小时和1台6吨/小时燃气锅炉及配套空压、变配电动能设施，完善的辅助生产设施和仓储物流设施。截至12月31日，资产总额5.36亿元，其中非流动资产2.56亿元、流动资产2.80亿元。2022年，吴忠卷烟厂在国家烟草专卖局（公司）和湖南中烟公司的正确领导与亲切关怀下，紧紧把握消费升级和供给侧结构性改革的发展机遇，坚持品质立企、品牌强企，积极实施创新驱动，全厂干部职工为实现“塞外明珠”和“廉洁自律”双标杆工厂建设目标团结奋斗，工厂产量规模相对稳定，产品结构持续提升，产值利税稳步增长，员工队伍职业化素质不断提高。全年生产卷烟80亿支（16万箱），实现工业总产值26.53亿元，同比提升11.04%，实现税利18.55亿元，同比提升0.26%。

【企业管理】

2022年，吴忠卷烟厂持续健全完善规范生产经营管理内控制度体系，严格制度执行和落实，不断强化内控机制运行。一是根据行业及公司政策要求，总结各类检查中发现的管理薄弱环节和问题点，及时修订完善《内部专卖管理与监督细则》《废弃烟草专卖品处置管理办法》《内部专卖管理考核细则》，确保内部专卖管理有规可循、依章监督，使内管监督体系运行更加高效。二是为强化对内部专卖管理监督工作的指导、监管和考核，成立内部专卖监督管理领导小组，负责厂部专卖管理全面工作；纪检监察部（法规部）设置专卖管理专员岗，另安排1名人员协助开展专卖相关工作，其他相关部门均配备兼职专卖管理员，负责执行各项专卖管理要求和落实具体工作任务。三是认真贯彻落实相关制度要求，各项专卖内管工作均能够按照相关制度执行。全年共进行现场抽查90余次，发现问题，立行立改；开展综合检查2次，共检查发现问题6项，严格责任落实，严格闭环管理，全年未出现违规违纪专卖事件。2022年，吴忠卷烟厂获得省部级以上荣誉4个。4月，吴忠卷烟厂荣获自治区总工会“五一劳动奖状”荣誉称号；9月，吴忠卷烟厂制丝车间金沙QC小组获得宁夏质量检验认证协会优秀成果一等奖，制丝车间生产班组获得宁夏质量检验认证协会质量信得过班组一等奖；11月，吴忠卷烟厂获得宁夏回族自治区关心下一代基金会“爱心企业”荣誉称号。

【创新管理】

2022年，吴忠卷烟厂开展目标研究，强化对标管理，精准二级目标设计，提质量、控成本、增效益，对标指标提升率84.6%，七项指标优于行业平均水平。优化工匠激励，配套月度重点工作绩效，持续激发管理队伍的工作主动性与计划执行力。聚焦企业核心竞争力提升，组织开展年度课题（项目）研究、精益提案、问题攻关，质量管理成果获得历年来最好成绩。全厂共立项各类课题（项目）50项，其中基础管理课题34项、QC课题11项、节约挖潜课题5项。9月15日，我厂6项质量管理成果参加自治区QC成果发布会，取得历年来最好成绩：QC成果一等奖1个，二等奖2个；质量信得过班组一等奖1个，二等奖2个。

电力供应

【概况】

2022年，利通区供电公司共运维10千伏线路117条，全长1580.02公里，其中架空线路84条，共计1354.32公里；电缆线路33条，共计225.7公里。配变共计2162台，容量909兆伏安，电力供应保障能力显著增强。服务利通区辖区内客户31.8万户，完成售电量26.96亿千瓦时，完成12287户业扩报装接电工作。共开展7×24小时响应低压客户用电需求8995次，10千伏供电线路不停电检修394次，供电可靠率高达99.999%，供电服务满意率100%。

【助推能源低碳转型】

2022年，为积极响应国家生态文明建设工作，大力推进冬季清洁取暖工程建设，打好“蓝天保卫战”，利通区供电公司积极争取各类资金共计1795.47万元，新建及增容改造配电变压器111台，容量33.45兆伏安。为郭桥、金积、扁担沟、孙家滩等乡镇1.5万余煤改电用户提供清洁便利的可靠能源供应，践行绿色低碳发展理念。主动协调相关部门，投资546.62万元，在吴忠市8个大型公共停车场安装充电设施，新建箱式变电站7座，容量3.59兆伏安，敷设电缆线路2.48公里，安装低压分支箱25台，为44台充电桩提供安全可靠电源，推进利通区新能源汽车充电基础设施建设，全力打造智慧、便捷、安全充电基础设施网络。

【提升供电服务能力】

2022年，利通区供电公司积极争取各类电网投资项目和资金，优化网架结构，提高绝缘化水平，改善农村地区配电网设施老旧、用电容量不足等问题，下达配电网工程项目共计164项，计划资金1.49亿元，新建及改造10千伏及以下线路258.06公里，新建及改造配电变压器212台，容量58.04兆伏安。对巴浪湖、郭桥、金积、扁担沟、孙家滩等乡镇配电台区进行新增布点及增容改造工程，有效解决日益增长的农业生产、灌溉和畜牧养殖等项目的用电需求接入问题，提升供电服务。

【电力供应保障】

2022年，利通区供电公司针对五里坡奶牛生态养殖园区负荷突增态势，实地走访当地养殖场，摸底调查负荷分布与用电情况。合理规划网架，运用“网上电网”配电网项目建设、管控模块等大数据功能，结合当地发展规划和电网薄弱环节，联合政府开展利通区五里坡奶牛生态养殖基地四期10千伏配电网规划。加快配套电网项目建设，开通绿色通道，将项目建设11个环节压减至6个环节，缩短项目建设时间90天，满足五里坡地区31个养殖企业用电需求。

2022年，利通区供电公司针对老旧社区设备多元化、现场复杂化、信息渠道单一化的配网现状，开拓创新以融合终端+智能漏保+HPLC电表的方式建设感知终端，开展现场主动抢修业务，共安装智能终端1827台，实现故障报修工单数量降低60%以上，抢修到达现场时长压降15分钟以上，有效提升低压停复电感知度。与福州大学积极合作，共同研制出特殊群体用电监测终端——“电e家”，在金花园社区选取15户独居、留守老人安装智能监测终端，通过实时采集用电数据并深度挖掘，分析老人家中不同时段用电行为，及时识别潜在行为异常，快速上门为老人处理用电及生活难题，累计收到各类预警876次、告警385次，处理用电诉求1180次，有效保证老人居家养老安全。

【助力乡村振兴】

2022年，利通区供电公司全面满足多种临时用电需求，与当地政府、合作社共同建设农业合作车间，配置加工设备和共享电源，养殖户在农业合作车间扫码付费、自助进行生产，已在供区内推广安装移动电源16台。推动电力普遍服务向村社延伸，将电力网格与村社网格嵌套，实行网格化管理，成立临时接电服务小分队36支，专门办理移动接电服务，上门配送共享电源设备，推动公共服务网络向村社延伸，共受理各类临时用电服务近5万次。降低农民群众用电办电成本，通过“农业合作车间＋共享电源”模式，建立公共区域低压用电“免报装”和“即扫即用、精准计量、仅收电费、即时退费”服务体系，节约客户农机购置费用和自身产权范围内接电投资，有效减少用户办电成本超过300万元。

【优化营商环境】

2022年，利通区供电公司以秦蕊营业厅为窗口，通过推行“零证受理、两证办结、容缺受理、刷脸办电”“房产＋供电联合过户”等业务，逐步实现政企联通、一网通办等一系列便民服务措施，构建一站式服务模式，新增用户12287户，申请合同容量74.2万千伏安，充分将便民、惠民、利民理念落到实处。主动开展能效走访，在认真筛选能效提升潜在客户的基础上，对接256户专变专线客户，通过负载、峰谷、力调、容量4个方面分析生成用能建议报告，参照客户自身能效、生产成本、环保、节能减排以及工艺优化等方面量身定制“一企一策”的最优用电方案，累计节省480.8万元的电费支出，同比增长28%，有效降低客户用能成本。

通　信

中国电信吴忠分公司

中国电信吴忠分公司成立于2004年5月，位于宁夏回族自治区吴忠市利通区文卫南街29号。现有员工384人，其中女员工138人，大专以上357人，大专以上占比93%。下辖5个市（区、县）分公司和10个职能部门，承担一市两区两县的通信服务，现有中心局6个，模块局137个，各类移动网络基站1386个，室内分布136套。主要经营基础电信业务、固定网本地通信业务、增值电信业务、IPTV传输服务、互联网地图服务，经营与通信及信息业务相关的系统集成、技术开发、技术服务、技术咨询、信息咨询、设备及计算机软硬件的生产、销售、安装和设计与施工，房屋租赁、通信设施租赁、安全技术防范系统的设计、施工和维修，广告业务等。公司积极履行央企责任担当，充分发挥企业优势，做好网络通信建设及信息化服务。在“十三五”期间，积极承担国家网络强国职责，在吴忠市开展网络强国、数字中国通信网络建设工作，5年用于网络基础设施建设、信息通信业和网络信息安全3个方面投资近5亿元，实现吴忠市城市、农村通信网络全覆盖，吴忠市城市光缆覆盖达98.5%，农村光网覆盖达96.7%。加快第五代移动通信，公司从2019年开始5G通信网络建设，建设5G基站238个，网络主要覆盖吴忠市党政军单位、工业园区、重要企业、事业单位，建设了吴忠市信息通信高速公路。公司自2007年以来，连续被自治区精神文明建设委员会评为自治区文明单位；2016—2020年经营实现连续5年持续稳定增长，2016—2018年连续3年获得集团“双领先本地网”奖；2018年荣获中国电信集团公司年度脱贫攻坚贡献奖；2019—2020年连续2年实现收入增长率行业排名第一，主营收入完成地市排名第一，全业务收入份额提升幅度行业排名第一，全市驻吴单位效能考核连续2年优秀等级。2020年被自治区党委政府授予全区抗击新冠病毒疫情先进集体的荣誉称号。

中国联合网络通信有限公司吴忠市分公司

中国联合网络通信有限公司吴忠市分公司（以下简称“吴忠联通”）成立于1999年，是中国联通集团驻吴分支机构，是吴忠地区重要的通信运营商之一。长期致力于吴忠市信息化基础设施建设，在全市范围内为公众客户、商企客户和政府机构等客户提供包括固定电话、移动电话、数据传输、互联网、宽带接入等基础电信业务和增值电信业务，以及与上述业务相关的云计算、大数据、物联网、区块链等新型数字技术研发、服务。公司下辖3个县（区）级分公司，从业人员约200人。

中国铁塔股份有限公司吴忠分公司

中国铁塔股份有限公司（简称“中国铁塔”）是在落实网络强国战略、深化国企改革、促进电信基础设施资源共享的背景下，由国务院推动成立的国有大型通信基础设施服务企业。中国铁塔吴忠市分公司成立于2014年11月19日，公司主要从事通信铁塔等基站配套设施和高铁地铁公网覆盖、大型室内分布系统的建设、维护和运营，同时依托独特资源面向社会提供信息化应用和智能换电备电等能源应用服务，下辖部门5个，员工33人，其中党员21人，建设运营通信基站共2600座。

经济管理

商贸服务

【概况】

2022年，全区实现社会消费品零售总额87.9亿元，同比增长0.4%。强化物流保通保畅，为切实减轻疫情影响，积极推荐鑫鲜农副市场、新生农副市场、人人乐超市、红长青配送中心等重点保供企业申报自治区农产品流通体系建设项目，提升保供批发市场和连锁商超企业的储备保供能力。近几年，争取项目资金及财政配套资金3000多万元，实施牛家坊民俗文化村服务业集聚区、光耀美食街、万达金街等关键街区的改造升级，突出餐饮与商贸、旅游、文化紧密结合，坚持高起点、高标准、高品位打造特色美食街区，光耀美食街、万达金街被评为自治区特色商业街区。配合举办“2022中国面食博览会暨吴忠市第二届早茶美食文化节”，组织50家餐饮企业、30家特色产品企业参展，民族饭庄等7家餐饮企业、老何记等11家早茶牛肉面店分别被评为中国中餐特色美食企业和吴忠第二批早茶示范店。加强消费市场运行监测和重点企业的调研频次。对限额以上107家企业和个体进行惠企政策宣传，兑现扩大消费资金35万元。着力抓好现代物流提质增效。紧盯自治区商务厅现代物流资金支持方向，鼓励物流企业发展新业态新模式，积极组织茂鑫通农产品物流园冷链设施升级改造项目、鑫源祥5000吨果品冷链物流集散中心、天芫康产地保鲜预冷库设备设施升级改造、长燃集团有限公司智能物流园等综合性物流园区、吴忠市欣川仓储物流园等项目申报现代物流、农产品供应链等项目资金。着力抓好现代流通体系建设，支持物流企业提质增效，结合自治区商务厅现代物流资金支持方向，支持天芫康产地保鲜预冷库设备设施改造升级、长燃集团有限公司智能物流园、吴忠市欣川仓储物流园等建设项目。实施县域商业建设行动，制定《利通区加强县域商业体系建设促进农村消费的实施方案》，支持宁夏邮政利通分公司申报区乡村三级物流体系建设项目，支持金银滩九公里市场实施农贸市场改造提升资金，着力完善农村市场消费环境。

【消费市场】

自4月28日利通区“双品网

购节”启动，利用“五一”假期促销季，结合2022年“乐购利通·惠享生活”消费促进月活动同步策划、同步开展、同步宣传，共计举办利通区第二届全民电商节、抖音全民挑战赛、“乐购利通”商超惠购季、“吃在吴忠味在利通”乐享美食季、扶贫爱心接力“大礼包”以及“利通有礼惠民畅享”汽车、家电惠民购季6项活动。据统计，4月28日至5月10日，全区参与各类活动商户和企业总数超142家，利用云闪付App和“吴忠严选”平台发放百货券、餐饮券、购车券、家电券、爱心券等各类消费券26262张，带动消费486.7万元。充分利用假日消费旺季，持续开展“2022利通区网上年货节”“乐购利通·惠享生活”消费促进月活动、第二届电商美食节、“缤纷塞上·惠民乐购”、政府消费券助力消费提升等活动8场次，投入财政资金50万元，发放政府消费券8万余张，带动消费1584万元。大力开展促消费活动，指导商贸企业开展折扣让利、特价促销、购物抽奖等各类促消费活动50多场次。持续开展网上年货节、消费促进月、第二届电商节、“乐购利通悦享生活”、汽车“以旧换新”等促消费活动20多场次，1−9月份，累计投入财政资金350余万元，发放政府消费券21余万张，直接带动消费2600余万元。积极推动餐饮业品牌化发展，举办“2022中国面食博览会暨吴忠市第二届早茶美食文化节”，打造利通区特装馆，培育中餐特色美食企业7家、第二批吴忠早茶示范店11家，兑现餐饮品牌建设奖励资金35万元。全面贯彻落实自治区、吴忠市及利通区扩大消费政策措施，举行政策解读宣讲会3场次，组建小分队对限额以上107家企业和个体开展“一对一”政策解读。建立入规纳统企业10家。为万达广场、光耀美食街、新百连超等企业兑现促消费奖励资金62万元。在前期发放纸质消费券活动基础上，利通区争取自治区扩大消费奖补资金30万元，开展“乐购利通惠享新年”政府电子消费券活动，12月23—31日，组织30家限额以上企业和7家限下样本户参与，通过“乐购利通”微信小程序定时发放零售和餐饮消费券15146张，承兑率为98.4%，带动消费370万元。加快特色产品企业“走出去”步伐，支持刘三朵、涝河桥、宁杨等企业积极参加区内外展会10场次以上。完成建设利通区域电商综合运营服务中心，培育壮大一批电商经营主体，对入驻利通区域电商综合运营服务中心的各类创业实体给予一定的房租减免。对辖区内脱贫户、返乡大学生、农村青年、致富带头人、待业人员等人群开展年线上销售农产品，销售额达5万元以上10万元以下（不含10万元）的，按年度线上销售额2%给予奖补；年线上销售额达10万元以上（含10万元）的，按年度线上销售额5%给予奖补，个人奖补金额上限不超过5万元。

【招商引资】

2022年，利通区紧扣目标任务抓落实，围绕重点工作抓推进，精准聚焦装备制造、现代纺织、健康医养、农副产品精深加工等特色优势产业强链补链延链，大力开展园区招商、以商招商、产业链招商。处级领导带队先后赴京津冀、长三角、珠三角等地外出招商16批次，小分队外出对接64批次，参加自治区和吴忠市组织重大签约活动4次，组织签约仪式3次，宁储利通区板桥共享储能电站、国储储能+充电系统智能装备制造等12个总投资85.1亿元的项目顺利落户。其中，北京奇点新型电化学储能电站项目、吴忠万达美华文旅小镇等12个项目已开工建设，海南恒风隆零碳牧场项目、国储储能＋充电系统智能装备制造2个项目正在办理前期手续。正在对接洽谈南通海星电极箔属基础功能材料制造基地、北京中持粪污资源化利用、浙江华伊货运物流中心等项目87个。制定并印发《利通区贯彻落实自治区党政代表团赴广东福建考察合作成果推进落实分工方案》，其中利通区签约的吴忠市中海石油加油加气站项目已完成建设。按建设性质区分，新建项目45个，计划总投资57.28亿元，到位资金46.17亿元；续建项目1个，计划总投资1.5亿元，到位资金1.5亿元。按产业类别区分，涉及一产项目15个，计划总投资17.85亿元，到位资金13.25亿元；涉及二产项目17个，计划总投资23.74亿元，到位资金20.93亿元；涉及三产项目14个，计划总投资17.19亿元，到位资金13.49亿元。按自治区重点产业区分，“六新”产业项目15个，计划总投资20.96亿元，到位资金18.15亿元；“六特”产业项目17个，计划总投资19.45亿元，到位资金14.85亿元；“六优”产业项目8个，计划总投资10.89亿元，到位资金7.19亿元；其他产业类项目6个，计划总投资7.48亿元，到位资金7.48亿元。

【项目建设】

建立健全工作机制，严格落实工作任务。制定印发《关于印发〈吴忠市利通区2022年招商引资工作实施方案〉的通知》、《关于印发〈吴忠市利通区“扩大有效投资攻坚年”活动实施方案〉的通知》《关于印发〈利通区2022年全面推进乡村振兴重点工作的实施方案〉的通知》《关于印发〈利通区贯彻落实自治区党政代表团赴广东福建考察合作成果推进落实分工方案〉的通知》等12项机制文件，确保外出考察、项目推进、精准招商、农业招商等工作有序推进。会议通过区委常委会会议、政府常务会议、专题会议等研究方案编制、政策制定、项目推进、协议签订、资金兑现等招商引资问题20余次。建立目标责任，通过印发《关于印发〈吴忠市利通区2022年招商引资工作实施方案〉通知》、《关于建立招商线索征集和实施项目报告机制的紧急通知》等文件将全年招商引资目标任务分解到各乡镇、部门，同时将招商引资工作纳入《利通区2022年“10+8”重点工作》制定全年推进计划，每月梳理统计招商线索和实施项目，制定季度外出招商计划，建立一月一统计、一季度一通报、年终考核的工作推进机制，压实责任，层层传导压力。积极组织参加各类重大签约活动，统计签约成果项目14个，签约金额85.1亿元，其中投资超5亿元项目2个，零碳牧场、乳制品深加工及屋顶式分布光伏项目总投资达50亿元，对重点项目成立工作专班，明确任务，制定措施，跟踪推进。用活用好招商引资专项资金，举办、参加各类投资促进活动，兑现宁夏万邦包装材料有限公司厂房租赁政策资金35万余元。积极组织领导干部参加自治区、吴忠市和利通区举办的招商引资业务培训，优化投资环境、项目统计入库等相关培训5次。不断提升领导干部招商引资能力和项目管理水平。加强项目谋划储备，提升项目实施率。围绕主导产业深入谋划实施项目。围绕清洁能源产业谋划实施宁储利通区板桥100兆瓦/200兆瓦时共享储能电站、同利100兆瓦/200兆瓦时共享储能电站及达储科技同利变100兆瓦/200兆瓦时新型电化学储能电站等一批储能电站和分布式光伏项目。围绕奶产业谋划实施了宁夏新希望塞上牧业有限公司万头奶牛场建设项目及五里坡生态养殖基地奶牛养殖粪污资源化利用等一批项目。围绕文化旅游产业谋划实施了牛家坊民俗文化村现代服务业集聚区吴吃堡城和万达美华文旅小镇等影响力较大的项目。围绕五里坡奶牛养殖基地、健康产业园、商贸物流、绿色食品等企业重点谋划储备了吴忠欣川仓储物流园项目、宁夏雪泉乳业有限公司低温酸奶车间生产线项目、吴忠恒丰顺达实业有限公司年产2万吨奶粉等乳制品项目、宁夏迅泰牧业有限公司肉牛标准化养殖场建设项目，年产10万只IBC吨桶、10万只塑料桶项目等9个延链补链强链项目。围绕自治区和吴忠市确定的重大产业谋划储备产业项目76个，制作了产业链招商地图，通过多次利通、聪招网、上海东方龙等网络发布推介若干次。印发《吴忠市利通区国民经济和社会发展第十四个五年规划和二〇三五年远景目标纲要》文件，规划产业、储备项目。开展工业特色产业、数字经济、文旅产业研究，市场化包装利通区牛家坊民俗文化村现代服务业集聚区建设项目、吴忠市利通区现代纺织产业园招商运营项目、利通区高端乳制品生产基地项目7个，招商引资项目库不断充实，对接洽谈精准度不断提高，并取得明显成效。着力优化营商环境，提升招商引资实效。制定了《利通区关于对标提升转型发展实施方案》，印发《吴忠市利通区加快全域旅游发展的若干扶持政策（试行）》等政策性文件，印制了各级政府招商引资汇编和稳经济保增长促发展政策汇编，方便企业了解相关政策和获得政策支持。出台《关于印发〈深化利通区融资担保类政府投资基金管理改革实施方案〉的通知》文件，对纺织业、草畜产业发展基金及“助保贷”等10项融资平台进行优化，为企业提供融资支持，助力企业投资发展。建立以商招商、协会招商等市场化招商引资工作机制，通过上海东方龙、山东商会等第三方对接项目20余个。制定印发《利通区2022年人才工作要点》《利通区“人才＋重点产业”行动计划方案》《利通区稳就业促增收工作实施方案》等文件，强化人才引进和用工服务保障。按照《中共吴忠市利通区委员会常委会议纪要》《关于2021年财政部门预算的批复》等文件精神，建立专业化招商工作人员聘用机制，聘用招商干部4名，加强招商引资工作力量。对重点项目建立“四个一”模式，实行“一个项目、一名领导、一个部门、一抓到底”的推进工作机制，实时解决好项目推进中的困难，促进项目早日竣工，发挥效益。

发展改革

【概况】

吴忠市利通区发展和改革局（以下简称区发改局）主要承担国民经济和社会发展中长期规划，拟定国民经济和社会发展报告，经济运行监测，固定资产投资管理，重大项目谋划布局，煤炭、电力、新能源行业管理和项目管理，招投标管理，经济动员，服务业发展（信用体系建设），粮食监管等工作职责。内设机构为办公室、粮食和物资储备办公室、国民经济综合办公室、服务业发展办公室、项目投资管理办公室、产业发展办公室。挂吴忠市利通区粮食和物资储备局、国防动员委员会办公室牌子，下设项目建设服务中心。

【经济运行】

2022年，区发改局坚持稳中求进工作总基调，完整、准确、全面贯彻新发展理念，有效统筹疫情防控和经济社会发展工作，编发《利通区稳经济保增长促发展政策汇编》涉及各行业政策69项。利通区实现地区生产总值254.96亿元，按不变价格计算，同比增长1.2%。从产业看，第一产业实现增加值31.36亿元，同比增长4.6%；第二产业实现增加值115.42亿元，同比下降0.3%；第三产业实现增加值108.19亿元，同比增长1.6%，三次产业比为12.3：45.3：42.4。固定资产投资同比下降0.8%，规模以上工业增加值同比增长1.0%，公共财政预算收入同口径增长1.8%，社会消费品零售总额同比增长0.4%，城乡居民人均可支配收入分别增长5.8%和7.5%。

【项目建设】

2022年，严格执行《宁夏回族自治区政府投资管理办法》《宁夏回族自治区企业投资项目核准和备案管理办法》等相关规定，规范高效办理项目审批、备案，坚决遏止“两高”项目盲目发展。全年共审批政府投资项目132个，总投资26.1亿元；备案企业投资项目82个，总投资90亿元。全年实施各类项目110个，完成投资82.4亿元，开复工率100%，投资完成率103%。其中，42个自治区“六个一百”重大项目已全部开工建设，完成投资74.2亿元，投资完成率105.8%；90个自治区前三批集中开工重大项目已全部开工建设，完成投资78.5亿元，投资完成率107%。全区共落实上争资金20.6亿元，完成区本级目标任务（20亿）的103%。3月中旬、5月中旬组织各相关单位分别在宁储板桥储能电站、金积中学、牛家坊现代服务业集聚区等9个项目施工现场举行全区重点项目集中开工推进会。

【招商引资】

2022年，区发改局负责实施的利通区宁储板桥100兆瓦/200兆瓦时、宁储同利100兆瓦/200兆瓦时、北京奇点同利变100兆瓦/200兆瓦时3个储能电站项目，总投资11.6亿元，12月底3个储能电站项目实现全部并网发电的目标。根据《自治区发展改革委关于开展2022年度分散式风电项目申报工作的通知》要求，利通区积极组织相关企业开展分散式风电项目申报工作，经过组织相关部门初步核查，总共申报清洁能源项目10个，总投资23.4亿元，总装机容量达到435兆瓦，分别为宁储吴忠市孙家滩50兆瓦分散式风电项目、华润吴忠利通区吴家沟30兆瓦分散式风电项目、运达利通区分散式风电等项目。利通区并网发电储能项目数量和规模占2022年自治区比例达45%，位居全自治区第一，实现新突破。依托利通区奶牛、肉牛养殖优势，实施宁夏昊泽新能源科技有限公司分布式光伏项目，这是利通区实施的第一个“牧光互补”项目，标志着利通区正式开启“棚下养殖、棚上发电”新型生态农业模式和清洁能源利用模式，该项目包括13个子项目，总投资2.5亿元，采用“自发自用，余量上网”的发电模式，助力社会经济全面绿色发展，截至2022年底项目完成投资0.6亿元。

【招投标管理】

2022年严格按照政府投资项目管理办法，招投标法规定，加强对依法必须招标的项目监管，完成了65个项目的招标控制价复核审查，累计审查资金7.2亿元。同时完成了129个依法必须公开项目招标信息线上审核，完成了2022年政府投资项目的检查，强化对依法招标的项目进行行政监督，确保项目招投标公开、公平、公正，阳光透明。2022年400万以上政府投资项目控制价审核68个。

【脱贫攻坚】

2022年，区发改局扎实推进乡村振兴，优先支持脱贫村移民致富提升行动，重点提升村农村公路、小型水利设施、光电清洁能源等基础项目建设，推进专项资金向包抓重点村倾斜。今年共争取项目资金243个，落实上争资金20.6亿元。支持开展农村人居环境整治重点村等项目建设，鼓励开展农户清洁取暖改造，推进同利村绿化、路灯亮化等基础设施项目工程，协助扁担沟镇做好基础设施建设专项资金争取工作。先后审批了高质量美丽宜居村庄、农村生活污水和道路改造、冬季清洁取暖、水环境综合治理、产业融合及基础设施提档升级等66个项目，总投资4.5亿元。

【服务业发展】

2022年，区发改局争取自治区服务业发展引导资金180万元。吴忠汽车产业综合服务市场、吴忠特色产品展示展销中心被评为吴忠市现代服务业集聚区。实施吴吃堡城、黄河文化公园等15个服务业项目，完成投资3.6亿元。开展“乐购利通·悦享生活”各类促销活动45场次，带动消费2亿元以上。成功举办“2022中国面食博览会暨吴忠市第二届早茶美食文化节”，中国烹饪协会授予吴忠市中国民族美食文化地标城市，评出第二批早茶示范店11家。培育大中型电商平台29家，实现商品网上零售额4.1亿元，同比增长50%。实施全域旅游“引客入利”政策，持续打造牛家坊村、石佛寺村等4个全国特色旅游名镇名村，东塔寺乡被评为第二批全国乡村旅游重点镇（乡），新华桥村被评为2022年中国美丽休闲乡村农家乐特色村，建成投入使用民宿78户，创建3A级景区4家、2A级景区4家。万达金街创建为自治区级旅游休闲街区。全年接待游客212万人次，实现旅游收入9330万元，，分别增长20%、16%。

【粮食监管】

区发改局全力落实粮食安全省长责任制年度考核各项任务，牵头协调多部门做好年度粮食安全省长责任制考核工作，2022年制定《利通区委和政府领导班子及其成员粮食安全责任制规定》，明确了市委常委、区委书记陈宏同志等13名区委和区政府领导班子及其成员粮食安全责任制清单，成立了利通区粮食安全责任制考核工作领导小组。认真落实应急粮油地方储备，完善应急供应网点。落实利通区应急成品粮储备规模为1500吨（其中大米700吨，面粉800吨）。按照政府采购相关要求对利通区应急成品粮粮权买断及承储服务采购项目进行公开招标，确定4家承储企业，其中中桦雪面粉400吨，法福来大米320吨，赛运大米230吨，少武面粉400吨，大米150吨，做到保障全区应急成品粮油储备储存到位。设置了国海、苏酥等11个粮食应急保障企业，人人乐、供销社等17个粮食应急供应网点，并对辖区内应急供应网点进行实地走访8次，落实应急供应网点补助资金1.7万元，保证应急供应网络正常运行，提高全区粮食应急保障能力。强化粮油市场价格监测，严格执行每周价格监测、数据收集汇总制度。每周价格监测，每月报表分析，及时、准确报送市场监测信息，确保监测工作的有效落实，维护粮油市场稳定，共拨付金塞米业、国海粮油等11家粮油企业监测点价格监测资金4.3万元。采集夏、秋两季新收获粮食质量安全监测、品质测报等检测扦样54份，覆盖9个涉农乡镇16个行政村，确保粮食安全。加强粮食储备项目谋划，助推粮食产业高质量发展。组织苏酥、君星坊等6家企业申报自治区粮食产业化、自治区优质粮食工程项目、吴忠市产业化发展“以奖代补”资金扶持项目、宁夏好粮油产品遴选项目共17个，总投资1.56亿元，中桦雪、君星坊、国海3个企业产品荣获宁夏“好粮油”品牌。通过项目实施提高粮食产后服务水平，推动粮食产业高质量发展。

【物价管理】

2022年，区发改局在节假日期间对48种居民生活必需品价格的变动情况进行及时跟踪、采集、分析、预测和上报，为价格调控提供服务，确保市场价格稳定。“9·20”疫情期间密切关注粮食、食用油、肉食、蔬菜等居民生活必需品市场供应、价格变化和流通秩序，测算用量并每天上报区委、区政府，为区委、区政府提供决策依据。加强粮食流通市场综合监督检查，检查粮油企业安全生产15家。

【社会诚信体系建设】

2022年制定《关于做好利通区2022年社会信用体系建设工作的通知》，在“信用吴忠”归集信用信息553条，在吴忠市公共信用信息服务平台归集信息1963条。实行信用分级分类监管，在环保、粮食、交通、农民工工资、税务、养殖等领域对市场主体进行信用等级评定，结合市场主体信用评价结果开展差别化的信用监管。鼓励各行业主管部门广泛运用信用信息，限制黑名单企业项目的申报、立项，发现企业法人有失信行为，一票否决。发布守信联合激励和失信联合惩戒典型案例20例，全年共修复失信记录15条，帮助各部门查询企业信用信息36家。

【优化营商环境】

2022年，不断深化“放管服”改革，全面推行“并联审批协同办、容缺承诺先行办、全程帮带主动办、移动终端掌上办”，实现更多事项“一网通办”。推进22个政务服务部门采取派驻进驻、帮代办进驻和分厅进驻三种形式进驻855项政务服务事项至区本级大厅。辖区内涉及直接取消审批的事项有4项，审批改为备案的事项有3项，实行告知承诺的事项有5项，优化审批服务的事项24项。各部门直接取消审批6件，审批改为备案360件，实行告知承诺26件，优化审批服务728件。2022年度，在自治区优化营商环境模拟测评反馈结果中，利通区在市辖区中排名第7。

【安全生产】

2022年利通区油气长输管道持续安全稳定运行、油气平稳供应，实现了无人员伤亡事故的安全工作目标，维护了人民群众生命财产安全和社会稳定。每月根据督查情况按时上报安全生产制度措施清单，及时处理本辖区内主管道保护突出问题，确保消除安全隐患。采取形式多样的宣传教育方式，加强输油（气）管道沿线群众的宣传教育，切实增强群众安全和法律意识。同时抓好局内自查和常规安全检查等工作，做好防火防盗，配置相关消防设施，积极参加消防安全教育培训，营造人人讲安全的良好工作氛围。

【节能降耗】

2022年印发《吴忠市利通区能源转型发展行动计划

（2022—2025）》《吴忠市利通区能耗双控三年行动计划（2022—2024年）》，从机制体制上推动能源转型发展。印发《利通区2022年度节能监察计划》，联合区工信和商务局，针对宁夏中桦雪食品科技有限公司等工业企业以及万达广场、红宝宾馆等非工业企业进行节能监察，充分发挥节能监察在加强节能管理、提高能源利用效率等方面的监督约束作用。提高供暖清洁化水平，鼓励企业使用清洁能源进行清洁化、高效化、绿色化改造，配合利通区住房城乡建设和交通局、农业农村局加快推进清洁取暖项目建设，有序推进利通区农村煤改电、煤改气“双替代”工程，达到解决1.67万户农村居民的冬季取暖目标。

统计管理

【概况】

2022年，利通区统计局在区委政府的坚强领导下，在自治区、吴忠市两级统计部门的精心指导下，紧紧围绕服务区委、区政府决策部署，认真贯彻落实自治区统计工作会议精神，聚焦统计法定职能，统筹推进疫情防控和统计调查，以党史学习教育为基点，以推进统计现代化改革为主线，以“四强五促”提升活动为载体，以提高统计数据质量为中心，全力加强统计管理，创新工作机制，加强统计执法，提升服务质效，为全区经济社会高质量发展提供坚实可靠统计保障。2022年末，利通区统计局在编在岗干部12人，其中党组书记1名，局长1名，副局长1名，其他干部9名，事业干部中管理九级2名，专技八级1名，专技十二级1名，专技十三级2名。

【经济建设】

2022年利通区实现地区生产总值254.96亿元，按不变价格计算，同比增长1.2%。从产业发展看，第一产业实现增加值31.36亿元，同比增长4.6%，拉动经济增长0.5个百分点；第二产业实现增加值115.42亿元，同比增长 −0.3%；第三产业实现增加值108.19亿元，同比增长1.6%，拉动经济增长0.8个百分点。三次产业的结构调整为12.3∶45.3∶42.4。

【统计业务】

2022年，利通区统计局常规开展工业、投资、能源、房产建筑、商贸服务、劳动工资等专业年报定报的上报、审核、查询等工作，确保联网直报流程100%，全面真实准确反映经济运行态势。扎实开展全区百万移民收入统计监测、人口变动情况抽样调查、“四下”统计抽样调查、投入产出调查等专项调查任务，圆满完成各项阶段性调查工作。

【统计执法】

2022年，利通区统计局配合吴忠市统计局对辖区30家“四上”企业开展年度统计执法检查。组织执法业务骨干对辖区工业、商贸、服务业、建筑业、房地产等28家“四上”企业进行执法检查，根据查处事实，对3家企业分别给予警告和责令改正处理，严肃惩处统计弄虚作假行为。提请区委常委会和区政府常务会传达学习《中华人民共和国统计法》《意见》《办法》《规定》《监督意见》把学习范围扩展至乡镇、部门和辖区“四上”企业分管统计工作的领导和统计工作人员。组织专业干部对2019年以来国家统计督察、统计执法检查、自治区党委巡视等各类督察检查发现的问题线索开展清底式“回头看”，对照问题，细化清单，进行再次排查，确保各项任务整改到位。在政府门户网站“利通统计”微信公众号公开统计违纪违法行为举报电话、电子邮箱、通信地址，建立举报台账，认真履行法定职责。组织专人现场督促指导全区“四上”企业落实统计星级管理制度，全区共有316人建立统计信用档案。

【统计培训】

2022年，利通区统计局举办农业、工业、投资、贸易、服务业统计业务知识暨法律法规培训班，累计培训人员260人次。整理编印《中华人民共和国统计法》《统计违纪违法案件选编》《固定资产投资统计报表填报指南》发送至乡镇、部门主要领导和企业调查对象手中。坚持以案示警、以案为戒，邀请自治区统计局执法监督局业务骨干为全局党员干部开展统计法律法规及执法业务专题培训，用“身边案”警示“身边人”，坚决筑牢防惩统计造假、弄虚作假思想防线。

【统计监测】

2022年，利通区统计局紧扣全区经济社会发展主要目标，开展月度、季度和年度统计数据生产解读，编印发布《2021年全区国民经济和社会经济发展公报》《统计月报》。全年撰写发布统计分析33期，统计专报3期，统计预警5期。区委、区政府主要领导签批6篇，212篇工作动态信息被“多彩利通”、宁夏统计内部信息网采用，且连续三个季度信息上报采用率位列全区前茅。其中《经济运行稳中有进，深度解困仍需加力》《市场消费持续恢复，扩容提质再需发力》等8篇统计分析报告得到了区委政府主要领导的高度重视和广泛好评。

【统计治理】

2022年，利通区统计局制定印发统计领域突出问题专项治理工作实施方案，建立问题清单，实行台账销号，严明整改目标，坚决落实责任到岗。联合区纪委监委对乡镇、部门统计领域专项治理推进工作进行专项检查和“回头看”，重点督查通报中存在问题的各责任单位，确保统计领域突出问题专项治理工作任务落实落细落地。

【数据核查】

2022年，利通区统计局按照“六必访”工作制度规定，定期走访调研，开展统计普法宣传，了解企业实际经营情况，开展入退库企业核查，指导企业建立统计台账，规范源头数据采集出口。全年对130家“四上”企业、40家固定资产投资项目和10家房地产项目数据进行核查核实，切实提高统计源头数据质量。

供销合作

【概况】

吴忠市供销社成立于1952年4月，先后三次与商业局合分，1976年1月1日供销社与商业局分家，成立吴忠县供销合作社。1983年11月10日，经国务院批准，撤销吴忠县恢复吴忠市（县级），县供销社相应改为市供销合作社。2005年3月市区合署办公后，7月27日市委第23次常委会会议决定，“将吴忠市供销合作社联合社列为市人民政府管理的副处级机构”（市委常委会议纪要〔2005〕20号）。2022年全系统实现销售收入4.3亿元；实现利润29万元，较上年下降5%（受疫情影响）；社有资产2910.6万元，与上年同期基本持平；所有者权益1158.5万元，较上年同期增长29.2%。所属农资企业、各基层农资经营网点完成农资淡季储备任务8500吨。带动扶持专业合作社15家，农业社会化服务面积8万亩，发展农民社员3万人。

【综合服务】

以乡镇基层供销社和成员社为载体，指导各基层网点以及成员单位开展“互联网＋供销”。建设村级综合服务社21个，乡村级快递服务站10个，5000平方米的智慧云仓1个，完善了县、乡、村三级物流配送网络和农产品集散中心服务功能，基本实现农村物流服务网络和设施多站合一、服务同岗。建设以宁夏倍丰农资公司为载体的农资配送中心1个，乡（镇）级农资销售网点12个，切实发挥农资供应主渠道作用。创新电商服务模式，与成员单位吉送通物流配送有限公司联合，分别在板桥乡、高闸镇、扁担沟镇、马莲渠乡建设村级电商服务站4个。

按照自治区供销社《关于开展生产、供销、信用“三位一体”综合合作试点单位的批复》精神，指导试点企业吴忠市少武粮油有限公司以利通区沃野生态农业产业化联合体为载体，开展粮食种植在线问诊、网络销售、线下配送、农耕文化展示、工业旅游、“粮食银行”等粮食托管经营业务，“十统一”模式种收储晾晒粮食，避免粮食损耗及浪费，降低农业种植成本，促进粮食流通产业健康发展，有效带动农民就业、农业增效，促进农业规模化经营。发挥连接新型农业经营主体与金融机构的桥梁纽带作用，联系人民银行为试点企业开辟绿色通道，发放普惠性流动资金贷款600万元，在收购旺季通过互保、联保、抵押等方式，申请农业种植、农业社会化服务贷款，推动金融服务到村到户。收购夏秋粮1.8万吨，每公斤高于市场价格0.2元，为农民增收180余万元。落实联合体成员单位订单生产，使农产品价格普遍高于市场价格，让利于农民，让农民吃下“定心丸”。受疫情影响，原定秋季水稻订单5000多亩完成1500亩，收购周边市县水稻3000多吨；疫情结束后采取应对措施完成订单，农业订单面积增加1000亩以上，农业服务面积增加1万亩以上，形成了互惠互利、共赢发展的农业现代化发展模式，实现共同富裕的目标。通过采取统防统治及规模化、标准化生产等节本增效新技术、新模式，农药、化肥等农资使用量较普通农户减量20%~25%，大批量集中采购比普通农户分散采购成本普遍下降15%~30%，农机服务成本也大幅度下降20%左右，促进了联合体成员内部农户生产成本的大幅度下降。应急储备服务社会。试点企业储备应急供应面粉400吨、大米200吨，供销社基层网点设立5个应急粮销售点，确保市场粮食供应稳定有序，合力服务“三农”、服务市场。

围绕利通区特色产业，创新为农服务新模式，鼓励支持成员社茂鑫、福成、三郎、金谷丰、金丰源、坤源等合作社和企业，主动承接农业、农机、农技等农业综合服务中心功能，增加统防统治、配方施肥、农机作业等，实现农业社会化服务面积11万亩。积极开展土地托管服务，围绕谁来种地、怎么种地，重点抓好“服务规模化和小农户”，开展从耕、种、管、收、储、加工等农业生产各环节的多项或全程农业社会化服务，探索开展“菜单式”“保姆式”土地托管服务，全系统新增土地托管面积4万亩、流转土地面积2万亩。

【创新发展】

吸纳君星坊食品科技有限公司、雪泉乳业有限公司以及海军畜禽养殖专业合作社3家企业、合作社为供销社成员社（单位），签订入社协议，明确双方责任义务，有效推进供销合作社培育壮大，促进供销社发展。新增基层社社员0.3万人。搭建销售平台，推荐刘三朵八宝茶、少武粮油、君星坊食品、雪泉乳业4家成员单位加入自治区供销社“供销壹号”“供销伊人”“供销传奇”品牌，通过区电商公司向福建等地推介销售利通区特色优质农产品价值200万元。积极组织刘三朵八宝茶、君星坊食品等5家成员单位参加自治区供销社“消费帮扶促进月”活动，帮助销售名优农产品50万元。联系区供销社集团公司，帮助丰享农业科技有限公司销售有机肥、有机-无机复混肥、微生物有机肥、水溶肥等各类肥料600吨，切实为利通区的经济发展发挥了作用，也进一步推进了供销合作社培育壮大工程实施和供销社服务“三农”水平。

自筹资金27万余元，为秦渠、露田洼子、孙家滩、同利村供销社前院清洗门面，制作牌匾，对后院进行翻建仓库、场地硬化、更换大门，改造提升为现代农业综合服务中心，进一步树立供销社形象，切实发挥服务“三农”作用。推荐申报吴忠市利通区志礼农机服务专业合作社为国家示范社。

为进一步做好县域流通服务体系建设，制定了《吴忠市供销社县域流通服务网络建设实施方案》，成立了领导小组，明确了主要任务，确保县域流通服务网络建设任务能够顺利完成。以吉送通物流配送有限公司、茂鑫通冷藏运输有限公司、丰源再生资源有限公司、红长青农副产品有限公司、倍丰农资公司为支撑，建设服务农资、日用百货、再生资源、农副产品、冷藏物流的三级县域流通服务网络，形成县有集采集配中心、乡有综合超市、村有综合服务社的商贸流通体系。支持供销社丰源再生资源公司与各基层网点、环卫中心合作，建设城乡回收站点15个，重构供销社系统再生资源流通服务体系，参与城乡生态文明建设和环境保护。

继续发挥合作发展基金作用，将政府先后拨付的200万元合作基金和自筹的220万元累计420万元设立合作发展基金，继续投入到玉静果品、点点红草莓种植、三郎果蔬种植3家农民专业合作社和红长青农副产品公司、吉送通物流配送、茂鑫通冷藏运输、丰源再生资源、宁夏新丝源、稻香柳岸6家企业，帮助企业建设冷藏保鲜库、物流仓储中心、回收仓库等，切实发挥了供销社服务“三农”作用。年实现收益14余万元，助推了供销社发展。

融通公司

【概况】

利通区融通城乡建设投资有限公司2016年1月经利通区委、区政府批准成立，是利通区人民政府设立的第一家区属国有企业，主要负责利通区域内建设项目任务和国有资产的运营和管理以及对下属子公司的经营活动的监督和管理。公司下设全资子公司6家（利通区融通公务用车服务有限公司、利通区融利融资担保有限公司、利通区利浩农业开发有限公司、利通区利盛实业有限公司、利洁环境卫生管理有限公司和利通区数字建设运营有限公司）、控股公司1家（利通区融众人力资源服务有限公司）。同时，以参股方式与中国核工业华兴集团公司共同组建了吴忠市华兴融通建设发展有限公司（占股16.7%），与宁夏水发集团、大禹节水集团等5家公司共同组建了宁夏水发利通现代农业供水有限公司（占股30%）。

作为利通区城市基础设施和国有资产的投资运营主体，融通公司积极向市场化经营主体转型，逐步向集资产经营、资本运营、基础设施建设、民生服务、产业扶持于一体的现代化集团企业发展。融通公司在利通区委、区政府的正确领导下，以做强、做优、做大国有资本为主体，努力打造一个集基础设施投资建设运营、社会事业综合服务运营、产业投资与金融服务为一体的综合性集团。

【党建工作】

融通公司始终坚持党对国有企业的全面领导，充分发挥国有企业党组织把方向、管大局、保落实的领导作用，加强员工思想教育，推进党建工作和公司经营发展同频共振。加强职工思想教育建设，以学习习近平新时代中国特色社会主义思想和党的二十大精神为引领，组织开展集中学习42次，学习各类文件、会议200余篇，撰写学习心得50余篇，扎实推进理论知识学习常态化。加强党风廉政教育，进一步增强全公司员工廉洁自律意识，筑牢拒腐防变思想防线，组织全体员工观看廉政警示教育纪录片5部，参观警示教育基地1次，达到以案明纪、以案醒人的作用。严把经营决策审核关，2022年共召开党员大会和支部委员会64次，研究讨论经营事项300余件，切实发挥党组织在经营决策中前置预审的作用，为决策层把好审核关。

【经营情况】

2022年融通公司紧紧围绕区委、区政府的决策部署，牢牢把握稳中求进的工作总基调，以“强化企业管理”为中心，以项目建设为重点，锐意进取、拼搏实干，全力以赴推进落实各项工作，开拓了公司发展新局面，全年任务目标基本完成。2022年，融通公司资产总额达到1.05亿元，全年实现营业收入33.67万元。融通城乡建设投资有限公司共投放国有资金8163.05万元，主要用于公务用车服务、人力资源服务、政府性融资担保、肉牛养殖、学生营养餐配送、环卫、大数据数字运营、PPP项目建设、扶贫基金等领域。

按照政府经营性国有资产统一管理的规定，由区财政局牵头，根据《利通区经营性国有资产运营管理方案》有关要求，融通公司设立资产管理部，负责统一管理相关资产，将金银滩农贸市场门面商业房3处、金银滩镇物业楼门面房、原人事局办公楼及中医药研创基地科研楼5栋办公楼通过委托经营管理的方式交由融通公司负责管理。

2022年7月，负责接收代管宁夏恒丰纺织科技股份有限公司公共租赁住房129套，房屋总价值约1732万元，租金收入上缴财政。孙家滩日光温棚64座，经区农业农村局及融通公司加固改造后，承租给种植户，租金收入按年返还扁担沟镇利原村村集体。

【重点项目建设】

融通公司负责实施的一标段郭家桥乡卫生院建设项目、二标段利通区人民医院发热分院建设项目，概算投资4476.44万元，已于2022年开工建设。现一标段完成总工程进度98%，2023年5月底完工，二标段已全部完工，即将进入竣工验收阶段。

【农村生活污水治理】

根据区政府2022年第34次

常务会议纪要精神，融通公司组织实施吴忠市利通区2022年农村生活污水治理项目，项目中标价总价4772.99万元。项目共涉及4个乡镇7个村，分别为马莲渠乡马莲渠村等3个村，东塔寺乡新接堡村，板桥乡早元村、蔡桥村和金银滩镇巴浪湖小区。项目均已完成批复、图审、招投标等前期工作，现已开工建设，进展顺利，2023年6月底全部完工，投入使用。

【利通区利浩农业开发有限公司】

利通区利浩农业开发有限公司成立于2021年10月，注册资本金1亿元。经营范围为种畜禽生产，农产品生产、销售、加工、运输、贮藏及其他相关服务，农村集体经济组织管理，低温仓储，道路货物运输。公司坚持以乡村振兴战略为引领，以供给侧结构性改革为主线，创新实施“支部＋国企＋合作社＋移民＋金融＋保险”联农带农“六联”模式，带动利通区部分移民实现产业致富。公司以肉牛养殖为主要业务，采取“公司＋合作社＋农户”的管理模式，由公司统一管理，实行统一防疫、统一消毒、统一饲养、统一销售的“四统一”一条龙服务，现有养殖场2个，存栏肉牛约3500头。

【利通区利洁环境卫生管理有限公司】

利通区利洁环境卫生管理有限公司成立于2022年12月，注册资本1000万元，系利通区融通城乡建设投资有限公司全资子公司，主要经营业务范围为城乡生活垃圾经营性清扫保洁、收集、运输、分类、处理服务，乡村及市政道路清扫保洁、维护，家政服务，危险废物处理；环保设施施工工程，供热（供冷）领域的运营管理、节能改造、系统改造、锅炉及附属设备维修服务。公司承担市区930万平方米范围内的街巷道路清扫保洁，城区生活垃圾的收集、压缩转运及填埋，公共厕所管理。承担吴忠市区内14座污水处理站管理运行，利通区新渠小区、金银滩镇、巴浪湖小区约20万平方米的供热服务，巴浪湖小区、健康产业园区、花卉市场及毛纺织园区的物业管理服务工作。

【利通区数字建设运营有限公司】

利通区数字建设运营有限公司是一家集电子商务和创新技术以及“互联网＋”于一体的国有独资有限公司，对利通区从事电商的企业及从业人员进行电商孵化管理、信息和政策发布、商品展销管理、电商活动管理、电商数据统计、线上电商技能培训，经营范围涵盖数字化建设、信息化运营、电商平台建设、直播平台建设、互联网信息服务等领域，为企业提供专业、高效、全面的数字化解决方案，帮助企业实现数字化转型，提升企业的核心竞争力。

公司占地面积1500平方米，入驻企业10家。公司下设商品企划、视觉营销、运营、客户服务、综合管理、播音、财务7个部门，是主要致力于数字化建设、信息化运营的企业。产业园区包括电商服务中心、电商营商中心、工业互联网创新中心等多个板块，立足于利通区区位优势以及产业转型创新发展，以“电商孵化、产业集聚”为定位，以“服务地方互联网＋、推进区域创业创新、构建成为行业价值平台”为主要目标，整合地方资源优势，为入驻的企业提供完善园区的基础设施配套服务以及电商培训、摄影美工和线上店铺的运营指导、分销渠道的拓展、品牌策划、网红电商直播、传统企业电商转型方面的升级、创业孵化等多方面的全流程一站式以及低成本的电子商务配套服务。通过政府引导、公共服务、培训孵化、市场运作、政策支持等措施，为广大创业者开启一片“试验田”，起到积极示范作用和带动作用，引导广大创业者走合法、优质、高效的创业道路，为利通区现代服务业经济发展孵化专业型人才、提供后续动力，推动利通区优质牛奶、绿色食品、早茶文化、特色餐饮、精密仪器等优势产品走出宁夏、走向全国。

文化　旅游　体育

【概况】

2022年，利通区群众文化繁荣发展，创作的《共产党好 黄河水甜》荣获吴忠市广场舞大赛一等奖、自治区广场舞大赛二等奖，《踏歌起舞的中国》《迈向新辉煌》分别获得了吴忠市广场舞大赛二、三等奖。新增石佛寺景区、宁杨辣椒文化旅游景区2家AA级景区，田园人家、牛家小院2家三星级乡村旅游示范点，光耀美食街被评为国家级旅游休闲街区，吴忠万达金街被评为自治区级旅游休闲街区，东塔寺乡干饭渠村被评为自治区级特色旅游村，东塔寺乡被评定为国家级特色旅游村镇。全年累计接待游客212万人次，同比增长22%，实现旅游收入9330万元，同比增长16%。

【文旅融合发展】

2022年，利通区召开专题会议，对旅游发展中的重大问题进行研究部署。与吴忠文化旅游投资有限公司达成服务协议，成立利通区文化旅游投资有限公司，促进旅游业与各行业融合发展，形成旅游产业发展合力，促进利通区旅游业健康可持续发展。举办2022年利通区第五届乡村文化旅游节，在4个乡村旅游重点村开展旅游节庆活动；开展“晒文旅、展形象、比技能、促消费”系列主题文化旅游活动37场，分批次投放文旅消费代金券300万元，激发旅游市场活力。投入80万元，在银川火车站、河东机场、吴忠站三个高铁站投放利通旅游宣传短视频和海报，开展“利通旅游上高铁”宣传营销。

【文体设施建设】

2022年，利通区争取自治区文旅厅、发改委资金，实施了利通区胜利镇、金星镇、吴忠林场综合文化站改建项目，在东塔寺乡白寺滩村建设“青藤书屋”，配备图书、电子阅报机等设施。支持郭家桥乡文化站改建影院一个，支持胜利镇秦渠社区、古城镇怡园社区、金银滩镇杨马湖村等13个村（社区）综合文化服务中心进行舞蹈排练室等设施功能提升。为12个乡镇、22个社区配备演出音响34套、服装及扇子240套。实施高闸镇农民文化艺术团、金积镇关渠村、胜利镇永昌社区3个文化示范点设备器材扶持项目。实施了文化馆5G云平台建设。

【重点项目建设】

重点项目吴忠市利通区金积体育公园已完成施工建设，该项目占地面积约10万平方米，主要包括常规球类篮球场、羽毛球场、五人制足球场、网球场、排球场、儿童娱乐区等及配套设施。申请各级各类全民健身经费4488余万元，新建全民健身中心7座、11人足球场1座、多功能运动场6座、健身步道20.2公里等一批群众体育设施，平均每年开展各类各级群众体育赛事活动160余项，年人均全民健身经费达到26.68元。

【文化惠民送戏下乡】

开展了利通区2022年“送戏下乡”文化惠民演出，全年演出50场，其中进乡镇、贫困村、移民村29场，进社区20场，进军营1场，分别由金积镇文沁艺术团、高闸镇农民文化艺术团等8个群众文艺团队承演。受疫情影响，开展“戏曲进校园”演出3场次，由古城镇秦风艺术团和金积镇夕阳红艺术团承演。2022年，利通区“文化惠民送戏下乡”演出获得自治区“文化惠民送戏下乡”评比三等奖。

【非遗保护传承】

组织10名非遗传承人参加自治区非遗剪纸、花儿培训班3次，非遗工坊培训班1次。发放吴忠市级传承人非遗补助金6.45万元，自治区级非遗传承人补助金17.5万元。成功申报第七批吴忠市级非遗传承人10人。评选推荐优秀非遗传承人积极参与中小学课后服务，到辖区中小学校担任“非遗文化课堂”指导教师。支持魏家车门舞狮等非遗项目进校园开展传习活动，支持利通二小、金银滩中心学校等校园文化艺术体育工作。

【文艺培训】

全年免费开放中老年电子琴、声乐、舞蹈、二胡、形体礼仪等培训60余课时，覆盖学员达到1600余人次。为馆内常驻团队免费开放舞蹈排练厅达40余次。举办了“利通春芽”少儿艺术培养计划之2022年利通区暑假少儿艺术免费培训班，培训班时长17天，总计培训班次187次，培训人员200多名。培训覆盖了少儿舞蹈、少儿美术、少儿礼仪、声乐、电子琴、二胡、古筝、硬笔书法、剪纸和刺绣等11门艺术课程。全年开展下基层辅导30余次，人均下基层指导30天。

【群众文化体育活动】

开展纪念毛泽东同志“发展体育运动，增强人民体质”题词70周年利通区全民健身主题系列活动。举办2022年利通区全民健身啦啦操大赛。开展了农民篮球争霸赛、宁夏足球乙级联赛（利通赛区）等群众体育品牌活动，组织各类全民健身活动70场次，带动参与群众近1万人次。组队赴青铜峡市参加宁夏乡镇篮球争霸赛决赛，并取得了三等奖的好成绩。在上桥社区、新民社区等8个社区组织开展了以趣味娱乐活动、运动负荷较低、普及性较强的体育活动为主的社区运动会，极大地丰富了群众业余文化生活。

【青少年体育】

开展了“奔跑吧·少年”2022年全国青少年体育冬令营（宁夏利通区站）暨青少年冬季集训，活动共涉及篮球、足球、羽毛球、乒乓球、跆拳道、拳击、游泳等13个项目，参与人数300余人，为利通区备战2022年自治区第十六届运动会打下了坚实基础。

【公共图书】

2022年新增购书经费30万元，入藏实体文献9243册件。接待到馆读者共计46400人次，借阅图书27850册；持证读者数达2408人。

【总分馆制】

2022年，利通区图书馆积极构建体系完善的区级图书馆总分馆制，已建成1个区总馆、20个直属分馆、6个图书共建联络点、2个景区流动图书角及1间24小时自助图书馆的总分馆服务体系。在全区内实现区域内通借通还，制定《利通区图书馆文献通借通还服务规则》，并努力做好业务开通和数据获取的技术保障，为后续工作开展打下坚实基础。

【数字资源】

利通区图书馆文化信息资源共享工程数字资源建设项目完成验收。文献资源建设总量108万册，其中电子图书资源8万册，电子书数据库100万册。采购2套瀑布流电子借阅机及一台自助服务机器人，放置于图书馆一楼大厅，极大程度地提升了图书馆数字化服务水平。

财政 税务 审计 金融

财 政

【概况】

利通区财政局下设科室7个，分别为办公室、预算股、国库股、行政事业社保股、经济建设股、农业乡镇股、教科文股，下设国库支付中心1个副科级事业单位；机关干部27名，其中行政编制人员9名，事业编制干部12名，事业编制工人6名。2022年，面对疫情防控的严峻形势和经济下行的巨大压力，利通区财政部门深入贯彻落实中央、自治区、吴忠市各项部署要求，统筹安全与发展两个大局，主动担当作为，充分发挥财政职能作用，认真落实各项财税政策，加大“三保”支出保障力度，着力防范和化解风险，有力推动利通区经济社会发展，财政运行平稳有序。

【财政收入】

2022年，利通区一般公共预算收入完成34775万元，为预算的89.88%，同比下降8.9%。其中税收收入完成20194万元，同比下降21.54%；非税收入完成14581万 元， 同 比 增 长17.19%。主要收入项目：增值税9048万元，城市维护建设税7132万元，房产税1999万元，车船税1219万元，耕地占用税775万元，其他税收收入21万元；专项收入417万元，行政事业性收费收入2119万元，罚没收入479万元，国有资源（资产）有偿使用收入10830万元，其他收入736万元。

【财政支出】

2022年，利通区一般公共预算支出完成276601万元，为变动预算82.86%。主要支出项目：一般公共服务支出18247万元，公共安全支出4085万元，教育支出48464万元，科学技术支出1730万元，文化旅游体育与传媒支出5089万元，社会保障和就业支出31620万元，卫生健康支出27425万元，节能环保支出14165万元，城乡社区支出33732万元，农林水支出63057万元，交通运输支出2281万元，资源勘探信息等支出276万元，商业服务业等支出276万元，住房保障支出18042万元，灾害防治及应急管理支出766万元，债务付息支出7267万元。

2022年，利通区一般公共预算收入总量为340430万元，其中：一般公共预算收入34775万元，返还性收入8309万元，一般性转移支付收入63222万元，专项转移支付收入144911万元，地方政府一般债券转贷收入30200万元，动用预算稳定调节资金2456万元，上年结余56557万元。一般公共预算支出276601万元，债务还本支出6337万元，专项上解支出276万元，一般公共预算收支结余57216万元，按规定结转下年使用。政府性基金总支出11165万元，政府性基金收支结余4315万元，按规定结转下年使用。2022年利通区一般公共预算收支及政府性基金预算收支总体保持平衡。

【政策落实】

认真落实好教育、养老、医疗、就业等民生政策，不断补齐民生短板，切实让人民群众共享发展成果。2022年以来，安排资金18939万元，完善教育基础设施，加强薄弱环节改善，推进基础教育质量提升；投入资金2745万元，支持基本公共卫生、基本药物制度、医疗救助等卫生健康领域发展。整合资金6700万元，支持利通区人民医院和方舱医院建设，填补利通区县级公立医院空白，提升辖区整体医疗水平。统筹资金7958万元，全力保障疫苗接种、核酸检测、物资保供等疫情防控支出需要。投入资金1514万元，重点实施公共文化服务、体育设施建设等惠民工程。筹措资金9792万元，支持养殖种植产业发展、高质量美丽村庄建设、扶持壮大村集体经济等工作，有力支持了巩固拓展脱贫攻坚成果同乡村振兴有效衔接。筹措资金12089万元，支持城镇老旧小区改造、保障性安居工程、美丽宜居村庄、重点小城镇建设，持续优化群众生产生活环境。落实资金5735万元，支持农村道路、路灯、小型农田水利等公益性基础设施建设。2022年，利通区用于10项民生支出累计达24.8亿元，占一般公共预算支出的89.6%。认真落实6项退税减税组合式优惠政策，顶格减免“六税两费”，本级留抵退税完成4122万元，全力支持市场主体纾困发展，稳定经济大盘。充分发挥政府融资性担保基金带动作用，实现担保贴息583万元，不断降低小微企业融资成本。兑付政策性农业保险财政补贴资金4034万元，着力提升农业抗风险能力。支持利浩农业开发公司注册资本金1100万元，推动扁担沟镇移民肉牛养殖园区发展，带动移民群众增收致富。安排资金565万元，支持农业农村领域科技发展计划项目、宁夏恒丰纺织科技股份有限公司工业提升转型发展。统筹整合资金2199万元，支持“乐购利通 · 惠享生活”、第二届吴忠早茶文化节、优质农产品促销节等一系列文旅活动，增强消费信心，激发消费活力。全面加强政府采购和项目投资评审管理，完成采购金额15494万元，节约资金1130万元，节约率6.8%；努力克服经济下行、新冠疫情、退税降费等因素影响，始终坚持“两个支出优先”原则，严格落实政府过“紧日子”要求，持续压减非必要、非刚性支出，全面统筹财政资源，确保“三保”等各项民生政策落实到位，努力保障财政平稳运行。做好财政直达资金监管工作，审核拨付直达资金5.04亿元。完善政府性债务风险防控机制，严格落实政府债务限额管理，做到“开前门”和“堵后门”相结合，有效化解债务存量，严格控制债务增量。争取再融资债券5700万元，安排债务还本付息资金5200万元，确保政府债务保持在合理区间。

【国有资产】

2022年，利通区有国有企业1家，为吴忠市利通区融通城乡建设投资有限公司，下属有全资子公司5家、控股公司1家。截至2022年底，融通公司资产总额20552.10万元，同比增长77.36%，负债总额11265.29万元，同比增长2.94倍，资产负债率为54.81%。营业收入4063.90万元，同比增长52.8%，成本费用5017.30万元，同比增长69.70%，净利润−523.07万元，亏损比上年同期增长13.6倍。行政事业性国有资产：2022年，利通区资产总额40.93亿元，同比增长5.79%；负债总额1.1亿元，同比下降2.01%；净资产39.83亿元，同比增长6.02%。共有流动资产、固定资产、在建工程、无形资产、公共基础设施、政府储备物资6类，分别达到4.31亿元、10.21亿元、12.56亿元、1516.70万元、13.64亿元、509.26万元。2022年，利通区配置固定资产4.79亿元。其中配置房屋和构筑物3.86亿元，配置设备8488万元，配置文物和陈列品8.02万元，配置图书档案145.03万元、配置家具和用具680.19万元。2022年，利通区处置资产3397.91万元，其中固定资产3378.58万元、无形资产19.33万元。2022年以来，严格落实“国家统一所有、政府分级监管、单位占有使用”的国有资产管理要求，坚持把资产配置、使用管理作为单位内控管理重要工作，建立了国有资产管理工作领导小组，印发了《行政事业单位国有资产使用管理暂行办法》等2个文件，明确了财政部门综合监管、各部门具体负责、单位主体管理“三个责任”，形成了分工负责、各司其职的监管体系，确保国有资产管理规范化、标准化、法治化。加强国资国企管理，制定《吴忠市利通区融通城乡建设投资有限公司资产管理制度（试行）》，推进经营性国有资产集中运营管理，确保国有资产安全完整。

税　务

【概况】

2022年，吴忠市利通区税务局党委始终坚持以习近平新时代中国特色社会主义思想为指导，深刻领悟“两个确立”的决定性意义，增强“四个意识”、坚定“四个自信”、做到“两个维护”，认真落实上级党委各项决策部署，紧紧围绕年初税务系统上级党委和利通区委、区政府部署的重点工作任务和计划安排，聚焦主责主业，全面落实新的组合式税费优惠政策，持续优化税收营商环境。紧扣建设黄河流域生态保护和高质量发展先行区这条主线，认真贯彻落实“稳经济、保增长、促发展”各项政策措施，年度各项工作任务圆满完成。

【党建引领】

2022年区税务局全面深化党建引领，推动党建工作提质增效。坚定落实“第一议题”制度，持续学懂弄通做实习近平新时代中国特色社会主义思想，及时跟进学习贯彻党的二十大精神、习近平总书记重要讲话和重要指示批示精神，全年累计完成集中学习12次，专题研讨7次，党委书记研讨发言8次，党委委员各6次。党的二十大精神专题学习宣传研讨活动累计完成研讨交流共90人次，进一步提升了党员干部的党性修养。积极打造具有利通税收特色的党建品牌——纳税服务“红色阵地”，充分发挥基层党组织战斗堡垒作用和党员先锋模范作用，构筑坚强战斗堡垒。疫情防控尽显担当，“9·20”突发疫情以后，局党委带领全局党员青年干部积极投身疫情防控工作，第一时间组建4支党员先锋队，党委委员带头战斗在高风险隔离酒店，57名党员干部下沉板桥乡12个社区村镇，与村社区干部并肩开展核酸检测、防疫值守、解释宣传、物资转运、消毒消杀、巡逻劝返等防疫工作。

【落实任务】

2022年区税务局对标对表主责主业，高质量完成组织收入与税费减免。2022年，全局累计组织各项收入65.12亿元，同比增长14.73%，增收8.36亿元。其中：税收收入入库31.7亿元，社保费收入20.33亿元，非税收入9.61亿元，其他收入3.48亿元。认真落实党中央、国务院部署，实施组合式税费支持政策，及时成立退税减税政策落实工作领导小组，有序开展制造业中小微企业缓缴、增值税留抵退税和小微企业“六税两费”退库工作，确保纳税人应缓尽缓、应退尽退、应享尽享。累计新增退税减税降费6.14亿元，其中办理留抵退税382户，退税金额3.35亿元；“六税两费”减免政策惠及13584户次，减免3087.63万元；制造业中小微企业缓缴税费1899户次，共计8548.23万元。

【优化环境】

2022年区税务局着眼长远、服务大局，持续优化税收营商环境。不断优化服务举措，贯彻落实“便民办税春风行动”，新设金积、金银滩办税服务室，打通办税缴费“最后一公里”。带头扎实开展“大走访”活动，制定“千人进万户”大走访活动方案，致力于提升纳税人满意度。组建个性化服务团队，大力推动个性化精准服务，充分调动纳税人自主办税的积极性，为纳税人带来“线上办税为主，线下实时补充”的方便快捷高效的“非接触式”办税服务新模式，网上办理事项办结率100%，网办业务覆盖面达93%。

【税收征管】

2022年区税务局分级分类精准监管，不断提升税收征管质量。编制《意见》重点任务与工作清单，在大力推进智慧税务建设、提供高效智能税费服务、深入推进税收精确执法及精准监管、深化拓展精诚共治格局4个方面，不断创新举措，确保本年改革任务落实落细。

【依法治税】

2022年区税务局加强法治政府建设，不断增强税收执法质量。坚决把习近平法治思想贯彻在税收工作全过程与各方面，在学深悟透上下功夫，在依法治理上严规范，在服务发展上见实效，通过形式多样的主题活动、专题讲座等，教育警示干部规范执法，推动习近平法治思想学深学细。全面落实“三项制度”，共公示各类信息3380条；监控税收执法过错风险，切实提高税收执法和行政管理的规范性，共推送整改疑点数据316条；全面落实依法行政，强化税务行政复议诉讼应对，紧盯破产企业税收债权申报和债权清偿工作，追回税款62.17万元。

【队伍建设】

2022年区税务局抓好干部队伍建设，激发干事创业活力。全年共完成27名干部职工职级晋升以及事业单位内部竞聘上岗工作。创新开展教育培训，积极开展练兵比武，持续提升税务系统干部政治素质和理论修养。推动全局干部政治素质和专业能力“双提升”。全年组织举办干部培训班和专题研讨班11期，参训干部1145人次；3名干部在大比武中脱颖而出，1名干部被纳入素质提升“1115”工程专业骨干，1名干部代表宁夏区税务局参加税务总局大比武并取得优异成绩。

【创先争优】

2022年区税务局注重平时赛马，全力做好创先争优工作。牢固树立“抓创先争优就是抓重点工作，抓重点工作就是抓创先争优”的工作理念，在工作中抓创新，用创新助推重点工作，通过打造党建特色品牌，推动党建与税收深度融合；组建“个性化”服务团队，创新加码税收现代化提速升级；建立青年干部成长档案，助推干部培养。助力抓好党务、干好税务、带好队伍三大领域齐头并进，均取得了一定的成效。获得宁夏区税务局贺满国总经济师、利通区组织部部长温丽娟肯定性批示，带好队伍相关经验做法被市局采用，并在全区税务系统创先争优平台展示。

审　计

【概况】

2022年利通区审计局内设综合管理岗、法规和政策落实审计岗、财政和社会保障审计岗、农业教科文卫审计岗、政府投资和企业审计岗、经济责任和自然资源资产离任审计岗6个岗位，共有在编人员5人。利通区委审计委员会办公室设在利通区审计局。2022年，利通区委审计委员会办公室提请召开7次区委审计委员会会议，审议通过《2021年度利通区本级预算执行和其他财政支出情况的审计报告》等文件。全年完成审计项目19个，查出主要问题金额11008.85万元，其中违规金额9630.91万元、管理不规范金额1377.94万元；审计发现非金额计量问题166个；向纪检监察机关和财政、发改等行业主管部门移送审计处理事项3件。1个审计项目获得自治区审计系统优秀审计项目。

【跟踪审计】

2022年区审计局组织开展利通区优抚安置资金管理使用、农村人居环境整治相关项目资金管理使用、乡村振兴补助资金使用情况、财政直达资金使用情况、拖欠中小企业账款等情况审计，揭示未及时发放退役士兵待安置期间生活补助费、未完成利通区委下达的农村厕所改造任务、未及时支付已到期工程质保金等24个问题。

【财政审计】

2022年区审计局采取“1拖N”模式，组织开展2022年度利通区本级和团委、司法局、第十二小学等3个部门预算执行（经济责任）审计和政府财务报告审计，揭示预算编制不完整、未按规定安排及动用预备费、虚列财政支出、非税收入征缴不及时、部分股权投资未在账面核算、医疗救助资金结余过大等问题67个。

【经济责任审计】

2022年区审计局根据利通区委组织部委托，组织开展水务局、司法局、团委等7个单位

7名党政领导干部经济责任审计，揭示编外人员用工不符合规定、“三重一大”事项决策执行不到位、未制定西部计划志愿者考核办法、多报销差旅费、超数量超标准配备照相机及摄像机、固定资产账实不符等问题69个。向利通区纪委监委移送未报批准、超标准购置车辆等问题线索2个。

【政府投资审计】

2022年区审计局组织开展利通区2021年10月至2022年8月政府投资项目审计，揭示未按规定报请项目批复部门组织竣工验收、未及时编报竣工财务决算、未进行环境影响评价等问题19个。

【自然资源资产审计】

2022年区审计局组织开展了水务局原局长杨汉清同志自然资源资产离任审计，揭示利通区水利发展“十三五”规划个别项目未完成、区乡村三级河湖长未按制度规定进行巡河、河湖“清四乱”整治督办不到位、水利建设项目未及时进行工程造价结算等问题25个。

【专项审计】

2022年区审计局组织开展利通区基础教育质量提升相关项目资金专项审计调查，揭示未按规定开展教育专项资金全过程预算绩效评价、专项资金支付率低、基建项目竣工验收后未及时进行工程结算等问题12个。向利通区纪委移送疑似招标投标存在串标行为问题线索1个。

【其他检查】

2022年区审计局组织开展审计整改“清零”行动，按月调度审计整改推进情况，区委、区政府主要领导批示审计整改31次，先后召开7次审计委员会会议，15次区委常委会、政府常务会议、专题会议研究审计发现问题整改工作。2022年度区本级预算及其他财政收支审计查出的130个问题，整改完成121个，边审边改率达93.08%，推动被审计单位通过原渠道归还、上缴国库等整改1.08亿元，通过调账、核销坏账等整改6683.31万元，促进财政部门加快资金拨付1.214亿元，推进预算单位加快财政资金支出3.42亿元，推动制定完善相关规章制度11项。

金 融

【概况】

2022年2月，利通区金融工作局隶属关系调整至利通区财政局，为利通区财政局挂牌机构，未单独核定人员编制。2022年，利通区金融工作坚持以习近平新时代中国特色社会主义思想为指导，认真贯彻落实党的二十大和中央全面深化改革工作会议、中央经济工作会议精神，紧紧围绕金融改革重点任务，以提升金融服务为主线，以支持中小企业和“三农”融资发展为重点，有效发挥金融政策效力，接续助力辖区经济高质量发展。12月末，辖区各项存款余额395.09亿元，同比增长9.38%；各项贷款余额335.01亿元，同比增长6.65%。

【支持实体经济发展】

将稳经济保增长促发展和支持中小企业发展作为当前各项工作重中之重，及时传达学习相关会议文件精神，转发《吴忠市金融助力稳经济保增长促发展工作实施方案》，印发《关于做好金融支持稳经济保增长促发展工作的通知》，从信贷政策落实、融资对接服务、金融产品开发、困难企业纾困、融资减费让利、信贷投放激励、完善担保体系、优化金融环境等8个方面，细化完善相关政策措施，支持实体经济良性发展。

【融资担保服务】

持续放大政府融资担保机构“助小支小”作用，担保费率降至1%以下。2022年，实现全民创业担保贷款在保户数984户，在保余额1.19亿元，带动就业人数2362人；妇女创业担保贷款在保户数348户，在保余额3193万元，带动就业人数388人；支持小微企业8家，办理贴息贷款2050万元，带动就业人数119人。聚焦“9+1”重点产业，引导辖区金融机构和宁夏农担利通分公司合作创新金融产品开发，通过“农银担”“裕农担”“益农担”“奶业担”“塞上兴村贷”等融资担保产品，为奶产业、肉牛肉羊养殖、饲草种植、冷凉蔬菜等产业提供担保业务1076笔，实现担保金额4.74亿元。

【金融服务环境】

建立金融工作联席会议制度，开展“政府＋银行＋担保＋企业”融资对接工作3次，帮助企业实现融资12.7亿元。建立健全农村金融服务机制，设立“乡村振兴金融便民服务点（站）”106个、村级金融联络员137人，新增ATM机6台，不断提高农村金融服务便利性。鼓励银行机构主动降低或减免小微企业及个体工商户开户手续费、账户服务费、转账汇款手续费等费用，推动金融机构合理让利。农村信用体系不断完善，完成97个行政村“整村授信”工作，实现授信14950户、8.13亿元。

【防范化解金融风险】

制定印发《利通区贯彻落实中央财经委员会第十次会议有关任务工作方案》及任务清单、《2022年利通区财政金融风险防范化解处置工作要点》和金融放贷行业领域及非法集资专项整治等工作方案，突出工作重点，细化任务分工。修订《利通区金融突发事件应急预案》，召开防范化解金融风险领导小组会议2次，及时研判当前金融领域风险防控形势，稳步推进金融风险防范化解处置工作。

【金融乱象整治】

加大地方金融组织监管力度，对辖区8家小额贷款公司机构评级进行初审，金融、公安、市场监管等部门联合开展“扫楼清街”行动3次，针对健康养老、网络借贷、投资理财等非法集资风险高发领域，全面排查风险隐患，及时发布预警提示，督促各行业监管部门、各乡镇落实落细监管职责和属地管理责任，坚决防范非法集资、非法吸储等非法金融活动反弹回潮。2022年以来，辖区地方金融组织无违法违规现象发生。

【金融风险防范宣传】

印发《关于开展利通区2022年防范非法集资宣传月活动的通知》，在开源广场以“守住钱袋子·护好幸福家”为主题举办集中宣传日活动，现场设立咨询台18个，接受市民咨询200余人次，制作宣传展板42块，悬挂宣传横幅60条，派发宣传折页资料1万余份、宣传手袋500个，同步开展微信有奖问答互动活动，全面营造金融风险防范良好氛围。

【不良贷款处置】

聚焦辖区信贷逾期风险，

支持金融机构积极盘活不良资产，加大逾期贷款清收力度，2022年末，辖区不良贷款余额4.93亿元，同比下降62.4%；不良贷款率1.43%，较上年末下降1.08个百分点，不良贷款余额和不良贷款率继续实现“双降”。

生态环境

综　述

【概况】

2022年吴忠市生态环境局利通分局（以下简称区生态环境分局）深入贯彻落实习近平生态文明思想，认真落实自治区、吴忠市委的决策部署，紧紧围绕黄河流域生态保护和高质量发展先行区建设，扎实推动生态环保督察整改、聚焦打赢污染防治攻坚战重点任务，各项工作取得阶段性成果。环境空气质量完成情况：自治区下达利通区2022年优良天数比例达到82%，可吸入颗粒物（PM_{10}）、细颗粒物（$PM_{2.5}$）平均浓度分别控制在66微克/立方米、30微克/立方米以内。利通区优良天数238天，优良天数比例79.6%，PM_{10}、$PM_{2.5}$平均浓度分别为66微克/立方米、31微克/立方米。水环境质量完成情况：黄河叶盛公路桥断面、苦水河入黄口2个国控断面，清水沟等2个区控断面（苦水河孙家滩断面、清宁河断面、南干沟利青交界断面、南干沟入黄口断面、清水沟入黄口断面）水质均达到自治区考核要求，县级及以上集中式饮用水水源水质保持稳定，均达到自治区考核时序进度要求。

【打好蓝天保卫战】

2022年区生态环境分局坚持“四尘同治”，打好蓝天保卫战。以更高标准、更硬措施整治燃煤污染。加快推进冬季清洁取暖项目建设，督促相关部门和乡镇完成年初确定的新增清洁取暖15000户的任务。深入开展城中村、城乡接合部、农村等区域在用散煤经营单位和清洁煤配送中心排查，强化商品煤质量监督与管理，严厉打击劣质煤销售，确保市场上无劣质煤可卖。继续加强餐饮油烟排放监管。持续强化对国控站点周边3公里范围内的餐饮服务场所油烟净化装置安装使用的监管，统一建立油烟净化装置清洗使用台账，实现城区餐饮业油烟排放长期、稳定达标。

【打好碧水保卫战】

2022年区生态环境分局坚持“五水共治”，打好碧水保卫战。加快农村饮用水水源保护进程，在“千吨万人”农村水源地保护区划定的基础上，逐步完善标志标识、宣传牌和隔离防护设施设置，开展集中式饮用水水源保护专项行动“回头看”，配合自治区专员办对城市集中式饮用水水源整治情况和“千吨万人”农村水源地保护区规范化建设开展专项督查，确保饮用水安全达标。加强入河排污口管理，实施排污口规范化建设，委托第三方对利通区17个农村生活污水处理站的排污口进行论证，编制排污口设置方案，配合市局完成排污口审批手续。完成苦水河流域枯水期61个地表水、30个地下水、21个工业企业排污口、46个底泥样品采集和分析工作，6月完成平水期53个地表水、30个地下水、17个工业企业排污口、79个底泥、22个土壤样品采集工作，对苦水河流域干支流地表水、地下水、土壤全面监测，科学掌握本底超标情况，为下一步全面开展苦水河流域水体治理夯实基础。强化农村生活污水处理，2021年农村生活污水治理项目已基本完工，部分已投入使用，完成固定资产投资1.23亿元。2022年农村生活污水治理项目已完成可行性研究报告和初步设计方案的编制，并通过自治区生态环境厅组织的专家评审和实地勘验，纳入中央生态环境保护资金项目管理库。

【生态保护修复】

2022年区生态环境分局抓好生态保护修复，增强抵御环境风险能力。高闸镇、扁担沟污水处理站改扩建工程已进入施工尾声，扁担沟镇渔光湖村农村生活污水治理项目已完成深基坑开挖、基础设施建设和设备吊装，8月底完成全部工程，进入设备调试阶段。改善苦水河流域生态环境，已对接市生态环境局，由市生态环境局进行苦水河流域生态环境综合治理项目的编制工作。充分发挥“以空间换时间”的“南阳实践”经验作用，切实提升“十四五”利通区流域突发水污染事件应急准备和响应能力，委托生态环境部华南环境科学研究所启动编制“一河一策一图”环境应急响应方案，坚决守住生态环境安全底线。编制《利通区畜禽养殖污染防治“十四五”规划》，进一步规范规模养殖场和零散养殖户畜禽粪污处理，助力利通区奶产业高质量发展。

【生态环境保护督察整改】

2022年区生态环境分局全力推进中央生态环境保护督察整改销号。中央生态环境保护督察组转办利通区的群众信访件共32批63件，已办结63件。市生态环境局在全市范围内开展督查指导，对中央生态环保督察转办件是否符合销号条件进行现场核查。利通区共核查63件，符合销号条件的63件。对中央生态环境保护督察组反馈意见共梳理整改任务清单11项，制定了《吴忠市利通区贯彻落实中央生态环境保护督察反馈意见整改方案》，逐一明确整改实施主体、整改时限、整改目标、整改措施。反馈问题中的利通区1项个性问题，已完成整改。由市发展和改革委员会牵头，组成验收组进行市级整改销号验收后，提请自治区级销号验收。10个共性问题中7个已完成阶段性整改，剩余3个反馈问题有序推进整改。

自然资源管理

【概况】

利通区自然资源局核定行政编制7名，设局长1名（正科级），副局长3名（副科级），核定编制数40名（公务员8名、事业编制32名），现行政编制实有8人、事业编制实有31人。利通区自然资源局内设5个站室，即办公室、综合法规室、耕地保护征收室、林草湿地生态修复室、自然资源管理站，下设1个事业单位，即调查监测室。2022年，在区委、区政府的坚强领导和区市业务部门的精心指导下，自然资源局聚焦高质量发展、生态文明建设和民生改善主要任务目标，严格保护耕地、森林、湿地、草原，持续强化自然资源管理，提升自然资源工作水平，全力服务全区经济社会科学跨越式发展。围绕大局服务发展，着力提高资源要素保障，持续开展大规模国土绿化行动。严守耕地保护红线和生态安全底线，加强森林督查力度，统筹推进“多规合一”实用性村庄规划编制，强化国土空间开发边界管控，优化城乡发展格局，以创新为抓手持续推进山林权、土地权改革，大力发展特色林业产业。盘活闲置土地资源，着力改善城乡人居环境，助推绿色发展，加快美丽新利通建设。

【生态建设】

利通区2022年生态建设按照“统筹山水林田湖草沙系统治理，大力实施国土绿化行动，保护森林资源”的总体布局，重点实施北部绿色发展区防护林工程、中部防沙治沙建设工程、特色经济林示范项目，完成各种造林任务2.64万亩，其中完成人工造林1.63万亩，未成林抚育提升及退化林改造1.01万亩；退化草原生态修复治理1.5万亩，草原划区轮牧1.56万亩、草原有害生物防治1万亩。共栽植各类苗木37.6万株，地被6.68万平方米，完成投资3582.7万元。

【经济林产业】

利通区经济林产业紧紧围绕苦水河沿线休闲农业产业带建设，按照宜林则林、宜果则果的原则，大力实施经济林基地建设、示范园建设及科技培训工作。争取自治区2022年特色经济林产业项目资金50万元，实施了特色经济林产业示范项目8个，其中培育社会化服务组织1个，推动吴忠市艺苗林果种植专业合作社社会化服务组织建设，服务范围为利通区、红寺堡区、同心、盐池、青铜峡等。围绕利通区经济林产业发展实际，采取集中授课、现场指导等多种培训方式，在区经济林产业相关乡镇及吴忠林场等组织开展春季果树修剪及成龄果树高光效树形改造提升技术、设施果树栽培管理技术等培训班，全年培训果农1000人次。重点培育示范基地6个，面积810亩。

【耕地保护】

紧扣耕地红线，把最严格的耕地保护制度落到实处，实现保护资源与保障发展的“双保”目标。“十三五”时期，利通区全面落实最严格的耕地保护和节约集约用地制度，坚决扛起耕地保护主体责任，年初被吴忠市人民政府授予“十三五”耕地保护责任目标考核一等奖。全力协助市自然资源局完成吴忠市国土空间规划编制和利通区生态保护红线、永久基本农田、城镇开发边界“三条控制线”划定工作，最终确定利通区耕地保有量42.88万亩、永久基本农田保护面积35.15万亩，2022年，利通区耕地总面积45.4万亩。完成利通区10个涉农乡镇1个国有农场、1个林场、1个管委会、106个行政村六级田长划定工作。完成耕地后备资源划定工作，最终落实面积为3.29万亩。

【设施农用地备案】

办理设施农用地备案63宗、入库183宗。落实各类项目占补平衡指标6700亩，其中水田1379亩，为市区两级重点项目落地提供用地保障。落实进出平衡水田指标77.5亩，节约水田指标购买资金2300万元。办理临时用地审批4宗，面积为107.523亩。积极配合市土地储备中心开展集体土地征收工作，完成各类项目土地征收310亩，兑付土地补偿费4630万元。

【林木检疫】

突出“预防在前，统防并治”，不断创新检疫方式，完善检疫体系，顺利完成春季生态建设苗木产地检疫、调运检疫、复检工作，严格按照检疫程序，共办理植物检疫证822件。现场检疫新疆杨、旱柳等各类苗木花卉840.32万余株，现场复检各类苗木136.2万余株。已完成自治区森防总站下达的臭椿沟眶象防治1万株任务并通过验收，开展蛀干害虫防治27924株并验收。分别在各乡镇、林场设置苹果蠹蛾、美国白蛾等有害生物监测点51个，向各乡镇安排无公害防治农药230箱约2300公斤，为全区无公害防治提供保障。开展草原鼠害防治面积1万亩。涉木企业检查出动执法人员7人次，检查通信、电力等大型企业3家，检查电缆盘112盘，检查光缆盘300盘，检查装饰材料经销部4家，检查木龙骨100立方米，松椽、檩条80.5立方米，检查小型木材加工厂2个，检查木桩90立方米，检查尚未发现松材线虫病携带载体和其他有害生物检疫对象。

【村庄规划】

始终坚持“规划先行，为民谋利”原则，科学合理统筹国土空间“多规合一”实用性村庄规划编制。将利通区106个行政村688个自然村优化调整为159个集聚提升类中心村、98个城郊融合类村庄、26个特色保护类自然村、282个整治改善类基层村和123个搬迁撤并类村庄，按照年初编制计划，2022年编制村庄规划9个，其中成建制移民村6个，已全部完成。已编制的27个“多规合一”实用性村庄规划全部报请利通区人民政府批复，并报自然资源厅完成备案。其中古城镇新华桥村村庄规划入选自然资源部国土空间规划优秀案例。

【国土变更调查】

利通区国土总面积为110668.03公顷（合166.00万亩）。其中，农用地面积86724.32公顷（合130.09万亩），占全区国土总面积的78.36%；建设用地面积14660.26公顷（合21.99万亩），占比13.25%；未利用地面积为9283.45公顷（合13.92万亩），占比8.39%。

【林地摸排颁证】

依据第三次国土调查成果，全面厘清了区林地资源边界，利通区林地总面积182678.04亩，按权属分国有林地173717.18亩，集体林地面积8960.86亩；已颁发21本林权证（总面积45720.71亩，其中集体林地1008.09亩，国有林地44712.62亩），开展了实地核查勘测，建立了林权台账、林权数据库和林权证电子档案各1套。近期对31872.03亩集体林地进行外业调查和现场核查，初步确定符合确权登记的集体林地共4宗，金积镇1宗，面积为1.3亩，马莲渠乡3宗，面积18.5亩，该4宗地已完成地籍测量和资料收集，正在积极对接市不动产登记中心进行登记确权颁证。

【农村宅基地确权登记】

落实开展农村宅基地确权登记工作，宅基地确权涉及9个乡镇65个行政村（含6个移民村）共36321宗，其中，已入库发证14553宗，未发证21768宗。针对无权属来源宅基地，已对接审核2604宗无权属来源申请，其中符合审核2108宗，不符合申请条件的496宗，未发证的宅基地确权登记工作正在全力加紧推进落实中。

【农村集体建设用地确权登记】

采取市区一体、协同联动、

第三方机构调查核实的工作机制，对区农村集体建设用地开展地籍测量、权属调查、公示公告等，已完成10个涉农乡镇89个行政村集体建设用地地籍调查346宗（面积1455.6亩），其中房屋调查225宗（面积422.65亩）；核查宗教用地场所307宗（面积787.5亩，经请示区厅不在确权范围内）。利通区未确权颁证的主要原因是历史遗留问题较多，导致权属来源资料（工程规划审批、土地用地审批、建设工程竣工验收备案）无法同时提供，需要市区两级政府做大量的手续补充完善工作。

【草原征占用】

2022年共办理草原征占用手续13起，总面积1425.3亩，其中自治区林草局审核审批的永久性占用草原3起，占用面积2212.8亩，畜牧业奶牛养殖企业占用草原1起，占用面积500亩，我局审核审批的为修建畜牧业养殖和供水工程占用草原的6起，占用面积575.5亩，临时占用草原的3起，占用面积128.52亩。化解历史遗留占用草原问题7起，剩余55家养殖企业暂时无法化解。

【自然资源监管】

完成2013—2017年打击毁林专项行动及2018—2021年森林督查涉嫌破坏森林资源案件查处整改销号工作，对63起案件（212个图斑）查处整改、完成销号，其中向综合执法局移交案件9起（71个图斑），全部予以处罚，已收缴罚款36.2万元，恢复林地11.49公顷；收集各类佐证资料100余份，并对接协调自治区林业和草原局并上传森林督查暨林政执法综合管理系统。

【湿地管理】

加强湿地资源保护管理，有序推进湿地资源合理利用。2022年利通区行政区域内湿地面积为3811.88公顷。将渔光湖（湿地面积156.8公顷）和中营堡湖（湿地面积27.2公顷）湿地申报为自治区重要湿地，2022年共发布两批次一般湿地名录，第一批次为1731.65公顷。

【森林草原防火和禁牧封育】

始终把森林草原火灾防控工作摆在生态保护建设成果的突出位置，认真贯彻落实各级会议精神，制定印发工作方案，发布利通区森林草原防火禁火令，逐级签订目标责任书，坚决防范森林草原火灾发生。强化防火宣传教育，在吴忠市电视台播放森林草原防火禁牧宣传知识（滚动字幕）10天，发送宣传短信40万条，制作各类宣传品3.2万份，悬挂警示横幅110条，设置大型宣传牌24块。开展隐患排查治理，紧盯关键节点、重要时段、重要领域加大巡查巡护频次力度，出动巡查车辆65次、无人机巡查18次、夜间巡查6次，拆除私搭乱建羊圈5座，行政处罚违规放牧6起，依法收缴罚款5970元，整改整治各类森林草原防火隐患问题23个。落实应急响应处置，及时修订《利通区森林草原火灾专项应急预案》，切实加强各乡镇及林场防火队伍建设，适时开展森林草原防灭火业务知识培训暨防火应急实战演练，定期对防火物资储备库的机器进行维修和保养，严格落实24小时带班值班和信息报告制度。

气象工作

【概况】

利通区气象局与吴忠市气象科技服务中心实行一套机构两块牌子，由吴忠市气象局和利通区政府双重领导，并建立双重计划财政体制。利通区气象局共有人员5名，其中高级职称3人，中级技术职称1人，初级职称1人。2022年利通区气象局对利通区区域内气象事业发展规划和气象活动进行了指导、监督及行业管理，组织实施了气象监测、预报预警信息传递，为利通区政府及相关部门防御气象灾害提供了科学决策依据。

【气候特点】

2022年，利通区年平均气温11.3℃，极端最高气温为38.5℃，最低气温为-18.1℃；年降水量152.5毫米；日照时数为2811.7小时；平均风速为3.5米/秒；最大冻土深度58厘米。

【气象灾害】

利通区主要灾害有大风、干旱、暴雨、雪灾、冰雹、雷电、沙尘暴、高温、低温等天气。2022年主要是大风、低温、沙尘暴、干旱、暴雨比较严重，给利通区造成不同程度的经济损失。2022年7月10日14时至11日9时，利通区出现雷阵雨或阵雨天气，部分乡镇伴有短时强降水、冰雹和雷暴大风，累计降水量为24.6～124毫米，最大降水量出现在马莲渠乡汉北堡村，为124毫米，最大小时雨强出现在郭桥乡山水沟村，为57.3毫米/小时。超过100毫米的观测站有11个，超过40毫米的观测站有32个。

【气象灾害预警服务】

利通区预报预警服务由吴忠市气象台承担，利通区气象局没有独立发布预警的权限。2022年3月对利通区气象灾害预警服务对象信息进行更新和备案，面向新型农业经营主体直通式气象服务对象信息更新备案，实现了气象灾害预警信息全区覆盖。

【农业气象服务】

服务保障粮食安全，开展农业气候资源普查和区划工作，建立农业气象灾害风险预警指标，聚焦水稻、小麦、大豆玉米带状复合种植，油料作物和种业调研，完善修订精细化周年气象服务方案，开展伴随式气象服务保障，切实保障粮食安全。2022年提供决策气象服务专报71期。助力乡村全面振兴，2022年更新奶牛养殖人员信息，自动推送奶牛热应激反应预报预警，为奶牛养殖提供“保姆式”气象服务保障。

【生态保障服务】

2022年聚焦气象服务新能源产业提质增效，通过发改局了解所辖区域光伏、风电场建设情况，收集人员信息，针对冬春季多大风沙尘的天气过程，及时、准确发布重污染天气预警和《未来一周大气污染气象条件预报》。依托吴忠市气象台，充分利用生态气象服务一体化平台，开展利通区区域的植被覆盖度、植被覆盖度变化趋势、温度植被干旱指数、水体变化等生态气象服务；加强林草区的热源点监测，及时发布火险气象等级预报和气象风险预警服务。2022年加强空中云水资源开发利用，抓住有利天气过程，大力实施人工增雨（雪）、防雹作业，为缓解旱情，促进生态恢复提供有效保障。

【气象站点建设】

辖区内建有国家基本观测站1个——吴忠国家基本气象站。该站始建于1959年6月1日，1960年1月1日正式运行，地址为吴忠县红旗公社秦桥四队。由于城市布局历史原因和旧城改造需要，吴忠国家基本气象站现址探测环境保护难度极大。为了做好吴忠国家基本气象站探测环境改善和长期保护，2021年申请将吴忠国家基本气象站搬迁地址位于吴忠市利通区利红慈善大道西侧扁担沟南侧，2022年1月1日正式运行。依托中央和地方项目和资金建设区域自动气象站46个，基本形成了各乡镇、重点山洪沟、重点防洪地段及特色产业等区域气象监测全覆盖，在全区防灾减灾和农业服务工作中发挥了重要作用。

【安全生产管理】

利通区气象局无安全监管职责，依托吴忠市气象局对利通区辖区内易燃易爆和危险化学品企业进行防雷安全隐患专项检查，确保消除安全隐患。

城乡建设

【概况】

吴忠市利通区住房城乡建设和交通局（以下简称区住建和交通局）于2009年12月设立，2019年机构改革后，更名为吴忠市利通区住房城乡建设和交通局，核定行政编制8人，机构改革后加挂人防办牌子，设办公室、住建办、交通办、物业办、拆迁办5个科室，现有行政人员8名、事业人员22名。2022在利通区委、区政府的坚强领导下，圆满完成了危房、抗震宜居农房改造，自建房整治，老旧小区改造，重点小城镇、美丽宜居村庄建设，清洁能源安装、农村公路建设、安全生产隐患排查治理、征地拆迁、空心房拆除、物业管理、疫情防控等工作。

【党建工作】

不断拓宽学习范围，确保学习质量，引导党员坚定信仰，增强“四个意识”、坚定“四个自信”、做到“两个维护”，坚决和以习近平同志为核心的党中央保持高度一致。共组织党组中心组学习14次，专题研讨会5次。党支部共召开党员大会11次，完成了党的二十大代表和自治区第十三次党代表大会代表候选人推荐的各项工作，召开支委会15次，组织党课4次，党支部围绕疫情防控、廉政教育等主题开展主题党日活动12次。突出住建交通特色，抓实“党建＋业务＋制度＋点评＋考核”的“五同步”工作方式，不断丰富“红石榴党建引领工程”党建品牌活动，充分发挥党员先锋岗作用，推进党建和业务工作深度融合。

【危房改造】

各乡镇坚持实事求是、因地制宜原则，分类推进危房及抗震宜居农房改造331户，已全部改造完成。

【自建房整治】

督促各乡镇对城市规划区房屋、农村房屋、行业部门监管范围房屋进行排查，并分类进行整治，切实守住“住房安全有保障”底线。城区共排查房屋2713栋，其中存在安全隐患房屋20栋（处），已封存10栋（处）。10个涉农乡镇共排查房屋43896户，存在安全隐患房屋1636户，已整治1636户，其中经营性自建房17户，已全部整治。同时，加大对各乡镇自建房归集信息平台录入人员的培训，组织专业人员进行现场指导，加快录入进度，并对已录入的房屋进行抽查，确保信息准确。

【老旧小区改造】

投资7200万元，重点对金星镇、胜利镇、金积镇35个城镇老旧小区进行综合改造，共涉及71栋住宅楼2437户居民，建筑面积19.1725万平方米。

【美丽村庄建设】

以“科学规划布局美、村容整治环境美、发展产业生活美、乡风文明风尚美”为目标，高起点谋划实施了牛家坊村、白寺滩村、新华桥村、李桥村和大庙桥村5个高质量美丽宜居村庄。已完成游园3处、广场2座及15座民宿、醋坊、乡愁记忆馆、文化小院、劳动实践大院、豆腐坊、油坊基础建设和水电改造及人居环境整治等工程，基本完成年度建设任务，完成投资2301万元。重点小城镇加快实施，围绕“改善集镇设施环境，提升集镇服务功能，增加集镇集聚力”总体目标，重点实施了金积镇和郭家桥乡重点小城镇。金积镇重点小城镇，总投资16.05亿元，实施建设项目25个，已开复工建设项目20个，完成投资11.4亿元，完成总投资的71%；郭家桥重点小城镇总投资9.17亿元，实施建设项目17个，已开复工建设项目14个，完成投资6.49亿元，完成总投资的70.8%。

【清洁能源安装】

根据《吴忠市利通区冬季清洁取暖项目实施方案》，清洁取暖项目已安装10340户，完成投资6204万。

【农村公路建设】

利通区实施第一批农村公路建设项目共计25公里。利通区清二沟公路建设项目、金积镇秦坝关村道路硬化工程、吴忠市利通区赵家沟苦水河大桥连接线道路项目等7条农村公路已完工，金水河湾农业产业园、扁担沟肉牛产业园二期等项目进行水稳基层摊铺。

【安全生产排查】

实施村道安防生命防护工程，已安装减速带220个路口1063米，波形护栏15公里。对各乡镇农村公路平交道口进行安全隐患排查，建立问题清单，安装减速带19条、2个爆闪灯、60米护栏，确保了群众生命安全。联合区委政法委（护路办）、铁路部门、相关乡镇对铁路沿线进行一次全面排查摸底，共发现问题共35个，已全部整改完毕。严格履行清水沟河长制牵头部门职责，在清水沟流域悬挂警示标语2条，警示牌7个，督促沿线乡镇和农场做好巡查工作，预防溺水事故发生。

【征地拆迁】

完成了上桥镇牛家坊民俗文化村和吴吃堡城、金积镇新建第二小学、东塔寺乡石佛寺村文旅融合、郭家桥乡重点小城镇等重点项目的拆迁工作，共拆除62户，签订拆迁安置补偿协议380余户。同时积极协调市直部门，配合乡镇对棚户区的安置房屋进行移交、分配、公证等工作。

【空心房拆除】

将拆除农村“空心房”作为推进美丽乡村建设和改善农村人居环境的重要抓手和有效举措，加强拆除后建筑垃圾清理工作，及时复耕复绿，增强“空心房”整治工作成效。

【物业管理】

坚持党建引领规范业主委员会日常工作，不断创新管理服务模式和扩大物业服务覆盖面，全面监督乡镇开展住宅小区业主委员会成立和换届工作，指导修订了业主大会议事规则和管理规约，依法依规成立业主委员会86个，打造红色物业管理阵地15个，督促物业企业开展疫情防控工作。结合“创城”工作，重点开展了私搭乱建、占用消防通道、破坏绿化等专项整治行动。排查拆除彩钢房、活动房、露天亭台、鸽棚等各类违建物738处，对阳台、楼道、绿化带乱堆乱放进行了彻底清理，对小区电线进行了归整，有效清理了环境卫生死角。为53个老旧小区补植苗木36.97万株，新划定机动车、非机动车停车位7000多个，安装充电桩2500组，安装消防器材15000件。制定印发《利通区住宅小区地下设施防汛排涝工作方案》，有序推进住宅小区防汛排涝项目，已完成164个小区、439个车库、138个雨棚的改造。

综合管理

综合执法

【概况】

2022年，利通区综合执法局持续推动综合执法改革，建设“数字执法”信息管理平台，牵头起草完善行政执法案件移送办法。严格落实法治政府建设，认真处置各类违法行为。开展创建全国文明城市综合整治工作，积极维护市辖区环境秩序。全力以赴办结中央环保督察转办件信访举报案件。助力科学疫情防控，以制度建设为抓手，成立防疫物资保障组，选派干部职工赴一线参与疫情防控。组织干部职工积极参加吴忠市城市管理系统专题演出、全民健身主题啦啦操大赛等活动。

【综合执法改革】

根据《关于设立利通区农业综合行政执法大队的通知》文件精神，利通区委编委会2022年第2次会议研究设立利通区农业综合行政执法大队，由吴忠市利通区综合执法局划转核定全额预算事业编人员。利通区综合执法局建设“数字执法”信息管理平台。赴兄弟县区就综合执法管理平台建设运行进行交流学习，细化完善了“数字执法”信息管理平台建设方案，并与数字利通建设同步推进。

【法治政府建设】

利通区综合执法局将法治建设工作纳入年度工作要点，与业务工作同安排、同部署、同落实。积极履行主要负责人推进法治建设第一责任人职责，组织召开1次法治建设专题会议，对2022年法治建设重点工作进行安排部署，制定法治建设年度工作要点，及时主动向区委、区政府报告了2021年度法治政府建设工作情况，并在利通区政府门户网站向社会公开。切实落实“谁执法谁普法”普法责任制。制定年度学法计划清单，建立工作人员应知应会法律法规题库。紧扣3·15、4·15等时间节点开展国家安全法、知识产权法等法律法规宣传活动12次，发放宣传资料1000余份，提供法律咨询服务200余次。

【创建全国文明城市】

在市区开展以清理整治流动摊点、门头牌匾、乱停乱放和环境卫生等为主要内容的开展市容市貌综合整治行动。2022年清理整治沿街商铺及便民安置点周边占道经营、店外经营等5023处，清理乱设摊点、流动摊贩4782次，查扣流动摊贩车辆34余辆；清理乱堆乱放963次，清除乱张贴乱挂户外广告、横幅、宣传画782张（条）。开展私搭乱建排查工作，严格排查主次干道两侧、居民小区内各类私搭乱建行为，加大城市街道（路）和背街小巷占用人行道及居民小区内乱搭乱建行为的整治力度。2022年共计排查出私搭乱建887处。对辖区内沿街牌匾逐条（块）进行摸底清查，对违规设置的户外广告、门头牌匾和楼顶大字等及时进行拆除、清理。2022年共计查处或整改、拆除115块。对市区街道商铺墙面、公共设施、地面等偷贴乱画的小广告、电信广告等，安排人员整治、清洗、涂刷，做到发现一处，清理一处，长期保持环境干净整洁。2022年清除各类“城市牛皮癣”9800余处。2022年共发放登记本798本，已检查798家餐饮店油烟净化器安装使用情况，完成率为97%。下发《限期整改通知书》12份，开展油烟净化设施清洗记录检查86次，对未规范使用油烟净化设施行为立案查处1起。

市场监督管理

【概况】

2022年，吴忠市市场监督管理局利通区分局（以下简称市场监管分局）共有编制111名（行政编制102名，事业编制9名），实有人员106名（行政编制98名，事业编制8名），其中科级干部11名；少数民族干部职工58名，占人员总数的54.72%；女干部职工41名，占人员总数的38.68%。35岁以下36人，占人员总数的33.96%；35至50岁29人，占人员总数的27.36%；50岁以上41人，占人员总数的38.68%。大学及以上学历67人，占人员总数的63.21%。在职中共党员80名，占人员总数的75.47%。2022年市场监管分局牢固树立以人民为中心的发展思想，全面落实市局及区委、区政府各项决策部署，统筹推进疫情防控、“三个安全”、营商环境优化、创城创卫等多项工作任务，持续强弱项、补短板，夯基础、强监管，保安全、促发展，“三大安全”形势总体稳定向好。

【商事制度改革】

2022年，市场监管分局全面落实《市场主体登记管理条例》，推进“证照分离”改革试点。制定下发《利通区深化“证照分离”改革进一步激发市场主体发展活力实施方案》《利通区涉企经营许可事项改革清单》，通过直接取消审批、审批改为备案、实行告知承诺、优化审批服务4种方式，进一步提升审批效能，推动“照后减证”，着力解决商户“准入不准营”的问题。利通区辖区内涉及直接取消审批的事项有4项，审批改为备案的事项有3项，实行告知承诺的事项有5项，优化审批服务的事项24项。大力推广“一网通办”全程电子化业务模式，线上业务0.5个工作日办结，线下即来即办当场出证，大幅提升群众业务办理便利度及满意度。当年度，利通区各部门直接取消审批6件，审批改为备案360件，实行告知承诺26件，优化审批服务728件。截至2022年末，利通区当年新增市场主体5879户（市局1238户，分局4641户），变更登记1381户，注销登记3241户。截至12月31日，辖区市场主体总量共45467户。

【企业信用公示】

2022年，市场监管分局全面开展经营户年报公示工作，通过多种方式提高年报公示率。2021年度农民专业合作社年报率92.95%，较之2020年度增加了3.27个百分点；个人独资企业年报率97.2%，较之2020年度降低了0.43个百分点；个体工商户年报率82.24%，较之2020年度增加了35.7个百分点。年报公示期结束后，依法将未完成年报的16户个人独资企业、42户农专社、5131户个体工商户列入经营异常名录。同时移出经营异常名录3000余件。

【企业信用监管】

2022年，市场监管分局通过综合业务监管系统筛选，依法吊销了违法违规的28户农民专业合作社、18户个人独资企业。制定印发了分局《关于开展2022年度“双随机、一公开”抽查工作的通知》《2022年“双随机”抽查工作计划》《2022年“双随机”抽查事项清单》，督促各部门完成部门内部“双随机”抽查任务35项526户。

【规范市场秩序】

2022年，市场监管分局积极对网络直播经营主体、网络平台进行约谈，明确各自的主体责任，学习相关的法律法规知识，对经营行为及平台网页发布的广告、销售的商品是否存在涉嫌违法行为进行检查。及时对区厅大数据网络监管系统派发的线索进行核查处置，以问题为导向加大网络直销经营主体的监督检查力度，联合网信办等有关部门开展网络监管。2022年，共处置线索57条。聚焦保护创新和优化营商环境，以打击商标专利侵权假冒、侵犯重点领域著作权、侵犯商业秘密等违法犯罪为重点，坚持日常监管与专项整治相结合，加大对制假源头、重复侵权、恶意侵权、群体侵权行为的查处力度，严厉打击商标、专利、版权、地理标志、特殊标志、植物新品种等各类知识产权侵权行为，严厉打击市场混淆、侵犯商业秘密等不正当竞争行为，形成打击知识产权侵权假冒犯罪行为高压态势。2022年查办知识产权违法案件15起，罚没款8.13万元。

【品牌战略】

2022年，市场监管分局牢固树立“监管是第一职责”的理念，结合辖区实际情况，突出整治重点，进一步发挥整治违法广告监管职责。根据上级部署和要求，积极开展违法违规广告的清理整治工作，并结合校外培训机构广告整治、文娱领域广告整治等专项行动，继续加大导向类、医疗医美类等广告的监管执法力度。同时，做好区厅广告监测平台派发的各类涉嫌违法广告线索的处置。截至2022年末，共接到涉嫌违法广告线索21条，已处置完毕19条，2条线索正在调查过程中。加大虚假广告案件查办力度。对虚假广告违法行为做到有案必查、违法必究，把重点放在查处大要案件上，严查快办典型案件，突破疑难复杂案件，加强行政执法部门与刑事司法部门的衔接，及时移送涉嫌虚假广告案件，加大对虚假广告责任人的惩治和震慑力度。截至2022年末，共查办虚假违法广告案件2起，罚没款10.528万元。明确目标、细化任务，深入推进创城各项任务的落实，确保创城工作落实到位。将创城工作抓细抓实，分局将责任细化到人，做到创城工作人人有区域、人人担责任，并将创城工作纳入个人工作考核，结合市、区两级创城办的工作安排，分局下发了《关于进一步提升全国文明城市创建工作质量工作安排》《关于做好市容市貌综合整治百日攻坚行动的通知》，有力提升创城工作的水平和质量。积极发挥创城市场整治工作组牵头部门职责，严格按照创城实测点位“四色管理”标准化创建工作要求，督导配合各乡镇做好农贸市场点位的创城工作。加大餐饮服务单位的监管。对餐饮经营户的明厨亮灶、食品安全设施、后厨卫生等进行检查和指导。督促经营户做好经营场所、餐具、厨具的消毒工作，要求餐饮单位规范处置餐厨垃圾，对餐厨垃圾桶定时清洗、定点清运，杜绝餐厨垃圾桶提前出店沿街长期摆放、桶面脏污的现象。为加大公益广告覆盖率，分局对餐饮服务单位店内公益广告牌进行排查，对新开业餐饮单位及缺失需要补充的公益广告牌数量进行全域摸排，共计1001家经营户需要制作墙面公益牌匾2679块，餐桌桌签7420块。加大校园周边的监督检查。强化日常监管，重点检查学校及周边的商店、奶茶店、餐饮店等经营单位，杜绝销售“三无”、腐败变质、过期和假冒伪劣食品，严格落实食品采购索证索票、进货查验制度。同一店铺既经营食品又经营百货和文具商品的商店严格实行分类管理，着力消除食品安全隐患。强化产品质量安全监管。重点检查校园周边200米范围内所有经营户的商品及经营行为，严格落实经营单位的主体责任。严格落实《中华人民共和国未成年人保护法》，严把市场准入关口，禁止在校园周边开办烟酒、彩票销售网点，禁止向未成年人销售酒、彩票或者兑付彩票奖金。酒和彩票经营者应当在显著位置设置不向未成年人销售烟、酒或者彩票的标志。对学校食堂进行定期不定期检查，主要检查建立与落实食品安全管理制度情况、食品安全自查情况、从业人员健康管理和教育培训情况、加工场所环境卫生情况、食品原料采购索证索票及贮存情况、食品加工制作情况、食品添加剂使用情况、餐饮具清洗消毒情况、餐厨废弃物处置情况等。

【党的建设】

2022年，市场监管分局进一步加强党的建设。自觉捍卫“两个确立”，政治建设更加有力。全面推进自治区第十三次党代会、市第六次党代会、利通区第五次党代会精神落地落实，扎实开展党的二十大和习近平总书记视察宁夏重要讲话、指示批示精神“大学习、大讨论、大宣传、大实践”活动，组织召开党总支会议33次、理论学习中心组会议13次，举办学习班2期，邀请教授专题辅导1次，组织党员干部参观教育基地实践学习，深刻领悟“两个确立”的决定性意义、坚决做到“两个维护”。召开党史学习教育专题民主生活会，不断巩固拓展党史学习教育成果。持续深化责任落实，组织建设更加坚强。制定2022年机关党建工作要点、党风廉政建设工作要点、抓基层党建“四个清单”、落实全面从严治党主体责任“三个清单”等，召开市场监管暨党风廉政建设工作会、基层党建述职评议考核会、述责述廉会等，压紧压实责任链条。圆满完成年初党总支换届选举，年底补选党总支委员、申请指派党总支副书记等工作。充分发挥古城所、胜利所党支部四星级党组织示范带动作用，2022年机关、上桥所、金积所党支部积极主动向市直机关工委申报四星级党组织，分局党建工作成果显著。发挥党建引领作用，队伍建设更加过硬。成立利通区“小个专”综合党委，设立“小个专”党建指导站8个，打造万达商圈等4个“小个专”党建示范街，推动党建引领基层治理效能不断提升。干部队伍整体结构不断优化，2022年先后对19名干部进行了岗位调整，任命4名青年干部为岗位负责人，19名干部得到了职级晋升，推荐2名青年干部担任市局副科级干部，为市场监管事业高质量发展提供坚强人才保障。持续强化监督执纪，作风建设更加扎实。认真开展“廉政警示教育周”等廉政警示教育活动，开展集体谈话2次、谈心谈话89人次。建立完善干部廉政档案，深入开展违规收送红包礼金和不当收益及违规借转贷或高额放贷专项整治、群众身边腐败和不正之风专项整治，召开违规收送红包礼金和不当收益及违规借转贷或高额放贷专项整治民主生活会1次，工程建设政府采购等重点领域突出问题专项治理专题民主生活会1次，深入查摆问题，认真整改落实，提升自身建设，不断树牢理想信念，夯实为民宗旨、提升能力水平、转变工作作风。积极支持各级纪检监察部门工作，认真整改落实《监察建议书》指出的问题。制定清廉机关建设工作实施方案，开展家庭助廉警示教育、清廉家风文化宣传教育、培树示范清廉家庭等活动，持续加强机关廉洁文化建设。

【食品安全监管】

2022年，市场监管分局统筹推进“双创双建”和疫情防控工作，全域创建“食品药品安全区”并顺利通过自治区食安办中期评估。高标准完成北京冬奥会、吴忠市人代会、政协会等重大活动食品安全保障20余次，宁夏伊利乳业有限责任公司181.6吨吴忠产高品质乳制品端上冬奥会餐桌。古城市场监管所克服疫情防控、文明城市创建等繁重工作压力，圆满完成我市两会期间餐饮服务食品安全重大活动保障任务。全力护航“2022中国面食博览会暨第二届吴忠早茶美食文化节”，培育早茶示范店33家。助力“多彩利通”特色产品馆建设，上线利通区美食电子地图鉴，全力打造“多彩利通美味之城”区域品牌。培育多个吃游购融合发展特色街区，吸引外来消费，促进住宿和餐饮业协同发展。完成食品抽检任务2107批次，食品抽检量达到5批次/千人，不合格食品核查处置率达到100%。全面实施餐饮质量安全提升行动，开展“餐饮安全你我同查”活动，约谈网络订餐平台，餐饮单位量化分级评定达到100%、明厨亮灶率达到98%。实施校园食品安全守护行动，74家学校（幼儿园）食堂全部纳入“互联网+明厨亮灶”智慧监管系统。扎实开展校园食堂食品安全、农村食品市场、食用农产品“治违禁控药残促提升”三年行动及“守查保”专项行动等各类专项整治，累计检查食品生产经营单位9.9万家次，查办各类食品违法案件20起，罚没款25.7万余元。做好“4·06”“9·20”疫情防控期间各项工作，聚焦重点场所疫情防控，强化进口冷链食品和非冷链集装箱货物监管，加强生活必需品和防疫用品价格监管，全力以赴筑牢市场监管领域疫情防控坚实防线。

【药品安全监管】

2022年，市场监管分局围绕年度工作要点，制定工作计划，强化工作措施，扎实开展药品安全专项整治，不断提升“两品一械”安全监管水平。制定下发《2022年利通区药品流通环节监督检查计划》《吴忠市市场监督管理局利通区分局药品安全专项整治行动工作方案》等文件，完成抽样任务70批次。全面推进药品安全专项整治走深走实，监督检查零售药店345

家、医疗器械专营企业28家次、医疗机构236家次，梳理排查风险隐患63个，责令改正63家，警告8家，查办“两品一械”案件18起（涉药品案件14起，医疗器械案件2起，化妆品案件2起），罚没款9.1万元，移送公安机关假药案1起。全面推进“阳光药店”工程质量建设，2022年，利通区347家药店已全部纳入“阳光药店”信息系统管理，创建完成的阳光药店321家，完成率92%，已安装温湿度监测设施400台，覆盖了321家药店。协调利通区卫生健康局开展联合检查，扎实有序推进医疗机构“规范药房”建设工作，不断提升医疗机构药品使用质量管理水平。2022年，利通区已实现辖区3家一级以上医疗机构、13家乡镇卫生院、2家社区卫生服务中心全部认定为“规范药房”。

【特种设备安全监察】

2022年，市场监管分局立足市场监管领域安全生产职能，认真履行安全生产工作职责，全年未发生安全生产事故。以特种设备、燃气专项整治、危险化学品集中治理等工作为重点，印发《吴忠市2022年度特种设备监督检查计划》，确定了对58家重点生产经营使用单位开展监督检查。2022年，检查特种设备生产经营使用单位126家次，下达特种设备安全监察指令书50份。今年新增注册各类特种设备828台，其中锅炉8台，压力容器203台，电梯526台，起重机械13台，大型游乐设施8台场，场（厂）内机动车辆70台，注册压力管道25.6公里，注册各类气瓶510只。

应急管理

【概况】

利通区应急管理局成立于2019年2月，为利通区人民政府工作部门，正科级，下设利通区应急管理综合执法大队（副科级事业单位），加挂利通区应急管理保障中心牌子。核定行政编制6名，核定事业编制18名，现有在编在岗人员共24名，取得执法资格人员14人。在区委、区政府的坚强领导下和上级业务部门关心指导下，聚焦重点工作和改革任务持续发力，努力开创应急管理工作新局面。强化党组织建设，积极探索党建与应急管理工作的深度融合，扎实开展“严细深实勤俭廉＋快”工作作风提升行动。强化安全生产专项整治，坚持源头治理，以安全生产专项整治三年行动为抓手，深入开展危险化学品集中治理、工贸行业安全生产百日专项整治等工作，一大批安全隐患得到了彻底整改，62家企业创建通过安全生产标准化，亿元GDP生产安全事故死亡率连续4年控制在自治区下达指标以内，辖区安全生产形势持续稳定。全力推进“互联网＋执法”“互联网＋监管”，累计立案36起，罚款170.9万元。强化应急管理基层基础，建立完善了“1+1+4”应急管理指挥体系和事故灾难及自然灾害分级应对制度，全区12个乡镇成立了应急管理办公室，各村（社区）配备了安全生产网格员，打通了应急管理“最后一公里”。开展全国自然灾害普查，建立数据库，重新修编全区“1+32”应急预案，建立利通区安全生产和应急管理专家库，投资760万元储备各类应急救援物资，组建了24支1643人专业化、社会化的应急救援队伍。投资130万元的应急救援指挥通信系统建成使用，创建全国防灾减灾示范社区16个，建设安全文化示范公园1个，应急管理基础设施建设进一步完善。

【重点行业专项整治】

2022年区应急管理局巩固三年行动专题教育成果、责任落实成果与“五类”整治行动成果，深入开展安全生产大检查、督查排查、百日专项整治行动，累计检查各类生产经营单位814家次，发现一般隐患1578项，已整改1578项。危险化学品领域检查企业125家次，查出问题隐患216项，处罚企业3家，罚款4.4万元，拘留1人；消防领域检查生产经营单位181家次，查出火灾隐患341项，行政处罚3家，临时查封1家；农业农村领域检查企业47家次，查出隐患91项；工贸领域检查企业149家次，查出隐患331项，处罚企业5家，罚款12.6万元；废品回收领域检查企业17家次，排查隐患33项；农村道路领域安装减速带21条，防护栏652米；文化旅游领域检查企业27家次，摸排隐患51项；其他行业领域共检查生产经营单位268家次，查出问题隐患515项。

【安全生产行政执法】

2022年累计开展行政执法检查71次，查出一般隐患108条，下发责改通知书48份，处罚企业及个人15次，罚款37.4万元。

【安全生产责任落实】

2022年制定印发了《利通区安全生产监督管理责任规定》《利通区委和区人民政府领导班子成员安全生产责任清单》等政策性指导文件，明确区委、区政府主要负责人安全生产第一责任人和班子成员安全生产职责，理顺各乡镇、各部门属地管理和行业监管责任边界。针对企业安全基础薄弱的难题，积极指导辖区19家企业完成标准化建设。

【防灾减灾】

2022年组织召开利通区2022年防汛抗旱研判会商会4次，督促各乡镇、各成员单位切实做好预警信息发布，先后启动、解除利通区防汛Ⅳ、Ⅲ级应急响应共计5次下发《应急响应通知》7份，全力应对“7·10”强降雨等灾害4次，对31座蓄水池等河道险段和45个雨量监测站点、54套预警广播、31套视频监测点等进行了拉网式检查，排除隐患，争取救灾资金90万元，救助受灾人群3300人次，最大限度减少了群众财产损失。有效避免因灾死亡事故的发生。

【应急保障】

2022年区应急管理局牢固树立“宁可备而不用，不可用时无备”的理念，常态化储备疫情防控与抢险救灾等物资价值760万元。疫情防控期间采取政府物资“绿色通道”方式采购疫情防控物资25080件，价值401万元，确保利通区疫情防控期间所需物资供应充足。2022年，累计发放帐篷、被褥、棉大衣等应急物资34156件，消毒液110吨，有力保障了疫情防控各项工作开展。

【应急救援】

2022年区应急管理局进一步健全利通区应急预案库，有效提升应对突发事件的能力。组建由民兵预备役、基层干部、企事业单位、社会组织等组成的专兼职应急救援队伍24支1643人，审核成立利通区蓝天救援队伍，常态化开展应急演练26场。全面推广金星镇应急能力规范化建设试点“1234”工作模式，以点带面，促进利通区基层应急管理能力建设质量迈上新台阶。指导利宁、乃光湖等社区持续完善综合防灾减灾能力，推动全国综合减灾示范社区创建工作再出成果、见实效。紧抓防洪与排涝，对城市规划区169个居民小区的84个车库、377个地下车棚进行防洪改造，整体提升居民住宅小区洪涝灾害防御能力。

【宣传教育】

2022年区应急管理局通过专家辅导讲座、安全生产公益直播活动等多种方式对辖区重点企业负责人和安全管理人员进行专题学习，全年开展专题学习82场，累计学习人数2488余人次，分批次开展“安全生产万里行”“6·16安全宣传咨询日”活动，充分利用“5·12”全国防灾减灾日、全国防灾减灾宣传周、安全生产月等重要宣传节点，通过专题研讨、集中宣讲、培训辅导、短视频、社区小喇叭等宣传方式开展防灾减灾安全知识教育，制作公益广告、海报、短视频、提示语音等43条（份）。组织开展“进门入户送安全”123次，受众12564人次，组织各类宣传活动100余场，发放各类宣传册和宣传手袋25000余份。

消防救援

【概况】

利通区消防救援大队下辖3个消防救援站（友谊路站、同心街站、朔方路站）。2022年共有消防指战员、政府专职队员、消防文员102人，共有各类消防执勤车辆21辆、各类救援器材装备2100余件（套），辖区确定消防安全重点单位数量165家。

【队伍建设】

2022年，利通区委、区政府深入学习贯彻党的二十大精神，审议通过《吴忠市利通区消防事业发展“十四五”规划（2022—2025）》。以“牢记领袖训词，永做忠诚卫士”主题教育为抓手，教育引导消防队伍始终做到“五个不动摇”，开创了“机制更优、主业更精、基础更牢、队伍更强”的良好局面，大队、站两级党组织均被评为二星级党组织。在全区率先开展县（区）级消防“送奖到家”活动，极大增强了全体人员荣誉感和职业感。挂牌成立兰花消防志愿服务班，全面深化消防志愿服务各项活动。消防救援大队被利通区委、区政府荣记集体三等功，荣获吴忠市双拥模范城创建工作先进集体、吴忠市“9·20”突发疫情防控先进集体，推报的一名社区消防工作者经过层层选拔评比，最终荣获“第六届全国119消防奖先进个人”。

【消防监督执法】

2022年，区委、区政府先后15次召开会议部署推进消防工作，主要党政领导20余次听取汇报、带队检查，印发《自建房消防安全综合治理方案》等6个文件。纵深推动落实消防责任，教育等8个行业实行消防标准化管理。印发《基层消防力量建设方案》，在8镇4乡全部建成消防“一委一办一中心”并实体化运作。以三年行动、党的二十大消防安保等工作为主线，分别部署开展金积工业园区、高层建筑、自建房、劳密企业、疫情隔离点、打通“生命通道”等9类火灾隐患排查整治行动。消防救援队伍全年共检查单位2675家次，督促整改火患1760处，行政处罚72家，“三停”10家，临时查封14处，拆除1.6万余平方米彩钢板房。圆满完成了党的二十大等重大活动消防安保工作任务，辖区消防安全形势持续稳定，未发生较大以上火灾事故。

【应急救援建设】

2022年利通区消防救援大队始终聚焦“练精兵、谋打赢”，坚持“战斗力”唯一标准，着力提升科学高效的救援能力。以大练兵活动为抓手，开展体技能、装备器材、班组合成训练等400余课时。遴选人员20余人（次）参加各类专业救援、无人机操作及游泳培训等，带动队伍内部整体素质提升。联合社会力量开展“高低大化”等综合演练16次，参加各级水域、地震等应急演练10余次，开展疫区事故处置、洗消演练4次。组织召开利通区综合救援社会联动机制座谈会，建立完善信息共享、联勤联动、协作配合制度。创新发明底部水枪延长管，重点针对新能源车辆底部电池起火进行扑救。组建水域救援突击队，利用前突车将各类救援装备及橡皮艇模块化配置。

【社会救援】

2022年利通区消防救援大队共接警出动821起，其中火灾扑救480起，抢险救援117起，社会救助78起，公务执勤112起，其他34起；共出动车辆1537辆次，出动人员9129人次，抢救被困人员89人，疏散被困人员56人；抢救财产价值633余万元，保护财产价值3785余万元。圆满完成了“6·17”宁夏春升源生物科技有限公司、“9·5”宁夏兄弟包装有限公司、“12·17”宁夏恒丰同利巾被有限公司火灾扑救等急难险重灭火救援任务。

【消防宣传】

2022年，“119宣传月”中，区委、区政府60余名党政领导和各级“一把手”首次集体参加消防专题培训，释放了各级领导“抓消防、管消防、促消防”的强烈信号。举办利通区首届“红领巾@火焰蓝”消防绘画作文评选表彰活动，引起了社会强烈反响。部署开展“119宣传月”等主题活动20余次，联合消防志愿者举办消防“五进”、公益性培训190余场次，6万余公众接受消防教育。组织5.3万余人注册全民消防学习平台，占辖区常住人口12%。在各级、各类媒体刊播新闻330余条，广泛传播利通消防好声音、好形象、好成效。

教育　科技

教　育

【概况】

吴忠市利通区教育局是利通区人民政府工作部门，正科级，挂利通区政府教育督导室牌子。吴忠市利通区委教育工作领导小组办公室设在区教育局，接受区委教育工作领导小组的直接领导，承担区委教育工作领导小组的具体工作，组织研究教育领域党的建设和思想政治建设政策措施、教育发展规划、重大改革方案，协调督促落实区委教育工作领导小组决定事项、工作部署。2022年，利通区属有中小学42所（小学33所，初级中学2所，九年一贯制学校7所），幼儿园51所。在校中小学生共35841人，在园幼儿12140人。教职工3879人（中小学教职工2141人，幼儿园教职工1738人）。2022年通过健全“三航”教师培养体系，培养县、市、区三级骨干115名。推进校园治理现代化，创建平安校园14所，获得市、区两级平安建设单位，荣获自治区法治安全教育等比赛优秀组织单位4个，“123+N”家校共育体系被选为全国优秀“双减”案例。

【教育资源配置】

2022年累计投资1.16亿元，新建幼儿园、改扩建中小学3所，新增学位2160个。利通区第十三幼儿园建设面积6064.1平方米，室外绿化、硬化、水、暖、电、外网等概算总投资3110.26万元。利通区第十九小学建设面积12925平方米，300米跑道和两个篮球场，室外绿化、水、暖、电等概算总投资6575.99万元。利通区第十小学综合楼扩建项目，占地约15.83亩，规划总建筑面积为3728.55 平方米，概算总投资1877.11万元。

【教育质量】

2022年，推动利通区教育向数字化、智能化、精细化转变，凝练的典型经验在教育部和联合国教科文组织合作主办的2022年国际人工智能与教育会议上做介绍。6个“互联网 +”应用成果在第五届数字中国建设成果展览会上展示并收录为国家视频课程资源。教师获得各级各类荣誉称号91人次，优秀组织单位3项。

【义务教育均衡发展】

截至2022年底，利通区共有义务教育阶段学校和幼儿园117所，其中学校59所（小学37所、初中10所、一贯制7所、高中4所、特校1所），幼儿园58所。共有学生88068人，教职员工7619人。共有1292个班级，超标准班额885个，占比68.50%；小学共有858个班级，超标准班额600个，占比69.93%；中学共有434个班级，超标准班额269个，占比61.98%。2022年九年义务教育巩固率110.4%，义务教育阶段辍学学生常态清零。持续巩固“双减”成果，开元小学作业设计、十六小“互联网+劳动教育”等案例获评自治区优秀案例并在全区推广。紧盯国家、自治区教育投资方向，积极争取上争资金，谋划教育领域项目，新建的利通区第十七小学、利通区第十八小学于2021年秋季招生，增加小学学位2700个，利通区第九中学于2022年秋季招生，增加中学学位1800个。2022年建设项目中的金积中学、金积第二小学、第十九小学已开工建设，建成后将新增中小学学位4500个。2022年秋季已全部化解大班额，按照年度计划逐年消除现有大班额。建立了图书、实验器材等补充更新机制，为学校更新信息化等设备。提升特殊教育发展水平，按照“一校一案”落实适龄残疾儿童入学安置工作，积极申请专项资金对接收5名以上残疾学生随班就读的学校建设资源教室，9所学校已建设资源教室，实现残疾儿童入学率95%以上，学前、九年义务教育各学段逐步实现优质均衡发展。建立师德与人事档案同步管理机制，常态开展师德宣讲、树立师德典型25个，严格落实教师“七个严禁”，打造自治区师德师风示范校2所，持续推进“四有”好老师团队建设。推进“三航”教师培训体系，实现全区教师100%全员轮训。强化跟岗实践和实地研修，同步开展骨干引领、新老结对，教师、校（园长）职前职后培训，培训各级骨干教师150余名，信息化骨干人才240名，校（园）长轮训200余人次，教师信息化素养100%达标。长效实施教师校长交流轮岗机制，交流轮岗教师160人。健全教师工资长效联动增长机制，普惠园、公办园职工待遇逐步实现同工同酬，营造尊师重教的良好风尚。

【学前教育公益普惠】

2022年投入使用新建公办幼儿园2所，新增学位900个，利通区第十三幼儿园公办园项目立项，公办幼儿园在园幼儿占比47.8%，新增普惠性民办幼儿园4个，普惠性幼儿园在园幼儿占比88.11%。建立52个“一园一档”规范幼儿园档案管理，针对各部门、幼儿园印发《学前教育普及普惠创建工作实施方案》《吴忠市利通区幼儿园办园行为督导评估规划（2022—2024年）》《吴忠市利通区“十四五”学前教育发展提升行动计划实施方案》等，有效推动普及普惠教育安全优质发展。

【师德师风建设】

2022年常态化开展教师思想政治和师德师风教育，将习近平总书记关于教育的重要论述纳入教职工理论学习计划、教职工岗前和在岗培训学习内容等。加强教师“四史”学习教育，扎实开展党史学习教育，在教师党员中开展践行师德系列活动。构建市区一体化思政联盟，培育思政精品课100节，创建各级思政试点学校8所，引导广大教师守好讲台主阵地，提升师德素养。培育“红烛先锋”等党建品牌26个，通过“双培养”模式，培育党员骨干教师20名。

【师资水平提升】

2022年制定利通区中小学、幼儿园教师专业发展规划，组织开展校（园）长、骨干名师、青年教师春季能力提升培训，培训人数352人。培养中小学及幼儿园各级各类骨干教师、专业人才、家庭教育讲师共计450名，发挥专业人才引领带动能力，先后有54名教师获得自治区课堂一等奖，38名教师获得省部级优课，2名教研员获得自治区高端教学人才培养对象，自治区“十四五”规划课题立项6个，县级以上课题立项12个。

【青少年立德树人教育】

2022年开展习近平新时代中国特色社会主义思想与思政学科教学有效融合“三进”精品课竞赛、《习近平新时代中国特色社会主义思想学生读本》精品课竞赛、党史学习教育与思政学科教学有效融合精品课竞赛等活动，精选思政优秀课例50节上传至宁夏教育云平台相关栏目，充实思政优质资源。

【困难学生资助】

2022年学前教育阶段、义务教育阶段资助精准发放，根据“应助尽助、应补尽补”“一个都不能少”原则，对利通区所属57所幼儿园1.3万名幼儿进行信息比对，开展义务教育6类家庭经济困难学生资助认定。依据全国学生资助管理系统中央下发名单及自采集佐证材料，比对在校生家庭经济困难学生资助，学前教育阶段资助1408人次，发放资助金124.37万元；义务教育阶段资助6300人次，发放资助金169.36万元，基本实现“不漏一人、不漏一校”。

【劳动教育】

2022年利通区创建了自治区劳动教育示范校8所，利通区级劳动教育示范校8所、校外劳动实践基地4个，建设打造了一批特色鲜明的校内劳动实践场所。利通区教育局指导各中小学校认真落实《大中小学劳动教育指导纲要》，组织开展各项劳动实践活动，小学1~2年级学生每周劳动实践时间不少于2小时，其他年级不少于3小时，为所有学生制作劳动实践记录卡，学生坚持每天简要记录，形成习惯。开展利通区劳动教育名师培养项目，建成了利通区左海荣、殷志强2个劳动教育名师工作室，发挥名师引领、示范效应，用好10个教研共同体和校际联盟，集中开展线上线下劳动教育教研、骨干教师培训培养等活动。

【中小学生体质监测】

2022年创新学校体育活动形式，根据学生年龄特点和身心发展规律，围绕课程目标和运动项目特点，帮助学生掌握1至2项运动技能，引导学生树立正确的健康观。大力提倡引导青少年参加课外体育锻炼活动，教育局结合开齐开足体育课，对学校落实“每天一小时校园体育活动”情况开展检查抽查并通报公布。体质健康监测35537人，优良率为40.64%，及格率为56.84%。

【教育扶贫】

2022年通过“县管校聘”交流城乡教师142名，同时根据《自治区教育厅关于全面实施乡村小规模学校教师走教支持计划的通知》文件精神，实施“乡村小规模学校教师走教支持计划”，确定从6所学校选派17名教师向10所小规模学校（教学点）开展走教教学，教师走教每周至少1次，每次至少授课2课时；严格落实各项保学措施，每学期开学初教育局组织人员逐校排查学生到校情况，2022年共劝返学生29名（其中21名就读中职）。严格执行义务教育营养改善计划，为扁担沟中心学校、孙家滩中心学校等9所生态移民区学校3585名学生配送义务教育免费午餐，共支付230.236万元。采取政府购买服务形式，为3100多名学生提供乘车服务，共支付交通费用

432.01万元。

【校园治理】

2022年，完善学校“五大行动责任清单”，梳理形成各部门、教育局各科室，各级各类学校“责任清单”，完成自治区课题1项，在《宁夏教育》期刊第9期发表论文1篇，治理亮点模式在自治区推广，校园治理能力更加规范。

【校园安全管理】

2022年全面构建校园安全防范体系，构建“三精”共管、“三防”齐进的安全管理长效机制。先后开展了利通区教育系统“喜迎二十大 忠诚保平安”“百日专项整治行动”“校园安全大排查大整治”“暑期校园安全”等各类安全排查整治。聘任法治副校长30名，获得市级、自治区级法治安全竞赛优秀组织单位4个，创建市级平安校园13所，利通区教育局创建为吴忠市平安建设单位。

【家校共育】

2022年开展“家庭教育进社区联动服务活动”，39所学校和39个社区建立联动信息，每月一次开展联动活动，购买240本《不输在家庭教育上》书籍，各学校、家长进行读书漂流和读书分享，共2万多家长线上参加学习分享，并书写读书感悟。开展各类家庭教育公益讲座，2022年“百名讲师团”共讲座56场，录制音频课18节课，供家长线上学习。对39所学校家长进行线上《中华人民共和国家庭教育促进法》的宣讲，线上和线下进行各类专题培训56场。

【全面落实党组织领导的校长负责制】

2022年，利通区教育系统全面推行中小学校党组织领导的校长负责制，坚持“顶层设计、统筹规划、部门协作、稳步推进”总体思路，制定印发利通区中小学校《推行党组织领导的校长负责制工作实施方案》和“两个带头人”“两个议事规则”等4项配套文件，100%完成党组织领导的校长负责制改革任务，构建形成了教育系统党的领导纵到底、横到边、全覆盖的工作格局。教育系统坚持党建引领，持续深入学习宣传贯彻党的二十大精神，开展专题培训班2期、“大讨论”主题研讨4次、理论宣讲300余场次，受众17600余人次，撰写各类心得体会9000余篇。坚持党管人才，为30所学校选优配强党总支书记9人、“一肩挑”书记、校长21人。创新实施教育系统“两个带头人”工程，选树党组织书记带头人30名、名师骨干教师带头人56名，培养各级名师骨干教师279人，占骨干教师总数的52.5%。打造“两个带头人”示范点，形成利通二小“一强三引四依托”、第十二小学“四结合双培养”等党组织书记带头人工作模式，利通九中“双名双青结对”、开元小学“12345教师培养”等名师骨干带头人工作模式，带动引领全体教师强思想、提技能、争先锋、做表率，在全系统形成了党组织总揽全局把方向，党政班子齐抓共管谋思路，全体师生凝心聚力寻突破，全方位激活教育治理生态，推动教育高质量发展的良好局面。

【“县管校聘”改革】

利通区按照全区统一部署，于2022年5月初全面实施义务教育教师“县管校聘”工作。根据《利通区关于推进中小学教师“县管校聘”管理改革的实施方案》和4个配套方案，优化教师编制配置，提高编制使用效益，制定教师竞聘“一校一案”，合理设置教师岗位、管理岗位，顺利完成校内直聘教师360名，校内竞聘教师1696名，交流教师143名，择优聘任校长

15名，聘任副校长39名，未发生落聘交流教师上访舆情。“县管校聘”改革有效优化了教师学科结构，补充了城市教师空缺，全区中小学校领导平均年龄由47.5岁降低为42.5岁，男性领导占比由67%降低为60.3%，女性领导占比由33%增加到39.7%，全区中小学校领导本科占比由73.3%上升到83.3%，校领导班子成员呈梯次构建，老中青分布相对合理，为进一步建起高素质、专业化、创新型的校领导队伍奠定了基础。

【课后服务】

2021年11月，利通区各学校制定课后服务工作实施方案，利通区所属46（经撤并村小后，现有42所）所义务教育阶段学校100%开展课后服务，第一时段作业辅导学生参与率达95%以上，第二时段兴趣活动服务根据校内师资、活动场地、学生兴趣等情况进行灵活调整，供学生选择。2022年，根据印发的《吴忠市区中小学（幼儿园）课后服务费管理办法》，成立课后服务工作领导小组，及时修订完善利通区属各学校课后服务量化考核管理办法和资金管理办法，参与课后服务的学生3.6万人，参与教师2100余人。强力激发152名三级骨干教师、100名学科名师引领作用，推动培育课后服务教研成果81项。全面夯实26个艺术实践工作坊和50余项艺术特色课程，注重开展优秀传统文化教育，培育第三批全国中小学中华优秀传统文化传承学校4所；深化体教融合，发挥15所全国足球、篮球、排球特色学校带动效能，常态化开展体育竞赛。

【五项管理】

为认真贯彻习近平总书记关于教育的重要论述，全面落实教育部关于加强学生作业、睡眠、手机、读物、体质等管理的工作要求，根据自治区教育厅《关于促进中小学生身心健康发展的十条措施（试行）》，2021年，利通区出台《关于规范管理促进中小学生身心健康发展的通知》，进一步加强中小学管理，规范办学行为，对教师教学、学生作业、学业考试、教辅读物、学生手机使用、培训机构规范管理作出明确要求，同时，要求各中小学开足开齐体育课程，加强学生体育锻炼，从改善学生用眼环境等方面保护学生视力，构建家校社协同育人机制，关注教师、学生心理健康，指导家长和学生确定合理就寝时间，保证中小学生充足睡眠。

【体教融合】

利通区教育局落实立德树人根本任务，深入推进“五育”并举全面育人，秉承“健康第一”的理念，深入实施教体融合发展，坚持体育素养与技能培养相促进，常态化推进青少年体育锻炼活动开展，全面提升学生体质健康水平，形成城市学校带动农村学校、强校带动弱校的良好氛围，均衡化一体化发展态势强劲，体教融合发展呈现出“一校一品，一校多品”“一校一特”良好局面，成功创建全国足球、篮球、排球特色学校共15所，自治区级体育传统特色学校8所，打造全国优秀传统文化传承学校4所，自治区级“双减”“体教融合”等试点区4个，构建了“互联网+教育”为“五育”并举赋能的现代化教育体系。先后建成国家和自治区级足球、篮球、中华优秀传统文化传承等特色学校67所，9所学校在体育、美育、科技创新等方面获国家级、自治区级大奖。

学校概览

【吴忠市利通区第七小学】

吴忠市利通区第七小学位于吴忠城市中心开元大道西323号，2019年9月独立办学。

学校现有27个教学班，学生1462人，专任教师72人。学校占地面积20328平方米，建筑面积11595平方米，绿化面积约4000平方米，活动场地面积8300平方米。学校现有计算机教室2间，分别是66机位、55机位；机器人教室1间，25机位；科学实验室2间，分别是54实验位；舞蹈室1间，配有钢琴3架，电钢琴3架及专业器材；美术专用教室1间，配有专业器材；体育器材室3间，分别配有软式和通用体育器材；录播室1间，56学生位。观课室1间，30观众位；图书室1间，藏书20000册。现有教学设备希沃牌一体机27套，鸿合牌一体机19套，教师办公用计算机46台。

学校党支部按照习近平总书记“培根铸魂，启智润心”的教育新要求，把学校特色文化创建作为党组织领导力的发力点，引领打造学校“启智”品牌文化，助力学校内涵发展和高质量发展。

党支部把“启智”文化作为学校品牌文化，聚焦立德树人，落实办学目标。党支部按照新时代党的教育方针和新课程改革及教育进入核心素养时代的新要求，确定“培根铸魂、启智润心”为学校办学目标，确定“启智”文化为学校品牌文化，聚焦立德树人根本任务，融合拓展学校“七彩”文化基础，以“五育”启智、“七彩”育人为支撑，以“七彩”课程文化、“七彩”阅读文化为拓展，启智尚美、立德树人，打造智慧校园，提升核心素养，促进学生全面发展、健康快乐成长。

党建引领创建“七彩”育人文化。党支部把“七彩”育人作为学校落实立德树人根本任务的重要保障，为党育人，为国育才。党组织融合学校德育文化、“四有”好老师等文化创建基础，结合新时代教育改革新要求，确定了“七彩”德育文化，即中华民族共同体文化、好老师文化、书香文化、美育文化、绿色生态文化、生命健康文化等“七彩”文化创建内容，通过“七彩”德育文化培根铸魂，践行社会主义核心价值观，培植红色爱国基因，铸牢中华民族共同体意识，培育社会主义祖国合格建设者和接班人。

党建引领创建“七彩”课程文化。在学校“启智”品牌文化创建过程中，党支部按照习近平总书记“让每一个学生都健康成长，让每一个孩子都有人生出彩的机会”等教育观念，引领学校教学团队创建“七彩”课程文化，以“智之彩、美之彩、雅之彩、健之彩、艺之彩、技之彩、慧之彩”为主要目标，结合国家课程、校本课程和各类社团活动类课程实施，为每一个孩子的健康成长创造公平的机会，营造和谐的氛围。同时，学校积极创建书香校园，按照“厚德、启智、尚美、善思、悦读、创新”等“七彩”悦读目标，引领学生爱读书、善读书、读好书，读书筑梦，读书成长，在读书中提升核心素养，在读书中成就人生梦想，构建“七彩”幸福人生。

学校先后获得自治区级先进基层党组织、自治区级“新时代好少年主题教育读书活动—我为祖国点赞”先进集体、自治区民族团结进步示范学校、吴忠市德育工作先进集体、吴忠市级民族团结进步示范单位、吴忠市级文明校园、吴忠市“我身边的抗疫故事”优秀组织单位、利通区首届校园文化艺术节团体操表演优秀展示奖、利通区中小学生“文明城市 和谐之家”手抄报比赛优秀组织奖、利通区第二届中小学合唱比赛一等奖、吴忠市级围棋活动开展示范学校，在利通区第二届合唱比赛中荣获一等奖等荣誉。

【吴忠市利通区第八小学】

利通区第八小学始建于1917年，作为东塔寺乡一所百年老校，自建成以来多次更换校址、更改校名。2019年3月随着吴忠市利通区教育局的成立及城市化发展进程需要，正式更名为吴忠市利通区第八小学。学校占地面积12000平方米，现有25个教学班，学生1318名；在编在岗教师59名，其中高级教师10名，一级教师25人，自治区级骨干教师4人，吴忠市级骨干教师6人，利通区级骨干教师9人。近年来，学校加大经费投入，加快硬件设施建设，有AR实验室、音乐智能指法室、智能书法室、容纳400多人的“安全大讲堂”、舞蹈室、戏曲室以及各类艺术教室，是总体国家安全观教育基地。在各级教育主管部门的正确领导和社会各界的关心支持下，依托百年办学历史和文化积淀，坚持“童蒙雅正·奠基未来”的办学理念，以立德树人为己任，以“崇学尚雅，习礼养正”统领学校“三雅三正”的发展目标，创造“雅正”环境，实施“雅正”教育，培育“雅正”人才。

学校以党建工作统领学校全局，加大教师队伍建设，坚持以提高教学质量为核心，筑牢师德师风建设。党员教师带头讲思政、示范课，让红烛先锋亮身份。在抓实常态化学习和主题党日学习的基础上，精心打造“有声党建图书”，开展党的二十大知识竞赛活动，让党员教师提能力。依托“消防战士升国旗”“雷锋故事我来讲”等国防教育，赓续红色血脉；积极构建“党队携手”育人格局，共同开展升国旗、爱劳动、做志愿等主题实践活动，将“四联系三关爱”党建品牌融入学生思想道德建设，让党员引领润童心。

学校以总体国家安全观教育基地为抓手，通过“五个一”举措和“七个一”活动，开展安全教育宣传及疏散演练等，为师生营造安全、和谐的校园环境。完善工作机制，建好用好校园安全教育“1530”模式，对学生进行安全提醒和安全教育。家校合作协同育人守护安全。学校、年级、班级成立三级家委会，开展家庭教育讲座、家长会等，为孩子营造健康、积极的育人环境。

搭建校内“四课”舞台，助力教师专业成长；营造读书氛围，提升师生阅读素养；夯实“双减”工作，提升课后服务质量。发展“一校一品”戏曲特色，构建学校、家庭、社会育人格局。

学校以戏曲文化为办学特色，在师生中营造文化氛围。打造戏曲文化长廊、戏曲教室，介绍中国经典戏曲，包括戏曲的渊源、戏曲的表演形式、戏曲表演艺术、戏曲人物、经典剧目等，开辟戏曲宣传栏宣传，以此营造戏曲文化氛围，达到戏曲进校园、传播文化的目的。学科融合展现戏曲魅力。戏剧语文课堂绽放异彩，戏曲体育课堂扬国粹健身心，戏曲美育课堂焕发生命力，戏曲音乐课堂时尚优雅，让学生了解、接受并喜爱上我国的传统戏曲艺术，培养孩子感受戏曲美的能力、传承和弘扬戏曲文化的意识。

学校采取“请进来”与“走出去”相结合的方式，充分挖掘戏曲资源，组建戏曲传承学习班，聘请专业的教师来校进行教学，把学生带出去参与实践活动，并纳入学校课后服务社团活动体系；把常规学习与宣传相结合，通过主题班会、戏曲操展示、校园广播……引导学生观看戏曲表演或影像资料，宣传戏曲剧目中爱国主义精神和民族传统美德；把搭建平台与传承相结合，主要节日开展戏曲活动；把戏曲传播与家庭教育相结合，戏曲“浓妆”上云端，树立学生文化自信和文化安全。

学校先后被评为自治区级总体国家安全观教育点、自治区级劳动示范校、吴忠市文明校园、民族团结进步模范集体、学习型党组织和学习型机关建设先进单位、先进教工之家、教育系统先进基层党组织、教育系统德育工作先进单位、吴忠市平安校园、教学质量优胜奖、少先队红旗大队等荣誉称号。

【吴忠市利通区第十小学】

利通区第十小学位于友谊西路1194东南方向200米处。学校始建于1959年，原为板桥乡梁湾小学，初址位于乃光湖西北侧（现观湖名邸小区处），2008年迁建到现址，2010年更名为利通区第十小学，2019年9月独立办学。

学校现有23个教学班，在校学生919人，专任教师42人，学校占地面积19200平方米，建筑面积7112平方米，绿化面积2529平方米，活动场地面积5765平方米。学校建有两栋教学楼，一栋综合楼，建有300米环形跑道、足球场、篮球场，建成图书室、舞蹈室、黄河石手工坊、黄河泥手工坊、机器人室、两个微机室等。学校积极推进信息化建设，接入500兆光纤，无线网络校园全覆盖，班班有多媒体教学设备，有1间录播教室、3个专递教室、2个微机教室。

学校以“为学生成长奠基、为教师发展铺路”为办学宗旨，构建“润泽教育”体系，确定了“厚德尚美　知行合一”的校训，“团结奋进　务实创新”的校风，“修润自身　惠泽学子”的教风，“乐学　善思　探究　求新”的学风。努力深化“润泽教育”内涵，构建和谐教育生态，形成幽雅的校园文化、浓厚的书香校园氛围及良好的班风校风、润泽的教师队伍、文雅的学生群体。

学校坚持依法治教、质量兴校、特色立校的方针，不断建立健全学校管理机制，努力推进教育教学改革。积极探索学生思想道德建设的新途径，借助宁夏教育云平台及相关平台，构建“三维六元”学本课堂教学模式；以“黄河品质、人文情怀”为核心文化，精心打造黄河石彩绘、黄河泥塑陶艺、书法、国画、葫芦丝等15五个综合实践特色社团；构建家务劳动、校园劳动、基地劳动、劳动课三位一体的劳动教育；打造特色大课间，促进体教融合。

学校先后荣获全国篮球学校、全国健康学校、吴忠市文明校园、利通区民族团结进步示范学校、利通区园林学校、乡村温馨校园、先进基层党组织、德育工作先进集体、教育宣传工作先进集体等荣誉称号。2021、2022年度综合考核中荣获一等奖。学校坚持“五育”并举，促进学生德智体美劳全面发展。先后荣获自治区十四届“希望杯”舞蹈展演一等奖、吴忠市区迎新春文艺汇演一等奖、利通区教育局2019年优质课竞赛团体二等奖、利通区首届小学生篮球联赛第三名、利通区首届中小学器乐比赛二等奖、利通区首届校园文化艺术节团体操表演优秀展示奖、利通区第二届学生合唱比赛优秀奖、利通区中小学朗读比赛一等奖等。

【吴忠市利通区第十二小学】

利通区第十二小学位于安居路379号，始建于2003年，校园占地面积26664平方米，校舍建筑面积9083平方米，绿化面积9686平方米，活动场地面积15449平方米。党总支下设2个党支部，现有39个教学班，1942名在校生，86名教职工，58名党员，各级各类骨干教师33人。

学校坚持党总支牵头抓总，聚焦教育发展主线，以“开局即冲刺，起步即决战”的姿态持续发力，理清学校工作思路，明确一条主线，抓好两个重点，融合四项管理工作。构建党的领导全覆盖的融合治理新样态。学校以“品格培塑”教育为办学理念，以“基础扎实、习惯良好、全面发展”为办学目标，以“为学生美好未来奠基”为发展愿景，以培养学生“8个好习惯”养成教育为办学特色，以“文明、诚信、好学、健美”为校训，以“民主、和谐、求真、向上”为校风，以“踏实、严谨、创新、进取”为教风，以“勤奋、探究、自主、合作”为学风，努力构建活力校园、和谐校园、素质校园、智慧校园和特色校园。

学校主要开展了以下特色活动。构建领导班子民主管理融合共同体。全面推进党组织领导的校长负责制，遵循“以服务为宗旨、以制度为准绳、以发展为价值导向”的融合管理理念，坚持民主集中制，建立健全重大事项议事决策制度，规范遵循决策、实施、监督“三步走”，保证党组织在办学治校中的核心领导作用。打造党员“红烛先锋”融合共同体。第一党支部持续深化“四结合双培养”党建品牌建设，加强党员教师“双培养”，积极推进“两个带头人”培养工程，同步依托“青蓝工程”“名师领航”两个载体，培养中坚力量，提升党组织软实力；第二党支部建强“8个好习惯育新人”党建品牌，发挥少先大队部及少先队员党的助手和后备军作用，依托金花园社区及学校小兰花志愿服务队，常态化坚持卫生保洁、秩序维护、为社区孤寡老人送温暖，处处体现学校开展的多元化志愿服务行动。构建学科教学教研融合共同体。充分发挥党组织书记带头人和名师骨干带头人示范作用，依托名师工作室、教研共同体等开展活动，以“备研领”三步式教研课例研讨为着力点，积极探索“双减”背景下的“3421”生本课堂教学模式，敦促形成“和而不同，合而相融”的教风学风，助力教学质量全面提升。构建家校社协同育人融合共同体。聚焦立德树人根本任务，以“党建引领”为抓手、以“立德铸魂”为落脚点，着眼协同育人大环境，构建家庭、学校、社区融合一体的教育网络。围绕“赋能·互育·共生”三项核心特质，以家校社协同育人建设为依托，采用“横向融合、纵向深入”两线并行的方式，探索家校社协同育人新路径，实现了学校、家庭、社区教育的同频共振。建实载体赋能，创建石榴苑，让学生了解石榴花及石榴籽的寓意。教育全体教职工讲团结，合作共事形成育人合力；教育学生像石榴籽一样紧紧团结在一起，进一步铸牢中华民族共同体意识。积极探索，完善“1+N”劳动课程体系。挖掘劳动在树德、增智、强体、育美等方面的育人价值。将培养学生的劳动观念、能力、习惯和品质、劳动精神贯穿课程实施全过程，有计划、有目的地组织学生参加日常生活劳动、生产劳动和服务性劳动，以丰富开放的劳动项目，引导学生树立正确的劳动价值观，成为懂劳动、会劳动、爱劳动的时代新人。

近年来学校先后被评为先进基层党组织、五星级基层党组织、吴忠市文明校园、“8个好习惯”养成教育特色学校、吴忠市校本教研先进集体、德育工作先进集体、教学质量检测优秀单位、少先队规范化示范学校、家庭教育示范学校、吴忠市书香校园，被命名为自治区级体育传统特色学校，学生“8个好习惯”养成教育课题荣获自治区第四届基础教育课题研究一等奖等。

【吴忠市利通区第十三小学】

吴忠市利通区第十三小学地处吴忠市滨河新区核心地带，坐落在美丽的黄河金岸，毗邻吴忠市两馆一中心，人文、地理环境优越。学校始建于2013年9月，原名吴忠市滨河实验小学，当时由吴忠市利通区第十二小学代管。2014年，为了贯彻落实吴忠市教育局集团化办学工作部署，将学校划入利通一小管理，并于同年7月正式挂牌为利通一小滨河校区。2019年，按照吴忠市机构改革方案，学校划属利通区教育局管理，更名为吴忠市利通区第十三小学。学校总占地面积30636平方米，绿化面积7955平方米，建筑面积9228.5平方米，其中办公楼1栋，综合楼1栋，教学楼3栋。现有在编教师84人，其中自治区骨干教师3人，吴忠市骨干教师4人，利通区骨干教师7人。学校历经三次变革，实现华丽转身，由成立之初的1个教学班、2位老师、43名学生发展到现在33个教学班、92位教师、1688名学生。

学校自2019年独立办学以来，以“和雅教育”为根基，秉承“若水树正气，和雅立人生”办学理念，着力培养“和雅少年”。教育教学成果丰硕，先后被认定为自治区劳动教育示范学校、自治区家庭教育指导服务示范校、吴忠市围棋活动开展示范学校、吴忠市平安校园、利通区民族团结进步教育示范学校、利通区园林式单位，荣获吴忠市优秀基层党组织、吴忠市文明校园、吴忠市教育工作先进集体、利通区2020年度德育工作先进学校及利通区2021、2022年度中小学综合考核一等奖等荣誉称号。

学校坚持以习近平新时代中国特色社会主义思想为指导，全面贯彻落实党的教育方针。突出“创新”“特色”“求实”三大发展主题。按照“整体规划，分步实施，全面启动，示范引导”的建设要求，树立“人无我有、人有我优、人优我特”的理念，以“学校有特色、教师有专长、学生有特长”的建设思路，围绕“建项目、创特色、树品牌”分步推进学校特色品牌建设。近年来，在办学特色方面，精耕细作、亮点突出。一是党建品牌持续深化。学校倾力打造“党旗红·劳动美”劳动教育党建品牌，唱响劳动最光荣、劳动最美丽的主旋律。积极创建“星光耀童心”家庭教育党建品牌。以支部的星光照亮家社，办好家长学校，加强家校联系，提升学校家庭教育指导服务的能力。二是劳动教育独树一帜。学校以劳动教育名师工作室为引领，以“项目式”推进为抓手，持续完善学校劳动课程体系建设，创新“六星三级”劳动课程评价体系，构建“133”全学段覆盖、全场景育人、全过程融入的劳动课程体系，切实推动了劳动课程在校园的落地生根。三是家庭教育持续升温。学校努力提高家教水平，创新“一到位”“两结合”“三个点”的家庭教育工作思路。形成“1234”家庭教育指导服务模式，构建“家校社三阶梯”协同育人机制，密切家庭、学校、社会的关系，帮助和引导家长树立正确的育人观念，掌握科学的家庭教育方法。四是体艺工作全面开花。学校在“一校多品”理念引领下，按照“一项特长、两个爱好”的学生培养模式，确定砖雕为“一校一品”特色品牌，葫芦丝、足球为学生“双爱好”培养项目。开设选修“和雅”课程，即育雅课程、健雅课程、慧雅课程、养雅课程和润雅课程，包括足球、乒乓球、砖雕、版画、葫芦丝、舞蹈等20个项目类别，学生在丰富多彩的文体活动中，强健体魄、陶冶情操。

【吴忠市利通区第十四小学】

吴忠市利通区第十四小学位于吴忠市利红街254号，始建于1932年（前身系灵武县石佛寺初级小学）。2016年10月经吴忠市教育局批准建成，学校现有教学班28个，在校学生1130名，专任教师67名，党员20名，高级教师15名，中级教师28名，骨干教师19名。学校总占地面积29333平方米，建筑面积6654平方米，绿化面积10500平方米，运动场面积12000平方米，达到自治区标准化学校办学水平。通过校园网改造，采用“有线＋无线”信号500兆光纤接入，做到网络信号全覆盖。

学校以习近平新时代中国特色社会主义思想和党的二十大精神为指导，落实立德树人根本任务，按照文明校园“六好标准”，细化管理，挖掘育人功能，强化教师队伍建设，深化校园文化内涵，优化育人环境，促进学生健康成长，创建文明和谐的校园。学校始终以党建引领学校发展，按照“12236”党建工作模式——筑牢一个堡垒、创建两个品牌、加强两个建设、抓好三项举措、形成六大抓手，以“红雁先锋”及“石榴同心，礼乐相伴”党建品牌为载体，进一步筑牢全体党员干部在思想根基上争创先锋。以清廉学校建设为契机，强化党风廉政建设与师德师风建设。以“党建＋政教”为抓手，充分利用国旗下的讲话、班队会、主题实践、道德讲堂等活动加强德育建设，通过开展“请党放心　强国有我”“喜迎二十大　争做好少年”等系列主题活动，培养“知党恩　感党恩”的爱国少年。以“党建＋教学”为统领，围绕“互联网＋教育”、“3581”教学模式、体教融合，加强“礼乐”教育，构建线上线下主题教研，促进教研效果最优化。积极参与连片区教研活动，提升教育教学质量；严格落实“五项管理”和“双减”政策，规范学校办学行为；拓宽课后服务渠道，让学生全面发展。学校秉承“构建礼乐校园，成就美好人生”办学思想，以“德业并重，知行合一”为校训，坚持为教师幸福人生添彩，为学生终身发展奠基的办学理念，并形成特色建设体系。积极打造“礼乐”教育，从“礼”和“乐”两个方面精心设置“礼乐”文化的教育内容。以“礼乐”教育为基础构建了“礼乐”课程体系，通过“三礼五乐”课程体系，使学生了解“礼乐”文化，理解其中的精华——所谓“三礼”是指知礼、明礼、行礼三个层次，而“五乐”是指巴乌、排箫、口风琴、竖笛、非洲鼓五种器乐的学习。在构建课程教学体系的同时，使教学更贴近学生的实际需求，进而便于将“礼乐”文化融入学生日常学习生活的点滴之中。

学校立足实际，发奋图强，以制度创新、管理创新、教育教学工作创新为基础，全面提高教育教学质量、办好人民满意的教育。通过校园文化建设、校本课程建设，推动教育教学质量不断提高，并取得了可喜的成绩。先后荣获利通区首届小学生篮球联赛体育道德风尚奖，“学习强国”学习平台学习先进集体，吴忠市利通区优质课竞赛团体奖，利通区精神文明建设指导委员会“文明校园”称号，吴忠市教育系统先进基层党组织，吴忠市利通区教育局“乡村温馨校园”称号，教育信息化工作先进集体，吴忠市级平安校园称号，利通区园林式单位。

【吴忠市利通区第十五小学】

吴忠市利通区第十五小学位于利通区教育园区学院路南2号。学校始建于2011年，现有17个教学班，在校学生779人，专任教师44人，自治区骨干教师2人，吴忠市骨干3人，各级名师、利通区骨干12人。学校占地面积26680平方米，建筑面积6074.41平方米，绿化面积11505.9平方米，活动场地面积9099.69平方米。学校建有一个标准化的运动场，两栋教学楼中的一栋作为乡村少年宫使用，设有微机室、智慧教室、音乐室、皮影工作室、图书室、阅览室、科学实验室等18个基础功能室。

学校围绕“知行善美”办学理念，实现“育品质学生，做品位教师，办品牌学校”的办学目标。依托合美文化体系，将党建与校园文化、师德建设、安全、德育、教育教学、“五育”等互融互促，不断完善“五育五融五创新”党建品牌，推进实施了多彩德育、青蓝结对、培根筑梦、“三红”育人机制。坚持以立德树人为育人导向，以“润德课程、沐礼课程、雅和课程”为载体，搭建“六大节日”主题教育、“三礼”传统教育、研学旅行实践教育活动框架，开展“红色”爱国主义教育、“金色”感恩教育、“黄色”安全教育、“绿色”励志教育、“蓝色”生本教育，打造“多彩德育”品牌。通过行为习惯专项达标行动、良好班风星级创建、红色故事双讲师、校内外小小愿者、童心永向党画展等内容，培养了“仁爱、博学、严谨、善教”的善美教师队伍，培育了“尚德、启智、乐学、善思”的知行学子。校园文化中引入皮影戏文化特色，以皮影艺术为载体，逐步形成独具特色的皮影戏“一校一品”特色。传承“培养阅读习惯　打造悦读人生”的学校特色文化建设理念，通过静态阅读文化的营造、动态阅读活动的开展，让阅读特色文化成为校园人共同追求的理念。引导学生扣好人生第一粒扣子，厚植爱党、爱国、爱社会主义的深切感情，激发师生读书的兴趣，养成热爱书籍、博览群书的好习惯。学校谨遵“知行合一、美善与共”的校训，做更精彩的自己，全力打造一所学子向往、英才辈出、家门口最好的现代化学校。

建校10余年来，学校先后被评为自治区信息化测评优秀学校，第31届宁夏（吴忠市）青少年科技创新大赛优秀学校，吴忠市校园文化艺术节“展舞姿”优秀学校，吴忠市校园文化艺术节“模拟法庭”优秀学校，自治区啦啦操比赛第五名，三星级服务型党组织，吴忠市先进基层党组织，吴忠市教育局“巾帼建功”先进集体，吴忠市教育系统“六有”工会，吴忠市第六届小学生田径运动会体育道德风尚奖，吴忠市区学校“阳光下成长”文艺汇演一等奖，吴忠市级文明校园，推进义务教育均衡发展先进集体，“利通地产杯”首届小学生足球赛优秀组织单位，安全网络优秀学校，利通区德育先进集体，荣获“好歌献给党”学生合唱艺术节三等奖，首届“书法印象杯”全国书法硬笔书法大赛优秀集体奖、利通区第二届校园文化艺术节艺术工作坊一等奖，团体操展示优秀奖等荣誉称号。

【吴忠市利通区第十七小学】

利通区第十七小学是在利通区区委、区政府的大力支持下投入总项目资金5820万元，由吴忠市利通区教育局具体承建的一所全日制公办城镇小学。学校坐落于利通区开元大道东侧、黄河路北侧、清河街西侧（市中医院南边）。于2021年8月建成并投入使用。学校规划教学班36个，能满足1620名学生就学。

自2021年9月开校办学，现有12个教学班，在校学生482名，专任教师26人，其中自治区骨干教师培养对象1名、吴忠市级骨干教师1名、利通区级骨干教师2名，利通区学科领航名师5名。学校占地面积约36328平方米，总建筑面积12519.32平方米，其中教学用房建筑面积12133.49平方米，其他附属用房建筑面积385.83平方米。绿化面积为13819平方米，占校园面积的38.04%。建有300米环形运动场1个、标准篮球场2个、羽毛球场2个、乒乓球场2个，劳动教育实践基地1个，385平方米阶梯式报告厅1个。

学校秉持“让爱润泽生命　做最好的自己”的办学宗旨，坚持“以德立校、以爱育人、启蒙养正、追求卓越”办学理念，以培养德、智、体、美、劳“五育”并举的新一代好少年为育人目标，通过全员管理、全程管理、精致管理的管理模式，以艺术、美育、体育、劳动、智慧课堂为突破口，实现学校教育扬长办学特色，以数字化、精细化、人文化的管理，力争用一流的设施、一流的师资，全面提高教育教学质量。

学校始终坚持以党建为引领，以提升质量为中心，以精细管理为核心，以培养学生的能力为目标，全体教职工分工明确，压实责任，群策群力，按照一年打基础，两年巩固提升，三年建立长效机制，持续提升学校办学水平和效益。

学校以党建为引领，创建“红色铸真　五润育人”的党建品牌，实施“科研促教出质量”的策略，落实教学过程的常规管理，关注教师队伍专业成长，努力促进教师整体素质提高，探索以现代教育信息技术整合学科教学资源，促进教师专业成长的新路子。以课题为载体，以教师培训为根本，以应用为重点，先后开展了智慧教育集中培训、专题培训、问题培训、交流培训、分层培训，每周三教研活动定时间、定地点、定主题，全员参与，切实提高教师的业务水平。加强体教融合，以特色活动带动特色学校建设。举行全校学生“舞龙”大课间活动。开展非物质文化遗产“掇绣”工作坊，提升了学生对传统文化的品位和对中华文化的认同感和自豪感。开创劳动教育实践基地，进一步推进素质教育，在“双减”政策的推动下，以种植劳动的方式促进“双减”落地，推进“五育”并举，引导学生在劳动种植中树立劳动意识，养成劳动习惯，培养劳动精神，促进学生全面发展。

2022年组织教师参加2022年第三届利通区“互联网＋创新素养教育”优质课评比活动，2位教师获得利通区一等奖，4位教师获得利通区二等奖；组织教师参加2022年利通区基础教育精品课遴选工作，有5节精品课获得县级优课，4节精品课获得市级优课，3节精品课获得自治区级优课；1节精品课获得国家级优课；组织教师参加2022年利通区第一届“四课竞赛”，4节课获得利通区一等奖，2节课获得吴忠市“四课竞赛”一等奖，2节课获得二等奖；马小花副校长参加利通区第一届校（园）长听评课获得二等奖。组织教师参加利通区“第二届四课”竞赛，三节课获得利通区一等奖，三节课获得吴忠市“四课”竞赛一等奖，一节课参加自治区级“四课”竞赛；组织教师参加利通区“第一届思政学科基本功大赛”获得利通区级一等奖，吴忠市级一等奖，上报参加自治区“第一届思政学科基本功大赛”。组织学生参加吴忠市第九届青少年机器人竞赛，学校获得优秀组织单位，十多名学生获不同奖项一、二、三等奖。在2022年教师信息素养大赛中十多位老师获得课件、微课、创新案例一、二等奖。组织教师参加全区中小学《习近平新时代中国特色社会主义思想学生读本》教学设计征集评选中，四人设计荣获全区一等奖。组织参加利通区“夏进杯”第四届中小学校园足球联赛活动中，学校获得男子组U8第四名的佳绩。

【利通区郭家桥中心学校】

郭家桥中心学校是一所九年一贯制学校，位于吴忠市区东6公里处，始建于二十世纪50年代初。几经更名，原称郭家桥学区，1995年更名为郭家桥乡教委，隶属宁夏回族自治区灵武市管辖，2003年6月因区划调整，划归吴忠市利通区后更名为郭家桥中心学校。

学校现有26个教学班，辖村小1所，其中小学部16个班，中学部10个班，在校学生1009人。专任教师83人，其中自治区级骨干教师3人，市级骨干教师10人，县级骨干教师14人。学校占地面积26602平方米，建筑面积8496平方米，绿化面积6200平方米，活动场面积11800平方米。学校党总支下设2个党支部，有在职党员42名（预备党员1人），离退休党员14人，在职党员占教师总数的50.6%，名师骨干中党员占比56%。

学校坚持以习近平新时代中国特色社会主义思想为指导，深入学习贯彻党的二十大精神和党的教育方针，落实立德树人根本任务，牢固树立“让学生奠基未来人生，让教师享受教育幸福”的办学理念，秉承“管理为纲、教研为本、质量为根、文化为魂”的办学宗旨，以“坚持教研兴校、彰显办学特色、传承教育智慧、构建和谐校园”为办学目标，打造“先锋引领　特色育人”党建品牌，构建“1235”党建工作模式，通过每年开展一项主题实践活动，落实困难学生和青年教师成长两项帮扶，践行党员义务、模范带头、廉洁自律三个承诺，做好理论学习、践行宗旨、爱岗敬业、遵纪守法、弘扬正气五个带头，构建形成“勤奋、文明、务实、创新”的校风，“严谨、博学、善导、爱生”的教风和“尚德、诚信、好学、善思”的学风，切实将党建品牌作为引领和促进学校高质量发展的强大动力。

在学校发展中，不断加强内部管理，积极推进课程改革，提高现代信息技术教育能力和水平，优化师资结构，提升学校人文理念，有效开展以班级文化建设为载体的校园文化建设，建设书香校园，扎实推进素质教育，树立了良好的学校形象，取得了可喜成绩。在各界领导的关心、支持和全体教师的辛勤付出下，学校先后荣获国家级足球特色学校、国家级篮球特色学校、自治区安全管理规范化示范学校、自治区预防禁毒教育示范学校、吴忠市“十佳”好学校、吴忠市学校管理先进集体、五星级党组织、工人先锋号、市级文明校园、市级书香校园、园林式单位、民族团结进步模范学校、先进基层党组织、中考先进学校、联片教研先进集体，2022年获得吴忠市教育教学先进集体等多项荣誉称号，连续7年获市区效能目标考核一等奖。

科　技

【概况】

2022年利通区科技局认真贯彻落实各级人才工作会议精神，聚焦利通区奶产业、绿色食品、装备制造、现代纺织等重点产业和关键技术领域，加大柔性引进人才力度，不断壮大科技创新人才队伍，充分激发科技人才创新创造活力。2022年申报自治区重点研发计划项目43项、科技特派员创业行动专项28项，乡村振兴成果引进示范项目10项、研发后补助项目51项，合计132项，申报数同比增加26%。获批2022年自治区黄河流域生态保护和高质量发展科技支撑项目等科技专项18批次116项，下达专项资金3608万元，其中“奶牛养殖碳排放监测预警平台构建及低碳减排循环养殖模式示范应用”下达专项资金210万元，创历年自治区重大研发项目支持新高。积极选聘宁夏农科院、宁夏大学等高等院校的16名高素质人才进入利通区科技特派员队伍，比去年同期增加11人，引才引智工作取得突破。已帮助企业实施自治区乡村振兴成果引进示范推广项目7个，科技特派员创业项目19项，争取专项资金425万元，极大地提高了利通区科技特派员创新能力和助力乡村振兴的科技支撑作用。

【创新主体培育】

不断完善政策制度，加强区域科技创新能力。建立每年30%的财政支持创新投入增长机制，使科技创新成为利通区经济高质量发展的有力支撑。2022年财政预算支出科技资金1360万元，其中组织实施科技项目36项，补助资金660万元。依托东西部合作，培育创新主体，加快科技成果转化。深化科技合作交流，从科技金融政策支持入手，帮助宁夏恒丰纺织科技股份有限公司等企业从青岛大学、江南大学、北京农业大学、宁夏农科院、天津工业大学等区内外科研院所柔性引进科技创新团队和创新人才，培育吴忠德悦纺织科技有限公司的刘建忠等5名科技领军人才。通过东西合作，开展联合科技攻关，实施自治区重点研发项目3项，转化科技成果14项，新培育国家高新技术企业4家，第二批申报国家高新技术企业2家；新培育“瞪羚企业”2家；申报自治区科技“小巨人”企业和农业高新技术企业6家，申报数占指标任务的200%。

【科技成果转化】

2022年利通区科技局抓住关键，加快科技成果转化。聚焦区域重点产业和科技惠民成果推广应用，围绕设施果蔬、优质粮食、优质饲草等优势特色产业生产中的关键技术环节等先进科技成果开展示范推广。2022年，组织申报自治区科技特派员创业行动专项28项，获批第一批科技特派员创业服务项目9项，资金115万元；组织吴忠市富农奶牛养殖专业合作社等创新主体申请“一种可降低奶牛繁育成本及发病率的疫苗成果引进示范推广”等10个自治区乡村振兴成果引进示范推广项目，其中第一批吴忠市立军农机实施的“用于奶产业的高产优质全株青贮玉米品种引进示范推广”等6个项目已通过评审立项，获批项目资金200万元。项目重点引进北京聚京成农业发展有限公司自主研发的农作物新品种——用于奶产业的高产优质全株青贮玉米品种“强硕90”，解决辖区奶牛企业及周边规模以上奶牛牧场饲草短缺、品质差的问题。

【科技特派员创业行动】

选聘宁夏农科院、宁夏大学等高等院校的高素质科技人才16名进入利通区科技特派员队伍，建立以自治区首席玉米专家王永宏为首的优质粮食工作站、高婷的饲草工作站、岳海英的林果工作站等5个博士工作站。两级科技特派员156名分5个产业组，投身利通区农业园区、产业化基地、龙头企业、农村经济合作组织、专业技术协会，实施自治区科技特派员创业项目15项，自治区乡村振兴科技成果引进示范推广项目7项，吴忠市乡村振兴科技成果引进示范推广项目2项，实施利通区农业科技项目35项。高素质人才的助力为创建全国农业现代化先进县提供有力的科技支撑。

【企业家精神培训】

针对创新意识不强的问题，采取“请进来、领出去”的方式，分期分批举办线上线下企业家创新精神培训班10期近900人次，加大企业家培育力度，激发企业创新意识。组织宁夏钧凯种业有限公司等4家企业参加第七届中国创新挑战赛（宁夏）现代种业技术需求专场对接会，签订意向合作协议2项。参加自治区农科院农作物新品种转化产学研对接会，签订“银玉6118”成果转化项目1项。组织吴忠中创自控阀有限公司等32家企业参加第十一届中国创新创业大赛（宁夏赛区）暨第七届宁夏创新创业大赛，宁夏君星坊食品科技有限公司获得大赛三等奖，吸引投资2000多万元。通过不断培育企业家创新意识和竞争意识，建立“充满活力、激情四射、能打硬仗”的一流科技队伍。

【科技试验示范】

围绕“六新六特六优”产业，邀请宁夏蔬菜园艺总站研究员蒋学勤、宁夏大学吴心华教授等专家举办利通区养殖业、林果业、设施及种植业科技特派员创新创业能力提升专题培训班4期300余人次。依托科技特派员的专业技术优势，先后在12个村开展“一村一品”科技示范基地建设，以奶产业、优质饲草料、设施蔬菜、西瓜、葡萄、苹果、枸杞等特色优势产业为重点，推广新技术15项，引进新品种22个，建立科技示范基地12个，培训农民3000余人次，服务农户600余户，带动就业800余人次，培育科技示范户45户。近两年科技特派员服务覆盖75个行政村，服务覆盖率达70.7%。以科技创新带动产业振兴，以产业振兴促进乡村振兴。

医疗 卫生

卫生健康

【概况】

利通区卫生健康局（以下简称区卫健局）于2015年5月成立，为正科级行政单位。机关现有干部职工35人，其中公务员5人，机关后勤人员1人，参公人员5人，事业编制人员13人。局内设办公室、规划和改革室、基层卫生与妇幼保健室、法规与综合监督室、医政和中医药管理室、卫生应急与健康指导室、计划生育和老龄健康室7个科室。现有领导职数正科级正职1名，正科级副职2名。下属医疗机构有利通区人民医院、利通区疾病预防控制中心和11个乡镇卫生院。2022年以来，区卫健局认真落实习近平总书记关于卫生与健康工作的重要论述和视察宁夏重要讲话精神，坚持以人民为中心的发展思想，全面贯彻新时代党的卫生健康工作方针，统筹疫情防控，有序推进卫生健康各项工作，全力为人民群众提供全方位全周期的健康服务。

【法治建设】

2022年，在区委、区政府的正确领导下，区卫健局坚持以习近平新时代中国特色社会主义思想为指导，全面贯彻党的二十大精神，贯彻落实中央全面依法治国工作会议和自治区、吴忠市、利通区有关会议精神，坚持依法行政，认真落实法治建设各项措施，不断改进工作方法，创新工作思路，有效推动卫生健康法治建设不断迈上新的台阶。为了切实加强卫健系统的法治工作建设，成立了由局长任组长，副局长任副组长，各科室负责人、各乡镇卫生院院长为成员的法治政府建设工作领导小组，形成了主要领导亲自抓，分管领导全力抓，科室责任人、基层卫生院齐心协力共同抓的依法治理工作格局。按照上级有关文件精神，制定印发《利通区卫生健康局2022年普法依法治理工作方案》《利通区卫生健康局2022年法治政府建设工作方案》，确立了法治工作的指导思想、工作目标和任务，并将法治政府建设工作纳入局党组会议日程。

【普法工作】

加强系统内党政“一把手”

学法、用法工作。坚持把领导干部带头学法、模范守法作为树立法治意识和打造法治机关的关键，制定印发了《利通区卫生健康局2022年干部理论学习安排》及《利通区卫生健康局2022年党组中心组学习安排》，将宪法、部门法及党内法规列入学习计划，切实做到了时间和内容的落实，确保学法活动到位。充分利用周一学习平台及党组学习日，组织开展“学法、尊法、守法”集中学习与自学相结合的学法活动，注重加强对党风廉政“一岗双责”、反对“四风”和业务法律法规的学习，切实把党风廉政建设主体责任扛在肩上、放在心里、抓在手上。增强廉洁自律意识，不断提高领导干部的法律素质和依法办事、依法管理的能力和水平。制定《利通区卫生健康局学习宣传习近平法治思想工作方案》，将习近平法治思想列入党组理论学习中心组学习内容和干部理论学习计划，组织全体党员、干部职工进行系统学习和培训，切实以习近平法治思想武装头脑、指导实践、推动工作。通过部门微信公众号及电子显示屏开展宣传，切实增强了学习宣传习近平法治思想的自觉性和坚定性，营造了浓厚的舆论氛围。深入贯彻落实“谁执法谁普法”普法责任制，进一步明确普法任务，健全制度机制，加强督促检查。坚持普法工作与法治建设实践相结合，注重总结、善于创新。

【医药卫生体制改革】

2022年区委、区政府将深化医药卫生体制改革纳入年度全面深化改革工作要点中，调整了区医药卫生体制改革专项小组。印发《贯彻落实习近平总书记关于深化医改重要指示精神推进全区形成看病就医新格局工作方案》《利通区深入推广福建省和三明市医改经验进一步深化医药卫生体制改革的实施方案》，分工逐项落实各项任务目标。《利通区卫生健康事业发展“十四五”规划》已通过政府常务会、区委常委会审核通过并印发。推进城市医联体建设，配合市人民医院对利通区辖区基层卫生院服务人口数、医务人员状况、医疗业务开展、设备配置、医保资金使用、信息化建设、接诊病人数等相关情况和存在问题及需求进行摸底调查。与市医院联合召开集团理事会第一次扩大会议，审议通过集团章程、会议制度、内部机构设置方案等。区医药卫生体制改革专项小组召开深化医改推进会，区委常委、组织部部长、专项小组组长温丽娟参加会议。推进紧密型医联体运作模式，年初先后两次组织开展利通区医疗健康集团成员单位超声专业规范化培训，举办超声基本切面规范化培训班及医学影像质控会议，推动超声远程诊断。市人民医院与金积镇、金银滩镇中心卫生院签订了《消毒灭菌供应合作协议书》，与13家医联体成员单位基层卫生院签订了《医疗联合体协议书》《放射影像远程诊断合作项目协议书》《心电远程诊断合作协议书》等协议，安排医联体成员单位马学诗、王大舜等专家定期到市医院门诊坐诊。组织召开市人民医院、市医保局、区医保局及医疗健康集团成员单位等19家医疗机构负责人参加的区城市医疗健康集团医改领域专项治理整改工作会议，针对成员单位医保资金如何打包付费等问题进行了分析讨论，并提出了具体的整改措施。区医疗健康集团印发了《关于吴忠市利通区医疗健康集团2022年9—10月份医疗保险基金预付的通知》，协调市医保中心，依托医保信息系统对区医疗健康集团的16家医疗机构9—10月份基金进行预付，总共预付基金3859.5万元，其中：职工1435.5万元，居民2424万元。2022年8月，利通区人民医院成立，为推动利通区构建优质高效的医疗卫生服务新体系，通过以利通区人民医院为龙头，探索组建利通区健康总院。学习参考宁夏区内县域医共体试点县区的成功经验，多次征求了区委组织部、编办和区医保局、人力资源和社会保障局的意见建议，形成了《关于积极推进利通区紧密型医共体实体化运行的实施方案（送审稿）》，经区人民政府第27次常务会议审议，修改完善后已提请区委常委会审定。

【健康利通建设】

以健康利通建设为统领，全面推进健康素养提升、健康细胞创建、医疗服务能力提升等“十大工程”，2022年利通区健康素养水平提升至25.36%。

【互联网＋医疗健康】

2022年，区卫健局推进利通区医联体信息平台建设，已于8月初获取网络安全等级保护三级测评合格证书，除了方达公司接口以外，已与自治区卫生健康委、卫宁健康、中科软等医疗平台的合作建设公司打通接口，医联体信息平台已基本完成，可开展数据流转与模拟患者信息运营。稳步推进“人工智能辅助诊断能力提升”系统应用，各基层医疗卫生机构医务人员及村医、卫生服务站工作人员积极开展人工智能辅助诊断系统应用，共检索病历62.72万份，电子病历规范率已达98%。依托吴忠市人民医院实现县域内卫生资源共享，开展分级诊疗、远程诊疗工作。积极推进与市人民医院、银川市第一人民医院的远程会诊、远程影像、远程心电及区域检验等结果互认工作。2022年，实现远程心电10017例（市人民医院6475例），远程影像14390例（市人民医院11302例），上转321人次，开展远程会议、培训82场次，参与1500余人次，区域检验4476例。

【健康扶贫】

认真贯彻落实党中央、国务院及自治区脱贫攻坚的各项决策部署，切实加强领导、健全组织、完善机制，做到“脱贫不脱政策”，使每一户贫困户都能享受健康扶贫政策待遇。切实加大卫生惠民政策、健康扶贫政策的宣传力度，不断提高群众政策知晓率；扎实做好农村贫困人口大病专项救治，落实大病专项救治制度；做实做细家庭医生签约服务，重点做好4种慢性病跟踪随访服务。相继制定了《利通区卫生健康局2020年健康扶贫工作计划》《利通区健康扶贫“四查四补”工作方案》并组织实施，切实巩固提升健康扶贫成果，防止因病致贫返贫，为贫困人口如期实现脱贫提供健康保障。截至2022年12月3日，全区共有建档立卡贫困户1826户7555人，其中已脱贫1826户7555人，“大病集中救治一批”需救治人数459人，已救治人数458人，救治进展率99.8%；“慢病签约服务一批”需救治197人，已救治194人，救治进展率98.5%；“重病兜底一批”需救治2人，已救治人数2人，救治进展率100%。家庭医生签约7555人，签约率为100%。

【医政医管】

严格按照国家、自治区疫情防控相关部署要求，全面做好医疗救治各项工作，严格落实预检分诊日报告制度和防控物资周审核工作。开展医疗机构年度校验工作，年内对辖区11个基层医疗卫生机构、105个村级卫生室、160家个体医疗机构进行年度校验。同时，严格按照《医疗机构管理条例》相关规定，切实加大对辖区医疗机构监督检查力度，促进医疗机构规范运行。规范村级医疗机构抗菌药物静脉输液行为，切实加强合理使用抗菌药物静脉输液管理，制定下发《关于开展村级卫生室静脉输液及抗菌药物静脉输注核准工作通知》，通过村级申报、理论培训及考试、技能培训及考试、现场审查等，对19所符合条件的村级医疗机构进行核准。不断加大行业乱象治理，年内联合卫生监督部门开展了医疗服务价格收费、药品“三合理”、医疗美容、医师资格及医疗文书、群众看病就医突出问题等专项整治，进一步规范了医疗行为，切实保障了群众合法权益。认真贯彻落实《中华人民共和国水污染防治法》《中华人民共和国传染病防治法》和《医疗废物管理条例》，切实加强全区基层医疗卫生机构医疗废物、废水和危化品的安全管理，强化风险防范。切实加强基层医疗机构院内感染预防与控制工作，提高医疗质量，保障医疗安全。

【人才工作】

2022年，围绕新时代卫生与健康工作方针，大力实施“科教兴医，人才强卫”战略，不断完善人才发展体制机制和激励评价机制，充分调动人才的积极性和创造性，推动医疗卫生人才队伍的规模、结构、质量、效益协调发展，充分调动卫生健康人才的积极性和创造性，不断提高服务能力。利通区卫生健康行业共有医疗卫生机构279家，医疗卫生健康行业人才共有1277人，人才结构、年龄、职称趋于合理。年内新招聘卫生事业编制人员7人，基层服务能力提升培训6人，全科医师转岗培训5人，31人通过中医确有专长医师考核资格初审，976人完成继续教育在线学习，6名同志通过年内高级职称考试。组织开展全系统岗位练兵暨技能大赛，人才素质得到进一步提高。根据《自治区卫生健康委关于印发〈宁夏回族自治区医师定期考核管理实施细则〉的通知》精神，对全区207家基层医疗机构、部分村级卫生室、个体医疗机构注册医师进行定期考核，完成423人网上考试报名审核并参加定考。

【基本公共卫生服务】

联合利通区财政局制定《2022年吴忠市利通区基本公共卫生服务项目实施方案》，明确项目范围、服务方式、职能分工、资金分配等工作；联合吴忠市疾控中心每季度对项目进展进行通报，并对下一步工作进行专题部署；要求各乡镇卫生院与各村卫生室村医生签订责任目标书，明确村卫生室村医的工作及责任；充分利用自媒体平台、微信、宣传栏或印发健康教育手册等多种形式广泛宣传实施基本公共卫生服务项目的目的、意义等。因疫情原因，利通区根据服务项目需求举办线上培训会，针对《国家基层高血压防治管理指南》和《国家基层糖尿病防治管理指南》进行专项培训，从而提高了公共卫生人员的政策执行能力和技术水平，提高了村医基本公共卫生服务能力，为利通区基本公共卫生服务项目工作的实施提供了技术保障。为督促基层医疗卫生机构落实基本公共卫生服务，提高服务效率，按照职责分工，抽调专业人员组成联合督导组，对各乡镇基本公共卫生服务开展情况进行每季度一次线上督导、每半年1次现场督导，及时发现和解决存在的问题和不足。全面推进居民健康档案电子化及居民健康档案向公众开放，利通区居民健康档案处于筹备阶段，邀请吴忠市疾控中心指导，采取多种途径加强对健康档案内容的核查甄别，确保档案内容真实准确，为下一步电子健康档案有序开放奠定扎实基础。

【项目建设工作】

2022年，滨河新区社区卫生服务中心建设项目已完工，聘请第三方公司进行工程结算并出具结算报告；已申请质量监督管理部门、环境保护部门、规划部门，质量、消防、环境等进行了专项验收，办理完成《建设工程竣工验收备案表》及消防验收意见，待环评专项验收结束后，申请发改、财政、审计部门对工程进行竣工验收。2022年，支付工程款890.3万元，其他费用23.11万元，项目总资金缺口为573.59万元。2022年，板桥社区卫生服务中心建设项目已完成招投标程序，正在办理施工许可证，计划2023年3月开工建设，2024年3月竣工。项目资金来源是申请自治区专项资金的支持，剩余资金由地方政府配套。

医疗保障

【概况】

利通区医疗保障局（以下简称区医保局）成立于2019年2月，根据“三定”方案要求，区医保局是利通区政府组成部门，正科级，共有行政编制5名，实际在岗人员5人，设局长1名，副局长1名，内设机构有办公室、城镇职工和城乡居民医疗保险岗、药品和医疗服务价格管理岗、医疗救助岗。

【医疗保障】

全面落实医疗救助资助。2022年，住院救助3306人次，救助金额444万元；门诊救助21363人，救助金额452万元，实现了参保人员医疗保障待遇全覆盖。特殊困难群体做到动态参保，应保尽保。对利通区已脱贫户、纳入监测脱贫不稳定户、突发严重困难人口12类特殊困难群体实行财政兜底参保，医疗救助补助参保24054人，救助补助金额637万元，实现脱贫人员、边缘户100%动态监测参保。共接到自治区医疗保障局下发的7次动态新增脱贫人口未缴费人员明细，共计106人次，均严格按照时间节点催缴成功。全面落实门诊慢特病医疗保障。区医保局以减轻患者门诊大病费用负担为切入点，积极落实自治区“两病”保障政策，继续落实“两病”患者门诊大病保障机制，高血压门诊大病（慢特病）29426人次，救助金额233万元，糖尿病门诊大病33224人次，救助费用540万元，确保符合“两病”的患者人人能享受国家优惠保障政策。动态监测预警，防范因病返贫。区医保局根据吴忠市医保局《关于进一步做好防范化解因病返贫致贫风险监测工作的通知》，全面开展防范化解因病返贫致贫风险监测工作，每月动态监测基本医疗合规保障后个人自费开支较大（超过上年度全区农民人均可支配收入2倍）的农村大病、重症慢性病或突发疫情重症患者信息，并同时反馈至区乡村振兴局、各乡镇，落实“基本医保＋大病医保＋医疗救助”三重保障政策，做好防范因病返贫动态监测工作。2022年共计反馈189人次，均已合规报销，并经各乡镇排查无因病返贫致贫风险。

【医保参保扩面】

2022年利通区基本医疗保险参保缴费人数为411980人，完成目标任务的103.25%。其中城乡居民医疗保险参保人数为315720人，完成目标任务100.23%；城镇职工基本医疗保险参保人数为96260人，完成目标任务的114.60%。

【医保基金监管】

全面开展打击欺诈骗保专项治理，保障基金运行安全。2022年1月11日，区医保局联合相关部门抽调专业人员组成检查组，对13家定点医疗机构2021年度门诊统筹、住院费用总额控制、家庭医生签约等工作进行检查考核，有力地维护了医疗保障基金安全，保障了人民群众医保权益。结合4月份开展的“打击欺诈骗保，维护基金安全月”活动，制作宣传册、宣传举报画共6.2万份。深入开展医疗保障领域落实卫生健康突出问题专项治理工作。2022年对利通区11家乡镇卫生院及社区卫生服务中心开展医疗保障基金监督检查全覆盖工作，对全覆盖自查自纠工作进行监督检查，对落实医疗保障领域突出问题专项治理工作整改情况进行检查。同时配合市局对利通区各乡镇卫生院药品、医用耗材采购进行专项检查，并指导做好整改工作。

【医保服务】

设立医疗保障服务岗位，全方位宣传医疗保障政策，及时为群众开展医保个人账户查询、医保参保凭证、医疗救助资金办理等工作，方便群众办理其他业务。医保政策宣传员在社区服务大厅显眼位置安放医保政策宣传展架，在医保窗口放置医保政策宣传单页，让社区居民能够第一时间了解医保、知悉政策。同时将吴忠市新区医院纳入肾透析医疗救助点，服务群众患者，进一步提高医疗便民服务水平。继续加大宣传力度，举办培训班12场次，参培2400人次。广泛发动定点医药机构人员，通过微信、支付宝及医保电子凭证合作金融机构手机银行App等渠道，采取多方式、多措施等市场化手段进行宣传，提高电子医保凭证激活覆盖率。2022年，医保电子凭证激活300625人，激活率为73.49%，医保电子凭证结算率29.5%。

医疗机构

【利通区人民医院】

利通区人民医院成立于2022年9月9日，位于利通区金星大街3号，占地面积65亩，设置床位200张，是一所集医疗、教学、科研、预防保健为一体的综合性二级医院。现有职工239人，各类卫生专业人员225人，卫生专业人员占全院职工总数比例为94%，其中正高级职称7人、副高级职称17人、中级职称34人，硕士研究生学历1人、本科学历111人，规培生8人。

医院开设有内科、外科、急诊科、妇科、产科、儿科、口腔科、耳鼻喉科、眼科、中医科、康复理疗科、预防保健科等临床科室，有B超室、心电图室、检验科、放射科、消化道内镜室、中心药房、手术室、供应室等医技科室。医院配有联影80排、东软64排螺旋CT，蓝影移动DR，万东医疗数字化放射系统DR，C型臂，深圳科曼的呼吸机，GE全自动麻醉机，GE飞利浦彩色B超，迈瑞全自动生化分析仪，迪姆心电工作站，圣湘PCR一体机，多参数心电监护仪，胎儿监护仪等先进的医疗设备，建有全院综合性HIS系统，并设有远程心电图及双向转诊服务，为健康总院建立奠定基础。

【金积镇中心卫生院】

2022年金积镇中心卫生院整体搬迁至吴忠市利通区人民医院，将人员、业务与医疗设备进行有效整合，成为一所集医疗、教学、科研、预防保健为一体的综合性二级医院。

2022年末累计完成健康档案数30294人，建档率86.27%；年末累计完成中医药人数4276人；完成老年人体检2592人，体检率96%。管理严重精神障碍患者150人，管理率100%；管理癫痫患者40人，管理率100%；管理产妇198人，管理率100%；管理儿童1870人，管理率99%。0~6岁儿童视力筛查1701人，筛查率90%。管理高血压患者2295人，管理率100%，规范管理率93%；管理糖尿病患者627人，管理率100%，规范管理率94%；管理肺结核患者4人，管理率100%。医学死亡报告227人，死亡报告率6.45‰，完成率107.58%；报告传染病27例，报告及时率100%；肿瘤登记人数11人，完成率17.18%。建立预防接种证208本，建证率100%，接种0~6岁儿童2015人，共接种4623剂次。更换宣传栏12次，发放宣传资料26种6960份；开展健康教育讲座12场次，公众咨询9场次，受益人数2530人次。对生活饮用水、学校卫生、非法采供血、理发店、旅店进行巡查指导及进行计划生育巡查指导共221次。

【高闸镇中心卫生院】

高闸镇中心卫生院始建于1962年，地处吴忠市利通区高闸镇镇政府对面，距离吴忠市区12公里，是一所集医疗、急救、预防保健、计划生育技术服务为一体的非营利性（政府办）医疗机构，同时是医保中心农村医疗保险的定点医疗机构，承担着辖区居民的基本医疗和基本公共卫生服务，隶属吴忠市利通区卫生健康局，建筑面积2310.81平方米。

卫生院分设公共卫生部和基本医疗部，共开设中医科、内儿科、妇科、口腔科、放射科、理疗室、康复科、检验科、B超心电图室、妇幼保健和计划生育技术服务科、公共卫生科等11个科室。我院拥有全自动生化分析仪、全自动血细胞分析仪、心电监护仪、数字化X射线CR系统、彩超、12导心电图机、自动洗胃机、中医治疗设备、常用信息化设备、急救车辆等先进的医疗及办公设备。可开展内、儿、妇、中医等常见病及多发病的诊疗，开展外科小手术、妇科病诊治、计划生育手术等，并承担辖区基本公共卫生14类60项服务，基本能满足辖区居民的卫生健康服务需求。2022年完成宫颈癌筛查项目881人，完成乳腺癌筛查项目881人，完成国家免费孕前优生优育健康检查项目89对。辖区内常住65岁及以上老年人口2251人，接受健康管理人数1580人，老年人健康管理率70.2%；免费为1755位老年人进行健康体检，体检率78%。持续开展中医适宜技术项目，运用针灸、中药贴敷、电针、火罐、刺血拔罐、按摩等技术，对辖区常见病、多发病、慢性病进行诊治，中药房配备中草药230种，中医药门诊量逐年增长。与吴忠市人民医院签订对口支援和医疗联合体协议，建立完善对口支援人员管理考核制度，对支援人员信息进行公示。

【金银滩中心卫生院】

金银滩中心卫生院位于吴忠东南部，与金银滩镇政府相毗邻，占地面积3990平方米，覆盖面积106.5平方公里，服务半径15公里，辐射扁担沟、黄沙窝、五里坡、三泵站等周边农村群众的医疗服务工作，是全额拨款事业单位，内设内科、中西医科、妇科、中医理疗科、护理部、放射科、检验科等功能科室。卫生院现有工作人员47人，其中在编职工32人，临聘人员15人；副高职称5人，中级职称13人，初级18人；本科学历25人，专科学历17人；共有乡村医生22人。金银滩中心卫生院常年承担着辖区内11个村31963人的预防、保健、常见病及多发病诊治、康复、健康教育、计划生育指导等工作。

2022年金银滩中心卫生院把新冠疫情防控工作作为一项重大的政治任务，全力以赴，群策群力，努力把工作做细、做严、做实。自2022年1月14日开始安排医务人员在杨马湖高速路口为入利及返利人员进行核酸、抗原双采工作，2022年全年，采集人数达3万余人次，卡口值勤人员院感意识较强，能按院感工作相关要求规范操作，医务人员零感染；2022年，共进行大规模核酸采集63次，采集人数达100万余人次，在核酸采集过程中，医务人员规范穿脱防护服，严格进行手卫生处理，采集核酸部位准确，群众未出现交叉感染，医务人员也未发生感染。

2022年根据有关文件精神，金银滩中心卫生院与自治区妇幼保健院结成对口支援单位，自治区妇幼保健院派出4名支援专家到我院开展对口支援活动，按照支援专家各自专业特长，定期为金银滩中心卫生院开展专业知识讲座和基本医疗服务，每周固定时间安排支援专家到门诊部进行基本医疗服务，指导卫生院开展公共卫生服务和相关项目的实施。每月安排季度次高血压、糖尿病等慢性病相关卫生知识大课堂。

2022年金银滩中心卫生院进一步完善了中医康复科，创设具有中医文化特色的诊疗环境，并增加人手，以1位资质较深的老中医为首，打造中医团队，将中医与康复理疗进一步融合。6月份开展京宁合作基层中医馆服务能力提升项目，配置新型设备并与中医研究院3位专家签署结对帮扶合作协议书。2022年中医科就诊总人次12779人，其中针灸理疗2185人次。同时，院内开展了一些创新的理疗项目如冲击波等，也深受广大患者信赖。

【扁担沟镇卫生院】

吴忠市利通区扁担沟镇卫生院建于1987年，位于利通区扁担沟镇政府东侧，距市区30公里，服务半径35公里，服务面积638平方公里，服务人口32526人（包括流动人口）。卫生院业务用房面积1631平方米，现有职工34人（中共党员11人），其中正式职工18人，聘用职工15人，“三支一扶”1人；在编在职人员中高级职称3人，中级职称7人，初级职称8人。扁担沟镇辖区有17个行政村，共有村医、保健员31人。

卫生院设有基本医疗部和公共卫生部，承担着扁担沟镇17个行政村的基本医疗和14类60项基本公共卫生服务工作。2022年门诊量39836人，门诊收入132万元，其中中草药收入16万元。2022年共建立纸质居民健康档案26985份，建档率100%；建立电子健康档案26985份，建档率100%。开展健康教育知识讲座13次、公众健康教育咨询活动12次，经抽查居民健康知识知晓率达80%以上。组建9个家庭医生签约服务团队，共签约17840人，签约率75%；重点人群签约率90%，残疾人签约率100%，建档立卡贫困人口签约率100%，城乡低保五保人口签约率100%。

开展辖区65岁及以上老年人一年一次的健康体检，体检完成人数1955人，体检率为90%；开展“两癌”筛查工作，宫颈癌刮片筛查1044人，宫颈癌患者0例，宫颈异常高级别病变1例，乳腺癌筛查1044人，乳腺癌患者0例；做好免费孕产妇产前检查和计划生育技术服务工作，孕12周内建卡率97.64%；扎实开展孕前优生健康检查。

开展中医适宜技术项目，运用针灸、中药贴敷、穴位注射、电针、刮痧、火罐、刺血拔罐、推拿按摩等技术，对辖区常见病、多发病、慢性病进行诊治，中药房配备中草药200种，中医药门诊量日逐年大幅增长。与吴忠市人民医院签订对口支援和医疗联合体协议，建立完善对口支援人员管理考核制度，对支援人员信息进行公示。2022年转诊64例，上传远程心电图和远程影像会诊病人分别为284例和1699例，初步实现双向转诊和分级诊疗服务。完成建档立卡户重大病的网上核对和身份审核工作，为慢特病患者办理大病本196人。

【古城中心卫生院】

吴忠市利通区古城中心卫生院成立于1956年，旧址位于吴忠市古城路23号，2022年9月新院搬迁运行，成为一家综合性乡镇中心卫生院，与吴忠市人民医院为紧密医联体合作单位，是利通区医疗健康集团成员单位。新院坐落于利通区利宁街西侧、河奇路北侧，建筑面积4322平方米。2022年医保统筹金额居民113万元、职工21万元。辖区服务人口5万余人，编制床位30张，年门诊量10万人次。现有职工56名，卫生专业技术人员46名，高级以上职称10名，中级职称5名，初级职称4名。

新院布局合理、环境优美、设施齐全、医师力量雄厚，开设了中医科、外科、儿科、肛肠科、妇科、口腔科、眼科、耳鼻喉科、骨科、皮肤科、康复理疗科、医技科（放射科、B超室、心电图室、检验科）。主要设备有数字化DR、B超、多普勒、三分类全自动全血细胞分析仪、全自动生化仪、低速离心机、尿液分析仪、中频治疗仪、电针治疗仪、数字电子胃肠镜等，配备救护车3辆。能独立开展妇产科、肛肠科、口腔科等部分小手术。开设夜间门诊，24小时提供住院服务。新院有中药制剂项目，对外代煎中药。

古城中心卫生院多年来培养众多医学人才，有著名回医黄宝栋、著名妇科专家贝玉荣、吴忠肛肠“第一刀”陈涛、著名中医海学忠等。骨科外聘马莲渠张金萍大夫常年坐诊，肛肠科有陈氏肠道传人陈涛大夫、陈晓东医师，擅长体表肿物、皮下深部脂肪瘤切除，皮下深部脓肿切开引流，修复治疗各种难愈性创面伤口及各种伤口的清创缝合处理；妇产科有经验丰富的陈红英大夫；中医科有专治疑难杂症的王大舜大夫、辛占祥大夫；康复科有经验丰富的中医医师杨金明、原新区医院康复科医师叶娇（在宁安医院进修过精神卫生和心理卫生专业）；口腔科有吴忠市人民医院进修的马冬莲医师。即将开展残疾人康复业务、青少年弱视治疗（国家免费项目），成立青少年、老年人免费验光配镜中心。

古城镇辖区居民凡是缴纳城乡居民医疗保险的、持有《门诊大病诊疗手册》的，在我院就医均可报销，有职工医保的居民将医保签约到我院的也可报销。为进一步改善患者就医体验，缩短排队等候时间，最大程度地满足患者需求，我院为参保群众提供一站式结算服务，打通医保服务群众的“最后一公里”。

【上桥卫生院】

吴忠市利通区上桥卫生院位于利通区城市东南部，担负着上桥镇8个行政村及周边地区回汉群众约3.7万人的基本医疗、公共卫生服务工作，是上桥镇辖区医疗卫生服务中心和城乡统筹医疗定点单位。卫生院下辖8个村卫生室，实行乡村一体化管理。卫生院占地面积1760平方米，业务用房960平方米，辅助用房780平方米。现有在编在岗22人（在编16人、90%落聘人员6人），其中专业技术人员21人（副主任医师2人、主治医师5人、主管护师2人、主管药师1人、初级职称11人），工勤岗1人；本科15人、专科7人。

上桥卫生院开设门诊部和公共卫生部，现设有全科、内科、外科、儿科、中医科、妇科、康复理疗科、口腔科、公共卫生科、医技科室（放射科、化验室、心电图、B超室、清创缝室），可开展各种常见病、慢性病、多发病的治疗工作。2022年共建立纸质居民健康档案22893份，建档率100%；建立电子健康档案22893份，建档率100%。开展健康教育知识讲座12次、公众健康教育咨询活动8次。组建8个家庭医生签约服务团队，共签约17397人，签约率76%；重点人群签约率93%，残疾人签约率98%，建档立卡贫困人口签约率100%，城乡低保五保人口签约率95%。开展公共卫生重点人群免费健康体检工作，年完成体检4196人。做好免费孕产妇产前检查和计划生育技术服务工作，孕12周内建卡率100%。

【东塔寺乡卫生院】

吴忠市利通区东塔寺乡卫生院始建于1958年，坐落于利通区东塔寺乡。总建筑面积约4300平方米，编制床位10张。卫生院现有职工50人，其中高级职称6人、中级职称11人、初级职称26人。东塔寺乡卫生院是一所具有较高医疗技术水平的乡镇卫生院，担负全乡近2.1万人的医疗、预防和保健等工作。全乡常住人口数为20696人，下辖10个行政村，有11个村卫生室，村医25人，全乡标准化村卫生室覆盖率达100%。卫生院以维护辖区居民健康为中心，全方位提供基本医疗和公共基本卫生健康服务，并承担上级卫生行政部门委托的卫生健康管理职能，实行乡村一体化管理。

科室设有全科医疗科、内（儿）科、外科、妇产科、中医科、中西医科、康复理疗科、皮肤科、护理部、公共卫生管理科、放射科、检验科、心电B超等科室，设综合办公室、党建办公室、财务科等职能科室。现拥有500毫安数字化X射线摄影系统（DR）、全自动生化仪、全自动血球分析仪、彩超、多导心电图机、心电监护仪、中频治疗仪等多种先进医疗设备。

2022年门诊人次4.75万人次，业务收入489万元。共开展计划免疫接种4529剂次，接种率99%。开展新生儿访视及儿童保健系统管理，共对1612名0~6岁儿童进行健康管理。孕产妇系统管理率98%以上，孕产妇住院分娩率达到100%。老年人健康管理率为81.2%。高血压患者健康管理、规范管理率83.3%，2型糖尿病患者健康规范管理率87%，重性精神病患者规范管理率为97.8%。死因监测工作病例134例，完成率100%。

【板桥乡卫生院】

吴忠市利通区板桥乡卫生院位于吴忠市利通区西南，距市区约3公里，交通便利，是一所集基本公共卫生服务、基本医疗、卫生行政管理为一体的现代化综合性乡卫生院，建筑面积1060平方米，承担着全乡11个行政村29169名常住人口、千余名流动人口的基本公共卫生服务及基本医疗服务。下设一个早元卫生院分院（永昌社区卫生服务站），11个村卫生室。卫生院核定编制30人，有工作人员49人，其中，医学专业技术高级职称5人、中级职称12人，初级职称13人，普通工4人，其他人员15人，现有村级卫生人员18人。

卫生院配备有最新数字化X射线摄影系统（DR）、彩色B超、心电图、血球分析仪、全自动生化仪、牙科仪器、心电监护抢救仪等医疗仪器设备。卫生院现设有公共卫生服务部、基本医疗服务部两个职能科室，能开展远程会诊。

2022年，医院接诊人次35536人，医疗报销费用总金额181.3万元。截至2022年12月31日居民健康档案建档23545份，建档率93.3%，动态更新档案12228份。产妇数139人，早孕建册139人，产前检查139人，检查率100%，产后访视139人，访视率100%，系统管理139人，管理率100%。糖尿病患者健康管理405人，健康管理率75%，高血压患者健康管理1450人，健康管理率75%，体检1450人，体检率100%。

【马莲渠乡卫生院】

马莲渠乡卫生院位于吴忠市利通区马莲渠乡政府所在地，距吴忠市区10公里，是一所集医疗、预防保健、公共卫生服务为一体的非营利性医疗机构，同时是吴忠市医保中心医疗保险的定点医疗机构，承担着辖区2万余名居民医疗卫生健康服务职责。占地面积3000平方米，建筑面积1930平方米。隶属吴忠市利通区卫生健康局。

马莲渠乡卫生院现有职工37人，在编在岗职工24名，临聘职工13人，具备大学本科学历者16人，占比43.2%，高级职称5人，中级职称4人，初级职称23人。辖区内有8个行政村，设有8所村卫生室，村医保健员16人，具备大学专科者11人，占比68.8%，其中有2名取得了执业医师资格。

卫生院设有基本医疗部、公共卫生部两大业务科室和办公财务室。基本医疗部开设全科医学科、内（儿）科、外科、骨伤科、妇（产）科、中医馆、化验室、B超室、心电图室、护办室、中西药房、门（急）诊抢救室、换药室、预防接种室14个临床医技科室，公共卫生部开设健康档案管理室、健康教育宣传室、疾病预防控制室、妇女儿童保健室、慢性病管理室和卫生监督协管室6个业务科室，完成了与辖区8家村卫生室乡村卫生健康一体化管理体系。拥有全自动血液生化分析仪、全自动五分类血细胞分析仪、全自动十一项尿液分析仪、心电监护仪、数字化X射线DR摄影系统、B型彩色超声仪、互联网+12导心电图机、除颤仪、中医理疗设备、急救车辆等大型医疗设备，可开展内、儿、妇、中医等常见病、多发病的诊疗，开展外科小手术、妇科病诊治、计划生育手术等。承担辖区14类60项基本公共卫生服务项目，基本能满足辖区居民的卫生健康服务需求。2022年门诊量共12873人，门诊收入64.14万元，卫生院计划、申购、使用基本目录药品率达70%以上，全部线上采购，双票验证。卫生院现有药品314种，基药299种，非基药15种。开展中医适宜技术项目，运用针灸、中药贴敷、电针、火罐、刺血拔罐、按摩等技术，对辖区常见病、多发病、慢性病进行诊治。中药房配备中草药160种。与吴忠市人民医院签订对口支援和医疗联合体协议，向吴忠市人民医院上转远程心电、远程影像3000人，实现双向转诊和分级诊疗服务，满足了辖区居民的就医购药基本需求。医院累计对辖区21143名居民建立了居民个人健康档案，建档率达97%，电子档案建档率97%。健康教育宣传制发了健康教育宣传册、常见病健康教育处方等23类25000余份，制发健康教育宣传展板16块，播放健康教育影像资料2100分钟，举办健康教育讲座和健康教育咨询18次，开展个体化健康教育干预活动150人次。辖区适龄儿童计划疫苗预防接种卡、证、册的建立、使用、管理及时规范，新建儿童接种证69人次。家庭医生签约服务团队共建8组，签约一般人群11178人，65岁以上老年人2049人，0~6岁儿童962人，孕产妇46人，高血压病人1356人，糖尿病人384人，残疾人612人，结核病1人，严重精神障碍患者95人，计划生育特殊人群2人，五保户9人，农村低保户人群154人，合计16848人。

【郭家桥乡卫生院】

吴忠市利通区郭家桥乡卫生院位于利通区郭家桥乡中心学校对面，距离吴忠市城区东7公里。建于1962年。2022年12月19日由利通区人民政府总投资4000万元，将郭家桥乡职业技术学校建设的隔离场所改建为利通区郭家桥乡卫生院，占地面积2.7万余平方米，建筑面积5175平方米。卫生院正式在编人员18人，其中本科17人，大专1人；高级职称3人，中级职称9人，初级职称6人；临时聘用护理、药剂等专业技术人员11人，财务2人，后勤2人；共有乡村医师17人。设有基本医疗部和公共生部，承担着郭家桥乡8个行政村18726人的基本医疗和14类54项公共卫生服务工作。

2022年共建立电子健康档案18726份，建档率100%。开展健康教育知识讲座12次、公众健康教育咨询活动9次。高血压患者规范管理1085人，规范管理率100%；2型糖尿病患者规范管理293人，规范管理率100%；孕产妇规范管理139人，管理率100%；0~6岁儿童管理1028人，系统管理1020人，管理率99%。组建8个家庭医生签约服务团队，共签约7682人，签约率41%；重点人群签约率96.6%，残疾人签约率100%，城乡低保五保人口签约率100%。开展公共卫生重点人群免费健康体检工作，完成体检1368人。做好免费孕产妇产前检查和计划生育技术服务工作，孕12周内建卡率100%。

开展中医适宜技术项目，运用针灸、中药贴敷、火针、火罐、刺血拔罐、按摩等技术，对辖区常见病、多发病、慢性病进行诊治，中药房配中草药376种，中医药门诊量逐年大幅增长。与吴忠市人民医院签订对口支援和医疗联合体协议，建立完善对口支援人员管理考核制度，对支援人员信息进行公示。2020年至2022年共转诊18例，上传远程会诊病人2例，初步实现双向转诊和分级诊疗服务。2020年至2022年为辖区8所村卫生室制定各项制度，购置吸痰器、简易呼吸机等设备，配齐50种基本药品和5种非基本药品。

【巴浪湖农场医院】

吴忠市巴浪湖农场医院位于吴忠市区东南约8公里处巴浪湖农场场部。巴浪湖农场辖10个行政大队，1个分场，1个园艺队，1个巴浪湖社区，总面积21.3平方公里，总人口1.2万余人。巴浪湖农场医院始建于1955年，前身是巴浪湖农场职工医院，隶属宁夏农垦系统。2011年7月移交吴忠市卫生计生局管理，2015年5月移交到吴忠市利通区卫生计生局管理。巴浪湖农场医院占地面积3000平方米，建筑面积1600平方米，是吴忠市职工医保和城乡居民医保定点医疗单位。

巴浪湖农场医院2022年有在岗职工33人，其中在编人员26人，临聘4人，村医3人；副高职称4人，中级职称7人，初级职称15人。医院拥有全自动五分类血球分析仪、全自动十一项尿液分析仪、互联网＋全套生化检验平台（市人民医院检验科）、直接数字化X射线摄影系统（DR）、B型彩超、互联网＋12导心电图诊断平台（市人民医院心电图室）、多功能心电监护仪、呼吸机、心脏除颤仪等医疗设备。开设内、外、妇、全科医学、口腔、中医、公共卫生和放射、检验、B超、心电图11个业务科室和办公财务室、应急保障室两个职能科室，开放病床15张。

医院设有基本医疗部和公共卫生部，承担着辖区8851人的基本医疗和14类60项公共卫生服务工作。2022年门诊人次17169人，门诊收入77.66万元。共建立电子健康档案7986份，建档率90%。2022年辖区0~6岁儿童322人，孕产妇总数32人，管理高血压病患者598人，管理糖尿病患者184人，均达到规范管理。组建4个以党员为团队长的家庭医生签约服务团队，共签约7328人，签约率90.1%，重点人群签约1648人。对65岁以上老年人、慢病患者进行免费健康体检工作，完成体检634人。完成农村妇女“两癌”筛查，免费为孕产妇提供产前检查和计划生育技术服务工作，开展布病及包虫病筛查工作。我院设有中医诊室、中药房。现有中医诊疗设备10余台，能够开展针刺、推拿、刮痧、拔罐、艾灸等中医技术。中药房现有中药饮片271种。运用中医适宜技术对辖区常见病、多发病、慢性病进行诊治，中医药门诊量逐年大幅增长。与吴忠市人民医院签订对口支援和医联体协议，建立完善对口支援人员管理考核制度，对支援人员信息进行公示。每年都会选派村医或者骨干医师到吴忠市人民医院进行基层人才能力提升项目培训学习，积极鼓励医务人员通过网络参加医学继续教育学习，通过各种培训学习，专业技术人员水平再上新台阶。积极推进“互联网＋医疗健康”建设工作，建立远程会诊室，实现了HIS系统、电子健康档案、家庭医生慢病随访互联互通。2022年远程影像、远程心电分别向吴忠市人民医院上传650、684人次，双向转诊7人。辖区3家村卫生室均已接入电子政务外网并接通远程医疗服务，建立居民电子健康档案，开展家庭医生慢病随访管理，实现电子健康档案、家庭医生、慢病随访互联互通。

民生保障

民政事务

【概况】

2022年，利通区民政局以习近平新时代中国特色社会主义思想为指导，深入学习贯彻党的二十大精神，把夯实基层基础作为固本之策，大力推动治理体系向基层延伸、治理资源向基层下沉、治理能力到基层体现，不断构建起党建统领、多方联动、一体推进的基层治理新格局，城乡基层治理焕发出新生机、新活力。

【低保救助】

2022年，调整全区城乡居民社会救助标准，将城市低保调整为每人每月650元，农村低保调整为每人每月5520元，农村特困供养人员救助标准提高到每人每月600元，城市特困人员提高到每人每月845元，乡镇临时救助标准调整为每年5000~6000元，区民政部门临时救助标准调整为每年10000~12000元。全区共保障城乡低保8068户11105人、高龄低收入老人1735户1772人、特困供养152户165人，临时救助生活困难、流浪乞讨、务工无着落人员等4376人次，其中救助安置流浪乞讨人员16人。全年累计发放城乡低保高龄特困救助资金8281万元，发放临时救助、流浪乞讨者资金830.95万元。开展了“纾困消费”扶贫、“9·20”疫情困难救助、“三色暖心包”发放、纾困经营户扶助等各类活动6次，投入资金149万元，救助16539人。

【社会福利】

加强未成年人权益保护和儿童关爱救助，累计建成儿童之家86家，配备儿童督导员12名、儿童主任106名，救助散居孤儿18名，事实无人抚养儿童244名，全年累计发放孤儿养育津贴322.65万元。

【社区建设】

制定《利通区“十四五”城乡社区服务体系建设规划》《利通区部门社区治理服务大联动清单（2022年）》等文件，积极创建“143”城市社区民主治理试验区，重点抓严“一书三单”，抓新“红色物业”，规范了社区工作事项，推动28个城市社区在功能设置上实现了“一室八中心”建设。制定《关于进一步加强城乡基层治理队伍建设的实施方案》《村规民约奖惩机制实施方案》《村民小组组长管理办法（试行）》等文件，完善城乡社区居民自治协商机制，健全村监会监督职能。134个村（社区）均建立了村（居）民会议、村（居）民代表会议、理事会等协商载体，充分发挥党组织领导下的村（居）委会自治功能，激发了自治活力。

【地名管理】

配合青铜峡市、红寺堡区民政局做好青铜峡市与利通区、红寺堡区与利通区第四轮行政区域边界联检工作。做好国家地名信息数据库专项质量建设（第二阶段）工作，对利通区3401条数据信息进行修改，截至2022年底，已完成3348条信息修改，完成率98.44%。

【婚姻登记】

2022年，依法依规进行婚姻登记，实现了婚姻登记“区内通办”。提升婚姻登记信息化智能化水平，加快婚姻登记信息化进程，配备安装具有人脸识别、指纹采集、身份证读取等的高拍仪设备，提高了工作效率，更好地服务广大人民群众。

【殡葬管理】

2022年，编制规划殡葬服务设施建设项目，大力推进婚俗改革，持续开展殡葬领域“活人墓”专项清理整治，沙坝沟公墓迁坟总数1951座，埋葬总数897座，合计2848座。尖山公墓迁坟总数883座，埋葬总数432座，合计1315座。

【慈善事业】

申报项目资金80万元，分别实施利通区2022年精神障碍社区康复服务项目、2022年社会组织公益创投项目、政府购买社会工作服务等项目，受益服务对象3000多人次。推行志愿者网上注册，利通区注册志愿服务团队341个，注册志愿者9.79万名，服务项目3.42万个，服务总时长996.8万小时，其中本年度时长42万小时。

【养老服务】

制定《利通区“十四五”养老服务体系建设规划》，推动养老托育服务健康发展。2022年，共争取自治区福彩公益金项目资金130余万元，实施了未成年人保护、社会组织公益创投项目等6个，改建城市社区日间照料中心1个、新建农村老饭桌3个，受惠老人达3000余人。

【社会组织】

依法注册登记社会组织共150个，其中社会团体43个，民办非企业单位107个。2022年，新成立社会组织16个，注销登记45个，共梳理出“僵尸型”社会组织76家，现已撤销登记58家，限期完成注销登记12家，整改激活6家。制定印发《利通区关于开展2022年度社会组织年检年报工作的通知》，指导规范142家社会组织在系统上注册办理年检手续，参加年检的社会组织有81家，年检合格80家，基本合格1家。制定印发《利通区民政局关于开展“僵尸型”社会组织专项整治行动的实施方案》，结合年检持续推进“僵尸型”社会组织清理整治工作。排查150家社会组织设立分支机构情况和社会服务机构情况，建立工作台账，动态更新工作信息。单独成立党组织16个，联合成立党组织2个，成立功能性党组织34个，单独建立和联合建立的党组织共有党员137名，功能性党组织共有党员114名，所有党组织均选派党建工作指导员，党建覆盖率83.16%，135家社会组织已将党建工作和社会主义核心价值观写入章程。共有1830名社会组织志愿者参与小区值守、核酸采集、配送物资等疫情防控工作，安排志愿者值守小区卡点13个，累计捐赠帐篷、防护服、方便面、矿泉水等防疫物资和生活物资价值10.97余万元，慰问低保、儿童、未成年人、孤寡老人等困难群众162人。投入无人机1台、消杀工具6台，消杀房屋800余栋，车辆1000余辆，广播宣传车7辆、播放疫情防控倡议650余小时，为困难老人、残疾人等群体，提供心理咨询、疏导服务。发现心理健康问题69条，采取心理干预措施17条，服务次数271次。

退役军人事务

【概况】

利通区退役军人事务局和退役军人服务中心经吴忠市委编办、区委编办审核批准，于2019年1月30日正式挂牌成立。全区12个乡镇、106个村和22个社区的两级退役军人服务站也于2019年2月底前全部挂牌成立。利通区退役军人事务局为正科级行政单位，退役军人服务中心为区退役军人事务局下属副科级事业单位。全区现共有退役军人7902人，其中，优抚对象876人，退役军人党员1699人。2022年利通区退役军人事务局主要承担工作职责有退役军人思想政治、舆论宣传、权益维护、褒扬激励、帮扶援助和信访工作，监督检查退役军人相关法律法规和政策措施落实情况，开展拥军优属工作，承担现役军人、退役军人和军属优待抚恤等工作，组织落实退役军人教育培训，贯彻落实伤病残退役军人、退役军人社保接续等工作。

【队伍建设】

利通区退役军人事务局坚持以习近平新时代中国特色社会主义思想为指导，深入学习贯彻党的二十大精神。习近平总书记视察宁夏重要讲话精神以及习近平总书记关于退役军人工作重要指示批示精神，以全国、全区退役军人事务工作会议精神为抓手，认真落实区委、区政府决策部署，全力推动退役军人工作高质量发展。

【思政引领】

老兵宣讲团成员由4名增至6名，开展“红色教育点亮开学第一课”、清明祭英烈“英雄的故事”等品牌系列宣讲活动65场次；成立“老班长”功能型党支部，陆续开展了“红星学堂党课开讲啦”“喜迎二十大　建功新时代参战故事分享会”等系列活动9期。启动“135+5”荣军映红星退役军人“橄榄绿”志愿服务先锋行动，向12个乡镇及退役军人救援志愿服务队集中授旗，共募集志愿者360余名，组建15支志愿服务队伍，孵化了抗疫志愿服务队、应急救援志愿服务队，累计服务10752小时，服务群众7500余人次。深入开展“党旗下寄语”“老兵口述回忆录”等活动，通过媒体广泛宣传典型事迹，利通区推荐的1名老兵金鸿福入围全区“最美退役军人”提名人选。

【服务站建设】

以“服务有阵地、工作有亮点、退役军人得实惠”为目标，强化14个百人以上村（社区）退役军人服务站示范建设，全部通过自治区退役军人事务厅验收。结合各村（社区）实际，在金星镇裕西社区推行的“轮值站长”工作模式、胜利镇中华社区全力打造的“四心”服务、金积镇大庙桥村建立的“兵支书”帮带工作室等各具特色的服务品牌不断成长壮大。在全区4个乡镇21个村（社区）推广“轮值站长”工作制度，选聘186名退役军人担任“站长”职务，办理服务站日常事务92件，解决退役军人急事、难事56件，经验做法得到了自治区退役军人事务厅的推广，使服务保障工作由“单兵作业”转向“团队发力”。

【就业创业】

举办2022年退役士兵线上适应性培训班1期，参训退役军人80人。制定《利通区职业技能提升行动方案》，开展自主就业退役士兵职业技能培训69人，推荐38人次到金积工业园区、五里坡奶产业园区、农业合作社就业创业。组织专场招聘会3场次，线上招聘会3场次，发布就业信息196条，300余人次参与，新增就业55人次。落实金融减税降费政策，减免税金5.8万余元，享受有关税收政策优惠32户次，申请创业担保贷款38万元。发放定期抚恤和生活补助815万元、优抚对象家庭生活困难补助49.64万元、优抚对象门诊医疗补助26.76万元、一至四级残疾军人2022年护理费47.28万元。坚持“阳光安置”原则，2022年接收安置退役士兵3名、退出消防员1人，依据退役士兵服现役表现量化评分排名，以公平公开的选岗程序，将2人安置到事业单位，2人安置到国有企业。

【帮扶援助】

出台《利通区关于加强困难退役军人帮扶援助工作实施方案》，为841名家庭生活困难或身患重大疾病的退役军人帮扶救助40余万元。通过“一对一”社会化帮扶措施，为困难退役军人家庭子女解决就业岗位19个，给予慰问金和慰问物资价值22万余元。

【优待证办理】

通过“智慧短信”平台发送短信，利用融媒体平台发布办理指南，对相关数据进行比对分析，上门办理等措施，靠前服务，提高优待证办理效率。2022年，完成退役军人建档立卡数据维护7166人，完成率91.61%，优待证申领6477人，办理率达到90%以上。

【“双拥”模范城创建】

聚焦“三前”、紧盯“三后”，军地合力开创新时代“双拥”工作新局面。召开议军会议8次，签订军地共建协议23份，开展各类军地共建活动108场次，开展“情系边海防官兵”拥军优属活动8场次。欢送新兵入伍，为148名入伍新兵发放纪念品。政府副区长带队为132名立功受奖官兵及家属送喜报。上门悬挂光荣牌127块。全力做好17名军人子女入学入托工作，最大限度解决好官兵后顾之忧。足额发放义务兵家庭优待金888万，一次性经济补偿金412万元，为边海防现役军人家属发放慰问金14万元。新建金星镇裕西社区“老兵驿站”、高闸镇“双拥”广场和提升改造利通区“双拥”教育基地等5个“双拥”共建示范点，设立固定“双拥”标识和宣传展牌40多块，全力做好吴忠市创建全国“双拥”模范城“五连冠”中期验收工作。开展“优抚资源大整合、尊崇优待氛围大营造”行动，与吴忠市407家企业签约了“崇军大礼包”，落实退役军人优待项目达456项。

人力资源

【概况】

利通区人力资源和社会保障局（以下简称区人社局）成立于2019年3月20日，是利通区机构改革后设置的正科级政府部门，利通区就业创业和人才服务中心为区人社局所属副科级事业单位（参公管理）。2022年，区人社局聚焦就业创业、城镇居民增收两大重点，统筹推进人事人才、劳动关系、社会保障等工作，制定出台了《利通区关于进一步促进就业创业工作措施》《利通区稳就业促增收工作实施方案》等文件。城镇调查失业率控制在5.5%以内，城镇居民人均可支配收入38766元，增长5.8%。

【就业指标】

2022年，完成城镇新增就业3864人，完成目标任务的110.4%；城镇失业人员实现再就业1762人，完成目标任务的106.8%；就业困难人员实现就业398人，完成目标任务的120.6%；农村劳动力转移就业22564人，完成目标任务的107.4%，实现工资收入3.07亿元。招募114名基层专项服务人员，安置城乡公益性岗位230个（其中利通区自行购买乡村公益性岗位60个），招募高校毕业生“三支一扶”190人，事业单位实习生228人，企业青年见习生188人。

【创业带动就业】

2022年，积极培育融华大学生电商创业园，利通区郭家桥乡山水沟特色产业示范园创建为利通区级创业孵化示范基地，吴忠市新经济产业发展中心、吴忠市家政服务创新创业基地被认定为自治区级创业孵化示范基地。培育创业实体749个，完成目标任务的107%；创造新岗位1306个，完成目标任务的145.1%；全民创业带动就业3028人，完成目标任务的101%；发放创业贷款260笔7352万元，完成目标任务的147%；发放各类创业补贴17人15.1万元。

【职业技能培训】

2022年，开展各类培训50期1977人。其中企业职工培训15期677人，就业重点群体培训17期679人，帮扶家庭劳动力4期135人，创业培训14期450人，“两后生”培训36人。

【公共就业服务】

2022年，接收应届高校毕业生学籍档案2205份，其中未就业离校高校毕业生实名制登记1184人。举办各类专场招聘会33场次，参会企业247家，提供就业岗位9573个，达成就业意向590人。

社会保障

【城乡居民基本养老保险】

2022年，配合落实养老保险关系接续政策，为同心县迁入扁担沟镇利同新村的447人办理接续业务。完成城乡居民养老保险参保14.27万人，完成养老保险参保任务101.25%。配合市社保中心落实社会保险待遇确定和基础养老金调整机制，城乡居民基础养老金提高到220元/月。利通区城乡居民领取待遇17854人，城镇职工领取待遇43384人。

【被征地农民资格认定】

2022年，保障失地农民社保待遇，严格遵守“三级审核两公示一核查”程序，办理《被征地农民资格证》365户2104人，累计办理《被征地农民资格证》21321户121715人。

【劳动权益维护】

2022年，印发《利通区拖欠农民工工资突出问题治理方案》，建立定期调度和会商机制，形成了“政府抓总、部门联动、乡镇参与”的三级联动模式。指导乡镇劳动纠纷调解工作室对辖区在建项目、用工企业、个体工商户的用人情况及工资支付等情况开展专项检查。发放宣传资料2万余份，开展专项执法检查5次，下发工资拖欠问题通报2次、农民工工资督办函6次，配合处理农民工投诉案件19起，涉及151人163万元。未发生一起因拖欠劳动者工资引发的群体性、越级性上访事件。

【人事管理】

2022年，印发《吴忠市利通区事业单位管理岗位职员等级晋升制度工作实施方案》。核定利通区管理岗位职员等级数

298个（其中五级职员8个，六级职员41个，七级、八级职员共249个）。配合组织15230人参加2022年度全区事业单位公开招聘工作人员暨特岗教师招聘笔试，招录新聘用事业单位人员40人。

【人才服务】

2022年，开展各系列初级职称评审50人，推荐上报中级职称34人、高级职称26人；利通区共有初级职称1270人、中级职称1042人、高级职称576人。组织申报国家高层次人才服务基层项目1个、乡土专家助力乡村振兴服务项目5个、人才知识更新工程项目2个，推荐上报青年拔尖人才培养工程人选1名，统筹核定利通区双定向高级职数10个。

乡镇概况

金积镇

【概况】

金积镇位于市区西南8公里处，因明代境内建有“金积堡”而得名。辖区面积70.4平方公里，地理区位优势明显，距吴忠高铁站13公里，距青铜峡火车站15公里，距河东机场45公里，京藏高速、古青高速穿境而过，银平公路、G344线纵横交织。全镇辖17个行政村、1个社区居委会，常住人口5.5万人，其中城镇人口3.2万人，城镇化率60%，集镇建成区面积5.8平方公里。全镇有入园企业146家、规模以上工业企业67家，产值亿元以上企业7家。全镇有耕地3.4万亩，种植露地蔬菜、设施蔬菜、供港蔬菜近2万亩。辖基层党组织28个，党员1178名。金积镇先后被授予全国文明村镇、全国先进基层党组织、全国投资环境百强乡镇、国家重点镇等16项国家级荣誉称号，2022年金积镇被评为平安宁夏建设先进集体。

2022年，全镇社会总产值达41.2亿元，农村居民人均可支配收入达2万元，较上年同期增加9%；全镇村级集体经济收入达220万元，10万元以上村11个，全镇人民群众的日子越过越好，美好愿景正在一步步变成触手可及的幸福实景。

【农业发展】

坚持藏粮于地、藏粮于技，全镇粮食作物种植面积达19576.99亩，打造优质小麦种植方点4个共3000亩，收获农作物1.4万吨，高标准完成粮食种植任务。坚持横向调优结构、纵向调长链条，配套建设尾菜综合处理中心1处4178平方米，200吨能力冷链库2座，高标准育苗中心1处（含9座日光温室），搭建智慧农业平台，建成丁家湾子村集体棉被厂、油粮桥村有机肥厂、田桥村冷库、西门村葡萄产业园村办企业4家，实现农业产业向标准化高效益转变。大力发展瓜果蔬菜产业，落实设施农业种植面积3300亩，累计种植蔬菜1.7万亩，生产优质瓜菜4.2万吨，实现农业产值2.5亿元。特色养殖业持续发展，2022年肉牛、羊只存栏分别达到1.7万头、3.5万只。

【项目建设】

实施村级产业提升、保障性安居工程配套设施改造等各类项目14个，累计完成投资1.07亿元。引进宁夏柱龙标识金属工艺品制造、宁夏耀林伊丰农牧年产500吨盐池滩羊冷链建设等项目5个，招商引资达5亿元，完成年度任务。吸引社会投资1.31亿元，完成伊利乳业、长燃集团等生产线技改项目。立足金积镇发展实际，提出“五区”（冷凉蔬菜展示区、产业发展引领区、镇域功能提升区、观光农业创新区、现代农业示范区）建设，统筹资源，储备项目30余个，为来年项目发展打下了牢固基础。通过一系列项目落地见效，全镇产业兴旺和经济社会高质量发展局面进一步巩固。

【基层治理】

持续维护国家安全，开展扫黑除恶常态化宣传活动15场，发放宣传资料5000余份；开展防电信诈骗宣传活动35场次，发放宣传资料12000余份。积极创建铸牢中华民族共同体意识示范镇，开展民族团结宣传教育进学校、进宗教活动场所、进村社区等活动12场次，让各民族群众像石榴籽一样紧紧拥抱在一起，守望相助，美美与共。深入开展风险隐患问题排查，整治消除安全生产隐患61项、生态环保问题4项，处理信访转办件23件；消除隐患自建房屋568户，改造抗震宜居农房69户，整治空心房17户。通过努力，全镇安定和谐的大局环境持续巩固提升，人民群众的安全感进一步提高。

【党的建设】

建立“镇—村—培养联系人”三级培养体系，2022年已接收预备党员20人，储备入党积极分子79人。围绕利通区“十大特色产业”，高质量储备发展意愿强、带动效果好的致富带头人104人、后备人才87人，建立镇、村两级班子成员包抓联系农村优秀人才制度，不断提升“两个带头人”工程质效，锻造过硬基层人才队伍。充分发挥基层党组织战斗堡垒作用和党员先锋模范作用，设立党员先锋岗37个，党员志愿服务队24个，650余名党员志愿者亮身份、上一线、当先锋。坚持党建领航，深化“产业联盟+村企联建”村集体经济发展模式，打造金积镇蔬菜博士（专家）指导工作站，发挥产业联盟党委作用，带动3000名劳动力就业，12个联建村集体经济收入增加8万元以上。

【特色亮点】

金积镇产业联盟党委的经验在全区推广，2022年6月自治区党委常委、组织部部长石岱调研了金积镇产业联盟基地情况，各县市调研金积镇产业联盟党委相关经验24次。持续完善基层治理“364”模式，创新建立金积镇家庭矛盾“1+3+N”定制化分级联调模式，2022年共化解各类矛盾58起，金积镇和谐稳定的社会大局持续巩固。2022年金积镇被评为2021年平安宁夏建设先进集体。

高闸镇

【概况】

高闸镇位于利通区南部12公里处，区域面积64.66平方公里，集镇面积0.68平方公里，耕地面积41571亩，全镇辖7个行政村、83个村民小组、3个居民小区，户籍人口23134人，常住人口8854人。2022年，高闸镇党委、政府以乡村振兴战略为引领，以发展镇域经济为主线，以建设农业生态小镇为目标，推进城乡建设，调整产业布局、完善城镇功能，改善人居环境，举全镇之力逐步打造美丽、生态、宜居新高闸。高闸镇先后获得了全国模范司法所、自治区文明乡镇、自治区民族团结进步示范镇、自治区五星级司法所、自治区五星级统计站等多项荣誉。2022年农村居民人均可支配收入18153元，同比增长9.2%。

【财政收支】

2022年，高闸镇财政收入4428万元，财政支出4428万元。

【民生保障】

2022年高闸镇共计发放民政资金598.5万元。春节前积极争取上级部门慰问我镇残疾、低保、高龄、五保、困难职工、优抚对象等46人。镇政府自筹11.3万元，对辖区345户困难群众、入住敬老院等人员进行走访慰问，发放米、面、油等慰问物资。

【文化事业】

2022年2月开展元宵节活动。读书月期间开展了“我们的节日——缅怀英雄先烈传承民族精神”清明节红色故事分享会活动、“书香润童心好书伴成长——我所读过的一本好书心得分享”等活动。“三八”节期间开展广场舞骨干培训班，在韩桥村开展刺绣培训，组织队员参加利通区第五届农民篮球争霸赛。5月组织参加利通区“喜迎二十大　奋进新时代”广场舞比赛，并获得优秀奖。6月开展庆“六一”亲子活动。

【扶贫救助】

2022年经过排查，共计发现40户需要帮扶的低收入家庭，40户全部建立帮扶台账并制定帮扶措施。临时救助帮扶22户，共计救助资金53500元；村老饭桌每日送餐帮扶2户。推荐我镇“两后生”入学参加培训2人，组织10人参加利通区劳务经济人培训，完成2022年城镇公益性岗位安置人员3人，乡村公益性岗位安置1人。

【平安建设】

2022年每月定期组织拉网式矛盾纠纷集中排查调处活动，累计排查邻里纠纷、感情纠纷、土地纠纷等各类矛盾纠纷28起，化解26起，化解成功率92.9%。2022年开展“三官一顾问+N”问诊日活动8次，为群众解决矛盾纠纷7起。办理信访案件21起，均按规定程序限期办理完毕，先后化解了刘环、袁风莲、任翠琴等历史遗留信访积案。做好常态化扫黑除恶斗争，开展常态化扫黑除恶与《中华人民共和国反有组织犯罪法》专题宣传活动13次，发放宣传手册1200余份，提供咨询30余次。扎实开展防范电信诈骗、养老诈骗专项行动，组织集中宣传活动18次，悬挂、张贴标语（横幅）23条，宣传覆盖3000余人，着力营造“不能骗、不敢骗、骗不了”的浓厚社会氛围。

【招商引资】

2022年完成招商引资项目4个，实现招商引资2.5亿元。实施招商引资项目4个，利通区高闸镇现代农业产业示范园配套建设项目、宁夏科保再生资源回收利用有限公司废塑料回收利用项目、宁夏迅泰牧业有限公司肉牛标准化养殖场建设项目、吴忠市利通区豹席养殖专业合作社肉牛规模养殖场建设项目。项目的实施将进一步推动高闸镇整体营商环境，为下一步招商引资打下坚实基础。

【乡镇企业发展】

2022年高闸镇辖区有企业116个，其中规上企业有宁夏鑫浩源生物科技股份有限公司、宁夏伊友乳业有限公司、吴忠市常信化工有限公司、宁夏金牛集团化肥有限责任公司、宁夏兄弟包装材料有限公司。辖区个体工商户及合作社共410个。

【新农村建设】

开工建设高闸镇李桥村2022年高质量美丽宜居村庄项目，实施高闸镇2022年度冬季清洁取暖项目，争取中央预算内投资项目，开工建设利通区怡和人家小区配套基础设施改造项目。争取自治区一二三产业融合发展资金建设高闸村现代农业产业示范园项目。共计完成项目建设投资4000万元。完成2022年农村危房改造16户，空心房拆除2户，争取农村公益事业财政奖补项目6个，争取项目建设资金420万元。实施清洁家园攻坚行动，每季度开展一次清洁家园攻坚行动，以村为单位集中开展清垃圾、清沟渠、清空心房工程，全面清理房前屋后生活垃圾、乱堆乱放、私搭乱建等。累计投入资金320万元，镇共计动用挖机、装载机、叉车等机械520台次，卡车、平板车、三轮车等车辆2200台次，整治村内沟渠65公里，清运各类垃圾0.9万吨，清理农业生产废弃物186.4吨、乱搭乱建114处、残墙断壁12处320米，空心房10户，参与整治群众达8200人（次）。2022年高闸镇借助吴忠市农村公路“白加黑”工程，上报并维修全镇农村公路20公里，现工程已全部完工；积极申报，在李桥村苇湖中路、郭桥村南大路、马家湖村东大路、韩桥村汉渠北硬化路等处实施了“生命防护”工程，在全镇农村农路通行危险地段安装道路防护栏6.3公里，道路路口减速带27处。

【现代农业发展】

2022年落实乡村振兴战略，完善产业园区基础设施建设。新建保鲜库及分拣中心1座，总建筑面积为1224.1平方米；新建设施温棚7栋，日光温棚6栋，改造旧菌菇棚8栋。2022年产业园种植西瓜280亩，小番茄20.5亩，西芹190亩，复种各类蔬菜370亩，实现年产值1100万元，带动劳动就业400余人，增加劳务收入480余万元。发展品牌西瓜产业，建立200亩集中连片西瓜种植方点4个。全镇大小拱棚西瓜种植面积2607亩，实现总产值2600余万元。巩固发展万亩露地蔬菜种植，建立了以本地香菜、菠菜、西芹等品种为主的露地蔬菜基地，全镇蔬菜种植面积达到11000亩，带动350名群众就业，实现劳务收入600万元。积极发展饲草产业。种植苜蓿3740亩，青贮玉米19243亩，麦后复种燕麦草1400亩，小黑麦1300亩，全镇饲草总面积达到2.6万余亩。发展壮大菌菇产业，新建菌菇棚7栋，改造旧菌菇棚8栋，菌菇基地年产菌菇200余万斤，总产值800余万元。

【种植业】

2022年共落实粮食种植面积24934.64亩，其中，种植春小麦2603.9亩，大豆、玉米带状复合种植4213亩，水稻544.8亩，籽粒玉米15360.04亩，粮食总产量14966吨。

【畜牧养殖】

2022年高闸镇奶牛存栏671头，肉牛存栏7110头，羊只饲养量17985只、生猪5812头、家禽4.3万羽。

【植树造林】

2022年森林抚育311.1亩，未成林补植补造225.9亩。

【水利建设】

2022年配合利通区农业农村局实施高标准农田建设项目，项目总投资995.87万元，治理面积7400亩。计划清淤沟道29条17.58公里，砌护渠道76条17.69公里，配套改造各类建筑物924座，铺设暗管排水管道3317亩58公里，平整土地1500亩，畦田建设1.2万亩，激光平整土地1.5万亩，机深翻土地2万亩，增施有机肥3317亩。铺设砼路1条0.59公里、砂砾石路5条4.49公里。

【基层党建】

2022年高闸镇开展党的十九届六中全会精神宣讲活动12场次，受众742人；开展习近平总书记视察宁夏重要讲话和重要指示批示精神宣讲活动9场次，受众487人次；开展自治区第十三次党代会精神宣讲活动10场次，受众508人次。建立党建引领网格化治理工作机制，将“支部建在网格上”，全力构建支部引领网格、党员覆盖网格的“一张网”体系。“9·20”疫情期间，设立了28个党员先锋示范岗，共有159名党员积极参与人员摸排、核酸检测等防疫工作，在战“疫”中彰显“红色风采”。党员干部带头为辖区被集中隔离的养殖农户喂养牛羊，共计喂养牛368头、羊215只，鸡、鸽子等其他动物300只。我镇被评为区级先进集体，4名领导干部被评为区级优秀党员，4名干部被评为区级先进个人，马家湖村、周闸村2个村被评为区级先进基层党组织，马家湖村党支部书记吴金亮被评为市级先进个人，周闸村被评为市级先进基层党组织。韩桥村建立实体化手工作坊。全面建立“红色先锋”巩固村、“蓝色赶超”提升村，“黄色强基”“三色管理”制度。

【党风廉政】

2022年高闸镇党委健全完善全面从严治党“三个清单”，先后4次专题研究党风廉政建设和反腐败工作。强化政治监督，充分发挥监督保障执行、促进完善发展作用，推动政治监督落实落小。做好常态化监督，不定期对镇村干部考勤、值班值守、疫情防控责任落实、党风廉政建设等方面进行专项督查，全年提醒约谈镇村干部11人次。扎实做好违规收送红包礼金及违规借转贷或高额放贷专项整治工作，先后召开专题民主生活会1次，组织生活会1次，专题会8次，参会干部116名，“三个全覆盖”谈话81人，签订党员承诺书111人。持续深化“2231”村级民主决策监督管理工作法。规范化运行“廉洁高闸”小微权力网络监督平台，全力推行小微权力“监督一点通”平台，扎实开展李桥村、高闸村提级监督工作。

金银滩镇

【概况】

金银滩镇位于利通区东南部，下辖四支渠村、灵白村、银新村、团庄村、沟台村、西滩村、杨马湖村、新渠村、东沟湾村9个行政村，良繁办、金川办2个临时办事处和巴浪湖社区1个社区，102个村民小组、13个居民小组。金银滩镇总面积106平方公里，其中耕地面积65476亩。2022年全年实现农村居民人均可支配收入19517元，增长7%。

【财政收入】

2022年度财政拨款收入3252.6万元，其中一般公共预算财政拨款3125.33万元，政府性基金预算财政拨款127.27万元。相比2021年主要减少新渠棚户区、杨团棚户区拆迁清渣费用基金、农村危房改造补助资金等。

【财政支出】

2022年度一般公共预算财政拨款支出3258.65万元。

【教育科技】

依林小镇“科普+”基地，以讲座、展览、培训、示范等方式为群众普及科技知识、弘扬科学精神，致力于提高公民科学素质。开展未成年人普法宣传活动12场次，关心关爱未成年人活动10场次，通过捐资助学救助困境青少年34名，金额24000元，黄河农村商业银行助学金资助5名困难学生，金额20000元。

【文卫体事业】

以“我们的节日”为聚焦

点，在各村（办）社区组织巡回演出，通过文化大篷车、流动图书车、“文艺轻骑兵”送戏下乡、文艺小分队等形式，把慰问演出、文艺辅导、展览讲座等文化活动送到百姓身边。每年国庆节前举办“迎国庆庆丰收”活动，以丰富多彩的文体活动庆祝农民丰收，表达广大农民的喜悦之情。以各村办、各农产品加工销售企业和合作社为单位，集中展示各种特色富硒农副产品；以各村（办）社区为单位，收集、展示本辖区各类手工艺制品。累计监测新生儿217名，累计登记录入死亡人员181名，摸排上报镇常住人口21059人。有序推进全民健康水平提升行动和健康金银滩镇建设。积极推进无烟党政办工作，累计开展关爱老人系列活动30余次。累计完成孕检目标人数86对，完成妇女“两癌”筛查241人，家庭医生签约率100%。提升新渠村、杨马湖村村居功能改造，为杨马湖村、巴浪湖社区、沟台村、良繁办等配置健身路径、乒乓球台、篮球杆文体器材。

【扶贫救助】

2022年，积极联系辖区企业、设施农业基地为已脱贫户提供就业岗位，定期发布用工岗位，经培训新增劳务经纪人5名，已脱贫户及边缘户务工共176人，为23名到期已脱贫人口申请续签乡村公益性岗位，为7名脱贫户和边缘户中弱劳动力申请新增公益性岗位，将50户低收入群众安排为巡河员，解决就业增收问题。协助15人次已脱贫户申请新增扶贫贷款75万元，为56户脱贫户发放养殖补贴20.45万元。建档立卡已脱贫户外出务工178人，为55户77名脱贫户发放务工补贴23.1万元。落实雨露计划，为5名学生成功申报“雨露计划”项目。利用100万水利返还资金对11个村办沟渠进行维修。

【招商引资】

2022年，招商引资项目建设目标任务为4亿元，截至年底已完成4亿元。新建项目共计6个，分别为中环高科电缆（宁夏）股份有限公司西北高新新能源环保铝合金电缆制造总部基地建设续建项目、宁夏骅泰汽车专用有限公司自动化焊接机械臂生产线技改项目、宁夏农垦巴浪湖农场蔬菜基地配套设施项目、吴忠卫尔康精神病院建设项目、吴忠市少武粮油年产2万吨通用粉技改项目以及吴忠市燃气公司城镇液化气配套设施技改项目。

【新农村建设】

完成利通区金银滩镇2022年冬季清洁取暖项目，项目投资1415.99万元；完成金银滩镇新渠中心村供电改造项目，金银滩镇西滩村水利维修及亮化工程项目，金银滩镇杨马湖村、东沟湾村、灵白村、银新村、四支渠村亮化工程项目；完成农村抗震宜居农房改造90户。金银滩镇杨马湖道路硬化及铺装工程项目、金银滩镇灵白村道路硬化及铺装工程项目、金银滩镇团庄村道路硬化项目、金银滩镇团庄村巷道硬化项目总投资280万元。

【现代农业发展】

2022年，金银滩镇杨马湖村宁夏美青农业科技有限公司种植西蓝花和供港菜心1500亩，采用喷灌高效水肥一体化节水技术，进一步带动金银滩镇现代农业发展。

【设施农业】

2022年新建设施大棚1100亩，2800余座位于金银滩镇四支渠村。主要种植麒麟西瓜，亩年收入达1.6万元以上，带动周边农户就业4000余人次。

【种植业】

全镇落实小麦种植面积2558.47亩，玉米面积45504.22亩，玉豆面积4229.8亩，水稻面积13996亩，供港菜1600亩，陆地菜900亩，种植小黑麦8100亩，麦收后复种青贮玉米8100亩，春麦后复种青贮玉米496.86亩，燕麦草1422.25亩，在金川办种植冬牧草3100亩。种植籽粒型玉米37001.22亩，青贮玉米8503亩，机插秧400亩，保墒旱直播320亩。种植大小拱棚西瓜500亩，特别是引进浙江台州的麒麟西瓜1100亩，为市场提供了优质品种。在科丰种业、钧凯种业、福成合作社，引进示范种植小麦、水稻、玉米、瓜菜新品种156个。

【畜牧养殖】

2022年年底，金银滩镇奶牛存栏11196头；肉牛存栏24443头，出栏15012头，饲养量39455头；羊存栏51886只，出栏35055只，饲养量86941只；生猪存栏786头，出栏852头，饲养量1638头；家禽存栏14.42万羽，出栏34.17万羽，饲养量48.59万羽，畜牧业生产总值3.99亿元。

【植树造林】

2022年春秋两季，全镇共绿化176亩，以补植为主。全年共补植各类树木总计1.8万余株。做好修枝抚育工作。春秋两季分别对全镇及村级主干道路进行修枝抚育，共修剪树木23.8万株756亩。

【水利建设】

秋季农建工作以除草清淤相结合，清挖支斗农沟540条357公里，清淤支斗农渠563条356公里，整修农路401条197.9公里；共动用机械2800台班，挖土方26万方，累计投工投劳10.8万个工日。

【旅游业发展】

搭建培训管理的平台，制定具体的人才培训计划，着重对乡村发展旅游带头人和经营旅游的农户进行培训，提升他们在经营管理、文化咨询、食品安全、接待礼仪等方面的理念，为旅游的可持续发展提供智力支持。

【基层党建】

深入开展“一抓两整”示范县乡创建行动，巩固拓展党史学习教育成果，落实新时代基层干部主题培训行动计划。认真做好党的二十大精神和自治区第十三次党代会学习宣传贯彻落实工作，持续强化班子队伍建设，加大带头人队伍建设力度，派强用好驻村第一书记，大力实施“六个先锋”示范引领行动，持续发展壮大村集体经济。

【党风廉政】

2022年，对开展“大学习、大讨论、大宣传、大实践”活动情况进行专项监督检查1次，党委研究党风廉政事宜4次，开展廉政谈话14人次。对脱贫不稳定户、边缘易致贫户、突发严重困难户“三类人群”帮扶情况开展监督检查3次，给予批评教育2人，谈话提醒1人；制定《关于2022年开展群众身边腐败和不正之风专项整治实施方案》，开展监督检查3次，谈话提醒2人；对各村重点工作落实情况和重要环节落实情况及时跟进监督督查7次；开展节日期间“四风”监督检查8次，开展村务监督委员会成员、村纪检委员培训4次，听取村监会上半年工作开展情况汇报1次。微权力“监督一点通”平台公示内容87项，处理投诉12件，浏览量达4万多次。共受理问题线索5件，初核了结3件，给予党纪处分2人，开除党籍2人。

扁担沟镇

【概况】

扁担沟镇地处吴忠市利通区最南部，距市区25公里，东临灵武市白土岗乡，西接青铜峡市，南连红寺堡区，北与高闸镇、金银滩镇为邻。镇域总面积588.09平方公里，下辖17个村1个场，109个村民小组。2022年实现社会生产总值8.8亿元，同比增长3%；农村居民人均可支配收入达15596元，同比增长7.7%。2022年是贯彻落实党的二十大精神的开局之年，是完成“十四五”既定目标任务的关键一年。扁担沟镇党委面对新冠疫情和百年未有之大变局交织的严峻形势，坚持以习近平新时代中国特色社会主义思想为指导，深入学习贯彻落实党的二十大精神、自治区第十三次党代会精神，在区委、区政府的坚强领导下，紧紧围绕“疫情要防住，经济要发展，社会要稳定”的要求，深入贯彻新发展理念，科学统筹疫情防控和经济社会高质量发展。

【财政收支】

2022年扁担沟镇年度收入总计1.03亿元，支出总计1.05亿元。

【党体组织】

按照“党建带动群建，群建服务党建”的基本思路，以服务型党组织创建为总抓手，始终把工会、共青团、妇联、人民武装工作放到中心工作的大格局中通盘考虑，2022年发展工会会员1367人，利用各大节日、抗击疫情关键时机，慰问困难职工97人，慰问资金3万余元。成立共青团志愿服务队伍19支，开展各类志愿服务活动190余次。开展希望工程助学兴教帮扶活动，为辖区19名困难学生筹集发放4万元助学基金。慰问“两癌”妇女3人，慰问金共3万元，开展“两癌”筛查180人。兵役登记326人，100%完成登记任务，在年度征兵工作中，为部队输送新兵5人，圆满完成征兵任务，为国防和军队建设作出积极贡献。

【扶贫救助】

全面落实社会救助兜底保障政策。按照“应纳尽纳、应保尽保”的原则，进一步完善低保申请、入户调查、民主评议、审核审批等工作环节和程序，加强城乡低保工作动态管理。现全镇共有农村低保1412户1947人，城市低保10户12人，2022年共清退因去世、出嫁、大学毕业、家庭条件好转等83户85人，发放农村低保金362万元、城市低保3.4万元，各类救助补贴近84万元。扎实做好防返贫动态监测工作。印发《扁担沟镇2022年防止返贫监测帮扶集中排查实施方案》，结合巩固拓展脱贫攻坚成果同乡村振兴有效衔接考核评估整改工作，扎实开展大排查工作。针对脱贫户1444户6900人（其中脱贫不享受政策99户366人）、监测户49户（其中脱贫不稳定户3户11人、边缘户27户98人、突发严重困难户19户70人），组织镇村干部、驻村工作队、帮扶责任人，对其家庭信息、收支情况进行采集，切实做到账账相符、账实相符。2022年共核查国家、自治区防止返贫监测信息系统部门预警信息494条，纳入突发严重困难户11户，解除预警483条。推进2021年度巩固拓展脱贫攻坚成果同乡村振兴有效衔接考核评估问题整改。精准聚焦整改工作的薄弱环节，对照反馈问题，认领的14个方面54个具体问题均已完成整改，制定的69项措施均已落实，措施落实率100%。围绕“一收入两不愁三保障”和饮水安全等重要指标，对低收入脱贫户分类进行政策兜底，制定麒麟瓜、芹菜、钢葱种植等产业帮扶及公益性岗位、防溺水工作巡河员等就业帮扶措施，建立常态化帮扶机制。联合电信公司、融通公司对162户收入提升措施较少的脱贫户开展了“一对一”结对帮扶，为脱贫户、监测户发放“爱心大礼包”1383份。9月份顺利完成了宁夏大学评估组对17个村1365户脱贫户、监测户的评估督查考核工作。

【招商引资】

2022年上争任务3500万元，已全部完成，完成率100%。上争牧园35千伏输变电工程建设项目，由宁夏天能电力有限公司承建，项目主体基建已完成，正在安装设备。同时积极落实属地土地协调等职能，促进辖区内各招商项目落地实施。北京奇点汇能科技公司新建100兆瓦/200兆瓦新型电化学储能电站项目、宁储利通区同利330千伏变电站配套储能工程、青岛汇君公司五里坡生态养殖基地奶牛粪污资源化利用项目正在实施中。2022年招商引资任务2.5亿元，已全部完成，完成率100%。争取吴忠市2022年度国际农业发展基金贷款资金1650万元，积极协调各部门落实土地备案手续，实施赵家沟村、利同新村、利原村优势特色产业发展示范项目，分别占地42亩、18亩、15亩，可存栏肉牛1360头，年内全部建设完工。为解决利同新村部分居民房屋盐渍化问题，积极争取财政衔接资金332万，实施利同新村庄点排渍工程。通过增设庄点地下排渍管道、设置光伏强排泵站、改造渔光湖周围挡浸沟等，降低庄点低洼地带地下水位，项目已投入使用。

【新农村建设】

2022年冬季清洁能源取暖项目争取资金1364.32万元，改造户数1900户，年内完成。渔光湖村屋顶维修项目，争取资金120万元，解决农户屋顶漏雨问题，该项目已完成总工程量的80%。抓好“一村一年一事”任务落实。全镇梳理“一村一年一事”项目共18个，其中县级15个，市级3个，15个项目已完工，3个正在实施中。重点聚焦“五清一改”，2022年建成垃圾中转站3个，清理河沟渠塘6条约25公里，发动群众投工投劳2000余人次，清理乱搭乱建58处共计1233平方米，清除破旧广告牌89块，清理农村生活垃圾及畜禽养殖粪污等农业生产废弃物9000余吨。通过拉网式摸排，对已改造的3634座厕所、607座沼气池录入全国信息平台，引进第三方服务公司，投资15万元左右维修问题厕所300多座。争取资金560万元，落实8个农村公益事业财政奖补项目。为同利村、黄沙窝村、渠口村共安装太阳能路灯550盏，实施利原村、利同新村渠道维修改造工程约8000米，修建渠口村5队、6队和赵家沟村2队、3队、5队硬化道路面积11200平方米。积极争取70万元资金用于西沟沿村道路硬化项目。

【现代农业发展】

优化产业结构调整，扁担沟镇粮食种植面积11.7万亩，玉米种植面积11.2万亩（其中玉豆间作面积12480亩），水稻种植面积3482亩，小麦种植面积1550亩，超额完成了区政府下达的粮食种植任务。依托黄沙窝村冷链库发展特色产业，2022年全村种植大小拱棚西瓜1400亩（其中大拱棚西瓜950亩，小拱棚西瓜450亩），种植小番茄260亩（露地小番茄集中种植100亩，高标准冷棚小番茄160亩），基地种植瓜菜面积达到1120亩。渠口村与近邻双吉沟村、黄沙窝村实行“村级联建”模式，发展大拱棚西瓜250亩，小拱棚西瓜300亩。海子井村种植黄花菜500亩，辐射带动扁担沟村、赵家沟村、吴家沟村、石家窑村、烽火墩村发展黄花菜392亩，全镇种植黄花菜共892亩。在渔光湖村，联合利同新村依托改造完成的占地320亩的400座设施拱棚，通过技术指导、示范种植、统一销售模式，联农带农发展瓜菜种植。由吴忠市硒夏农业服务公司和吴忠市聚宝农机服务公司带动种植，其中在渔光湖村带动移民群众种植芹菜135座，亩产量7300斤，在利同新村带动移民群众种植西瓜79座，每棚产量2000余斤。通过带动移民群众种植西瓜、芹菜，扁担沟镇铺开了产业富民的新路子，步入了发展的快车道。在同利村，通过“政府引导、企业带动、农户参与”的联农带农机制，采取统一育苗、统一种植、统一田间管理、统一销售的模式，明确包片责任领导、包片技术指导。引入台州浙商在同利村带动农户种植麒麟西瓜233棚，同时引进吴忠市利通区鑫丰沃种植家庭农场在同利村种植香芹178个拱棚，种植钢葱400亩，亩产量达8000斤，切实带动移民群众增收致富。同时在4个移民村实施扁担沟镇万头肉牛养殖项目，采取“国企＋合作社＋农户＋银行＋保险”养殖模式，通过吴忠农村商业银行向满足条件的移民户提供信贷资金支持购买肉牛，委托利浩公司负责统一养殖与销售。着力发展林下产业，以烽火墩村、良繁场为重点，推进苹果产业规模扩张与质量、效益同步提高，将“扁担沟苹果”打造成驰名品牌，并在烽火墩村、良繁场幼龄果园建设千亩林下经济示范点，发展林下种养殖业。2022年以来，在烽火墩村以玉静专业合作社为主，举办苹果树修剪、套袋等各类培训班8期，切实增强了农民群众致富的内生动力。

【种植业】

贯彻落实国家粮食安全工作要求，全镇粮食种植面积11.7万亩，其中玉米种植面积11.2万亩（玉豆间作面积12480亩），水稻种植面积3482亩，小麦种植面积1550亩。大力发展特色种植业，种植大小拱棚西瓜1400亩、小番茄260亩，黄花菜892亩。

【畜牧养殖】

大力发展畜牧养殖业，新建肉牛养殖场3个，成立家庭农场、专业合作社75个，带动3384户群众增收致富。全镇奶牛、肉牛、滩羊、生猪、家禽存栏分别达到15万头、3.8万头、11.9万头、0.5万头、10万只。

【植树造林】

突出抓好主干道沿线、环村林带、农田林网建设，在4个移民村庭院共植树22000余棵。

【基层党建】

抓牢政治建设，在思想引领上用实劲。镇党委理论学习中心组集中学习10次，开展专题研讨5次，把党史学习教育作为常态化内容纳入党委理论学习中心组、党委会、主题党日等活动中，班子成员带头讲党课26次，各村书记带头讲党课30余次，覆盖干部群众500余人，切实做到常学常新、入脑入心，进一步提高干部群众的政治领悟力、判断力和执行力。抓细组织生活，在日常规范上施实策。严格把好入党前置关口，储备入党申请人45名、入党积极分子65名，确定发展对象7名，新发展党员6名，转正党员13名。扎实做好农村发展党员违规违纪问题摸排整顿工作，排查认定违规违纪问题党员31人，对涉及的原党支部书记、时任党务干部以及党员本人均按照规定处理到位。同时加强基层先锋队伍建设，深入实施“三大三强”和“两个带头人”工程，培养致富带头人127名，村级后备力量84名，评选“六个先锋示范引领户”315个，有效发挥了党员群众的示范带动作用，形成了以党风带民风、以党心聚民心的良好格局。抓好问题导向，在补齐短板上下实功。补齐移民村党建工作短板，制定4个移民村党建提升行动方案，实现“一村一案”。成立区域化联村党委，以“组织联建、队伍联管、产业联促、治理联抓、乡风联育”为主要内容，以党建工作新格局促进基层治理水平上台阶开新局。补齐发展后劲短板，2022年共5个村有扶持发展壮大村集体经济项目，每个村项目资金100万元。渔光湖村、同利村、利原村分别购买67头西门塔尔小公牛，托管至利浩农牧有限公司进行养殖；南梁村购买50头西门塔尔牛托管至宁夏上升牧业有限公司。高糜子湾村将资金用于优质饲草青贮玉米种植，流转土地375亩秋后复种青贮玉米。

【党风廉政】

突出理论武装，以提高党员政治站位为目标，将学习习近平新时代中国特色社会主义思想和党的二十大精神作为重要政治任务，常态化用好用活党委理论学习中心组学习、干部轮训有效载体，组织党员干部扎实开展理论宣讲、专题学习、交流研讨、实地教学等活动20余场次，不断提升党员干部整体素养。提升思想认识，严格落实意识形态工作责任制，镇党委班子成员积极参加党委理论学习中心组学习，围绕理论学习和业务培训开展理论学习中心组学习9次，交流研讨4次。深化集中教育，深入开展庆祝建党101周年系列活动，通过颁发纪念章、慰问困难党员、重温入党誓词等形式，引导广大党员弘扬伟大建党精神，传承红色基因，汲取奋进力量。

古城镇

【概况】

古城镇位于吴忠市区西北，镇域面积32平方公里，全镇辖11个行政村（五星村、红星村、左营村、秦桥村、黎明村、新生村、古城村、金星村、朝阳村、党家河湾村、新华桥村），3个城市社区（怡园社区、清宁河社区、朔方社区），总人口50470人。2022年招商引资完成3亿元，上争资金完成2400万元；全镇11个村村集体经济纯收入达3800万元，增长7%；全年实现红利分配910万元，集体经济发展位居前列。农村居民人均可支配收入22987元，增长7.5%。全镇共38个党组织。

【财政收支】

2022年古城镇收入6005.73万元，财政支出5736.51万元。

【教育事业】

2022年，古城镇在镇政府及各行政村设立教育专干，接受乡镇和教育行政部门双重领导。密切联系辖区各中小学校和幼儿园，积极协助学校开展控辍保学、校园周边环境治理等工作。在开学季安排各村（社区）开展控辍保学工作，发现辍学学生4人，已经全部劝返。

【文体事业】

2022年古城镇开展丰富多彩的文化活动。年内组织庆“三八”妇女节、4·23”读书日、农民篮球争霸赛、广场舞及啦啦操比赛、电影下乡、文艺团队进小区、全民健身日社区趣味运动会等11项活动，参与的群众有1万多人次。狠抓民俗节日，开展“我们的节日”文化活动。春节前在镇综合文化站举办了

2022年春节干部职工趣味运动会，参与干部100余人。

【社会救助】

2022年古城镇享受民政救助低保户新增44户61人，条件改善后取消17户17人，动态调整后现有城乡低保户404户584人，发放救助资金64.72万元。疫情期间救助古城镇困难群众19人，临时救助金480.75万元。

【脱贫攻坚】

2022年古城镇做好巩固拓展脱贫攻坚成果同乡村振兴有效衔接各项工作，对脱贫人口66户345人和监测户1户2人、一般农户1125户3668人进行了大排查，建立收入台账。对党家河湾、新华桥村39户人均可支配收入低于1.5万元的农户，逐户进行走访摸底，明确了帮扶干部。摸清移民就业情况，脱贫人口中165名劳动力，实现就业158人。

【招商引资】

2022年古城镇引进中国石油天然气股份有限公司宁夏吴忠分公司利通区黎明加油加气站新建项目，项目已开工；光耀一悦江南小区项目，项目已在施工中；厚几彩润城项目，项目已在物业交接中。

【新农村建设】

2022年古城镇经过各村摸排核实新建房农户有26户，全部完工。2户低保户危房已通过市住建局验收。同时完成了利通区下达6户空心房拆除任务。共排查总户数3585户，面积403.6万平方米，排查梳理出存在安全隐患的234户，对接住建局对234户，申请第三方鉴定公司给予鉴定，经鉴定234户中有132户是安全住房。

【现代农业发展】

2022年古城镇建立优质粮食高质高效示范片，降低农药面源污染。在新华桥村、党家河湾村建设两个玉米病虫害绿色防控及统防统治示范片，面积1000亩。在新华桥村建立优质粮食有机肥替代化肥示范片400亩。2022年全镇回收上交农业生产残膜3102吨，回收农药包装物102公斤，降低残膜及农药包装物对田块的危害，将面源污染工作真正落到实处。

【农业基础设施建设】

2022年古城镇继续加大日光温室新技术、新品种推广力度，实现提质增效。推广秸秆生物反应堆技术328.16亩（249栋），蚯蚓生物示范技术214.3亩（128栋），两项共为种植户争取项目补助资金33.87万元。设施温棚及露地蔬菜有5家2099亩。依托合作社采取集中培训、外出参观学习等形式，共举办实用技术培训观摩6次，培训人员800人次。

【种植业】

2022年古城镇全镇耕地总面积为9933亩，粮食种植面积为9464亩，其中水稻面积200亩、玉米面积5720亩。饲草种植面积870亩，蔬菜种植面积2049亩，其中露地菜460亩，设施蔬菜1589亩，仅日光温室面积就达1179亩（450栋），占设施蔬菜面积的74%。全镇共落实小麦面积625亩，大豆玉米带状复合种植面积308.9亩。推广秸秆生物反应堆技术328.16亩（249栋），蚯蚓生物示范技术214.3亩（128栋），两项共为种植户争取项目补助资金33.87万元，新技术应用率达95%以上，亩均效益达1.2万元以上。新华桥村引进示范种植大拱棚麒麟西瓜410亩。完成实际种粮农民一次性补贴资金14.16万元（共分三次发放），涉及农户1073户，面积7200.37亩。完成耕地地力保护补贴资金发放74.94万元，涉及农户2164户，面积9866.46亩。完成625亩小麦补贴资金和308.9亩玉豆补贴资金24.93万元。根据农时季节，依托合作社采取集中培训、外出参观学习形式，共举办实用技术培训观摩6次，培训人员800人次。

【植树造林】

2022年古城镇做好植树造林工作，共抚育林木500余亩，改善了树木对农田的遮阴问题，消减了林田栽植矛盾。加强森林草原防灭火工作，制定古城镇森林草原防火工作实施方案，开展森林火灾隐患专项排查，确保不发生重大森林火灾。除草面积达到228亩。

【水利建设】

2022年古城镇通过一事一议项目对新华桥村6、8、10队陈旧老化农渠进行翻建砌护，项目完工并投入使用。全面整治沟、渠、林、田、路，治理面积6500亩，重点涉及新生、红星、党家河湾、新华桥4个村的支渠2条14.3公里，斗渠3条3.8公里，农渠102条48.7公里；支沟1条4.2公里，斗沟1条0.9公里，农沟30条19公里，共计139条90.9公里，同时结合清淤整治，及时对影响生产的桥、涵、闸、斗门等水利设施进行维修或返建。

【旅游业发展】

2022年古城镇大力开展特色活动，彰显古城文化魅力。8月26日在新华桥成功举办吴忠市利通区乡村文化旅游节暨新华桥乡村休闲游民宿推介会活动，为我镇的乡村旅游拉开了帷幕。活动现场热闹非凡，各种特色活动都向外展示我镇新华桥良好的自然生态环境，活动参加人数达千余人次。2022年，古城镇共建设民宿18套，并投入试运营。

上桥镇

【概况】

上桥镇因秦渠吴忠市区段上的一座大桥“上桥”而得名。全镇总面积14.7平方公里，耕地面积4675亩。辖8个行政村、1个社区。2022年末总人口为34322人，均为城镇户口。

【项目建设】

积极探索“政府引导＋社会投资＋群众参与”“村集体投入＋社会投资”等多种招商模式，多项重点社会投资项目落地上桥镇。2022年实施项目15个，完成投资2.6亿元，完成任务的100%。完成招商引资3.71亿元，完成任务的106%。上争项目资金3600万元，完成任务的100%。吴吃堡城、高质量美丽宜居村庄等项目正在有序推进。

【产业发展】

针对疫情造成的经济发展后劲不足等问题，按照规划先行、“一村一业”的要求，引导各村适时调整产业结构。涝河桥村高标准完成“多规合一”乡村规划，新建35座高标准日光温棚、4座大跨度保暖式拱棚，已全部投入使用。解放村改扩建解放二手车市场，全面提升交易规模和服务功能；整合现有市场资源，跨乡镇建设木材储备基地。罗渠村引资盘活蔬菜市场。上桥村将党组织建在村集体产业上，引资建成家政服务中心、格林豪泰酒店。村集体清产核资全面开展，集体经济稳步增收。

【文旅产业】

引资建设大型游乐场哈哈欢乐谷，引导群众建设17栋轻钢民宿，按照“微改造、大提升”，补充完善景区功能和元素，重点建设“半里街食集”，改造家访式民俗接待院落13个。同时对好吃街等经营业态进行环境改造提升和摊位重新规划，牛家坊民俗文化村内商户达到160余个，辐射带动就业创业人数总计570余人，吸引周边县市（区）各类游客约80万人次。承

（举）办了利通区第五届乡村文化旅游节、上桥镇第二届厨艺大赛暨“半里街”食集开业仪式、美丽乡村民谣音乐会、哈哈乐园开园仪式、开心大胃王挑战赛等特色文化旅游活动，初步形成了一二三产融合发展模式。牛家坊村连续两年被评为全国乡村特色产业亿元村。牛家坊村党建引领乡村振兴相关事迹被《中国组织人事报》以《宁夏吴忠市牛家坊村：村民捧上生态饭碗》为题进行了报道。5月4日自治区党委书记梁言顺同志到牛家坊村调研指导美丽乡村建设工作。

【农村人居环境】

始终坚持“六线五点一片”和“两沟”治理为目标，先后组织3000余人，机械120余台班，清运垃圾2885.3余吨，对农村片区进行综合整治。对清水沟、清二沟岸线进行综合整治，整治河湖“四乱”7处，治理河道岸线16.2公里。派专人每天巡查秸秆焚烧现象，杜绝因秸秆焚烧造成的大气污染。完成未成林补植任务44.2亩，推进清一沟牛家坊美丽村庄改造提升，绿化面积32亩，完成13个老旧小区绿化改造提升261亩，栽植侧柏、紫叶矮樱、水蜡等各类灌木、绿篱14.7万株。完成1044亩绿化修枝抚育工作。完成清洁能源冬季取暖改造项目700户。

【基础设施建设】

新建篮球馆1座、宁宝物联大型超市及鲜蔬集散中心1家，打造新时代文明站所3所，建成润翔东苑、博雅南苑等商业住宅小区3个。争取实施保障性安居工程项目，提升改造10个居民小区基础设施，安装充电桩1200组，绿化补植提升420亩，栽植荷花45000株，“三绿”标准达到95%以上。

【脱贫成果】

落实脱贫户、监测户、低收入群体“四级包抓”责任机制，高度重视考核评估问题整改，所有问题全面整改销号。争取乡村振兴补助资金68万元用于维修锦都城小区6栋楼的屋顶漏雨问题，投资10万元打造锦都城小区市民驿站。发放设施温棚收益分红资金每户110.25元。积极对接驻村帮扶单位，争取60万元资金，新建4座大跨度保暖式拱棚，已全部投入使用。聘用乡村公岗49名、巡河保洁员16名，帮扶车间就业57人。2022年劳务移民人均年收入达到1.8万元，增长22.18%。创新实施“13456”工作法，依托“五彩”市民服务驿站和新时代文明实践站，常态化开展“六个先锋”示范户评选，“家庭卫生六比六看”“脱贫致富宣讲”等活动，促进移民有效融合，让移民从真正意义上转变为新居民。

【民生保障】

始终坚持服务意识和服务质量相结合，民生事业不断优化发展，群众幸福指数不断提升，有效夯实了高质量发展的群众基础。社会保障坚实有力，实施就业提升工程，培育创业实体200家，带动就业425人。全镇失业人员实现再就业89人，城镇新增就业615人，劳动力转移923人。城乡居民基本养老保险和医疗保险实现应保尽保。认真落实低保救助、高龄补贴等政策，发放各类民政资金共计994.78万元。核准低保对象755户1172人，救助困境先心病儿童3户3人，核查残疾人护理补贴322人，核查残疾人生活补贴299人，协调相关部门为2位精神残疾人申请安全及时入住卫尔康医院。申请廉租房9户、申请公租房58户。疫情防控有序有力，全面落实第九版防控方案和优化疫情防控“二十条”及“新十条”，最大限度减少疫情对经济社会发展的影响。常态化抓好疫情防控，科学应对“9·20”“11·16”等突发疫情，有效遏制疫情扩散蔓延，最大程度保护了人民生命安全和身体健康。安全生产抓实抓细，协调市场监管、公安、综合执法等部门，联合开展安全生产月、百日专项整治等安全生产大检查，通过线上线下“齐步走”、宣传执法“并肩行”等方式，从严从实进行隐患排查治理，有力有序开展宣传引导。2022年，共排查企业、商户200余家，排查安全隐患182处，均已完成整改并长期坚持。严格落实安全生产责任制，安全生产形势保持平稳，全年未发生较大以上事故。

【社会治理】

始终坚持“小事不出村，大事不出镇，矛盾不上交”，有效奠定了高质量发展的和谐氛围。基层治理成效显著，创新实施“1+4”乡村治理模式（党建引领“446”综合治理、“3533”基层宗教治理、“4433”乡村法治工作模式、“13456”移民治理工作法、推广实践“55124”五步民主管理工作法），协助承办全国乡村治理体系建设现场会及全国乡村治理体系建设示范单位率先开展移风易俗活动启动仪式、2022年第三季度“中国好人榜”发布仪式暨全国道德模范与身边好人现场交流活动。积极创建自治区乡村治理示范乡镇、民族团结进步示范单位。基层治理先进工作经验被司法部主管期刊《司法所工作》（2022年7月）以《整合资源强服务，探索创新促发展，推动平安建设和基层治理能力现代化》为题进行报道。创新开发“村务管家卡”，制定《上桥镇“村务管家卡”管理工作办法》，从源头防止“四风”问题及农村“三资”腐败问题，做法被“学习强国”学习平台、《人民日报》、宁夏新闻网等媒体报道推广。民族团结持续巩固，扎实推进铸牢中华民族共同体意识示范镇建设，创建中华美食街、“上桥人家”等铸牢中华民族共同体意识示范点7处，打造石榴籽广场、石榴籽小课堂等22处，开展“石榴花开别样红”等主题活动132场次。先后完成上桥镇铸牢中华民族共同体意识示范镇创建工作，牛家坊民俗文化村铸牢中华民族共同体意识示范景区创建工作，道道渠清真寺建成以社会主义核心价值观、中华优秀传统文化为内容的文化宣传长廊，道道渠清真寺也被推荐为首届全国宗教界先进集体。自治区党委书记梁言顺同志于8月16日到道道渠清真寺视察指导工作。法治建设更加广泛，注重培养“法律明白人”“法治宣传员”队伍建设，建立完善镇、村、组三级普法网络。建成上桥镇公共法律工作站和9个公共法律服务工作室，一村（社区）一法律顾问实现全覆盖，聘请宁夏昊德律师事务所3名律师为群众提供免费的法律服务。2022年，共培养“法律明白人”骨干16人，普法志愿者23人，“法律明白人”1624人。排查矛盾纠纷110次，化解矛盾纠纷105件，引导诉讼4件，未化解1件。社区戒毒康复执行率达到100%，戒毒人员就业帮扶率保持在95%以上。

胜利镇

【概况】

胜利镇地处吴忠市区老城区，辖区面积12.2平方公里，东起利华街，南至吴惠路，西至同心路，北到裕民街，辖朝阳、上桥、民生、中华、新华、秦渠、永昌、富荣、正源9个社区。辖区居民小区177个，常住人口51280人。设党政机构5个，事业单位3个。共有49个基层党组织（党委11个、党支部38个），党员1600名。

【财政收支】

2022年胜利镇一般预算收入2062.4万元。一般预算支出2809.5万元。

【社区阵地建设】

2022年胜利镇借助老旧小区改造，将朝阳社区阵地进行重建，由316平方米增建至526平方米，社区内设置党群服务中心、党员活动室、社区议事中心等，满足社区办公和各类便民服务活动的需求，打造高标准党群服务中心，以项目化运作方式，构筑“治理网格化、服务精细化、工作智慧化、权责清单化”格局。

【社区精神文明建设】

2022年胜利镇以培育和践行社会主义核心价值观为主线，充分利用9个社区“道德讲堂”开展“先锋宣讲进社区，文明接力我先行”等宣讲活动46场，形成了“板凳课堂”“茶几课堂”“直播课堂”“剪纸课堂”等一批特色宣讲品牌。持续开展“文明细胞”创建工程，常态化开展“指尖上的感动”微宣传，评选“六个先锋”131户。全面推广“345”志愿服务模式，深化9个学雷锋志愿服务站服务功能，开展“周五志愿服务日”活动290场，形成了制度化常态化志愿服务模式。

【社区法治宣传】

2022年胜利镇扎实开展政法工作“百日会战”，依托“百楼万户大走访网格服务零距离”活动，组织镇居干部、网格员、民警和法律工作者深入学校、小区、楼宇，逐家入户解读防诈要点，梳理问题隐患。举办习近平法治思想、防范电信诈骗、“八五”普法等专题宣讲13场次，动员5万余人次下载安装“国家反诈中心”App，居民群众法治意识有效增强。

【教科文卫体事业】

2022年胜利镇围绕“喜迎二十大永远跟党走”主题，立足“睦邻·家”文化软实力建设，隆重举办2022年睦邻文化节暨第十八届社区邻居节，开展“不忘初心跟党走睦邻携手颂党恩”等活动87场次。荣获利通区“喜迎二十大奋进新时代”广场舞大赛二等奖、“喜迎二十大奋进新征程”2022年全民健身主题示范活动啦啦操大赛二等奖、“中国体育彩票杯”宁夏利通区第五届农民篮球争霸赛暨乡镇篮球联赛第三名、“发展体育运动，增强人民体质”题词70周年利通区全民健身主题系列活动之篮球比赛第三名。坚持把保障人民健康放在优先发展的战略位置，全面落实健康水平提升行动，聚焦39户特殊生育家庭需求，完善“一对一”联系制度，提供心理疏导、精神慰藉等关爱服务68人次，涉及帮扶资金41.6万元，实现家庭医生签约、就医绿色通道全覆盖。深化健康社区创建，开展家庭健康促进行动，有效提升了社区卫生医疗服务质量。新华社区成功创建全国示范性老年友好型社区，正源社区、中华社区成功创建为自治区健康社区。

【劳动就业】

2022年胜利镇全年实现城镇新增就业1010人、城镇失业人员再就业814人，培育创业实体570个，新增企业70个、个体工商户516户。

【社会保障】

2022年胜利镇深化“我为群众办实事”，全面落实惠民利民政策，深入推进“六大提升”行动，提高公共服务质量水平。依托宁夏综合服务管理平台等大数据，完善低保、高龄、残疾等对象数据“动态更新、月结管理”机制，年新增低保对象23户26人，受理廉（公）租住房66户。

【民生救助】

2022年胜利镇全年累计为辖区2400多名低保、高龄、残疾人、孤儿等发放城市低保金及各类津贴补贴金408.209万元，救助辖区“两癌”妇女5名。

【平安建设】

2022年胜利镇紧扣区域社会治理现代化试点工作，深入推进法治政府建设，全面推进法治工作水平。狠抓矛盾纠纷多元化解，全面有序推进矛盾纠纷排查调处、信访、平安建设等工作，精细化落实网格管理，健全76个网格治理体系，建成7个社区警务工作室，开展“三官一顾问+N”活动82次，排查调处各类矛盾纠纷76起，化解群众信访案件37件、信访积案4件，“点线面”结合的无死角调解覆盖圈逐步建成。强化居民协商自治，大力推进“六化”民主协商模式，通过庭院协商、板凳议事会、联席会议等议事平台召开民主协商会180场，协调解决小区治理问题300余件。

【社区环境整治】

2022年胜利镇对标对表创城体系，依据每个小区存在的问题，精准施策，狠抓整治，力求规范。加强小区绿化补植管护工作，在仪表南院、瑞景名邸、阅秦水韵等27个小区补植花灌木、绿篱98600株，有效解决了各小区绿化带断带、裸露的问题。大力做好小区环境卫生整治，严格按照“十二无”标准，全面开展居民住宅小区环境综合整治活动，组织9个社区开展环境卫生整治120余次，清理乱堆乱放324处，铲除小广告384平方米，清掏清理市医院家属院、西湖小区、朝阳中寺楼等132个小区305个化粪池1003车。5月份，结合爱国卫生运动，组织各社区、物业公司开展病媒生物滋生地排查、整治和消杀活动，特别对下水管道和垃圾桶进行了药物喷洒，铲除蚊虫滋生环境，从源头上预防和控制疾病。组织各社区，利用端午、社区邻居节等活动持续开展垃圾分类宣传，以点带面。在镇二楼设立了积分兑换室，正源社区上桥佳苑、富荣社区胜利家园、新华社区文景苑设立了垃圾集中回收点，开展垃圾分类投放、积分兑换工作，引导居民垃圾分类。

【创卫工作】

2022年胜利镇利用“4·22世界地球日”“6·5世界环境日”“世界低碳日”、节水周等节点，结合社区实际，采取线下线上等形式开展保护地球、保护生态环境、“杜绝食用野生动物”、低碳出行、节约水资源、垃圾分类等宣传活动10场次，发放宣传资料10250份，组织居民观看科普电教片12场次，引导居民群众养成良好的生活习惯。坚持开展“爱国卫生日70周年”活动，在永昌、上桥、富荣等社区开展爱国卫生运动座谈会8场次，通过座谈，让居民认识到爱护环境的重要性，引导居民积极参与环境整治，保护环境、爱护环境，倡导文明健康、绿色环保的生活方式。

【招商引资】

2022年胜利镇突出项目牵引聚力作用，全面促进基础设施升级提档。大力实施社区综合服务设施和办公场所提升工程，完成朝阳社区阵地建设，新华社区睦邻家、正源社区红石榴家园党群服务中心服务功能提升，全力打造了新华社区石油北苑、富荣社区泰和苑、永昌社区“红领益家”、民生社区“民生情”4个网格党群服务驿站，切实增强了社区阵地服务承载力，极大地满足了居民多元化需求。切实推进老旧小区改造进程，积极争取整合为民办实事、老旧小区改造、党建为民服务等项目资金，按期完成关马湖监狱小区、面粉厂家属院等20个小区43栋楼宇给排水、外墙保温、屋面防水等基础设施，拆除煤杂房62间、锅炉1个，进一步提高了小区公共服务功能。

【基层党建服务】

2022年胜利镇坚持把城市基层党建工作摆在首要位置抓谋划、压责任、促落实。持续唱响主旋律，充分利用“新华之声”“民生时播站”“红色直播”等特色线上宣传阵地优势，延伸社区“道德讲堂”“百姓大舞台”等教育功能，创新“宣讲＋文艺”形式，大力营造学习宣传党的二十大和党的十九届七中全会精神浓厚氛围。持续完善睦邻党建组织体系，激活社区联合党委工作活力，健全联合党委平时服务群众、“战时”组团应急“平战转换”机制，深入开展在职党员“双报到双服务”活动，形成网格发现、社区呼叫、分级响应、协同处置、结果反馈的工作闭环。发挥单元红管家作用，打造正源社区上桥雅居“益家人”互助空间，推动党组织链条有机嵌入社区治理末端。大力推进政务公开，先后公开财务收支、民生事业、社会救助等政府信息50条，接收处理“12345”便民服务转办事项876件，接待居民群众39900余人次。推进行政审批服务提速，改进和优化公共服务流程，开展“不见面马上办”政务云服务，全年共办理服务事项11625件。

【党风廉政建设】

2022年胜利镇坚持把全面从严治党要求落实到政府工作的各方面，深入推进“我为群众办实事”，增强“四个意识”、坚定“四个自信”、做到“两个维护”。全面落实党风廉政建设主体责任，持续深化中央八项规定精神，坚决整治“四风”，严控“三公经费”支出。持续推行“互联网＋监督”模式，充分运用小微权力监督一点通平台，着力构建区纪委、镇纪委、居监会、群众监督“一张网”四级监督体系。全面落实监督执纪问责，坚决整治“庸懒散拖”等问题，开展各类工作督查37次，发放通报6期，对22名不严守工作纪律的干部进行通报批评，进一步转变了镇居干部干事创业的工作作风。

金星镇

【概况】

金星镇辖区面积12.5平方公里，辖裕西、金塔、材机、开元、金花园、金星花园、明珠、利宁、富平、阳光骄子、正丰社区11个社区，共128个住宅小区，47685户94578人，其中老旧小区66个，有物业公司管理的76个，居民自管的64个。物业服务公司33家。2022年金星镇获第九批全国民族团结进步示范区示范单位，第七次全国人口普查先进集体等荣誉。

【财政收支】

2022年，金星镇一般公共预算收入3026.46万元，其中，基本收入911.01万元，项目收入2115.45万元。一般公共预算支出1072.07万元，其中，基本支出911.01万元，项目支出2115.45万元。

【社区阵地建设】

2022年，金星镇建成金塔社区银塔小区居民之家、锦绣华府网格党群服务微家、材机社区东方花园第三网格驿站、开元社区盛世开元南院邻聚理网格驿站、明珠社区宜人世家党群服务驿站、阳光骄子社区金桂园党群服务中心、利宁社区桃花苑红色物业网格工作室、西苑小区红色小屋等14处居民协商议事活动点。现有舞蹈、太极、合唱、戏曲等形式的29支文化团队，参与各类特色鲜明的展演或比赛。

【社区法治宣传】

2022年，金星镇高标准高质量开好“七五”普法总结表彰及“八五”普法动员大会，同时加强日常普法工作考核与阶段性普法考核相结合，规范完善普法工作档案资料，累计开展普法宣传45场次，发放普法宣传资料7000余份，撰写宣传简报57篇。

【民族团结】

2022年，金星镇印发相关工作方案，线上开展“拇指课堂”“网上学习3分钟”民族知识专题学习，线下依托阵地及民族团结进步月活动，组织专题宣传65场次、文艺汇演26场次；总结出金花园社区“四部曲”、裕西社区“五线”、材机社区“五聚力”等铸牢中华民族共同体意识工作法。举办社区邻居节、“石榴籽”社区趣味运动会、邻里百家宴等主题活动。

【教科文体事业】

2022年，金星镇对疑似辍学学生开展劝返工作，保证其正常入学。举办疫情防控、健康讲堂、科普知识咨询、健康义诊等活动101场次。举办青少年科技创新大赛、信息学竞赛等科技竞赛2场次。开展群众性、经常性、社会性的科普主题培训宣传，在裕西社区打造占地80平方米的科普体验馆，并迎接观摩参观5场次150余人；改造提升镇综合文化站。金花园社区金花园C区、金塔社区秦汉渠家属院、金星花园社区春园小区、利宁社区西苑小区申报健身路径共计4套32件。组建“梦之缘”合唱队、俏夕阳舞蹈队、青年花儿艺术团等4支文艺团队；在各社区开展系列文体活动24场次、趣味运动会12场次、各类文体演出竞赛活动100余场次，观看人数超过万余人。编排节目《共产党好，黄河水甜》获吴忠市广场舞大赛一等奖。

【卫生事业】

2022年金星镇共出生婴儿665人，人口出生率7.594‰，人口死亡率2.05‰，人口自然增长率5.544‰，没有发生出生缺陷。组织流动人口健康义诊8次，健康素养宣传7期。上报独生子女费217户346人95400元，开通特殊家庭就医“绿色通道”，实现计划生育特殊家庭家庭医生签约服务工作全覆盖。

【劳动就业】

2022年，金星镇发布就业信息12期，涉及就业岗位235个，报送吴忠市公益性岗位24人，利通区公益性岗位15人。摸底建档立卡户41户205人，掌握有就业能力96人，已实现就业84人。开展各类技能、创业培训共5期，参加培训人员共计200人。辖区新增企业164个，新增个体工商户469户，创业带动就业969人。

【社会保障】

2022年，金星镇为15人办理城乡居民养老保险补缴手续，补缴金额13600元。为8299名机关行政事业退休人员、企业退休人员及城乡居民领取待遇人员进行了生存认证，确保退休人员退休金正常领取。电子医保卡共激活21608张，办理新生儿医保参保登记203人，办理丧葬费24人。

【民生救助】

2022年，金星镇核减低保31户36人20420元，调减4户4人2100元，新增12户15人8260元，调增1户1人260元。高龄取消3人1450元，高龄新增4人1800元，调整1人50元。共计发放低保金、各类补贴198.7万元，高龄各类补贴9.85万元，孤儿津贴6.92万元。全年临时救助困难家庭117户196人42.03万，发放救助资金42万元，发放残疾人“两项补贴”48.6万元。11个社区圆满完成第一届残疾人协会选举工作。脱贫户41户203人，人均纯收入1.62万元，2022年度无新识别脱贫不稳定监测户。

【社区环境整治】

2022年，金星镇制定河湖长制工作安排，全力规范物业服务行业，切实提高住宅小区物业服务管理质量。严格按照“十二无”标准，清理辖区环境卫生，共清除绿化带内的垃圾污物和墙面小广告、涂鸦3000余处，清理杂物2500余处。结合月末卫生大扫除活动、周末“清洁家园”活动，开展志愿服务200余次；开展电动车私拉电线、乱停乱放专项整治行动。

【基层党建服务】

2022年，金星镇打造“5+1”全要素网格组织，制定“聚焦百姓百件事”任务清单，与共建单位签订协议书101份，辖区2692名在职党员主动认领微心愿221个。参与疫情防控、治安巡逻等志愿服务880人次。先后打造金星花园社区利北楼“邻聚力”、金塔社区“左邻右舍”党群服务驿站，开元社区“邻聚里”等网格党群服务驿站；完善“1+6+N”红色物业品牌，建立红色业主委员会、红色物管会，培育红色物业骨干队伍。依托板凳议事会、睦邻会客厅等载体，协商解决小区垃圾清运、车辆乱停等群众急难愁盼问题260余件。

【党风廉政建设】

2022年，金星镇开展政治理论学习20余场次，镇居两级开展宣讲活动60余次，镇党委书记讲党课5场次，学习研讨交流3次，干部例会集中学习8次，撰写学习心得体会140篇；召开党风廉政建设和反腐败工作部署会、工程建设政府采购领域专项民主生活会等专题会议，专题研究安排部署党风廉政工作7次，制定完善相关工作方案和责任清单、措施，排查廉政风险点46个，制定风险措施54条；严格落实“三重一大”集体决策制度、“五不直接分管”、末尾表态等制度，镇党委班子成员、11个社区党组织负责人在专题工作会议上述责述廉；以廉政警示教育周为契机，开展了“七个一”活动；小微权力监督一点通服务平台的点击量达到99.7万人次。

东塔寺乡

【概况】

东塔寺乡位于城市东片区核心区域，全乡总面积24.7平方公里，耕地面积1.48万亩，下辖柴园村、李园村、石佛寺村、刘碱滩村、洼路沟村、二道桥村、塔寺村、干饭渠村、新接堡村、白寺滩村10个行政村，25个基层党组织，12个安置小区，总人口26972人，农村居民人均可支配收入22809元。2022年获得全国乡村旅游重点镇、吴忠市级第七批非物质文化遗产代表性项目传统手工营造技艺、全区第七次全国人口普查先进集体、第二批宁夏特色旅游村镇等各类荣誉10余项。

【财政收支】

2022年，财政决算一般公共预算收入1.16亿元，其中一般公共服务收入740.64万元，公共安全收入4.65万元，教育收入36.1万元，社会保障和就业收入193.64万元，卫生健康收入59.88万元，节能环保收入49.68

万元，城乡社区收入6525.85万元，农林水收入2049.97万元，住房保障收入120.66万元，其他收入1827.22万元。支出数据与收入数据对应。

【文化事业】

扎实推进文化惠民工程，新建全民健身中心1个、图书分馆1个、文化活动场所7处，改造提升村级综合文化服务中心9个，建成儿童之家8个，创建市级创业孵化示范基地1个，新建美丽村庄积分兑换中心1处，提升改造新时代文明实践阵地10处，陕西师范大学附属高中等6处教育院校落户东塔寺乡。非遗文化传承、优秀家风家训、民俗文化演出等各类文体活动参与群众达6300人次。在石佛寺村先锋示范广场、刘碱滩村“先锋茶堂”、白寺滩村碧玉广场等新时代文明实践站点开展“六个先锋”示范户评选活动15场次，评选先锋示范户312户。

【民生保障】

发放妇女小额贷款85万元，组织300人参加利通区线上就业招聘会，新增就业200人。安置公益性岗位23个，农村转移就业2000人。办理“铁杆庄稼保”参保1974人，完成率112.8%。

【社会救助】

全面核查清退低保户，特殊人群救助工作扎实推进，为31户43名困难群众新申请落实低保政策，临时救助38户72人。为107名困难群众捐赠“扶贫爱心接力”大礼包。

【脱贫攻坚】

开展三轮低收入人群摸底工作，排查年人均收入7000~10000元低收入群体48人、10000~15000元收入群体60户。翻建D级唯一住房15户，改造加固C级抗震宜居房31户，解决就业岗位28人。落实社会帮扶资金11.9万元。“四类重点户”危房改造实现动态清零，清洁取暖实现全覆盖。

【招商引资】

2022年，全乡实施重点项目9个，完成政府项目投资7773万元，吸引社会投资4604万元，其中新接堡村现代农业特色产业示范园建设项目、东塔寺乡干饭渠村公建商网建设项目已完成主体工程建设。

【新农村建设】

纵深推进农村人居环境综合整治，围绕农业村重点对白寺滩村、新接堡村、二道桥村实施“六清二改一绿一管护”整治，全面清理庭院乱堆乱放。2022年以来，改造庭院围墙1200平方米，铺装地面15000平方米，清理垃圾4312方，并对房前屋后、沟渠道路等空地见缝插绿、见空补绿、裸土覆绿，小区绿化补植20000株。实施白寺滩5、10队和新接堡1、2队农村污水管网改造工程，敷设集中污水收集管网3260米，建成污水提升泵站3座，新建化粪池3处。全面开展农村卫生厕所问题整治“回头看”，完成厕所改造205座，维修厕所184座。完成白寺滩村、新接堡村农户清洁能源改造588户，通过转移安置、翻建等方式整改完成农村危房改造6户，农村生活面貌进一步改善，乡村振兴稳固基础加快夯实。全年硬化农村道路6.9公里，完成洼路沟村清水园道路维修、石佛寺村清水河畔灯光亮化和硬化等工程。

【现代农业发展】

大力发展特色农业，建成白寺滩千亩露地蔬菜、千亩设施农业、千亩大青葡萄示范基地，新建新接堡百亩现代农业产业园，全乡种植各类农作物15137亩，其中粮食9626亩，瓜菜种植面积5511亩。试验示范种植羊肚菌20亩，推广秸秆生物反应堆技术96棚，瓜菜嫁接技术应用650亩，2022年新增设施农业面积253亩。标准化种植葡萄2100多亩，形成了大青葡萄、设施农业引领，经果林业、露地蔬菜同步发展的现代精品农业产业格局，"龙二大青葡萄"年产值达5300万元以上，农业品牌效益和知名度显著提升。

【名优产业】

大青、阳光玫瑰等中高端葡萄产值持续攀升，种植面积稳定在1800亩，销售额突破6300万元，户均年增收2200元。

【全域旅游】

依托建成石佛寺传统村落、白寺滩特色产业示范村，大力发展乡村旅游业，实施石佛寺八组、白寺滩村文旅融合项目，石佛寺早茶文化体验中心等重点项目建设，完成民宿、家访接待户、特色庭院43家，打造民俗旅游基地新亮点，并正式运营。全乡年接待游客超过10万人次，旅游年均纯收入达500万元以上。成功举办吴忠市利通区第五届乡村文化旅游节暨东塔寺乡民宿（民俗）文化节，促进乡村旅游发展再上新台阶。石佛寺村被评为全国第二批乡村旅游重点村，干饭渠村被评为第二批宁夏特色旅游村，白寺滩村被评为自治区民族团结进步示范村。

【党风廉政】

深入开展"廉政警示教育周"活动，开展群众身边腐败和不正之风专项整治、违规收送红包礼金和不当收益及违规借转贷或高额放贷专项整治和农村"三资"领域腐败问题专项治理。

【工商贸易】

做强传统商贸服务业，大力培育和发展辖区光耀美食街、鑫鲜农副产品市场、东郊市场、国际汽车城、北方农资城、柴园早市等商贸服务圈，全乡商贸服务业年营业额超过20亿元。探索培育新兴商贸服务业，争取PPP项目1个，投入资金1.9亿元，建成中医药研创基地，引进宁夏西麒麟生物科技有限公司、陈氏康复医院等4家医药研发企业，镇海养老院、残疾人托养中心在园区建成落地，初步形成以健康产业园，石佛寺八组、白寺滩大青葡萄为轴线圈的"医养研学游"三产融合模式。

【基层党建服务】

深化"三大三强"行动和"两个带头人"工程，建立东塔寺乡党政领导班子包抓联系村级后备力量机制，选树培养致富带头人71名、储备村级后备力量52名。探索实施干饭渠村党建强基"双带双强四提升"和白寺滩村"1146"产业发展示范带动工作模式，在白寺滩村打造乡村振兴"积分超市"，推行"1+2+N"警司联调工作模式，切实提高基层政府社会治理效能。2022年底，村集体经济收入100万元以上的村1个，50万~100万元以上的村有2个，10万~50万元的村有7个。

板桥乡

【概况】

板桥乡地处利通区西南，东靠市区，西与金积接壤，南临马莲渠乡，北接黄河，面积30.68平方公里，全乡下辖11个村、2个社区，19个基层党组织（包含4个非公党支部），常住人口35287人。2022年农民人均可支配收入22355元，同比增长8.1%。

【乡域经济】

争取扶持壮大村集体经济资金400万元，通过开展土地流转、村村联建、异地置业、发展设施农业等方式，因地制宜撬动资源，新增村集体经济收益12.5万元。完成9个村集体经济合作社分账工作，11个村集体经济收入总量达到564万元，梁湾、洼渠、李闸渠、波浪渠4个村发放村民股份红利120万元。2022年底，全乡村集体经济收入总量实现775.7万元，较上年增长139.7万元，增长率22%。

【招商引资】

精心实施李闸渠保障性安居工程配套设施改造项目、蔡桥村现代农业种植园区建设2个重点项目。争取资金280万元。实施农渠整治、道路硬化等4个财政奖补项目，完成“一村一年一事”11件。全年完成上争资金3000万元，招商引资2.5亿元，重点项目完成固定资产投资2500万元。

【教科文卫体事业】

教育科技文化事业稳健发展，积极发挥群团组织桥梁纽带作用，多方联动细化控辍保学工作，资助困难学生120人。组织开展“爱国卫生日”、老年健康周、爱心义诊等活动100余场次，发放独生子女保健费101人3.2万元。大力开展文化惠民行动，举办庆新春、中秋文艺汇演等活动15场次。

【社会保障】

强化就业优先政策，充分发挥乡村两级劳务服务站和经纪人作用，组织开展面点制作、挖掘机操作等技能培训6次，申报妇女创业小额担保贷款150万元，全年实现农村劳动转移就业2400人，城镇新增就业302人，完成就业困难人员身份认定1328人。办理灵活就业养老保险补贴995人，完成养老保险缴费9034人、医疗保险缴费27869人，参保率分别达到96.1%、97.4%。全年新增低保、高龄、孤儿、特困等各类社会救助对象125户272人，发放临时救助金78.4万元，救灾资金4.9万元。

【脱贫攻坚】

扎实推进巩固拓展脱贫成果同乡村振兴有效衔接，严格落实“四个不摘”要求和“领导包村、干部包户”包抓机制，常态化开展“四查四补”工作，实行重点和特殊群体“八必访”、风险户“一键预警”，共排查农户8130户28891人。针对脱贫户、监测户、低收入群体等特殊人群，制定就业安置、增加巡河员等帮扶措施61条，家庭人均收入增速均超过18%，实现“两个高于”目标。蔡桥村现代农业种植园区带动务工就业167人，移民月增收3000余元。

【新农村建设】

建立每周五“创城实践日”机制，常态化整治小区乱停乱放、空中飞线等问题。扎实开展农村人居环境整治提升行动，完成各类营造林面积124.8亩，栽植各类苗木11.8万余株，安置分类垃圾桶200余组，推进“笑脸”积分制，打造巷道村人居环境整治示范村，城乡环境卫生保洁覆盖率、生活垃圾无害化处理率均达到100%。安装热泵热风机、太阳能电磁采暖510户。

【现代农业发展】

严格落实粮食生产安全责任制，完成玉米种植面积4923亩、小麦种植面积1092亩、玉豆间作种植面积223亩。持续发展特色农业，新建设施温棚20座、高架冷棚15座，种植瓜菜382亩。推广“小麦＋燕麦草”一年两熟种植模式，落实优新品种种植面积2600亩，组织种植户参加技术培训8场次。发放各类强农惠农补贴资金92.2万元。

【农业基础设施建设】

2022年申报优质粮食绿色高质高效示范区、农作物有机肥替代化肥示范区、农作物病虫草害绿色防控及统防统治示范区各1个。落实利通区2022年化肥减量增效项目示范主体3个。2022年利通区农作物病虫害防控项目在我乡落地实施，农作物病虫害统防统治面积800亩；2022年利通区机深松项目在我乡落地实施1077亩。申报高标准新建设施农业补助项目主体2个，旱元村新建中拱棚8个，为种植户落实补助6000余元。

【土地监管】

扎实开展自建房安全隐患排查整治和抗震宜居农房改造工作，排查自建房1.01万户，通过原址翻建、周转安置等措施，完成抗震宜居房改造任务26户、自建房整治44户。

【种植业】

2022年种植春小麦1092亩，种植玉米4923亩，其中玉米大豆带状复合种植223.4亩。推广优新品种2600亩，全乡果蔬种植面积382亩，组织种植户参加种植技术培训、观摩等8场次，

【畜牧养殖】

2022年奶牛存栏量521头，肉牛饲养量5018头（其中存栏量2292头，出栏量2726头），羊饲养量11406只（其中存栏量6245只，出栏量6151只），生猪饲养量1520头（其中存栏量810头，出栏量710头），家禽饲养量27143只（其中存栏量8455只，出栏量21174只）。

【植树造林】

完成各类营造林面积124.8亩，栽植各类苗木11.8万余株，常态化开展辖区林地日常巡护工作，高质量完成山林权改革的摸底调查工作。

【水利建设】

全面推进高标准农田水利建设，治理沟渠160公里，整修农路44.8公里，整治尾退水90座，综合治理面积达到8000亩。加强基础设施建设，硬化维修道路1.75公里，安装太阳能路灯200余盏。全面完成清二沟、南干沟河湖“四乱”问题整治，河湖长制荣获利通区考核第一名。

【基层党建服务】

创建五星级党组织2个（洼渠村、李闸渠村），四星级党组织2个（板桥村、高家湖村）。评选“美丽庭院”“睦邻友好”“遵纪守法”等6类示范户368户，激发广大党员群众参与乡村振兴内生动力。深入落实“五联五化”机制和“17条意见”，精准实施红色物业攻坚行动，加强社区党群服务中心体系功能建设，打造2个市民驿站，配套建设“15分钟”生活圈，不断提升服务水平。公开政务信息703条，办理“12345”政务服务便民热线1088件，按期办结率达到99.2%，群众满意率达到90%。

【党风廉政】

全面落实党风廉政建设责任制，严格执行中央八项规定及其实施细则精神和自治区加强作风建设“八条禁令”，工程建设、政府采购、农村“三资”等领域专项治理扎实推进。积极配合区委巡察，及时落实反馈意见整改，努力营造风清气正的良好政治生态。打造一间配套了监控、录音摄像、视频显示器、温度日历牌、空调、对讲设备等设备的高标准谈话室。针对村监会职责、工作任务，汇总制作《板桥乡村监会监督一本通》，着力提高村监会监督质量。

马莲渠乡

【概况】

马莲渠乡地处吴忠市区南部7.5公里处，境内吴扁公路、金廖公路交错贯穿而过，辖8个行政村，106个村民小组，总户数4968户，人口21830人。“牛羔羔、草腰腰、老板多如猴毛毛”是对该乡的形象比喻。2022年，

全乡奶牛存栏1.25万头，建成标准化奶牛养殖园区9个，畜牧业产值达1.05亿元。现有草编户1410户，草制品品种繁多，市场销售旺盛，年创产值4200万元，人均从草编业中得到收入780元。全乡已基本形成了乳品、冶金、化工、造纸、粮油加工、建材等主导行业，全乡私营企业发展到72家，2021年实现个体私营经济产值4.37亿元

【财政收支】

2022年马莲渠乡财政收入中一般公共预算财政拨款收入2148.11万元。财政支出中一般公共预算财政拨款支出2178.10万元。

【文卫事业】

2022年马莲渠乡不断健全完善卫生健康服务，全乡累计接种新冠疫苗38998人次，妇女“两癌”筛查1000人，“爱妮保”参保640人，全覆盖提供孕前优生检查服务。深入实施文化惠民工程，组织开展“我们的节日”等文化体育活动36场，荣获利通区2022年全民健身主题示范活动啦啦操大赛二等奖。开展“塞上儿女一家亲、同心共筑中国梦”以及农民丰收节、党的二十大文艺巡演等活动20余场次。

【扶贫救助】

2022年马莲渠乡受理城乡低保申请65户130人，审核新增城乡低保52户110人，累计发放城乡最低生活保障津贴6175人次283.7万元，累计发放城乡80岁低收入老年人生活津贴3094人次106.4万元。受理1名分散特困供养人员入住敬老院申请，清退9名分散特困供养人员，累计发放分散特困供养生活津贴332人次26.5万元。受理孤儿申请2户3人，累计新增事实孤儿2户3人，清退不符合政策孤儿3户4人，发放孤儿生活保障津贴342人次32.8万元。帮助6名困境儿童参与中国移动爱“心”行动，申报困境先心病儿童救助计划项目。受理低保边缘家庭申请1户4人，新增1户4人，于12月份转入农村低保。受理因病、因灾、突发状况临时救助申请138户257人，乡本级救助119户222人，发放救助资金39.5万元（其中，民政局代发7万元），上报民政局救助11户19人，争取民政局救助5.7万元。受理审核残疾人护理补贴申请29人，清退残疾证到期等原因护理补贴36人，累计发放重度残疾人护理补贴33.3万元。受理审核困难残疾人生活补贴申请30人，清退死亡、残疾证到期等原因生活补贴19人，发放困难残疾人生活补贴25.2万元。办理退役军人优待证249人，办理新增60岁农村籍退役军人优抚2人。每月按时走访退役军人，困难退役军人慰问32人次，受理困难退役军人临时救助6人，完成退役军人优抚对象62人年度审核，各项优抚政策发放各类资金共计39.21万元。针对全乡5户边缘易致贫户、2户突发严重困难户、99户低收入户，逐户制定帮扶措施，压实四级包抓责任，全方位、多角度开展收入提升帮扶行动，监测户收入增速达18%以上。

【综合治理】

2022年马莲渠乡坚持和发展新时代“枫桥经验”，落实“三官一顾问”专家问诊、矛盾纠纷多元化解工作机制，排查化解矛盾纠纷42起，化解信访积案1件。大力培育和践行社会主义核心价值观，开展文明实践活动815场次，新时代文明实践所（站）实现行政村全覆盖，柴桥村基层治理工作被中央农办作为经验交流示范点进行观摩学习，汉北堡村荣获自治区级文明村称号。坚持把安全生产工作作为践行“两个维护”

的标尺，扎实开展生态环境、安全生产、社会稳定三大领域风险隐患问题排查整治专项行动，辖区未发生一起较大以上安全生产事故。

【招商引资】

2022年马莲渠乡始终把项目建设作为提振乡域经济发展的内生动力，多方并举夯实经济发展基础，招商引资到位资金2.5亿元，上争项目资金2500万元。招商引资项目为雪泉乳业车间技术改造项目、沙欧迪年产5000吨食品项目、宁夏润智德牧业有限公司孙家滩养殖基地标准化奶牛养殖建设项目。

【新农村建设】

2022年大力推进高标准农田建设项目，平整土地并增施有机肥6100亩，清淤沟道3620米，建设河道建筑物98座。扎实推进农村生活污水管网项目，铺设柴桥村、汉北堡村农村生活污水主管网2150米、支管网7730米，改厕入户157户，建设一体化提升泵站4座。高标准实施农村清洁取暖项目，安装热泵热风机组合1400户。累计完成农村卫生厕所改造4173户，改厕率达96%，改造抗震宜居房和农村危房39户。清理残垣断壁24处、农村生活垃圾8640吨，创建杨渠村农村生活垃圾分类回收示范点，全乡环境卫生保洁覆盖率达到100%。在岔渠桥村、马莲渠村、汉北堡村、柴桥村安装路灯691盏，更换金廖公路老旧路灯46盏。

【设施农业】

2022年马莲渠乡瓜菜种植总面积1547亩，现有黄花菜690亩（廖桥村200亩，马莲渠村230，柴桥村260），拱棚西瓜797亩（大拱棚西瓜727亩，小拱棚西瓜70亩）；瓜后复种蔬菜60亩。

【农业基础设施建设】

2022年马莲渠乡推进土壤修复治理，打造巴浪湖村500亩籽粒玉米有机肥示范应用点，化肥农药用量保持零增长，辖区农用残膜回收实现全覆盖。砌护汉北堡村黄淌渠，柴桥村、陈木闸村4、5队及廖桥村8队农渠21公里，清淤沟道3620米，建设河道建筑物98座。

【名优业发展】

2022年马莲渠乡突出抓好瓜菜、优质牧草等优势特色产业，培优廖桥村、马莲渠村、柴桥村黄花菜种植基地690亩，新建占地9亩的全钢架大跨度冷棚1座，形成了以云升家庭农场为代表的设施农业集群，辐射带动马莲渠村、陈木闸村、汉北堡村种植瓜菜1547亩。

【土地监管】

2022年马莲渠乡完成2022年违法违规占用耕地图斑核查整改工作和补充2021年非法违规占用耕地图斑共计473处。

【种植业】

2022年区马莲渠乡严格落实粮食安全责任制，粮食作物种植面积16188亩，种植春小麦2968亩、水稻700亩、玉豆间作1320亩、籽粒玉米11200亩。麦后复种黄豆70亩、复种蔬菜20亩，粮食播种面积达历史新高。

【畜牧养殖】

2022年马莲渠乡积极构建草畜一体化融合发展模式，种植青贮玉米、苜蓿等饲草10325亩，保障全乡畜牧业饲草稳定供应。不断加快现代化、规模化养殖步伐，建成泽牛千头肉牛繁育基地，全乡规模化养殖园区7个，实现肉牛、奶牛存栏16618头、7380头，羊只存栏39219只。

【植树造林】

2022年马莲渠乡梯次推进绿化提升行动，完成补植补造55亩，廖桥村美丽村庄绿化提升11亩，精细化抚育修剪林地973亩，绿色乡村底色更为浓厚。

【基层党建】

2022年马莲渠乡深入开展党的二十大和习近平总书记视察宁夏重要讲话指示批示精神“大学习、大讨论、大宣传、大实践”活动，举办乡党委理论学习中心组学习12场次、“夜学”班9期、交流研讨12场次。开展党员干部全覆盖轮训培训，组织面向群众的宣传宣讲55场次。落实管党治党政治责任，全力配合五届区委第三巡察组巡察，并全面抓好反馈问题整改落实，政治生态持续向好。扎实推进基层党建“六项”行动和“一抓两整”示范县乡创建行动，全覆盖选派驻村第一书记，选树“六个先锋”示范户262户，精准培养后备力量78名、致富带头人110人，坚持政治标准发展党员11人。

【党风廉政】

2022年马莲渠乡党委制定印发《马莲渠乡2022年党风廉政建设和反腐败工作要点》《马莲渠乡2022年党风廉政建设和反腐败工作任务分工》，利用乡村干部例会、党委理论学习中心组学习等载体，扎实开展党性党风党纪教育6次，领导讲廉政党课4次，组织干部观看反面典型警示教育片10余场，受教育人数达940人次。全年共办理案件4件，其中初核了结3件，立案1件，给予诫勉谈话3人，责令检查2人。开展各类专项检查47次，下发督查通报7期，紧盯民政、财政、农经、项目管理等关键岗位，开展岗位培训9次。全年开展了6次村级小微权力运行抽查，平台总访问量达129877次，总投诉量5件，均已处置。

郭家桥乡

【概况】

郭家桥乡位于利通区东北角，东与灵武市郝家桥镇接壤，西靠利通区东塔寺乡干饭渠村，南邻利通区金银滩镇杨马湖村，北至吴灵青公路。全域于2003年整体从灵武市划入利通区管辖。全乡辖8个行政村56个村民小组，现有人口7905户22160人，党员603名，地域总面积27.5平方公里，耕地面积2.18万亩。2022年，郭家桥乡实现社会总产值14.37亿元，农村居民人均可支配收入19892元，村集体收入达286万元。

【项目建设】

2022年，郭家桥乡争取4500万元重点小城镇建设项目，全年实施各类项目19个，完成投资6493万元。招商引资到位资金2.8亿元，上争5个项目资金2400万元，分别完成目标任务的112%、104%。实施公益事业财政奖补项目12个，文战沟沟道砌护整村推进财政奖补项目1个。完成“一村一年一事”8件。

【新农村建设】

2022年，郭家桥乡安装太阳能路灯330盏，硬化道路6500平方米，铺设各类人行道砖2.84万平方米，砌护沟渠道11.15公里，改造污水处理设施提升泵站6座。实施冬季清洁取暖安装项目，完成太阳能+电辅热安装321台、热泵热风机150台、生物质采暖炉151台。落实抗震宜居房原址拆建35户，摸排2013年以来农村改厕1448户，排查出问题户210户，整改率100%，农村卫生厕所普及率达到95%。

【农业种植】

2022年，郭家桥乡采取“公司+合作社+农户+订单”运作模式，示范种植订单羊肚菌50棚、结球生菜52棚，引进种植新品种黄柿子、无花果、蟠枣各1棚，露地种植西蓝花、甘蓝、芹菜等蔬菜210亩，桃、李、杏19.5亩600余株。全面落实粮食种植面积16748.67亩，其中小麦

1032.28亩，玉豆兼种1005.8亩，玉米13673.59亩，水稻1037亩。中药材黄豆菟丝子164亩，优质燕麦草260亩。发放各类粮食补贴197.19万元，受益农户7169户。实施涝河桥村周家小胡子撂荒地复耕项目，实现688亩撂荒地重新利用。

【农业设施】

2022年，郭家桥乡建成暖棚12栋1.9万平方米，冷棚14栋2.6万平方米，引进龙头企业安徽瓦大农业公司，实施水肥一体化设施设备。金水河湾农业产业园成功创建为自治区第四批农业产业示范园，打造郭家桥乡农业综合服务中心。系统开展秋季农田水利基本建设，投入各类机械600余台次、人力2.37万余人次，清淤整治各级渠道899条379公里、沟道355条209公里，整修各级农路382条233公里。维修各类水利病险工程292处，养护各类闸门155处，维修水毁工程50处，不断提高农业综合生产能力，年底实现节水480万方。

【畜牧养殖】

2022年，郭家桥乡畜牧养殖扩量增效，截至2022年底，全乡实现存栏肉牛肉羊4.98万头（只）、奶牛2317头、家禽5.9万羽，出栏肉牛肉羊3.2万头（只）、家禽12万羽。

【人居环境】

2022年，区郭家桥乡投入各类车辆300余台次，发动群众1.03万人次，清理主干道路沿线58公里，清理清运生活、建筑垃圾4600余吨，整治飞线充电565次，清理乱堆乱放1500余处。清除死树350棵，补植1700株，栽植经济林45亩，整治林带25条，除草160亩，涂红刷白、修枝抚育5.39万株。

【民生保障】

2022年，郭家桥乡精准识别低收入群众122户，争取政府购买公益性岗位7个，防溺水宣传员岗位30个，实现35名低收入家庭人员稳定就业，收入增幅达到18%。主动自查认领国家考核评估13个方面30个问题，全面整改销号。帮助农户销售大青、红提、蓝宝石等葡萄3.25万斤，销售黄瓜、茄子、西红柿、辣椒、茭瓜等蔬菜2.65万斤。争取妇女创业贷款318万元，落实创业就业贴息贷款710万元，累计发放低保、临时救助等惠民资金409万元。为2名“两癌”妇女发放救助资金2万元，帮扶救助困难职工7人，落实帮扶资金5000元。开展“希望工程·圆梦行动”，帮扶困难学生40名，帮扶资金达3.85万元。

【社会治理】

2022年，郭家桥乡创建“四和共融”和“五微服务”治理模式，培养116名“法律明白人”，排查化解各类矛盾纠纷67件。开展反电信诈骗、防养老诈骗宣传及各类法律知识讲座54场次，开展“三官一顾问+N”专家上门问诊活动12场次。落实吸毒人员“双四色”网格化动态管控模式，管控率达到100%，社区康复执行率达100%。调处化解信访案件25件。

【文化教育】

2022年，郭家桥乡被自治区体育局、教育厅命名为自治区级体育传统特色学校（初中足球），被自治区教育厅命名为自治区家庭教育优秀家长学校，被评为吴忠市教育教学先进集体。先后争取各类文化活动经费37.6万元，改造和修缮集镇老旧影院，维修各类体育器材17件套，安装健身路径40件套、室内外乒乓球桌4台，打造刘家湾村郭桥花园文化长廊。举办全市肉制品行业职工技能大赛、“迎新春开新局”职工趣味运动会、“浓情六月欢度端午”等主题活动38场次。成功举办“消费扶贫助攻坚文旅融合促发展”采摘节，吸纳游客3000余人，实现增收20余万元。

【党风廉政】

2022年，郭家桥乡严格落实党风廉政建设责任制，坚决贯彻中央八项规定及其实施细则精神和自治区加强作风建设“八条禁令”，牢固树立过“紧日子”思想，“三公”经费压缩10%。驰而不息纠治“四风”，干部作风持续好转。规范小微权利清单监督运行，2022年共查处问题线索7件，初核了结2件，处置了结1件，谈心谈话1件、给予党纪处分1人，政治生态不断净化。

【基层组织建设】

2022年，郭家桥乡创建“党建领和、精神聚和、法治守和、产业兴和”的“四和”治理模式，代表利通区迎接中央督导组的调研时，得到司法部赵昌华主任等各级领导的高度肯定，并在全国乡村治理体系建设试点示范工作交流会中接受观摩，党建引领乡村治理能力有效提升。扎实推进“一抓两整”、百村大调研等工作，制定2022年党组织书记抓党建“四个清单”，严格落实基层党建工作一年两述职和季度督查考评机制。召开党建工作例会暨党务干部培训班6次，组织党务干部应知应会测试3次，常态化督查党建工作10次，下发督查通报3次，全面压实各项工作责任。严格落实发展党员政治审查制度，储备入党积极分子30名，接收预备党员10名。

企事业单位

巴浪湖农场有限公司

【概况】

国营巴浪湖农场于1954年建场，总人口10600人，职工496人，土地面积18.45万亩，其中耕地3.89万亩。2022年，在集团公司党委的正确领导下，公司党委紧紧围绕“一体两翼四个支撑”产业发展部署和“68644行动计划”，着力建设优质牧草基地，农场现已形成供港蔬菜、设施蔬菜、设施园艺、枸杞基地等优势特色产业0.9万亩，并按照草畜一体化发展思路，强化“六统一”经营管理落实，大力发展青贮玉米种植。

【工作成效】

2022年集团公司下达收入指标11000万元，实际完成10770万元，完成率97.9%。集团公司下达利润总额170万元，实际完成172万元，完成率101.2%。按照《集团公司推进农垦国有土地规模化经营实现产业高质量发展实施方案（试行）》具体要求，收回11类公管经营土地面积5291.36亩，并按照“一次规划、有序整合”原则，对收回土地进行调整，实现集中连片公管经营。按照草畜一体化发展思路，强化“六统一”经营管理落实，大力发展青贮玉米种植。2022年集团公司下达公司土地规模化经营任务14660.9亩，公司已落实规模化经营土地面积14739.4亩，超额完成下达任务。按照集团公司视频会议精神，为准确掌握农业生产情况，建立“六统一”管理台账，对农资采购与发放、播种、田间管理等生产管理全程记录。提前谋划，加强农机服务管理，实行集约化统一管理，与茂盛草业及吴忠市巴浪湖云丰农机作业服务有限公司结成团队管理模式，加强各环节操作技术要求，统一管理，提高作业质量。对土地承包租赁期过长、面积过大、收费过低的“三过”问题进行整治，结合实际对土地承包（租赁）费进行调整，恢复市场价，并实行阶梯价，彻底解决两金费用不足及企业增效问题。2022年土地承包（租赁）总收入1756万元，较去年增加700万元。2022年集团公司下达利润指标170万元，完成175万元，合规核查挖潜利润5万元，超额完成集团公司下达的利润总额指标。积极争取利通区耕地提质改造项目，落实水浇地提质改造水田指标，调整种植水稻650亩，连续种植两年，争取补贴资金65万元。申报青贮玉米优质高产提质增效科创项目，开展新品种示范120亩，并进行化肥减量增效试验工作，最高单产提高到3.9吨，比往年的3.5吨提高0.4吨。通过招商引资在农五队南关湖新建100兆瓦/200兆瓦共享储能电站，挂牌出让32亩建设用地，土地出让收入1248万元。公司积极对接各级财政部门，将土地出让收入拨入集团公司。同时，积极配合利通区政府，做好第二个储能电站项目的土地招拍挂手续，项目拟用建设用地50亩。

【党的建设】

把深入学习贯彻习近平新时代中国特色社会主义思想作为首要政治任务，作为第一议题和常设议题常抓不懈。全面贯彻新时代党的建设总要求，认真落实集团公司党建和党风廉政建设工作部署，采取党委理论学习中心组学习、动员部署会、各党支部支委会等多种形式集中学习党的二十大精神，推动公司上下形成学习宣传的热潮。全年组织党委理论学习中心组学习12次，召开专题党建暨党风廉政建设工作会2次。深入开展“国企党建质量深化拓展年”活动，紧紧围绕“六化六提升”工程，组织实施“六项行动”，加强支部标准化规范化建设，实现“六有”党建阵地建设全覆盖。召开专题会议研究意识形态工作，对重点人群、易发矛盾、重大舆情深入研究研判，开展网络舆情监测、矛盾纠纷排查，每季度对意识形态领域风险隐患进行研判，深入细致分析，及时制定工作措施，有效遏制了意识形态领域的问题。开展“党旗红产业兴农场美”党建品牌创建活动，科学划分党员责任区，建立党员先锋岗，推动党建与生产经营深度融合，切实发挥党建引领发展作用。

吴忠林场

【概况】

吴忠林场始建于1964年，隶属吴忠市利通区人民政府，是差额拨款的正科级公益一类事业单位，原名跃进桥林场，20世纪70年代初由高糜子湾林场拆编合并为吴忠园林场，2000年恢复更名为吴忠林场。林场内设党建办、办公室、财务室、生产管理室、民生服务中心5个科室和4个生产队。吴忠林场是一家集园艺、林业生产和生态建设的国有林场，担负着全区的造林苗木和经济林苗木的繁育任务。全场土地总面积10634.6亩，林地面积9627.5亩（有林地面积4796.5亩），森林覆盖率61.6%。全场总人口1450人，职工总数489人。

【财政收支】

2022年吴忠林场财政收入497.75万元，其中人员工资245.35万元，事业单位基本养老保险、医疗保险39.1万元，单位运行经费40万元，职工住房公积金102.7万元，职工住房补贴资金70.6万元。2022年项目资金共计330.73万元，其中中央财政天保林社会保险补助资金211.2万元、农村公益事业财政奖补90.2万元、困难职工临时救助10.2万元、秋季农建5万元、驻村干部经费2.5万元、人居环境

8万元、防溺水2.44万元、疫情防控1.19万元。

【民生保障】

2月份完成低保、孤儿的提标工作（低保分成4档：A档每月650元、B每月档570元、C档每月470元、D档每月330元；孤儿从每月531元提至1000元），3~4月份对23户48人低保户进行了入户核查。全场城市低保有26户51人（新增2户7人，清退4户6人，每月共补助21470元），城市高龄因死亡已清退1人，孤儿1人每月补助1000元。2022年民政局下拨临时救助备用金5万元，10月份金秋助学救助10户20人共31850元，11月份困难临时救助5户7人每人25000元。11月份疫情期间临时救助35户43人共48700元，完成社会临时救助50户70人，救助金额105550元。组织4人参加残联的鉴定，完成鉴定表和照片电子版采集，上报一二级重度生活津贴、护理津贴，两项补贴13户13人（新增5户5人），每月1690元，8月份完成吴忠林场残协成立各项工作，9月份以入户和电话调查形式普查残疾人28人。2022年受理申请公住房1户。退管站养老金待遇领取资格认证工作完成前期宣传，指导来认证的人员安装我的宁夏App，对不会用手机认证的老年人，现场认证。完善全场登记个人生育情况录入系统，发放3户二孩生育服务单。受理7人灵活就业人员保险补贴申报。利通区职工重特大医疗互助工作参加188人，收缴9850元。垃圾分类工作，垃圾分类积分兑换每月1次，根据积分给职工家属兑换物品。9月至疫情结束配合核酸检测。

【产业发展】

新建良种苗木繁育面积130亩，苗木130万株，其中山桃苗木100亩100万株，山杏苗木30亩30万株。实施自治区林业优新树种引种驯化繁育项目—无核翠宝、早黑宝引种驯化试验研究项目，建设20亩葡萄篱架栽培示范园，引进山西果树研究所早黑宝、无核翠宝苗木15000株，两年时间进行新品种引进驯化，成活率90%以上，保存率95%。

【基础设施建设】

争取资金30余万元，利用民生服务中心二层综合楼闲置房屋改造建设综合文化站1座210平方米，建设健身房、排练室、乒乓球室、棋牌室、电子书屋等，年内投入使用。实施场区一队主干道路翻建4米宽路面1.1公里，路面拆建、夯实路基4400平方米。配合市生态环境局利通分局实施艺苑新村污水处理站增容建设，新建日污水处理能力200方的污水处理站1座。投入3.4万元完成全场48盏太阳能路灯的维修。

【名优业发展】

2022年果树修剪专业技术服务队完成果树修剪面积7060亩，出工1784人次，带动职工增收46万元。设施果树技术服务小组服务15个园区的设施果树247棚，面积3152亩，带动农民增收1000万元。设施产业发展：2020—2022年60座日光温室，39座设施大棚，种植设施葡萄32棚，草莓8棚，桃子5棚，杏子4棚，樱桃1棚，无花果1棚，石榴7棚，吊瓜西瓜3棚，蔬菜18棚等，平均每年产业收入830万元。

【植树造林】

完成春季植树造林绿化任务132.3亩，其中经济林70亩，未成林补植补造62.3亩。

城乡环境卫生管理中心

【概况】

吴忠市利通区城乡环境卫生管理中心（以下简称区城乡环卫中心）是区人民政府直属的城乡环境卫生管理工作的职能部门，为正科级全额预算事业单位。根据利通区人民政府第27次常务会议精神，将城乡街道清扫保洁、垃圾收集转运、公厕管理及垃圾分类、垃圾无害化处理和疫情防控以及重大突发事件处置等7项职能职责划转利通区融通建设投资有限公司管理运营，区城乡环卫中心保留环卫项目申报实施、垃圾处理费征收、环境卫生监察管理和对区属国有企业环卫作业指导、监督、考核等7项职能，截至2022年底，有职工96人，中心内设办公室、财务科、督查科、后勤保障科、收费科、农村环卫科、环卫监察科共计7个科室部门。2022年4月被评为自治区民族团结进步示范单位，2022年5月荣获第二届吴忠市职工技术创新成果奖，2022年10月被评为“9·20”突发疫情防控先进集体。

【城乡生活垃圾治理】

区城乡环卫中心围绕“抓业务、提质量、促发展”的总目标，始终抓好主责主业，稳步推进城乡环卫工作有力有序发展。依托“网格化”管理模式，持续完善清扫保洁作业机制。人工清扫保洁实行全方位、全天候、全覆盖的保洁模式，加强日常作业管理，做到无间断、无空隙、无死角，实时调整作业班次和作业时间，确保作业质量提档达标。同时，抓好背街小巷、城乡接合部的清扫保洁，合理配置人员车辆，调整作业方式，解决“断层”和“盲区”问题，实现重点路面垃圾停留时间不超过15分钟，清扫保洁长效覆盖率达到100%。发挥机械车辆优势，加大道路机械化作业力度。突出机械化清扫优势，强化扫路车、冲洗车、多功能洗扫车“三位一体”的立体式作业，严格落实“一冲一扫两保”要求，实现城区内道路洗扫（水洗）全覆盖。全面提高道路机械化清扫作业率，增加对城市东片区新增路段的机扫频率，机械清扫率达到93%以上，实现城市道路“路见底色”的目标。持续扩大袋装化收集范围，提升袋装垃圾收集转运处理能力。规范城市生活垃圾袋装化收集，增加收集频次，逐步实施“一日两收集”，确保垃圾收集转运日产日清，城区生活垃圾无害化处理率保持在100%。树立服务意识，着力提高城市公厕服务能力。2022年，整体提标改造公厕7座，对16座公厕内部设施及所有公厕的无障碍设施进行了修缮，彰显了人性化服务。城市公厕实行“一客一保”的定时保洁作业常态化制度，按照“网格化”监督检查管理体系加大日常监督检查力度，严格落实“七净七无三通一明”公厕卫生标准，为市民提供清新整洁的如厕环境，实现公厕服务满意度100%的目标。持续开展烟头捡拾专项整治工作。深化“烟头不落地·吴忠更美丽”宣传活动，2022年，累计发放倡议书10000余份、更新城区果皮箱张贴的宣传标语800余处；累计抽调7900余人次对市区重点街道烟头进行清理捡拾，共计捡拾烟头4600余公斤。采取“日督查、周通报、月考核”方式，对农村环卫作业实行全覆盖、无死角督促检查。截至2022年底，累计督查问题3742处，通报整改221处，向保洁公司下发整改通知单28份，向乡镇下发整改通知单27份，扣罚保洁运行经费114万余元，促进了农村环境卫生常态化管理。认真落实考核机制，规范农村垃圾处理行为，加强农村生活垃圾无害化处理监督力度，确保农村垃圾无随意倾倒现象，保持了农村生活垃圾无害化处理率100%的目标。区城乡环卫中心着眼新发展理念，创新运行机制，推动城乡环卫体制改革。以适应新时代城乡环卫发展大局为目标，以创新城乡环卫运行机制、优化环卫作业模式、提升精细化治理水平为抓手，主动适应新形势发展需要，积极借鉴其他县市环卫运营模式，结合实际，提出了将城乡环卫清扫保洁等部分职能职责划转国有企业运营的思路，推动利通区城乡环卫运行模式向国有企业化转变，走出了一条“管干分离、事企分开、精耕细作”的新路子。

【生活垃圾分类】

利通区城乡生活垃圾分类工作开展以来，坚持“源头减量、全程分类、末端无害化处置和资源化利用”的原则，根据自治区、吴忠市关于垃圾分类工作的精神，2022年，进一步完善出台了《吴忠市利通区关于进一步推进生活垃圾分类工作的实施方案》明确了指导思想、基本原则、目标任务、实施步骤和保障措施，成立了工作领导小组和垃圾分类工作办公室，负责对垃圾分类工作进行协调、指导和督办，以完善的机制促进工作的开展。持续以“美丽村庄”建设为依托，通过不断总结经验，结合利通区实际，采取“撤箱入户、上门收集”（即：撤除乡镇主干道、村道2方大垃圾箱，撤除后每家每户发放60升户分类垃圾桶2个，配置垃圾收集、转运等车辆，每天定时定点上门收集）作业模式开展垃圾分类工作，打造垃圾分类示范村，以点带面逐步推广，先后打造垃圾分类示范村36个，设置误时分类收集亭30处，资源垃圾分拣站6个，配置垃圾压缩收集车7台，四分类收集车36辆，户分类收集桶8000余个，灰渣垃圾收集桶80个，120升塑料垃圾桶500余个。截至2022年年底，农村生活垃圾分类和资源化利用示范村数量占行政村比例30%。在城区辖区内秦汉渠小区、雅苑小区、黄河水韵小区、锦绣华府等小区采取“撤（减）桶并点、定时定点分类投放”模式，重点打造垃圾分类示范小区10个，并配套积分兑换点，实行积分制管理，以奖代补，推行城区垃圾分类新模式。引进第三方资源垃圾回收企业2家，充分利用城区小型废弃物收集站，改造资源垃圾回收（分拣）站12座，年回收资源垃圾2万余吨。引进资源垃圾末端处理企业3家，有效缓解资源垃圾中端分类投放收集后的分类运输和末端资源化利用问题。逐步完善资源垃圾收运体系，实现前段分类、中端收运、末端资源化利用一体化。由机关事务中心牵头采取“以袋换袋、积分兑换”形式，推进利通区公共机构垃圾分类工作，实现利通区公共机构垃圾分类全覆盖。

荣 誉

先进个人

【中宣部最美志愿者】

苏　军　吴忠市春雷天使爱心负责人

【全国社会救助先进个人】

吕　慧　利通区民政局

【平安宁夏建设先进个人】

何少明　利通区公安分局

【自治区法院先进个人】

马晓波　利通区人民法院

马　琛　利通区人民法院

【自治区三八红旗手标兵】

丁秀琴　吴忠市秀琴奶牛养殖专业合作社

【自治区三八红旗手】

杨丽娟　利通区胜利镇上桥社区

【平安宁夏先进个人】

马俊平　利通区委政法委

【自治区安全生产工作者】

何俊文　利通区应急管理局

【自治区五一劳动奖章】

马克云　吴忠市富农奶牛养殖专业合作社

【宁夏慈善奖】

王兰花

先进集体

【全国维护妇女儿童权益先进集体】

吴忠市利通区妇联

【全国机关事务工作先进集体】

利通区机关事务管理中心

【第九批全国民族团结进步示范单位】

利通区金星镇

【全国先进基层群众性自治组织】

利通区胜利镇上桥社区

【全国五四红旗团委】

利通区胜利镇团委

【全国先进社会组织】

利通区金星镇兰花热心慈善协会

【全国示范性老年友好型社区】

利通区胜利镇新华社区

【全国文明实践巾帼志愿阳光站】

利通区金星镇正丰社区

【全国五星级基层农技推广机构】

利通区农业服务中心

【全国公安机关执法示范单位】

吴忠市公安局利通分局

【第二批全国乡村旅游重点镇（乡）】

利通区东塔寺乡

【2022年中国美丽休闲乡村】

利通区古城镇新华桥村

【全国乡村特色产业超亿元村】

利通区上桥镇牛家坊村

【平安宁夏建设先进集体】

利通区金积镇

【全区民族团结进步示范区示范单位】

共青团吴忠市利通区委员会

利通区城乡环境卫生管理中心

利通区胜利镇新华社区

利通区上桥镇牛家坊村

利通区金星镇富平社区

【宁夏回族自治区第七次全国人口普查先进集体】

吴忠市公安局利通分局

利通区古城镇人民政府

利通区上桥镇人民政府

利通区金星镇人民政府

利通区东塔寺乡人民政府

【全区五四红旗团支部】

利通区金星镇金花园社区

【平安宁夏建设优秀部门】

利通区人民法院

利通区人民检察院

【第十九批自治区文明单位】

利通区纪委监委

利通区古城镇

利通区板桥乡

利通区古城镇左营村

利通区古城镇五星村

利通区上桥镇解放村

利通区马莲渠乡汉北堡村

利通区高闸镇朱渠村

利通区金星镇金花园社区

【2018—2021年度全区群众体育先进单位】

利通区文化旅游体育广电局

【自治区三八红旗集体】

吴忠市利通区第九小学

【全区水利行业节水型单位】

吴忠市利通区扁担沟扬水站

【宁夏水利科学技术奖】

吴忠市利通区水务局

附 录

利通区2022年国民经济和社会发展统计公报

吴忠市利通区统计局

2023年4月30日

2022年，面对复杂严峻的国际环境和国内疫情散发等多重超预期因素影响，区委、区政府果断决策、精准施策，全区上下全面落实“疫情要防住、经济要稳住、发展要安全”的重要要求，坚持按周调度稳增长促增收工作，加快落实稳经济一揽子政策和接续政策措施，推动全区经济在稳步恢复、有序增长的基础上，再创佳绩，全年经济总体呈现持续恢复、稳中加固、后劲增强的良好态势。

一、综合

初步核算，全区实现地区生产总值254.96亿元，按不变价格计算，同比增长1.2%。从产业看，第一产业实现增加值31.36亿元，同比增长4.6%，对经济增长的贡献率为46.6%，拉动经济增长0.5个百分点；第二产业实现增加值115.42亿元，同比增长－0.3%；第三产业实现增加值108.19亿元，同比增长1.6%，对经济增长的贡献率为64.5%，拉动经济增长0.8个百分点。三次产业占地区生产总值的比重由上年同期的12.6：42.9：44.5调整为12.3：45.3：42.4。

2022年末全区工商注册登记的个人独资企业有667户，全年新登记个人独资企业79户，年末个体户达32677户，全年新登记个体工商户5243户。

年末城镇新增就业3864人，城镇失业人员再就业1762人，实现就业困难人员成功就业398人。年末全区城镇登记失业率为3.80%，全年新增转移农村劳动力22564人，创造新岗位1306个，全民创业带动就业3031人，已正式运营的实体749个。

2022年末居民消费价格指数（CPI）累计上涨1.9%。其中：食品烟酒上涨1.4%，衣着上涨－2.5%，居住上涨0.1%，生活用品及服务上涨0.6%，交通和通信上涨7.7%，教育文化和娱乐上涨1.4%，医疗保健上涨0.8%，其他用品和服务持平。工业生产者价格涨幅回落。全年工业生产者出厂价格指数同比上涨19.9%，涨幅比上年扩大8.23个百分点；工业生产者购进价格指数同比上涨20.8%，涨幅比上年回落26.1个百分点。

二、农业

全年完成农林牧渔业总产值65.06亿元，同比增长4.8%。其中，完成农业产值17.48亿元，同比下降7.6%；完成林业产值0.14亿元，同比下降38.7%；完成牧业产值44.22亿元，同比增长10.5%；完成渔业产值0.38亿元，同比增长5.3%；完成农林牧渔服务业产值2.82亿元，同比增长6%。

全年粮食播种面积25.3万亩，与上年相比增加0.4万亩，同比增长1.6%。粮食总产量14.87万吨，与上年相比减少0.15万吨，同比下降1%。其中，小麦种植面积1.7万亩，同比增长448.4%，产量0.66万吨，同比增长445.5%；水稻种植面积2.07万亩，同比下降43.8%，产量1.26万吨，同比下降47.4%；玉米种植面积20.62万亩，同比增长0.6%，产量12.85万吨，同比增长2.9%。

蔬菜种植面积10.38万亩，同比增长13.4%，蔬菜产量21.6万吨，同比下降18.3%。其中设施蔬菜面积1.25万亩（不含供港蔬菜），同比增长3.3%，产量5.87万吨，同比下降14.3%；瓜果面积1.2万亩，产量4.7万吨；供港蔬菜1.8万亩，与上年持平（单茬）。

园林水果种植面积6万亩，同比下降12%，比上年减少0.82万亩。其中苹果种植面积5.02万亩，同比下降9.1%；葡萄种植面积0.32万亩，同比下降21.4%；红枣、桃、杏、其他类共种植0.66万亩，同比下降25.9%。

全区育苗面积3345亩，同比下降62.5%；造林面积2.64万亩，同比增长3.9%；森林抚育面积0.5万亩，同比下降50.1%；零星植树24750株，同比下降71.9%。

全区牛存栏33.02万头，同比增长10.8%；出栏6.97万头，同比增长7.4%。奶牛存栏21.7万头，同比增长15.4%；鲜奶产量达到95.29万吨，同比增长16.2%。羊存栏26.97万只，同比增长7.7%；出栏23.24万只，同比增长19.7%。家禽存栏36.63万只，同比增长8.8%；出栏43.36万只，同比下降43.1%。肉类总产量1.84万吨，同比增长6%；禽蛋产量2392吨，同比增长54.2%。水产养殖面积6970亩，下降0.1%；水产养殖产量2916吨，同比增长5.3%。

三、工业和建筑业

全区全部工业增加值同比增长1.1%，100家规模以上工业企业实现增加值同比增长1.0%。其中，轻工业增加值同比增长8.4%，重工业增加值同比增长 −12.0%。

规模以上工业企业中，国有企业工业增加值同比增长9.7%；股份制企业工业增加值同比增长 −4.0%；非公有制企业工业增加值同比增长 −5.6%；大中型企业工业增加值同比增长5.9%。

规模以上工业实现营业收入297.0亿元，同比增长 −3.4%；实现利润总额17.7亿元，同比增长 −8.3%；利税总额35.5亿元，同比增长1.1%；工业产品产销率99.1%，比上年降低0.9个百分点。

全区工业增加值总量位居前五的行业分别是：烟草制品业，食品制造业，电力、热力生产和供应业，仪器仪表制造业和化学原料及化学制品制造业，占比分别为33.3%、22.8%、12.9%、5.6%和6.7%，累计工业增加值分别同比增长10.4%、7.8%、14.0%、11.8%和 −36.3%，分别拉动规上工业经济增长3.3、1.7、1.5、0.6和 −3.2个百分点。

全年建筑业完成总产值43.1亿元，同比下降0.1%，实现增加值17.1亿元，同比下降5.9%，占第二产业的比重为14.8%。年末全区具有资质的总承包和专业承包建筑业企业达到48家。建筑业企业房屋施工面积147.2万平方米，同比下降21.7%。房屋竣工面积49.2万平方米，同比下降3%，其中住宅竣工面积32.1万平方米，同比下降24.3%。

四、固定资产投资

全年全区固定资产投资同比下降0.8%。其中，更新改造投资同比下降30.7%；房地产开发投资同比下降1.9%。

从产业看，第一、二、三产业占投资总量比重分别为8.2%、29.7%、62.1%，与上年同期所占比重12.6%、25.4%、62%相比，一产比重下降，二、三产比重上升。第二产业投资中，工业投资同比增长15.8%，其中制造业投资下降18.6%，占工业投资比重的10.4%；工业技术改造投资下降30.7%，占工业投资比重的17.7%。第三产业投资中，科学研究和技术服务业增长735.1%，文化、体育和娱乐业增长726.4%。

分投资主体看，全区房地产开发投资完成35.1亿元，同比下降1.9%。其中，住宅投资27.8亿元，同比下降4.9%，占全部房地产开发投资的79%；商业用房投资3.8亿元，同比增长61.3%，占全部房地产开发投资的10.8%。全年商品房屋施

2022年利通区主要工业产品产量表

名称	计量单位	1—12 月	累计增幅（%）
小麦粉	万吨	2.0	5.8
大米	万吨	1.4	-9.8
饲料	万吨	28	41.5
精制食用植物油	万吨	2.3	163.8
乳制品	万吨	148.1	9.9
卷烟	亿支	80	0
纱	万吨	3.1	-9.4
布	亿米	0.4	-17
人造板	万立方米	4.6	-56.2
机制纸及纸板（外购原纸加工除外）	万吨	6.8	0.1
纸制品	万吨	6.2	11.7
碳化钙（电石，折300升/千克）	万吨	38.2	-20.0
农用氮、磷、钾化学肥料（折纯）	万吨	4.2	-17.6
塑料制品	万吨	3.0	-3.8
商品混凝土	万立方米	62.5	-20.7
发电机组（发电设备）	万千瓦	118	-48.3
工业自动调节仪表与控制系统	万台（套）	13.1	14.8

工面积320.5万平方米，同比下降19.1%，其中住宅施工面积234.4万平方米，同比下降15.6%。全年商品房屋竣工面积38.1万平方米，商品房待售面积54.8万平方米，同比下降28%；商品房销售额39.1亿元，同比下降17.1%，其中商品房住宅销售额36.8亿元，同比下降16.5%。

年末全区在建项目172个，与上年相比减少23个。其中，5000万元以上项目64个，与上年相比减少23个；亿元以上项目38个，与上年相比减少12个。在建项目中，新开工项目128个，与上年相比减少15个，其中工业项目33个，与上年相比减少16个。投产项目101个，与上年相比减少35个。

五、贸易

全区实现社会消费品零售总额87.9亿元，同比增长0.4%，其中限额以上商品零售额29.9亿元，同比下降3.6%，占全区社零总额的34.1%。限额以上企业（单位）商品零售额中，石油及制品类、烟酒类、粮油食品类、家用电器和音像器材类分别上升0.6%、10.9%、11.8%、16.7%；通信器材类、化妆品类、中西医药类、汽车类分别下降31.7%、16.8%、15.2%、12.1%。

分城乡看，城镇实现零售额79.1亿元，占全区社零总额的90%，同比增长2%，拉动全区社零总额增长1.6个百分点；乡村实现零售额8.8亿元，占全区社零总额的10%，同比下降12%，下拉全区社零总额1.2个百分点。

分行业看，批发和零售业共实现零售额75.2亿元，同比增长0.3%。住宿和餐饮业共实现零售额12.7亿元，同比增长1.6%。其中：批发业实现零售额26亿元，零售业实现零售额49.2亿元，住宿业实现零售额0.7亿元，餐饮业实现零售额12亿元。

分经济类型看，国有经济实现零售额0.5亿元，同比增长10.2%；集体经济实现零售额0.2亿元，同比提高1.5%；私营经济实现零售额25.7亿元，同比下降0.9%；个体经济实现零售额50亿元，同比增长1.1%；股份制经济实现零售额10.5亿元，同比增长0.2%。

六、交通、邮政和通信

全年公路旅客营运（载客汽车）车辆141辆，客运班线15条，其中二类客运班线6条，三类客运班线7条，四类客运班线1条。出租车运营车辆1042辆，公交车（公交运营车辆）219辆，同比下降0.4%，运营线路长度655公里；载货汽车8067辆，同比增长5.85%。

全区行政村公路通达率100%；农村公路线路里程1314.74公里，其中，县道63.04公里，乡道673.9公里，专用道路73.8公里，村道504公里。个人汽车保有量25.7万辆；营运类汽车保有量3.3万辆。

全区邮政寄递业务量835.55万件，同比下降3.22%。邮政函件业务8.83万件，同比增长508.97%；包裹0.05万件，同比下降28.57%。快递业务量355.61万件，快递业务收入7118.21万元。4G移动电话用户达到108.17万户，5G移动电话用户达到44.92万户。

七、财政、税收和金融

全年实现公共财政预算收入3.5亿元，同口径增长1.8%；全年公共财政预算支出27.7亿元，同比增长19.5%。

全年实现税收收入31.68亿元，同比下降0.13%。其中，中央级税收收入入库20.53亿元，同比增长5.62%；地方级税收收入入库11.15亿元，同比下降9.21%。增值税入库8.59亿元，同比下降

10.24%，消费税入库11.69亿元，同比增长13.65%；累计完成社会保险基金收入20.33亿元，同比下降6.76%。

年末全区金融机构人民币各项存款余额468.5亿元，同比增长10.7%。其中，非金融企业和机关团体存款余额143.4亿元，同比增长2.1%；住户存款余额317.1亿元，同比增长14.7%。金融机构人民币各项贷款余额400亿元，同比增长10.8%，其中中长期贷款余额262.9亿元，同比增长22%。

八、教育和科学技术

年末全区共有幼儿园58所，在园幼儿15172人；小学37所，在校生39426人；初中17所，在校生21625人；特殊学校1所，在校生125人；普通高中4所，在校生12362人；高等学校1所，在校生7694人（中职在校生280人，高职在校生7414人）。辖区专任教师6035人，其中，初中专任教师1523人，高中专任教师874人。

全年共实施科技项目142项，科技创新扶持项目35个。培育国家高新技术企业6家，自治区科技“小巨人”企业8家、自治区科技型中小企业66家。

九、文化、卫生和体育

全区医疗卫生机构共计312个，其中，公立医院3个，乡镇卫生院11个、民营医院18个。卫生机构实有床位2392张，其中医院实有床位2112张，卫生院实有床位186张。卫生技术人员3672人，其中，执业（助理）医师1399人，注册护士1687人，妇幼保健机构1个，卫生技术人员20人；社区卫生服务中心2个，卫生技术人员144人，乡镇卫生院11个，卫生技术人员300人。

全区群众文化活动广场共235个，其中乡镇文化广场14个，村文化广场170个，社区文化广场51个。

全区乡（镇）综合文化站13个，村综合文化服务中心107个（含孙家滩6个），社区综合文化服务中心28个。乡镇综合文化站现有专（兼）职工作人员18人。

全区村级农家书屋113个，社区图书阅览室28个，新增吴忠林场文化站1个、场（办）图书阅览室3个，图书藏量约40万册。有卫星数字农家书屋104个，实现“户户通”全覆盖。

全区有线电视注册用户75998户，电视综合人口覆盖率99%。

十、环境保护和安全生产

全区森林覆盖率达到9.6%，重点入黄排水沟水质保持在Ⅳ类标准，黄河利通断面水质稳定保持在Ⅱ类优水质。全年城市环境空气优良天数296天，优良天气率为81.1%。

全区综合能源消费量90.55万吨标准煤，同比下降15.4%，单位GDP综合能耗同比下降11.92%，单位工业增加值能耗同比下降16.2%。

全年全区发生生产安全事故2起，与上年相比减少3起，同比下降60%；死亡2人，与上年相比减少5人，同比下降71.43%；受伤0人；经济损失260万元，同比下降37.35%。亿元GDP生产安全事故死亡率为0.0296（人/亿元），发生1起较大生产经营性道路交通责任事故。

十一、人口、人民生活和社会保障

年末全区常住人口46.45万人，与上年相比增加0.15万人，其中，城镇人口33.12万人，占全区常住人口的71.3%，比重比上年提高0.24个百分点；乡村人口13.33万人，占全区常住人口的28.7%，比重比上年下降0.24个百分点。人口出生率9.06‰，死亡率5.82‰，自然增长率3.24‰。

年末全区公安户籍总人口418213人。其中，城镇人口218100人，乡村人口200113人；汉族人口152545人，占总人口的36.48%，其他民族人口285668人，占总人口的63.52%。

全年全区城镇居民人均可支配收入38766.1元，同比增长5.8%。其中，工资性收入24543.9元，同比增长6.4%；经营净收入4715.6元，同比增长8.3%；转移净收入8011.4元，同比增长6.5%；财产净收入1495.1元，同比下降11.2%。

全年调查队农村居民人均可支配收入20597.3元，同比增长7.5%。其中，工资性收入10891.6元，同比增长6.3%；经营净收入8546.7元，同比增长9%；转移净收入1130.4元，同比增长7.4%；财产净收入28.6元，同比增长14.1%。

全年城乡居民基本养老保险参保15.07万人，城乡居民基本医疗保险参保31.57万人。发放城乡低保金6989.18万元。全区城乡享受最低生活保障户8068户，救助人数11105人，其中：城市低保2805户，救助人数4091人；农村低保5263户，救助人数7014人。

利通区关于2022年自治区法治政府建设示范创建实施方案

吴利党办综〔2022〕27号

为进一步提升利通区法治政府建设水平，树立新时代法治政府建设新标杆，根据自治区党委全面依法治区委员会办公室《关于开展2022年法治政府建设示范创建活动的通知》（宁法办通〔2022〕3号），结合实际，制定开展2022年自治区法治政府建设示范创建实施方案。

一、总体要求

以习近平法治思想为指引，对标《宁夏回族自治区法治政府建设实施方案（2021—2025年）》（宁党厅字〔2021〕39号）、《宁夏回族自治区法治政府建设示范指标体系（2022年版）》，扎实开展法治政府建设示范创建活动，以示范创建带动利通区法治政府建设水平整体提升。

二、创建类型

（一）法治政府建设综合示范单位：利通区人民政府

（二）单项示范项目：区域化联盟式公共法律服务工作模式（司法局）、重大行政处罚法制审核（综合执法局）

三、步骤安排

（一）申报创建（4月底之前）。按照《宁夏回族自治区法治政府建设示范指标体系（2022年版）》进行自查自评，认为达到示范创建要求的，可以向自治区党委依法治区办申报法治政府建设综合示范地区（单位）或单项示范项目。

（二）满意度测评和第三方量化评查（7月底之前）。自治区党委依法治区办委托第三方机构，对申报的法治政府建设综合示范地区（单位）和单项示范项目，采取网络调查、当面访谈等形式，进行人民群众满意度测评；通过材料审阅、网络检索、实地走访、案卷核查等方式，开展量化评查。

（三）实地核查（8月底之前）。自治区党委依法治区办根据人民满意度测评和第三方量化评查情况，确定初步候选名单。结合法治建设督察工作，组成实地核查工作组，对申报的法治政府建设综合示范候选地区（单位）和单项示范候选项目进行实地核查。

（四）媒体公示。根据各项评估、测评、核查结果，自治区党委依法治区办确定5个左右的综合示范地区（单位）、10个左右的单项示范项目，在自治区新闻媒体公示，接受群众监督。

（五）批准命名。自治区党委依法治区办根据公示情况，对符合要求的示范地区（单位）和项目，报自治区党委全面依法治区委员会批准后，予以命名。

四、工作任务

（一）自评报告。区依法治区办负责申报法治政府建设综合示范单位的自评报告。自评报告要简要介绍本地区法治政府建设主要举措、重要成效和突出亮点，篇幅不超过3000字。司法局、综合执法局负责申报法治政府建设单项示范项目的自评报告。自评报告主要总结本部门在全区范围内处于领先地位的某一项法治政府建设工作，突出创新性、引领性、典型性，突出亮点、意义、影响等，篇幅不超过2000字。自评报告一式三份报送自治区党委依法治区办，电子版通过安可系统发送至自治区党委依法治区办秘书处邮箱。

（二）证明材料。根据《自治区法治政府建设示范创建指标体系（2022年版）》确定的9个一级指标，34个二级指标，100个三级指标要求，逐项提供可以证明工作情况的文件、图片、新闻链接、情况简介等主要材料，需要实地核查或没有相关印证材料的，要在申报时说明。各项申报材料应当突出重点、简明扼要，尽量利用现有材料证明相关工作成绩或说明有关情况，坚决杜绝突击补材料等形式主义，切实避免增加基层工作负担。申报法治政府建设单项示范项目的，不再单独提供证明材料，随自评报告报送获得自治区级以上的获奖、通报表扬、新闻报道等材料即可。

五、责任分工

按照指标体系设定的三级指标，制定《利通区2022年自治区法治政府建设示范创建任务分解表》，明确任务分工，确定牵头单位和责任单位。具体为：区委办7项，政府办27项，区人民法院3项、区人民检察院3项，区纪委监委3项，区委组织部3项，区委宣传部1项，区委编办4项，区发展和改革局6项，教育局2项，工业信息化和商务局1项，公安分局1项，民政局1项，司法局31项，财政局4项，人社局2项，自然资源局1项，住房城乡建设和交通局2项，文化旅游体育广电局1项，卫生健康局5项，应急管理局8项，审计局1项，综合执法局5项，审批服务管理局7项，市场监管分局8项。本次报送资料的主体主要以牵头单位为主，需责任单位提供资料的，由牵头单位负责汇总报送。

六、工作要求

（一）本次工作资料报送事关利通区创建自治区法治政府建设示范创建工作大局，务必引起各单位的高度重视。要指定专人负责，认真开展自查自评，翔实提供工作资料。需网络检索的资料务必于5月12日前在政府网站公开。

（二）负责汇总上报资料的部门，要认真履行牵头职责，加强与配合部门、乡镇的沟通，真实地提供反映该项工作情况的文件、新闻链接、图片、简报、获奖情况等主要材料。需实地核查或没有相关印证材料的，要进行说明。

（三）对不能按时上报工作资料或在上报工作中弄虚作假、应付差事的单位或个人，除将该项工作完成情况列入年终考核外，对相关的责任人予以问责。

加快推进“数字利通”工作的实施方案（节选）

吴利党办发〔2022〕4号

为深入贯彻落实党中央、国务院、自治区党委和人民政府关于推进政府职能转变、深化“放管服”改革等部署要求，提速推进“数字政府”建设，紧密围绕乡村治理、社区治理、企业治理、校园治理、宗教治理、社团治理六大基层治理领域，建立健全各类信息化应用，提升新一代互联网基础设施和应用能力，推进政府管理和社会治理模式创新，提升公共服务均等化、普惠化、便捷化水平。

2020年10月，利通区被中央网信办、农业农村部等部委确定为首批国家数字乡村试点地区。为贯彻落实中共中央办公厅、国务院办公厅印发的《数字乡村发展战略纲要》精神，根据自治区人民政府办公厅《关于印发加快推进“数字政府”建设工作方案的通知》（宁政办发〔2019〕41号）、《关于印发宁夏回族自治区信息化建设“十四五”规划的通知》（宁政办发〔2021〕101号），自治区党委网信办《关于做好国家数字乡村试点工作的通知》（宁党网办发〔2020〕94号），自治区农业农村厅《宁夏数字乡村三年行动计划（2020-2022）》文件要求，结合实际，制定本方案。

一、指导思想

以习近平新时代中国特色社会主义思想为指导，全面贯彻党的十九大及十九届历次全会精神和习近平总书记视察宁夏重要讲话精神，深入落实总书记网络强国、数字中国战略思想，认真践行高质量发展理念，坚持全区一盘棋谋划、一体化推动、一张网布局，充分运用5G、大数据、云计算、人工智能、区块链、融媒体等创新技术，加快提升数字政府基础支撑能力和应用水平，加速政府数字化转型，着力实现政府决策科学化、社会治理精准化、公共服务高效化，助力政府职能转变、营商环境优化和经济社会高质量发展，为努力建设黄河流域生态保护和高质量发展先行区，继续建设经济繁荣民族团结环境优美人民富裕的美丽新宁夏提供有力支撑。

二、基本原则

——坚持正确方向、党建引领。增强“四个意识”、坚定“四个自信”、做到“两个维护”，坚定历史自信，汲取奋进力量，以铸牢中华民族共同体意识为主线，传承和发扬党的百年光辉史，传递党的声音，突出政治引领作用，深入贯彻区委、政府的决策部署。

——坚持系统观念、整体联动。把系统观念作为基础性思想和工作方法，契合全区经济、人口规模特征，统一规划、统筹建设、分别负责、分级管理，形成上下一体、协同联动的工作格局。强化信息资源深度整合，提升集约集成建设水平。推进党政机关电子政务联动建设、融合发展。

——坚持对标一流、高点建设。借鉴先进省、市、县（区）好经验、好做法，高标准谋划、高起点建设、高质量推进。提升基础能力建设层级，拓展基础应用功能，创新建管用机制，紧跟前沿、适度超前、利旧建新、有序迭代，持续增强服务群众、赋能治理、促进发展的能力。

——坚持安全可控、开放共享。建立健全技术和管理融合的安全保障体系，强化制度、标准、技术、责任支撑能力，确保平台、网络、应用和数据安全。依法有序推动数据开放共享，创新理念、流程、模式，加快推动数据资源要素化、市场化应用。

——坚持解放思想、先行先试。突出目标导向和问题导向，以改革创新为根本动力，大胆探索，勇于开拓，着力破解影响和制约县域经济发展的信息化瓶颈问题。

三、总体目标

（一）全面推进“数字利通”建设，以系统工程理念构建大数据驱动的政务管理运行新机制、新平台、新渠道，建设整体、移动、协同、创新、阳光、集约、共享、可持续的服务型政府，并在此基础上部署建立“管运分离”的管理架构、“整体协同”的业务架构、“集约共享”的技术架构，部署创新政务应用，实现由分散向整体转变、由管理向服务转变、由单向被动向双向互动转变、由单部门办理向多部门协同转变、由封闭向开放阳光转变，建设人民满意的服务型政府。到2022年底基本形成上接自治区、吴忠市，下联乡镇部门、纵向贯通、横向协同的数字政府体系。创新推进县域治理体系不断完善，数据治理能力进一步加强，“互联网＋政务”“数字环卫”“数字执法”等示范建设成果丰硕，政府数字化转型迈出坚实步伐，智能化应用取得积极进展，智慧化发展实现新的突破，数字政府、数字经济、数字社会融合推进、蓬勃发展。

（二）全面贯彻习近平总书记关于加强和改进民族工作的重要思想，以铸牢中华民族共同体意识为主线，巩固民族团结进步创建成果，常态化、制度化、长效化推进民族团结进步创建，做实“细胞工程”，扩大宣传教育覆盖面，牢牢把握培养自觉维护祖国统一和民族团结的各民族优秀人才这一目标，把铸牢中华民族共同体意识信息化教育贯穿利通经济社会发展全过程。深化“创建＋”模式，着力构建互嵌式信息化教育中心，引导各族群众牢固树立“五个认同”“两个共同”“三个离不开”思想，引导各族群众牢固树立休戚与共、荣辱与共、生死与共、命运与共的共同体理念，促进共居共学、共建共享、共事共乐，促进各民族交往交流交融，全力创建铸牢中华民族共同体意识示范区、民族团结进步模范区。

（三）建设县级融媒体中心是党中央的重要决策部署，是整合资源，巩固壮大主流思想舆论的重大举措。必须坚持党管宣传、党管意识形态的根本原则，要坚持管建同步、管建并举，坚持正确政治方向、舆论导向、价值取向，坚守社会责任，把社会效益放在首位，着力在调整优化媒体布局，深化新闻舆论机构改革，推进融合发展上下功夫，把区域内乡镇、部门的信息发布统一纳入区融媒体系统平台，充分融合各类新媒体平台资源，开设政务服务、公共服务、社会服务、文化服务等全新的外宣平台，实现各类信息综合汇总，统一发布；把融媒体中心建成利通区新闻舆论核心传播主阵地、新闻宣传管控平台和政务服务新渠道、便民利民新平台、文化信息产业发展新载体，讲好利通故事，传递利通声音，更好地引导群众、服务群众。

（四）为弥补利通区电子商务基础薄弱、经济体量小、市场管理不规范、核心优势领域和核心竞争企业不足等短板，高标准打造一个专业化、规模化、现代化、集成化的电子商务平台，作为利通区实施人才强区战略，实现大众创业、万众创新的重要窗口平台，集约产业要素，通过政府引导、公共服务、培训孵化、市场运作、政策支持等措施，为广大创业者开启一片“试验田”，起到积极的示范作用和带动作用，引导广大创业者走合法、优质、高效的创业道路，为利通区现代服务业经济发展孵化专业型人才、提供后续动力，推动利通区优质牛奶、绿色食品、早茶文化、特色餐饮、精密仪器等优势产品走出宁夏、走向全国，对于提升利通区经济发展水平和综合实力具有重要意义。

四、工作任务

（一）“数字利通”指挥中心。“数字利通”要以宁夏电子政务公共云平台和电子政务外网为基础，开辟专属政务云资源池及节点，打造出一个“数字利通”指挥中心，建立共享数据交换中心，打造利通区“数字政府”底座，结合利通区实际情况，新增亟需建设的应急保障综合应用平台、视联网平台、健康产业大数据平台、网格化疫情防控指挥平台、六大治理专题分析平台等新平台、新应用。合理选址、规划、设置综合调度室、控制区、操作间等，并配套相应设施。搭建软件平台基础，将政府和企业运行数据进行整合汇聚，分区块进行数据展示，形成区、乡、村级联动共享的数据展示软件平台。构建城市运行综合信息库，整合政府部门多维原始数据资源，通过网络边界逐步接入组织、综治、发改、教育、公安、民政、水务、农业农村、卫健、综合执法、审批、市场监管等部门现有信息化系统，并进行标准化处理，根据业务的发展和反馈信息不断总结经验，扩展数据源、丰富原型内容、完善功能，为数据的专题分析和创新应用提供足够的灵活性和扩展性的数据基础，真正实现数据共享和联动应用。在健康产业园内设置“数字利通”指挥中心健康产业园分中心，实现“互联网＋养老＋医疗”信息服务。实现数据归集共享，支撑城市日常运行、管理、决策和应急指挥，初步实现政府决策科学化、社会治理精准化、公共服务高效化。

（二）铸牢中华民族共同体意识信息化教育中心。铸牢中华民族共同体意识是新时代党的民族工作的“纲”，建设铸牢中华民族共同体意识信息化教育中心，旨在宣讲中华民族交往交流交融史，学习党的百年民族工作光辉史、中华民族交往交流交融史和党的民族政策。以信息化、体验式、互动式的方式，全方位、多层次、立体化对自治区、吴忠市、利通区民族团结进步事业成果开展信息化教育，进一步教育引导全区各族群众在党的领导下汇聚智慧，凝聚力量，共同为创建铸牢中华民族共同体意识示范区贡献力量。合理选址规划，每年分批分层次开展铸牢中华民族共同体意识信息化教育培训，促使广大中小学生从小了解历史，传承中华文化。全体干部熟悉了解党的民族工作政策，提升在民族地区的工作能力。

（三）融媒体中心。合理选址规划符合融媒体建设标准的地方，规划融媒体指挥大厅、演播室、导播室、录音棚、非编工作室、设备间、操作间，并配套相应设施。建设主要由线索汇聚系统、指挥调度系统、采编联动系统、全媒体资源管理系统、多渠道分发运营系统、传播效果与舆情分析系统、融媒体演播室系统等七大系统组成的融媒体系统集成。

（四）电子商务中心（电子商务孵化基地）。以产业展示、电商运营、品牌网货研发、创业孵化、直播、摄录、创客沙龙等为目标，规划利通区电子商务中心（电子商务孵化基地），配套相应设备设施。通过打造一个电子商务中心，孵化一批优秀的国内电子商务企业和跨境电商企业、培养一批农村新型商业带头人、打造一个知名区域电商品牌、研发一批优势特色网货、孵化一批优秀餐饮连锁品牌和网红打卡好店。

五、组织领导及责任分工（略）

六、推进工作模式

“数字利通”指挥中心、铸牢中华民族共同体意识信息化教育中心、融媒体中心、电子商务中心（电子商务孵化基地）要一体推进，设置一套班子、一个机构，统一规划、统一选址，统一实施、统一管理，专人负责、统筹推进。由区政府办公室总牵头，区委宣传部、统战部、区工业信息化和商务局、人力资源和社保局分别负责实施。采取政府采购服务“捆绑式”打包建设，采用逐年付费方式，减轻地方财政压力。工作推进期间，成立机构，选调一部分人员，政府购买服务一部分人员负责后续的完善和日常管理维护。

七、工作要求

（一）加强组织领导。区“四套班子”领导要严格履行“一岗双责”，监管到位、督导到位、协调到位。各工作组和各部门、各乡镇要建立健全领导小组统一领导，成员单位牵头抓总，部门、乡镇各司其职、社会各界共同参与的联动协调机制。各单位要切实把思想和行动统一到区委、区政府的决策部署上来，充分认识新时代下加快推进“数字利通”建设的重要意义，要把此项工作摆上重要议事日程，强化工作力量，细化工作措施，明确专人负责，抽调精兵强将狠抓落实，确保工作有部署、有落实、有成效。各乡镇各部门要明确“数字利通”建设业务机构，负责相关工作任务和应用推广部署、系统运营运维等工作。应根据形势发展和工作需要，制定年度工作要点，建立清单定任务、台账管进度、督查问效能、专班抓落实的工作机制。建立数字政府建设运营绩效评估制度，强化规划管理、投资评价、统计监测、审计监督，将“数字利通”工作纳入效能目标管理考核体系。

（二）加强谋划管理。按照数字政府总体架构布局，各乡镇部门要加强项目谋划，科学合理布局和有序推进政务信息化项目建设。坚持全区“一盘棋”“一体化”的工作思路，统一规划、统筹实施全区“数字利通”建设，防止造成重复建设、投资浪费。各部门之间要信息互通、资源共享。各相关部门要加强协调，全力解决工作推进过程中出现的各类问题，科学谋划、统筹兼顾、协调推进。各乡镇各部门（单位）未经“数字利通”领导小组办公室批准，原则上不得自行新建“数字政府”基础项目，包括政务云、统一身份认证等应用支撑系统、各类政务移动端（App）、指挥调度平台、数据中心等，已经建成投运的应用系统、政务移动端、指挥调度平台等，要尽快与“数字利通”指挥中心平台进行统一认证和业务深度整合对接。

（三）加强智力支撑。各相关部门要加强协调，加强技术与业务的对接，正确处理政策、业务、技术、安全、商务等逻辑关系，全力解决推进“数字利通”工作过程中出现的各类问题，促进“数字利通”工作的科学性和一体性。政府办要发挥牵头抓总的作用，科学谋划、统筹兼顾、协调推进，按照时间节点推进工作。加大培训力度，建设既精通政府业务又熟悉信息技术的复合型人才队伍，发挥各类专家和咨询机构作用，完善重大政策、重大决策专家咨询制度，用好电信运营商、互联网企业和科研机构专业力量，形成数字政府建设合力。

（四）加强宣传调度。各单位要挖深挖透国家、自治区政策要求，积极主动与上级业务部门对接，围绕发展目标和任务，坚持问题导向、目标导向、结果导向，结合利通区实际，细化政策措施，积极“跑厅进局”，要抢抓机遇争取资金支持。积极发挥政府采购服务引导带动作用，合理安排经费并及时下达资金，要建立健全责任制，强化政府采购服务实施的主体责任，严格采购服务基本程序，严格质量管理、投资控制、运行管理。区财政、审计等部门要加强对政府采购服务资金的监管，统筹安排综合利用资金。要做好宣传引导工作，在广泛利用电视、电台、报纸等传统媒体进行宣传的基础上，充分发挥“两微一端”等新媒体平台优势，大力宣传推广好的措施和经验，为“数字利通”工作推进营造良好的氛围。

吴忠市利通区“十四五”服务业发展规划（2021—2025）（节选）

吴利政办发〔2022〕90号

第一章　发展基础（略）

第二章　发展环境（略）

第三章　发展要求（略）

第四章　产业布局

一、空间功能

“十四五”期间，结合利通区主城区城市规划方向、建设现状、高铁通车、区位节点等实际情况，全面优化服务业空间布局，完善服务业功能，总体形成“一城四圈三线两提升”的现代服务业空间格局。

“一城”：即打造产城融合发展和生态宜居示范城市，充分发挥利通区民族文化、餐饮文化、黄河岸边、特色农业等优势，深度推进现代服务业新业态与城市更新、城镇化高度融合，巩固森林城区创建成果，强化城市景观、街韵建设，不断提升生态宜居城市品质，塑造现代服务业宜业基础，建设黄河流域现代化高品质城区，打造产城融合发展和生态宜居示范城市。

“四圈”：即优化商圈布局，重点打造老城商圈、滨河商圈、高铁站商圈、金积商圈“四大”商圈。老城商圈以改造提升为导向，布局现代化消费网点；滨河商圈以现代都市商业为主题，加速聚集数字经济、商务、会议、会展、休闲等业态；高铁站商圈围绕高铁经济、智慧经济，构建“主导产业＋商务拓展＋服务配套”的产业格局，建设银西高铁吴忠中央商务区，打造全区现代服务业新载体；金积商圈加快聚集地产服务、金融服务、检验检测服务、知识产权服务、科技研发服务、现代物流服务以及相关配套服务业，打造生产服务型特色商圈。

“三线”：针对乡村游、周末游、家庭亲子游、研学游等专项客群，打造以美食为核心的旅游线路。（1）田园趣味·乡村休闲游。聚焦周末游、家庭亲子游、自驾客群游，以星级农家乐为节点，复合蔬果采摘、农耕体验、休闲农场、特色民宿等业态，设置“北线、中线、南线”三条子线路。（2）黄河古韵·水岸文化游。以黄河生态保护和高质量发展为方向，串联吴忠博物馆、黄河湿地公园、初心馆、牛家坊民俗博物馆等景区（点），通过历史展示、民俗体验等，打造集文化展示、古村体验、特色市集、农事休闲于一体的黄河文化体验地。（3）百年工坊·工业研学游。聚焦研学客群，串连红山河工业旅游观光园、宁夏伊利乳业工业旅游点、强家老醋文化养生园等景区（点），打造集参观考察、商务交流、亲子实践、健康体验、休闲观光等复合功能的趣味性研学旅游产品。

“两提升”：即改造提升专业市场和农副产品交易市场。推动10大专业市场和11个农副产品交易市场完善基础设施，提升配套设施等级标准，建设信息化基础设施及平台；鼓励企业发展线上销售交易渠道，盘活闲置资源，用数字经济赋能，鼓励创新创业，借助互联网、物联网、大数据催生新模式、新业态，大力发展冷链仓储运输；增强专业市场和部分大型农贸市场对宁陕蒙区域的商贸物流枢纽辐射带动功能。

二、产业布局

根据“一城四圈三线两提升”现代服务业空间功能格局，引导全区“554”型现代服务业体系科学布局。

第五章　奋力发展支柱型服务业

一、现代物流业

围绕打造宁陕蒙区域性商贸物流枢纽中心的目标定位，畅通物流“三大”通道，构建“三园六中心多节点”物流服务体系，搭建物流“三大”平台，推进物流“三化”发展，积极融入以银川为核心的沿黄城市群物流服务体系。力争到2025年，全区物流业增加值达到25亿元左右，A级物流企业达到30家以上，培育供应链管理企业5家以上。

表 4–1　利通区“十四五”服务业空间布局

空间功能		产业布局
一城	产城融合发展和生态宜居示范城市	商贸服务业（高档住宿、会议会展、贸易洽谈等）
		金融服务业
		制造服务业
		奶产业服务业
		地产服务业
		家庭和社区服务业
		信息服务业
		科技服务业
		培训服务业（双创）

续表

空间功能		产业布局
四圈	老城商圈	商贸服务业
		旅游休闲业（特色餐饮、文体娱乐等）
	滨河商圈	科技服务业（数字技术服务业态）
		会展服务业
		电子商务业（跨境电商）
		金融服务业
		康养服务业
		地产服务业
		培训服务业
	高铁站商圈	商贸服务业
		现代物流业
		会展服务业
		电子商务业（跨境电商）
四圈	高铁站商圈	培训服务业
	金积商圈	制造服务业
		培训服务业
		地产服务业
三线	自驾游深度体验环线	旅游休闲业（特色餐饮、文体娱乐、精品民宿等）
	美丽乡村休闲游线路（一）	
	美丽乡村休闲游线路（二）	
两提升	改造提升专业市场	商贸服务业 现代物流业 电子商务业 制造服务业
	改造提升农副产品交易市场	

（一）畅通物流“三大”通道

陆上通道。借助城际铁路、高速融入自治区骨干交通路网。借助“银川－德黑兰”班列、银中高铁等通道出口区域特色产品，结合临近银川综合保税区的地理优势，构建区域性原料综合保税区；加强与银川综合保税区、石嘴山综合保税区以及成渝、关天等综合保税区的合作，推进便利化通关水平。

空中通道。借助银川河东国际机场，推进吴忠与欧美日韩和“一带一路”国家创新交流和产业合作，推动特色产品、项目、技术、服务全方位走出去，拓展海外市场空间；加强与国内外航空公司合作，逐步发展货运包机，推进公铁联运、海铁联运、空铁联运、联程联运项目运作。

网上通道。大力发展电子商务，积极争取国家级和自治区级电商示范项目，建立电子商务公共服务中心和电商产业园，构建农产品上行与工业产品下行双向流通渠道。整合周边物流场站信息、集运物流信息、产业物流需求等，开展信息共享、资源集聚、在线结算、风险管控等服务，实现信息互联互通。

（二）构建“三园六中心多节点”物流服务体系

三个物流园区。在城东新建一个综合性物流园区，设置商贸、农产品、电商等物流服务板块，打造全市最大的物流集散基地和自治区级物流枢纽；提升现有商贸物流园和创利汽车物流园，拓展服务功能，创新服务模式，打造自治区级专业化物流园区。加快建设金积工业园区物流区块，完善金积镇城区、园区物流配套。支持国内外品牌物流企业在物流园区设立区域分拨中心或配送中心、建设标准化仓储设施。

六个物流中心。依托金属材料市场、农副产品批发市场、北方农资城、涝河桥牛羊肉市场、凯悦和恒美建材城、人人乐配送中心，拓展城市物流配送功能，打造区域级物流配送中心。加快中国冷链物流储运基地等项目建设。鼓励吉送通、茂鑫通、红长青等骨干物流企业发展同城物流配送和冷链物流配送，建设多功能物流运营中心。

多个物流站点。即依托乡镇市场、商超、现代农业产业园、特色产业村、示范性合作社等，建立多个产地市场、冷链仓储站点等，打造消费品、农产品等物流末端站点。扶持流通企业、专业合作社等在金积镇、扁担沟镇、金银滩镇、高闸镇、马莲渠乡等农产品集中区建设集预冷、保鲜、配送等一体化的鲜活农产品冷链项目，依托茂鑫通等流通企业，建立覆盖优势特色产业的冷链体系。

（三）搭建物流“三大”平台

立足利通、服务全市、辐射宁陕蒙大区域发展，贯穿供应链管理理念，按照“政府引导、企业主导”的模式建设绿色食品、农业生产资料和家居建材“三大”物流服务平台，向上对接周边物流枢纽城市，向下连接各县物流中心，推进全市物流、商流、资金流、信息流等要素集聚。绿色食品物流服务平台，以现有企业物流配送平台为基础，整合区域及周边绿色食品龙头企业，构建绿色食品供应链服务中心，为各类市场主体提供仓储物流、质量监测、融资服务、产品展销、信息发布、资金结算、货物交割、风险管控等全程服务。农业生产资料物流服务平台，以北方农资城为载体搭建，为全市提供农资仓储、配送、中转、分拨、包装、分拆、加工、展示、交易等物流服务。家居建材物流服务平台，依托凯悦、恒美建材市场搭建，重点设置运输与配送管理及货物跟踪、订单处理、仓储管理及库存水平监控、综合查询与统计分析、信息发布、网络通讯等功能模块。

（四）推进物流“三化”发展

智慧化，拓展5G等新一代信息技术在物流领域的应用，推动人人乐、吉送通、茂鑫通等物流企业与供应链上下游企业间信息标准统一和系统对接，推广智能仓储、智能跟踪、动态车联网等物流服务新模式。标准化，支持托盘、笼车、周转箱等单元化装载器具循环共用以及托盘服务运营体系建设。鼓励企业使用智能化托盘等集装单元化技术，使用适应生鲜农产品网络销售的可重复使用的冷藏箱或保冷袋。促进物流信息、物

专栏1　现代物流业重点支撑项目

1. 综合物流园建设项目。在城东新建一个综合性物流园区，设置商贸、农产品、电商等物流服务板块；金积镇国家骨干冷链物流基地建设项目、金积镇智慧“三农”冷链物流园建设项目、城市南片区物流园项目。
2. 金积工业园区食品物流园项目。盛源公司西侧停车场建设面积200亩，车位500个，配套建设住宿、餐饮、公厕、车辆维修及洗车等设施；建设物流配送中心，主要建设冷藏库、劳务配送设施等。
3. 物流配送中心建设项目。依托金属材料市场、农副产品批发市场、北方农资城、涝河桥牛羊肉市场、凯悦和恒美建材城、人人乐配送中心、金积工业园物流区块，建设物流配送中心；牛首山产业区物流服务中心项目；伊利奶产业园物流中转配套项目。
4. 冷链物流项目。在金积镇、扁担沟镇、金银滩镇、高闸镇、马莲渠乡等农产品集中区建设集预冷、保鲜、配送等一体化的鲜活农产品冷链项目10个以上。
5. 物流信息服务平台建设项目。建设绿色食品物流服务平台、农业生产资料物流服务平台和家居建材物流服务平台；宁夏聚安星信息技术有限公司－道路运输安全管理第三方监控服务平台建设项目。
6. 茂鑫通物流园冷链设施升级项目。改造冷藏保鲜库1840平方米、集配中心2760平方米，购置冷藏牵引车、冷藏箱等冷链物流设施。
7. 吉送通县级农村寄递物流基础设施建设项目。建设邮件处理场地3800平方米、全自动快递分拣线三条，整合乡村物流站点7座，快递信息化处理设备及终端10台等。
8. 汉渠供销社黄花现代农业综合服务中心建设项目。占地面积3000平方米，通过新建冷藏保鲜库等基础设施，为马莲渠乡周边种植黄花的农户提供服务。
9. 宁夏创利汽车物流服务区扩建项目。建设总建筑面积73994平方米的仓储物流配送中心、驾驶员技能培训中心、报废车辆回收中心。
10. 村级仓储保鲜设施建设项目。在8个行政村、8个农民专业合作社，依托种植基地建设仓储保鲜设施。
11. 宁夏盛源食品科技园发展有限公司低温牛羊肉配送投递及冷链物流设施配套项目。项目占地34933平米，建成后增加低温牛、羊肉活禽储备11200吨，主要建设安装制冷储藏设备、智能信息化系统建设、互联网＋冷链物流系统（含冷链物流配送投递系统）、低温牛羊肉冷库及其他配套附属设施。
12. 全国棉花交易市场（吴忠）棉花交割库及物流项目。新建4座国家级标准仓库和物流项目。
13. 利通区区块链农产品冷链物流大数据平台建设项目。建设三大平台：一是农产品冷链物流企业管理平台，主要包括农产品冷链配送管理系统、农产品冷链运输温湿度监控系统、农产品冷链仓储温湿度监控系统；二是冷链物流监控管理平台、冷库联网管理平台；三是冷链物流信息发布平台。

流设施、物流装备等与国家标准对接。绿色化，促进物流上下游企业发展绿色供应链，支持物流企业、物流园区使用绿色包材，推广循环包装，减少过度包装和二次包装，推行实施货物包装和物流器具绿色化、减量化。

二、商贸服务业

围绕城市更新，优化城区商圈布局，强化市场服务能力，加速布局品牌零售、提升发展特色餐饮、完善住宿服务体系，促进商贸服务“双线”融合发展。力争到2025年，商贸服务实现增加值45亿元以上，重点龙头企业达到100家以上。

（一）优化城区商圈布局

结合现状商业布局和城区拓展方向，重点打造“四大”商圈。老城商圈，以民俗文化为特色，以改造提升为导向，一方面挖掘现有商业网点潜力，满足大众消费需求；另一方面新建商业街和综合体，布局现代化消费网点；滨河商圈，以现代都市商业为主题，加速聚集商务、会议、会展、休闲等业态，打造城区新商圈，探索建设智慧商圈，健全商圈消费体验评价、信息安全保护、商家诚信积累和消费者权益保障体系。高铁站商圈，统筹站场周边资源，围绕高铁经济、智慧经济，构建“主导产业＋商务拓展＋服务配套”的产业格局，聚集区域总部、科技研发、商贸流通和商务经济等业态。在商圈布局商贸物流综合服务平台，引进一批龙头企业投资建设，促进区域交通、房地产、餐饮等进一步发展。金积商圈，依托现有镇区服务业基础和金积工业园区的发展，加快聚集地产服务、金融服务、检验检测服务、知识产权服务、科技研发服务、现代物流服务以及相关配套服务业，打造生产服务型特色商圈。

（二）强化市场服务能力

按照“功能拓展类、改造提升类、统筹整合类、谋划新建类”四大方向，提升全域市场服务能力。功能拓展类，支持国际汽车城拓展品牌车展、新车发布、汽车影院等功能；支持金属材料市场拓展流通加工、半成品加工、城市配送等功能；支持凯悦和恒美建材商贸城拓展定制家居、家居会展等服务功能，打造“双线融合”“一站式”家居广场。改造提升类，提升北方农资城、吴忠市农副产品批发市场、涝河桥牛羊肉市场等专业市场和11个农贸市场，重点从基础设施、功能分区、配套服务、环境卫生等方面进行改造，创建标准化市场5个以上。统筹整合类，引导金帝国际五金机电商贸城、二手机动车辆交易市场、吴忠市木材市场等市场开展业态置换、转型发展，引导现有企业和商户入驻现有汽车城、金属市场和建材城，在原市场区块谋划布局电子商务服务中心、电商物流园、花卉市场等。谋划新建类，结合居民消费趋势和产业需求，在城区谋划建设小商品批发市场等；在乡镇谋划新建产地市场、综合市场和特色农产品市场等。

（三）加速布局品牌零售

引导商超优化发展。引导吴忠新世纪商厦、百货大楼、义乌商贸城、国贸、新华百货等丰富商品种类，打造大众消费集聚区；引导人人乐、北京华联等商超布局新业态，打造一站式购物集聚区；引导苏宁电器、信邦电器等拓展服务方向，向智能电器、数字化设备商贸方向发展。

强化商业街区和综合体服务效能。依托吴忠万达广场，加速聚集中央大道分散的品牌商户，主打中高端消费。结合银西高铁吴忠中央商务区的建设发展，再谋划1-2个城市商业综合体。结合四大商圈发展及乡镇商贸经济需求，谋划建设一批非遗街区、文化特色街区、旅游商品展销街区、休闲娱乐街区等。

加速布局品牌名店首店。整体提升商业业态和品牌，围绕珠宝首饰、运动健身、文化休闲、妇幼消费等领域，引导布局一批连锁品牌名店和区域品牌首店，支持布局概念店、新物种店、体验店、旗舰店、定制店等。大力发展“首店经济”，加速覆盖新品牌、新产品、新科技、新内容、新零售渠道，为消费者提供更多元的产品与智能化体验。

（四）提升发展特色餐饮

构建“一心一区四街四广场多节点”特色餐饮格局。谋划建设吴忠市中央厨房集配中心，集菜品研发、半成品加工、菜品制作培训、调味品配置、食材配送等功能为一体；培育宁夏观光夜市和吴忠早茶文化广场，全面提升光耀美食街档次，高标准建设牛家坊特色餐饮集聚区；支持金龙广场、万达广场、利通食府、迎宾街广场拓展菜品种类、发展夜间经济等；结合乡村旅游、农家乐、生态园的发展，打造多个特色美食体验店。

实施“名厨名店名品”进驻工程。以提升吴忠美食文化层次、带动餐饮业提质增效为着力点，率先在“名厨名店名品”领域制定行业规范和服务标准体系，为品牌壮大、品牌输出奠定基础。持续举办“吴忠早茶·味你而来”早茶美食文化节，壮大吴忠早茶示范店规模，打响“全国早茶文化地标城市”品牌。大力发展“老字号”“餐饮名店”“特色店”，推进传统餐饮企业改造提升，引导全区餐饮企业集聚发展，力争创建“中华餐饮名店”达到100家以上，开发“中国名菜”“中国名点”100道以上。策划2-3条美食游线，发展美食打卡和网络吃播，点亮“吃在吴忠”金字招牌。开启全民“闲客”计划，积极举办特色小吃文化节、厨师大赛。开通“吃在吴忠”城市生活服务平台 App。开展“寻味吴忠”民间厨艺大赛，挖掘民间美食文化，加快餐饮业“走出去、学进来”步伐，促进餐饮业高质量发展。

（五）完善住宿服务体系

提升现有宾馆接待能力。提升红宝宾馆、宏泰宾馆、全季酒店、祥和酒店等级，力争创建三星级以上宾馆6-8家。重点增加停车场、酒店餐厅等硬件设施，改造提升住宿环境等软件设施，使其功能更加完善，服务产品更加丰富，增强酒店服务接待能力。

加快布局品牌连锁酒店和高端酒店。在城区、滨河新区和高铁商务区谋划建设一批星级酒店，同时，引进各类会议型、商务型、度假型酒店，增强接待服务能力。结合专业人才发展需要，谋划建设2-3个公寓式酒店。推进发展智慧酒店，打造“无人前台”，配置智慧客房及健康管理系统。

积极发展精品民宿。结合乡村旅游、康养产业发展，谋划建设一批精品民宿项目，重点打造沿苦水河流域民宿集群。围绕团建、娱乐、会议等不同需求，开发主题民宿和特色民宿。拓展“互联网+”营销渠道，通过手机 App、“同程”“去哪儿”等知名电商平台承接客源。创新“民宿管家”托管服务，发挥专业团队和技术人才优势，强化规划设计、管理创新。

专栏 2　商贸服务业重点支撑项目
1. 标准化市场创建项目。提升北方农资城、吴忠市农副产品批发市场、涝河桥牛羊肉市场等专业市场和 11 个农贸市场；吴忠东郊农产品批发市场建设项目、鑫鲜农产品批发市场改造提升工程、吴忠市五星装饰材料城项目；供销社扁担沟农贸市场新建项目、吴忠市兴邦二手车交易市场建设项目、高闸镇农贸市场提升改造工程。 2. 小商品批发市场建设项目。建设辐射全市范围的小商品批发市场 1 个。 3. 特色商业街区建设项目。新建非遗街区、文化特色街区、旅游商品展销街区、休闲娱乐街区 5 个；光耀美食街游客接待中心改建项目。 4. 吴忠市中央厨房集配中心建设项目。建设集菜品研发、半成品加工、菜品制作培训、调味品配置、食材配送等功能为一体的中央厨房。 5. 专家公寓建设项目。结合专业人才发展需要，谋划建设 2–3 个公寓式酒店。 6. 酒店提升改造项目。提升红宝宾馆、宏泰宾馆、全季酒店、祥和酒店等级，力争创建三星级以上宾馆 6–8 家；推进万达锦华酒店项目建设。按照“无人前台”、智慧客房及健康管理系统的标准，打造智慧酒店 2 家。 7. 商业网点建设项目。阳光瑞晨商网建设项目、如意城商网建设项目、古城镇永昌庄园商网建设项目、古城镇钻石城商网建设项目、上桥镇解放村商业综合服务中心建设项目。 8. 吴忠市康定达“互联网 +”智慧商场建设项目。建设总面积约 6800 平方米的综合商贸实体店，其中线下实体店面积 4000 平方米。 9. 宁夏吴忠优质特色产品展示展销中心。规划建设综合展销中心，总面积约 2000 平米，建设线上线下展销网络平台。 10. 商超提升改造及新建项目。居然之家二期建设项目、北京华联入驻汇金时代项目、左营商业中心建设项目、黎明商业综合体建设项目。 11. 社区“菜篮子”工程建设项目。在城区和城郊社区，建设社区“菜篮子”超市 20 个。

（六）促进“双线”融合发展

支持本地电商企业和商贸企业推广网订店取、网订店送、网订自提等配送方式，打通全渠道、全天候的消费通道。支持鼓励刘三朵、国军粮油等企业推广电子商务应用，新世纪、红长青等传统业搭建“线上线下”电商融合发展平台，涝河桥牛羊肉、鑫鲜农副产品等传统业态的批发市场利用“互联网 +”与代理、配送、连锁、超市等传统业态相结合的方式，加快推进实体零售与网络零售优势互补融合发展。

三、旅游休闲业

以“西北知名的休闲度假目的地”为总体定位，以创建国家级全域旅游示范县（区）为载体，创新“旅游 +”发展理念和路径，推动旅游休闲产业多元化、品牌化、高端化、集约化发展，加快推进旅游空间体系、旅游产品体系、旅游服务体系三大体系全面提质升级，创新旅游要素，优化旅游线路，在巩固传统观光旅游基础上，重点开发都市体验旅游、乡村休闲旅游、康养度假旅游和自驾游等专项旅游市场，构建“一城两带五组团”全域旅游发展空间格局，健全与全域旅游发展相适应的体制机制，将旅游休闲业培育为全区战略性支柱产业。力争到2025年，旅游休闲产业增加值占 GDP 比重超过15%，旅游接待人数和旅游综合收入较2020年翻一番，年均增速达15%以上。

（一）构建全域旅游发展新格局

以自然条件、资源特色、交通区位为依托，

构建“一城两带五组团”全域旅游格局。

“一城”：城区美食休闲旅居城。以城区为核心范围，通过聚焦美食，以“多彩利通·美味之城”为品牌，通过美食街区打造、美食业态丰富、美食品牌营销，推进城市公园业态提升、招商建设精品酒店、完善文化旅游基础设施、提升文化旅游服务水平，打造成为集旅游集散、城市休闲、美食体验、旅居度假等功能于一体的一站式“城市客厅”、休闲旅居美食城。

“两带”：

一是黄河文化游憩带。围绕黄河沿线，近期以黄河国家湿地公园为主要载体推进湿地生态修复；提升建设黄河3D创意绿道，打造黄河文化生态休闲廊体验首选地。

二是苦水河农旅示范带。以东塔寺乡至金银滩镇段为核心，串联重要农业旅游资源，通过景观提升、绿道建设、驿站建设，打造集生态观光、运动休闲功能于一体的滨水乡村旅游运动休闲廊。近期以景观提升为主，突出生态观光功能；中期推进绿道建设，丰富休闲运动功能；远期沿线设置旅游服务驿站，拓展农业展销和文化展示功能，延伸农旅产业链条。

“五组团”：

一是黄河生态康养组团。以古城镇东部、东塔寺乡为重点区域，做大做强黄河文化，以文化体验和康养度假为核心功能，打造集文化休闲、农业休闲、康养度假于一体的黄河文化体验高地。近期，以“三馆两村一市一基地”为抓手，打造黄河文化主题游览区，以农业产业园为吸引，引导乡村旅游游客体验黄河文化，逐步打响黄河文化知名度；中期，以黄河文化博览旅游区为核心吸引，以农业产业园为业态配套留客，逐步完善产业链条；远期，做大健康产业园，丰富康养度假产品，实现从黄河文化观光向康养度假过渡的业态升级；远期展望，做强康养度假品牌，在生态发展的基础上，延展度假业态，丰富更新康养度假产品，与工业研学组团共同打造黄河滨河度假区。

二是工业科考研学组团。聚焦金积镇的工业产业集聚区，沿黄河－省道101沿线，整合同类资源，串联工业研学、供港蔬菜基地、中营堡滨水度假资源，串点成线、功能互补，构建以工业研学为核心引客产品，农事体验迎客，生态度假留客的产品体系。近期，打响工业研学品牌，串联全区工业资源，形成工业研学线路；中期，聚焦供港蔬菜基地，丰富农事体验，推动农旅融合；远期，在生态修复的基础上，聚焦黄河边生态乡村和中营堡湖，发展生态度假、乡村度假；远期展望，沿黄河布局度假庄园、主题游乐公园，丰富度假业态，与黄河生态康养组团共同打造黄河滨河度假区。

三是田园观光休闲组团。聚焦苦水河沿线，以田园观光休闲为主题，差异化打造一批农事体验基地，串点成线打响农业休闲品牌；做强做大富硒体验基地，将其打造成为利通农产品文创、展示、销售的一站式平台，形成“美食品尝－农事体验－农产品展销”的农旅融合一站式体验。近期，推动农旅融合，差异化、主体化提升农事体验项目，强化农业核心吸引；中期，依托富硒大厦，做大农产品展销，打造农产品展销高地；远期，发展汽车小镇民俗体验，丰富旅游业态。

四是民俗文化娱乐组团。依托东塔寺乡、上

桥镇、马莲渠乡等利通民俗文化集聚区，通过民俗文化展示、民俗文化艺创、民俗文化常态化，盘活创新民俗文化，释放文化价值。做强做大民俗体验，牛家坊以4A级景区标准提升，打造集民俗体验、生态观光、休闲度假于一体的民俗体验区，中期争创4A级景区。活化民俗新业态。与宁夏大学、宁夏艺术职业学院等高校合作，建立艺创基地，引导教学团队在高闸、马莲渠开展乡村艺术创作，定期举办艺术沙龙、民俗演艺。推动民俗常态化运营。定期举办民俗文化活动；将杨渠村打造成为舞狮第二课堂，与学校合作开展常态化研学教育。

五是农牧休闲运动组团。依托扁担沟镇、利通区国家现代农业产业园，以户外运动为主题，以海军生态农家园、林枫生态园、渔光湖景区等为运动度假核心，近期产品提升，提高点状吸引力；中期以环串点，推进环线等基础设施建设，将运动度假核心点、烽火墩等资源串线成环；远期围绕风电光伏发电厂、奶牛观光牧场、生态移民区，引入新业态打造荒野营地度假，实现从乡村观光休闲向产业科普研学、特色营地度假转变。

（二）促进旅游服务全域化、优质化、智慧化升级

围绕“吃、住、行、游、购、娱”，促进旅游服务全域化、优质化、智慧化升级。

全域化。对接银川都市圈规划，加快推进对外交通干道升级，建设与银川市区、青铜峡、灵武市等快速连接干道。紧抓银西高铁开通机遇，加快构建高铁站旅游服务圈，推动旅游餐饮、住宿、购物、娱乐等业态进驻布局，与中心城区构建绿色公交、出租、自驾畅联体系。健全重点旅游景区交通集散体系，加快干线公路与景区公路连接线及相邻区域景区之间公路建设。结合乡村振兴战略，提升扁担沟镇、金银滩镇、郭家桥乡、东塔寺乡、古城镇等乡村旅游示范点道路等级和交通条件。

优质化。建设利通区游客服务中心，提升服务质量，增强旅游线路推介、旅游活动组织和多语种旅游咨询服务。按照“小而精、特而美”原则，推进2A级及以上旅游景区、高铁站、商业步行街、城市休闲广场等游客集中区域旅游驿站建设，为居民、游客提供信息咨询、旅游集散、宣传展示、旅游投诉、旅游预订等旅游公共服务。认真落实景区、餐饮、酒店、大巴、购物场所等旅游业态服务标准化细则，推动传统旅游业态提档升级，到2025年创建4A级旅游景区1家，准四星级以上酒店5家，建立健全行之有效的旅游投诉反馈机制。扎实推进旅游“厕所革命”，以旅游景点、步行街区、旅游交通线路和乡村旅游点为重点，加大环保卫生厕所配置力度，到2025年全区A级以上旅游厕所占比达50%以上。完善全区旅游标识导览系统，推进旅游安全保障系统和旅游无障碍环境建设。规范提升导游服务质量。

智慧化。推进智慧旅游基础设施建设，在游客服务中心、2A级以上景区、3星级以上饭店、主要旅游功能区等场所实施无线网络全覆盖工程，结合全域化旅游标识系统建设，构建全域旅游二维码解读系统。推动5G应用赋能智慧景区建设，在牛家坊民俗文化村、强家老醋文化养生园等开放式景区试点，设置多语种的旅游信息电子触摸屏，安装区域旅游导览系统，为“旅游+互联网”创造基础条件，提高景区服务数字化、

便利化、定制化水平。推进全行业智慧化管理，建立健全安全应急与管理系统平台，推行智慧化监管标准，提升餐饮业、住宿业信息管理平台的动态监管效能。促进交通旅游服务大数据应用，促进汽车租赁全国联网，推动实现一地租车、异地还车。积极利用互联网开展旅游智慧营销，发展旅游商品电商，打造线上线下融合的智慧旅游体验新场景。

（三）深度推进旅游与其他产业融合发展

推动“农业＋旅游”，培育乡村旅游精品。按照“一村一品”产业发展的基本思路，大力开发农业旅游商品、观光农业、体验农业等特色旅游产品。开发农业旅游商品，开发富硒苹果、大青葡萄等特色农业旅游商品，与电商合作，搭建农产品销售平台；丰富农贸展销业态，举办利通品牌农产品展销会、开展旅游伴手礼及农产品展销专场活动。发展休闲体验农业，提升现有休闲农庄的接待水平，如葡源农庄、丫丫农庄等，培育发展一批田园农业观光型庄园、休闲假日农场、田园综合体等类型丰富的现代农业庄园。

推动“康养＋旅游”，延伸养生度假产业。做强富硒农产品、牛羊肉等滋补养生产品，延伸医药种植、医药研发等医疗养生产业链，打造利通特色健康养生产业。重点提升强家老醋文化养生园，按照3A级景区标准提升基础配套设施，增设游客中心，完善旅游标识系统，补充醋文化景观及醋主题康养业态；打造富硒产品体验基地，导入文创、展示、销售等康养商品体验业态；加强中医药研创基地企业招商，围绕中医药品和保健品研发、加工方向，推进相关企业招商落地。

推动“工业＋旅游”，创新工旅融合业态。提升建设伊利乳业、夏进乳业、红山河食品、强家老醋等一批具有一定基础的工业旅游企业，通过打造观光工厂、生产线研学、工业文化论坛、工业主题展览馆、增强娱乐体验等，强化工旅融合水平。规划期内，培育6家以上工业旅游示范企业。同时开发工业伴手礼、产品展示长廊、大缸醋认领等打造工业文创产品。

推动“文化＋旅游”，建设文旅示范基地。聚焦美食和黄河文化，大力推进“文化＋”，打造全域型文旅融合示范区。提升美食文化体验，弘扬利通早茶、刘三朵八宝茶等特色美食，强化光耀美食街、农家美食点等美食文化载体的体验感。推动黄河文化商品开发转化，打造利通文旅IP形象符号，并通过商品包装、创意设计等应用到文创商品开发。打造特色文化旅游线路，鼓励开发美食游、黄河游等文化核心旅游线路，建立文旅融合地图。

推动“体育＋旅游”，打造休闲运动品牌。引导专项运动示范。结合利通现状产业基础，融合现有民族运动（舞狮）、水上运动（垂钓）、户外运动等产业要素，打造运动拓展基地，推进专业运动品牌建设。培育大众休闲运动。规划建设运动公园及健身绿道，积极推广适合群众广泛参与的户外运动项目；创新体旅业态，打造趣味性强、参与度高的体旅产品；提升海军生态园等已有项目的配套产品，融入亲子活动、夏令营、垂钓乐园、低空飞行等休闲运动业态，强化休闲功能。

四、制造服务业

抢抓吴忠市建设“中国制造2025”试点示范市重大利好，鼓励制造业企业“主辅分离”，推

专栏 3 “十四五”旅游休闲业发展重点支撑项目

1. 光耀府住宅建设及旅游文化美食街扩展项目。建设街区天幕工程和光耀古玩、玉器交易市场及光耀美食街延伸餐饮商铺和光耀府小区配套服务商铺。
2. 牛家坊民俗文化村现代服务业集聚区（核心区）建设项目。占地面积 3000 亩，建设吴吃堡城，引进特色餐饮、旅游商品销售、手工技艺展示等商户 200 余家；建设阳光沙滩和水上娱乐项目并配套建设水、电、园路等基础设施；新建大型游乐中心、素质拓展中心等功能区；花卉生态园、观光采摘等功能区；建设水上游乐园。
3. 灵芝生态园 4A 级景区升级工程。对标 4A 级景区建设标准，完善园区内旅游设施、旅游服务，提升园区与交通干道连接道路等级。
4. 自驾车营地建设项目。沿“‘两馆一中心’—光耀美食街—灵芝生态园—健康产业园—石佛寺传统村落—强家老醋养生园—牛家坊民俗文化村—海军生态园—伊利乳业工业旅游点—吴忠博物馆”自驾环线建设 2–3 个自驾车露营基地。
5. 智慧旅游建设项目。游客服务中心、2A 级以上景区、3 星级以上饭店、主要旅游功能区等场所实施无线网络全覆盖工程。
6. 东塔寺乡石佛寺村传统村落建设项目。完成非遗文化广场、村落巷道门头围墙、民俗雕塑群等翻新修缮等任务。
7. 黄河文化旅游精品段公共服务设施项目。新建游客中心及配套设施建设、驿站 1 处、旅游厕所 5 座；建设观景平台 1 处，改建 1 处，绿色停车场 3 处，改建 3 处，自行车慢行道 17 公里。
8. 利通区红色教育馆二期建设项目。建设红色历史重大事件、人物展示长廊 180 平米、红色精神雕塑 8 组；对红色教育实景感知体验户改造 1500 平米、对景区步行道改造 700 米；景区北侧新建旅游公厕一处 110 平米，旅游区民宿庭院改造 4860 平米。
9. 引黄灌区村落乡村旅游基建项目（白寺滩村）。主要包括村庄基础设施建设、村庄人居环境提升改造、农业特色产业发展、壮大村集体经济产业、党建文化建设等。
10. 黄河利通区精品段（滨河段）及苦水河沿线旅游基础设施建设项目。实施黄河滨河段和苦水河沿线旅游配套服务设施建设，包括自行车道 60 公里以及旅游厕所、景观绿化、亮化设施、监控设施等，提高综合旅游服务能力，为游客带来更加满意贴心专业的优质旅游服务。
11. 金积特色“研学游”一体文化产业园培育工程。围绕大庙桥特色种植、伊利乳业、红山河、魏门舞狮、金积大缸醋、张寡妇黄酒等，挖掘开发文旅体验产品，以金积历史为主线制作文化演艺节目，打造特色“研学游”文化产业园，促进一二三产业深度融合。
12. 金积文化旅游产业链项目。在金积镇发展集中营堡湖、董府为一体的休闲度假区，完善道路、水电等基础设施，建设公共服务设施、消防及应急管理设施。
13. 清二沟生态公园建设项目。以上桥镇清二沟两侧现有沟渠为主体，建设休闲广场、停车场，配套座椅等相关设施，打造生态公园。
14. 板桥乡蔡桥村城乡融合民宿文化生态旅游体验区。主要建设中心广场 1 座、设置村庄标识 2 处、主题巷道 3 条、民俗小游园 1 座，景观小品 8 处，改造民宿院落 20–30 户，配套建设部分道路铺装硬化及绿化工程、围墙及门楼外立面改造。

进制造业和服务业“两业”融合发展，强化智能制造服务，推进工业互联网应用，发展服务型制造。力争到2025年，制造服务业实现增加值15亿元以上，智能制造企业占比达到50%以上。

（一）强化智能制造服务

推进建设智能工厂。支持企业引进使用智能化解决方案优化生产流程，充分发挥吴忠仪表、宁夏伊利乳业等龙头企业智能工厂和数字化车间的示范作用，以推动生产管控一体化、基础数据共享、供应链协同运作等为重点，带动同行业企业提高两化融合水平。引导企业开展设备换芯、生产换线、机器换人，力争每年新增自治区智能工厂（数字化车间）2家以上。

促进工业互联网创新应用。实施“企业上云计划”，依托吴忠大数据中心，建设全市中小企业创新云、软件开发云、共享工业云、工业大数据平台等。支持食品、纺织、装备制造等龙头企业建设5个以上企业级工业互联网平台。构建富硒食品和纺织产业2个面向行业的工业互联网平台，促进企业间互联互通、产业协同、资源共享，推动产业集聚发展。

（二）发展服务型制造

探索发展柔性化个性化定制。支持龙头企业加快建设网络化开放式个性化定制平台，通过线上、线下多渠道采集对接用户个性化需求，发展动态感知、实时响应消费需求的个性化定制新模式。支持凯悦建材城、居然之家等企业加快建设3D打印等共性服务平台和线上线下展示中心，为用户在线提供快速原型、模具开发和产品定制等服务。支持黄河电焊机、骅泰汽车等装备制造等企业打造众创定制平台，吸引消费者广泛、深入参与产品的研发设计，集众智、汇众力探索众创定制模式。

探索建立共享生产平台。鼓励伊利、夏进、恒丰等企业建立共享生产平台，面向社会开放产品开发、制造、物流配送等资源，提供研发设计、优化控制、设备管理、质量监控等服务，带动中小微企业发展，促进构建全产业链集群。支持优势制造业企业建设电子商务平台，为行业用户提供研发设计、在线交易、物流服务、融资结算、商检报关、品牌运营等服务。

积极发展工业旅游。借鉴伊利乳业、红山河、强家老醋工业旅游观光园模式，以提升产品认知度和企业影响力为目标，深入挖掘关联文化内涵，促进工业与旅游业融合发展，力争发展工业旅游的企业达到10家。

（三）推进重点产业与服务业融合发展

一是推进绿色食品和现代纺织产业与服务业融合发展。注重差异化、品质化、绿色化消费需求，推动工业服务化升级，重点发展规模化、个性化定制。二是推进装备制造业与服务业融合发展，推广应用工业机理建模、数字孪生、信息物理系统等关键技术。三是推动企业数字化转型，加快人工智能、5G等新一代信息技术在制造、服务企业的创新应用，逐步实现深度优化和智能决策，实施企业“上云用数赋智”行动。

（四）延伸发展制造业配套服务业

面向制造业企业发展需求，延伸发展质量检测认证、知识产权、技术成果转移等服务。建立一批产品检测中心、测试中心、认证中心，培育第三方服务企业。设立吴忠市知识产权服务中心，发展知识产权代理、法律、信息、咨询、培训等

专栏 4 制造服务业重点支撑项目
1. 智能工厂建设项目。引导企业开展设备换芯、生产换线、机器换人，建设智能工厂 20 家。 2. 工业互联网平台建设项目。建设富硒食品和纺织产业 2 个面向行业的工业互联网平台。 3. 共享生产平台建设项目。鼓励伊利、夏进、恒丰等企业建立共享生产平台，建设共享生产平台 3–4 个。 4. 吴忠市汽车产业综合服务集聚区建设项目。建设汽车产业综合服务中心、汽车农机维修综合实训中心，配套建设小微企业二手车展示展销服务厅，新建二手车交易市场 1 处

服务，建立全市注册商标、地理标志、驰（著）名商标数据库。加大与区内外高校、科研机构合作，建立2–3个产业技术协同创新中心、技术成果转移分中心。

五、奶产业服务业

充分利用自治区建设国家农业绿色发展先行区的政策机遇，以提升奶产业全产业链竞争力为核心，围绕饲草种植、奶牛养殖、牛奶加工等奶产业重点环节，专业化发展运输配送、奶产业科技服务、信息化服务、金融服务、人才服务等关联服务业，助推奶产业高质量发展，打响“黄金奶源生产基地”“奶牛天堂、奶企福地”品牌。到2025年，奶产业服务业产值占全产业链产值的40%左右。

（一）培育专业化运输组织

按照“本地培育、服务全区”思路，在饲草料运输、生鲜乳运输等奶产业运输环节，扶持和培育专业化运输企业、队伍，实施生鲜乳收购许可证运输准运证管理制度，采用生鲜乳收购的车辆备案登记，生鲜乳运输车辆配置 GPS 定位系统，奶罐进（出）口配置可视监控器，建立生鲜乳运输车辆信息在线传输数字化管理技术平台，实现全程在线实时监控。

（二）建设奶产业信息服务体系

建设集奶牛场管理、生产性能测定、饲草供给、生鲜乳质量安全监管、市场销售于一体的奶产业数字信息化管理平台，将奶牛养殖场（牛群结构、精准饲喂、疾病预防治疗等）、生鲜乳收购和运输、乳制品加工等各环节信息纳入统一平台，实时掌握奶产业发展动态，进行统计分析研判，指导养殖场科学养殖和管理。企业通过信息化数据平台，了解相关政策、学习国际前沿技术，及时掌握市场行情，布局养殖基地和加工基地，延长产业链条，提高抵御风险的能力。

（三）做好奶产业科技服务体系

建强现代奶业研发示范中心，依托中国（宁夏）奶业研究院，构建奶业技术创新研发、服务平台，健全政产学研协同创新机制，形成专业齐全的专家团队，以强化奶牛科学、健康养殖为主攻方向，实施全产业链的科技自主创新。依托奶牛科技服务中心，强化质量检测、DHI 检测、标准化养殖、O2O 集采平台、“互联网 + 奶业”等社会化服务能力。依托远程合作工作站积极对接科研院所，组建专家团队，在奶业科技创新、重大科技项目攻关、科技推广、成果转化、人才培养等方面提供技术指导，争取设立国家、自治区奶牛专家工作站。建立自治区奶牛产业工人教习基地，培育专业化从业人员。

（四）配套奶产业金融服务体系

按照《宁夏回族自治区动物活体抵押贷款管理办法》，进一步加大金融支农惠农力度，协调引导金融机构开展动物活体抵押融资业务，提高奶产业融资便利度。依托宁夏农业信贷担保有限责任公司利通区分公司等机构，充分发挥农业信贷担保、奶业风险担保、农业特色优势产业风险担保、草牧业信贷担保、助保贷、创业信贷担保等基金作用，撬动金融信贷资金投入奶产业发展。鼓励保险机构针对奶产业开发奶牛金融保险产品。

专栏5　“十四五”奶产业服务业发展重点支撑项目
1. 利通区奶产业专业化运输组织培育工程。培育饲草、生鲜乳专业化运输企业、队伍。 2. 利通区奶产业信息化管理平台。建设奶产业全产业链服务信息化平台。 3. 利通区奶牛科技服务中心。建设奶产业综合服务中心、综合展览中心，打造奶产业社会化服务基地，提供兽医诊疗、繁殖改良、饲草、饲料生产、奶牛用具、技术咨询服务，为奶产业宣传、展示、科普教育搭建平台。

第六章　培育壮大成长型服务业

一、康养服务业

贯穿“全龄康养”理念，构建“医疗服务、亲子休闲、拓展训练、休闲旅居、运动健身、康复理疗、老年养生”多功能康养产业体系，拓展“孕婴及产后恢复、托幼服务、运动康复、健康体检”等全龄健康服务，争创自治区级康养产业示范区、医养结合示范区。力争到2025年，康养产业实现增加值15亿元以上。

（一）丰富康养服务业态

医养。立足利通，辐射全市，打造区域医疗中心和医疗服务高地。对标国际国内一流标准，按照“医养一体”理念，争取建设吴忠市国际医学中心、吴忠市妇女儿童医院、吴忠老年医院等高水平诊疗中心及高水准临床科研创新平台。依托物流园区发展，构建“互联网＋医药用品”全域配送体系。延伸发展远程诊疗、康复保健等服务。

药养。围绕建设国家慢性病综合防控示范区，突出发展中药康养服务，将中医治未病养生保健纳入中医医疗、康复、保健、预防的全过程。依托健康产业园企业，开发冬虫夏草菌丝粉、中草药、中药饮片、民族医用外敷膏药、贴剂以及按摩药膏等中药制品，延伸发展药用添加剂、医药用品等。

食养。以满足安全、多样、健康、养生、营养、方便食品消费需求为重点，通过产地初加工、精深加工、综合利用加工链式发展，重点发展健康休闲食品、富硒功能食品、养生保健食品，积极开发优质乳制品、特色肉制品，支持发展各类营养保健品，开发“枸杞、灵芝、仙人掌”三大系列产品，培育发展中药制品和功能食品等。

健养。贯穿大健康理念，着眼孕、婴、幼、少、青、中、老等消费群体需求，以“孕婴保健、产后恢复、托幼服务、运动康复、健康体检、饮食管理”为重点，积极发展“全龄化健康服务”。超前布局健康管理园区、运动医学康复中心、健康促进研究中心、特殊群体营养指导中心等。创新发展互联网健康咨询和健康管理服务，推动线上线下服务一体化。推动健康服务与富硒食品、运动休闲、医疗服务联动发展。

（二）建设康养产业载体

区域医疗中心，对标国内一流标准，按照“医养一体”理念，争取建设吴忠市妇女儿童医院、国际中医医院等高水平诊疗中心及高水准临床科研创新平台。健康产业园，在现有五大板块基础上，拓展中医药研创、智慧健康管理、健康促进等功能，打造自治区级中医药服务基地、健康文化体验基地、智慧康养基地和健康管理中心，打造“医养游研”大健康产业集聚区。康养社区，采用“候鸟式养老”“旅居养老”模式打造康养社区，积极对接泰康人寿、中国平安等保险行业，在城区打造康养社区2个。养老服务中心，按照医养结合模式，拓展现有镇海民族养老服务中心、金乐居养老服务中心、吉水湾养老中心、悦祥养老服务中心等服务功能，新建2-3处养老服务中心，力争建成标准化多功能养老中心10个左右。生态养生园，依托林枫生态园、海军生态园、灵芝生态园以及农旅融合载体等，打造集旅居、度假、休闲、养生为一体的生态养生园5个左右。

（三）创新医养结合模式

推广“医中有养、养中有医、医养互助”等医养结合模式，打造品质康养示范区。医中有养，支持二级以上医院建设老年病科、老年病院、康复护理院、医养中心等；支持社区卫生服务中心设置中医科、中药房和老年康复护理病床；养中有医，鼓励养老机构与区内医疗卫生机构开展多种形式的签约合作。支持有条件的养老机构举办二级及以下医疗机构；医养互助，推进以社区老年人日间照料中心和农村幸福院为主的医养互助形式，为空巢和留守老人提供日间医疗保健和生活便利协作服务。率先通过政府购买服务联合组建家庭医生团队，开展医养护一体化家庭医生签约服务。

（四）积极发展智慧康养

推进全区人口信息数据库的建设和应用，进一步完善居民电子健康档案数据库，推广使用中西医电子病历。统筹建设公共卫生、计划生育、医疗服务、医疗保障、药品管理、综合管理等六大重点业务应用系统，打造健康大数据中心和系统集成中心。充分运用大数据、云计算、物联网、视联网、智能卡等新技术，有效提升人口健康信息化业务应用水平。同时，建立健康管理、健康体检和咨询等领域的信息化系统，并与六大基本应用系统实行链接和共享。发展智慧康养服务，探索建设全市医疗大数据信息平台，建设互联网医院和智慧养老院。

二、电子商务业

紧抓吴忠创建国家电子商务示范城市机遇，大力推动电子商务规范化、市场化、规模化、品

专栏6　康养服务业重点支撑项目
1. 利通区中医药馆及国家级非遗技法文化传承项目。对中医药馆进行装修和布展，对地面、卫生间、部分墙体墙面改造，购置医疗设备药品、教学办公信息化等设备，成立中医药养生、国医传承工作室、中医技法传承工作室 2. 金积镇养老托管中心康复中心建设项目。金积镇养老托管中心现有划拨土地上扩建一座三层的2000平方米康复中心。 3. 康养社区建设项目。采用“候鸟式养老”“旅居养老”模式打造康养社区，积极对接泰康人寿、中国平安等保险行业，在城区打造康养社区2个。 4. 生态养生园建设项目。打造集旅居、度假、休闲、养生为一体的生态养生园5个左右。 5. 胜利镇康养中心建设项目。主要新建塑配小区康养中心、仪表厂家属院康养中心，改建石油北苑康养中心、秦渠华苑康养中心。

牌化、创新化发展，强化本土电子商务品牌和电商龙头企业培育，建成特色突出、功能完善的电商服务体系，构建全域覆盖与电商协同发展物流配送体系。到2025年，全区电子商务交易额突破10亿元，年均增速15%以上。

（一）大力发展城市生活电商

积极培育生活电商标杆企业。瞄准新零售、社交电商等新业态，积极推动实体零售转型升级，鼓励新华百货、北京华联、吴忠万达、百货大楼、吴忠商厦等大型商超运用数字技术开展业务流程升级，建成电子标签、智能收银系统、线上会员系统，搭建线上交易平台，并开展一定半径的配送服务及异地客户快递服务。鼓励民族饭庄、国强手抓、国富手抓等品牌餐饮名店建立智能点菜、智能收银和后台管理系统，提供半成品及熟食制品网上交易服务。推进光耀美食街、食府广场、吴忠金街、中华美食街等特色商业街区建成智能商圈，实现客流量、交易数据由商圈管理机构实时掌握并进行动态分析，开展针对性线上营销活动，有效引导消费变革、引领消费升级。鼓励吴忠严选等小微企业细分社交电商市场，着力在餐饮美食、酒店住宿、教育培训、医疗健康等领域加快孵化品牌社交电商企业。探索推进在居住人口5000人以上的新建住宅小区建设智能生鲜投递柜，承接各类连锁超市、生鲜超市、菜场的生鲜订单派送业务。

培育打造一批“网红打卡地”。出台专项政策，以城市营销视角借助短视频等时下流行的新型线上媒介全面挖掘利通区食、住、行、游、购、娱等多方面元素，打造“网红餐厅”“网红街区”“网红酒店”“网红广场”等，塑造新社交时代“美食天堂·活力利通”新名片，创造城市消费新热点。到2025年，全区成功打造30个“网红打卡地”。强化消费对象IP策划、运营，依托现有城市综合体、特色街区、旅游景点等，通过改造提升，凸显文化特色，加强移动书吧、流动摊点、自助消费终端等消费“微空间”建设，打造大众喜闻乐见的“打卡地”。与腾讯、抖音、小红书等合作，开发线上、线下融合的品牌营销节、旅游推介会、产品发布会等，全面激活“网红经济”。

（二）健全农村电商服务体系

健全三级电商服务网点。组建利通区电子商务发展协会，依托吴忠新经济产业发展中心建设集运营服务、数据统计、电商咨询、电商培训、电商孵化、电商支撑服务等功能于一体的电子商务公共服务中心。依托乡镇的商贸流通企业、电商企业、合作社或便民超市等现有资源，整合、升级、改造建设乡镇电商服务站，承接电商服务中心业务，集成零售、实体体验、网络代销代购、技术服务、农产品收集等功能。鼓励有条件行政村依托村部、便民商店、快递投递点、供销社等建设村级电商服务点，为农村居民提供网销网购、缴费、充值、订票、代收代发、引导宣传、信息服务等功能，着力打造一批淘宝村、京东村等电子商务特色村。

提升农产品物流配送体系。紧扣农产品出村进城，以扩大内销为重点，做好同城配送供应链“三点两线”要素建设（“三点”指供应端、平台端和配送端，“两线”指产品上架对接线，产品到户配送线），实现供货、平台、配送三个环节有机串联，提高供货商、平台服务商、物流快递配送商和自提货点等市场主体服务能力，统筹推进城区配送和到村配送，服务群众生产生活需求，对接本地消费，挖掘本地消费市场，促进电商新业态可持续发展。结合社区智能投递箱建设着力解决快递“最后一公里”难题，发展“非接触取件”和“无接触配送”。

大力培养农村电商营销人才。紧抓直播经济、网红经济快速发展和国家开启电子商务网络营销师资格认证机遇，引入抖音大学、淘宝大学等专业培训资源，扎实开展农村电商营销人才培训，打造利通“网红”，助力农产品出村进城。到2025年，培训农村电商营销人才规模达到2000人次，持电子商务网络营销师资格证人数达100人以上。引导农业龙头企业、农业合作社、家庭农场等新型农业经营主体建设电商实训基地，设立营销直播室，推动“名特优新”“双品一标”“一村一品”农产品扩大网络销售规模。

（三）优化电子商务发展环境

加大电商创业孵化力度。鼓励支持金积工业园、吴忠新经济产业发展中心、金积镇中小企业创业园、失地农民创业园等产业载体建立健全电子商务孵化体系，建立创客空间、中小电商孵化器等创业载体，通过创业贷款、税费减免、创业培训、创业导师帮扶、跟踪帮扶等措施，引导大学生、退役军人、社会青年、城市妇女等群体创新创业。积极开拓创客协会、创业咖啡、创新工厂等新型创业孵化模式，引入国内、国外创业基金和风险投资基金，为中小电商企业的发展提供资金支持和管理经验。

打造网货供应品牌。健全农产品质量安全追溯体系，全面推行农产品合格证制度，建立生产经营主体信用档案和“黑名单”制度。实施网货品牌培育行动，建立利通网货供应中心，打造仓配一体化的电商产业成果展示中心、网货集中供应中心和综合服务中心，吸引网货生产经营主体入驻中心。制定网货产品标准，按照统一订单种植、统一生产加工、统一品牌包装、统一网上销售、统一打包发货、统一仓储配送“六统一”发展模式，打造牛羊肉、八宝茶、富硒苹果、高档蔬菜等一批优质网货品牌，打造吴忠市重要的网货供应基地。

培育发展跨境电商。实施“买全球·卖全球”跨境电商培育行动，建立跨境电商第三方服务平台，支持龙头企业加强与阿里巴巴国际站、跨境

专栏 7　“十四五”电子商务业发展重点支撑项目
1. 吴忠市康定达“互联网 +”智慧商场建设项目。规划建设总面积约 6800 平方米的综合商贸实体店，其中线下实体店面积 4000 平方米。 2. 吴忠市义信通二手车综合（智慧）服务体系建设项目。建设 3000 平米多功能二手车展厅一个，开发智慧物流软件一套，搭建智慧物流平台一个，建设物流调度中心，改扩建电子商务运营中心 800 平米，培训中心 100 平米。 3. 宁夏吴忠优质特色产品展示展销中心。规划建设综合展销中心，总面积约 2000 平米，建设线上线下展销网络。 4. 城市营销工程。通过短视频等新型媒介，打造 30 个网红餐厅、网红街区、网红酒店、网红广场等，每个网红打卡地日均人流量超过 1 万人。

电商知名平台等合作，入驻跨境电商平台设立“利通跨境品牌专区”“跨境电商海外仓”“云上体验店”，共建数字化跨境电商供应链、生态网络，带动利通优质农特产品跨境出国。在电子商务创业孵化园建立跨境电商人才孵化基地和实训基地，培育一批跨境电商企业、跨境电商人才，孵化一批跨境电商企业，打造吴忠市跨境电商产业示范区。

三、金融服务业

放大“金融超市”模式效应，发挥金融先导作用，积极发展多渠道融资，扩大直接融资规模，加快构建多层次资本市场，推动普惠金融、科技金融、绿色金融、数字金融、文化金融等新型金融业态加速发展，深入推进地方法人金融机构改革发展，完善现代金融治理体系，全面增强全区金融产业集聚效应、辐射力和综合服务能力，打造自治区金融创新示范区。到2025年，金融服务业增加值占 GDP 比重达到1.5% 以上，非银行融资规模占社会融资比重达30% 以上。

（一）健全金融服务市场体系

建设现代金融服务聚集区。沿裕民东路，加快打造以工行、中行、农行、建行等国有大型银行为龙头，宁夏银行、吴忠农村商业银行等地方银行为支撑，人寿、平安、新华、西南证券等保险、证券机构为补充的现代金融服务业聚集区。着力打造金融专业楼宇，对现有独栋银行楼宇实施升级改造，为更多金融服务机构入驻提供充足空间。依托金融专业楼宇，大力开展对外定向招商，吸引国内外金融机构在利通区设立地区总部和分支机构，引进证券、基金、担保、信托、资产管理、金融租赁、货币经纪等金融服务机构，建立相对完备的金融服务市场体系。到2025年，金融服务聚集区初步建成，各类金融服务机构突破50家。

培育第三方金融中介服务机构。鼓励支持大型银行、保险金融后台业务剥离，培育金融数据服务、清算服务、银行卡服务、研发服务、呼叫服务、灾备服务、培训服务等金融外包服务机构，发展 IT-BPO（基于 IT 的业务流程外包）、KPO（知识处理外包）等价值链高端业态。大力支持会计审计、法律服务、投资咨询、资产评估、信用评级、保险代理等金融业中介服务机构快速发展，构建专业化金融中介服务体系。

激活农村金融服务市场。鼓励支持各类金

融机构在乡镇、村设立分支机构和网点，提供面向基层的普惠金融产品，“十四五”末实现镇村金融服务网点和服务全覆盖。依托吴忠市农村产权交易中心，加快推进农村承包土地经营权抵押贷款、农民住房财产权抵押贷款试点，健全工作机制，着力解决农民、新型农业经营主体发展产业“融资难”问题。依托宁夏农业信贷担保有限责任公司利通区分公司等机构，充分发挥农业信贷担保、奶业风险担保、农业特色优势产业风险担保、草牧业信贷担保、助保贷、创业信贷担保等基金作用，撬动金融信贷资金投入农村产业发展。

（二）推动新型金融服务业态快速发展

普惠金融。支持“金融超市”业务拓展、产品创新，提高服务中小微企业、个体工商户和“三农”发展能力，加大对受疫情影响经营困难、发展前景良好的中小微企业信贷力度，创新推出小企业标准厂房按揭贷款、农家乐固定资产按揭贷款等产品。加快推动专利权质押、小额贷款保证保险等新型融资模式，大力开展农民专业合作社信用互助业务试点。支持发展网络普惠金融服务平台、手机银行、网上银行、“互联网+”等信贷产品和服务，有效拓展金融便民服务渠道。

科技金融。鼓励支持科技企业在主板、创业板、科创板上市融资，在宁夏股权交易中心挂牌，通过股权质押、股权交易、私募股权融资、可转换为公司股票的债券发行和转让扩大科技型企业直接融资规模。以吴忠新经济产业发展中心为载体，支持设立科技小贷公司、融资担保公司和融资租赁公司，完善新经济金融支持服务体系。开展科技企业路演推介、投融资对接活动。建立健全科技企业风险补偿基金制度体系，支持设立科技保险公司和在线保险公司，拓宽科技保险保费补贴范围。鼓励设立天使基金、创投基金、股权投资基金、新兴产业发展基金和并购重组基金。

绿色金融。设立区级绿色产业发展引导基金，通过探索财政投入、基金增值和社会资本投资等多渠道的滚动投入机制，推动全区优势产业转型升级和结构调整。以实施气、水、土污染防治“三大战役”为契机，加大对节能环保项目、绿色建筑项目、绿色交通项目和绿色消费等的支持力度，支持全区建设绿色金融示范区。大力推广绿色信贷资产证券化、合同环境服务、合同能源管理未来收益权质押贷款、特许经营权质押、排污权抵押贷款、碳排放权融资、节能减排融资等金融工具和服务。积极争取碳排放权交易试点。

（三）构建现代金融治理体系

健全政银企协作机制。建立健全由政府、金融监管部门、金融机构和企业共同参与的政银企长效合作机制，加强产业政策、区域政策与信贷政策的协调配合。区金融工作局应进一步加强对金融机构的统筹协调和各项金融工作的谋划推动。建立健全“信贷风险补偿资金”管理制度，构建新型政银担保合作和风险分担机制。

优化金融业信用环境。推进面向企业和个人信用的信息基础数据库建设，建立健全金融生态评价指标体系及考核办法，将金融信用网络建设与社会信用体系建设结合起来，推动金融信用信息与基础信用信息的整合和共享，提高金融风险防范能力。积极培育引进信用评级机构和征信机构，提高信用评级机构的专业化程度，不断拓展信用产品服务范围，扩大社会信用体系覆盖面。完善相关配套制度，打击恶意逃避银行债务行为，为金融机构发展创造良好的法制环境。加强对金融风险的预警和监测，完善金融突发事件应急预案和应急处置机制，维护地方金融稳定。

增强防控金融风险、保障金融安全能力。完善金融法制体系，建立健全法律维权机制，加强对各类金融经济纠纷的仲裁调处。推动金融机构健全完善金融风险识别和监测评估体系，提高风险识别能力。建立金融风险监管防范联动和风险化解机制，加强跨行业、跨市场监管协作，搭建信息共享和统一调度平台，完善金融风险防范处置手段，有效处置不良资产，坚决守住不发生区域性、系统性金融风险的底线。

四、信息服务业

以“智慧利通”为战略导向，强化5G等信息基础设施建设，瞄准大数据、云计算、物联网、人工智能、区块链等信息技术新兴领域，积极实施数字赋能行动计划，加快打通传统产业迭代升级、新兴产业创新发展的技术路径，推动新一代信息技术与经济社会发展深度融合，培育一批成长性好、发展前景广阔、带动性强的信息服务企业，抢占新时代数字经济发展制高点，培植县域经济增长新动能。到2025年，全区信息服务业增加值突破20亿元，信息服务企业总数达到200家。

（一）夯实信息服务发展基础

强化前沿信息基础设施建设，加强与移动、联通、电信等通信企业利通分公司的合作，打造融合化、泛在化和安全可信的信息网络基础设施，部署高速光纤网络，争取提供1000兆比特（1000Mbps）以上居民接入服务，加快部署互联网协议第六版（IPv6）；部署新一代无线宽带网，紧盯第五代移动通信商用机遇，加快5G部署步伐，在公共区域推广免费高速无线局域网；加快部署下一代广播电视网，加快有线电视网络智能化升级改造，推动数字电视与互联网融合创新。

（二）推进智慧城市建设

以吴忠市建设智慧城市试点为契机，以“跨界整合、平台建设”为方向，着力建设“一网、一节点、一平台、N模块”的智慧城市平台。

“一张网”。建设全区数据“一张网”，在中心城区、金积工业园区、乡镇镇区和城乡接合部布设智能化传感器、无人机、场景应用平台等智能终端设施设备，健全网格化服务管理体系，集成城市治理中经济、社会、空间等各领域信息实现数据入网在线。

“一节点”。对接吴忠市智慧城市大数据中心，建立利通大数据节点，实现数据资源“纵向贯通”。

“一平台”。建设利通区智慧城市综合指挥中心和智慧城市综合服务平台，汇聚城市治理各领域的数据，实现数据实时共享、集成分析、处理应用。

“N模块”。发展智慧社区、智慧旅游、智慧政务、智慧教育、智慧医疗、智慧交通、智慧党建、智慧水利等多个场景应用模块，打通县域内数据“横向互联”共享通道，推动形成多元共治城市治理新格局，实现社会治理的升级。

（三）全面发展智慧产业

以“互联网+”为抓手，促进信息服务与相关产业跨界融合，提升产业发展质效。

深度推进“互联网+现代物流”。全面提升利通大型批发市场仓储、运输智慧化水平，依托凯悦建材城，建设区域性建材产品智慧物流中心。依托涝河桥牛羊肉市场，建设全市牛羊肉智慧物流配送体系。依托金龙美食广场，加快建设中央厨房智慧配送体系，构建田间到餐桌全供应链管理体系。

高水平实施“互联网+现代商贸”。鼓励光耀美食街、吴忠金街、中华美食街等主要商圈商贸企业加强商品销售与信息技术融合，运用大数据、人工智能等技术发展新零售，打造新型体验型零售新样板。

大力实施“互联网+健康服务”。围绕人民医院、中医医院等公立医院和健康产业园远程医疗服务体系，实现远程会诊、电子病历、网络预约、一键抓药、移动支付。

引导“互联网+新型房地产”。引导房地产企业发展BIM智慧建造新模式，在规划设计、工程建设、市场营销、物业管理等环节全面实现信息化。

（四）构建智能制造示范

依托金积工业园区，围绕研发设计、生产制造、经营管理、市场营销等企业价值链核心环节，引导、鼓励并支持工业园区企业发展智能制造，促进制造业智慧升级，为自治区沿黄地区产业转型升级树立榜样，助力入驻利通区的信息服务企业拓展沿黄地区智慧产业市场。支持制造企业在研发设计环节，普及计算机辅助系统（CAD/CAE/CApp/CAM）应用，推广虚拟现实模拟设计方式，基于数字化模型对产品进行仿真与验证分析。推动生产流程柔性化，发展网络众包、个性化定制、服务型制造新模式，支持企业开展制造信息化集成服务，提供解决方案，鼓励企业采用增材制造、工业机器人等智能制造方式。支持企业探索移动互联网、新媒体等营销新模式，引导企业运用大数据技术，挖掘用户需求，开展精准营销，应用物联网、区块链等技术，建立产品追溯体系。

中国铁塔股份有限公司吴忠市分公司

【概况】

2022年，中国铁塔股份有限公司吴忠市分公司始终坚持以习近平新时代中国特色社会主义思想为指导，坚持和加强党的全面领导，围绕加快推进“一体两翼”、构建“五化”运营体系、打造“五型”企业的战略目标和“疫情要防住、经济要稳住、发展要安全”总体要求，统筹做好生产经营与疫情防控，公司全体员工团结一心，奋力拼搏，保增长、强管理、促经营、夯基础，经营收入再上新台阶，同比增长7.99%。

【企业经营】

2022年，中国铁塔吴忠分公司打造“5G+室分”双引擎，建立“公司+部门+区域”三级对接机制，依托政府强化资源掌控能力，推动吴忠市政府将5G建设纳入“为民办实事”督办清单；聚焦客户发展痛点难点，强化自身创新服务能力，主动推介实现室分从资源规划到需求批量的转化，建立全市329个住宅小区、3715部电梯和236个地库信号覆盖资源库；积极构建“陪伴式”客户服务体系，建立四级客户业务对接机制，制定责任到人的问题解决督办清单，强化客户经理内

专栏 8 “十四五”现代金融业发展重点支撑项目

1. 现代金融服务业聚集区建设项目。对裕民东路独栋银行楼宇升级改造，拓展金融机构入驻空间。
2. 金融机构覆盖面提升工程。拓宽宁夏银行（吴忠分行）、吴忠农村商业银行等金融机构服务覆盖面，在空白乡镇设立标准化固定营业网点。到 2025 年，普惠金融服务实现全覆盖。
3. 农村金融服务村村通和金融产品创新项目。通过农村社区超市、供销社经营网点，利用互联网和移动通讯技术，广泛布设金融电子机具、转账电话、自助服务终端和网络支付端口等。为农村新型经营主体提供“两权抵押”、信贷担保、风险担保、创业基金等金融服务。
4. 金融科技企业培育工程。以吴忠新经济产业发展中心为载体，引进科技小贷公司、融资担保公司和融资租赁公司，发展支付结算、消费金融、供应链金融、区块链金融以及云计算、大数据等相关产业项目。
5. 吴忠市供销社集团有限公司金融互助中心建设项目。联合社属企业新建金融互助中心，占地 1000 平方米办公区域，购置办公桌椅等。

外协同作用，在需求满足率、交付及时率、交付质量、服务质量等方面获得了三家客户的一致认可，月度客户满意度得分均为95分以上。

【两翼业务】

2022年，中国铁塔吴忠分公司积极探索增加业务附加值充分发挥“高空监控”视频多场景，实现铁塔“高空监控”视频资源效益最大化；抓住“双碳”战略发展机遇，聚焦新能源出行、电力保障服务和综合能源服务三大主线，加快推动充电设施纳入城市规划，以“惠民工程”“安全充电”为切入点，在骑手换电、汽车充电桩、车电一体、共享电单车、备电、发电业务上有所突破和探索，2022年充电端口达到6588个，充电注册用户6.3万户，端口使用率达到42%，换电柜上线13个，骑手人数破百。

【网络运维】

2022年，中国铁塔吴忠分公司运维指标稳中有升；创新四步提高网络服务质量，制定《中国铁塔吴忠市分公司一体站址退服管理办法》，建立“四级管理体系”（第一级代维与监控、第二级区域、第三级运维部、第四级公司主管副总），强化退服管控，对电池劣化基站175处更新改造，平均断电退服时长由年初的1.32分钟降低至0.03分钟，平均断电退服率由0.55%降低至0.14%。获得客户高度认可，收到运营商感谢信及锦旗。

五、科技服务业

用足用好用活国家、自治区、市创新驱动政策，深入挖掘纺织产业、奶产业、装备制造业等主导产业对新技术、新工艺、新产品、新模式需求，围绕产业链布局创新链，围绕创新链拓展服务链，重点发展研发设计、技术转移、创业孵化、知识产权、科技咨询、节能低碳技术、综合科技服务等科技服务业态，构建覆盖科技创新全链条、产品生产全周期的科技服务体系。到2025年，全区 R&D 投入达2.5%以上，科技对经济增长贡献率达70%以上。

（一）强化主导产业研发创新能力

提升传统纺织业科技含量。依托恒丰集团、双维绒业、恒和织造等龙头企业，组建行业创新联盟，以技术研发、设备研发为重点，加快突破智能制造、新型织造、多种材料多层复合、立体织造等关键技术，研发高效率、低能耗、柔性化、自动化、数字化、智能化纺织装备，提高纺织绿色制造技术及应用水平。

大力开展中医药研发创新。加快建立板蓝根、黄芪、柴胡、灵芝等中药材生产技术标准体系，强化中药材质量控制，依托滨河国家级农村产业融合发展示范园建设药食同源食品研发中心，大力提升健康产业园现代中医预防、保健、治疗、康复技术研究能力，成熟技术及时在中医医疗、养老、健康管理等机构推广。

（二）大力促进科技成果转移

促进产学研协同技术转移。全面增强国家农业现代产业园与中国农业大学、西北农林科技大学、宁夏大学等高等院校产学研协同创新能力，完善现代养殖技术成果转化体系。依托宁夏高端控制阀产业技术协同创新中心，推动先进装备制造关键技术、关键设备转移扩散。提升鑫浩源生物科技股份有限公司、中国科学院理化所产学研协同创新能力，加快生物酶法骨制明胶技术成果转化。

发展技术转移专业机构。提高政府采购社会化科技成果信息收集、评估、转移服务，重点培育一批具有示范带动作用的技术转移机构，积极引导创新主体和技术转移机构联合组建技术转移联盟。

培育壮大专业技术经纪人队伍。依托科技型企业、产学研创新中心、工程技术中心等培育本土技术转移管理人员、技术经纪人、技术经理人

专栏 9 “十四五”信息服务业发展重点支撑项目
1. 利通区 5G 通信网络基础设施建设项目。建设基于现有通信铁塔、路灯杆、监控杆、标示杆等社会杆塔设施资源的“多杆合一”5G 基站。移动 252 个、电信联通合计 504 个。 2. 高速宽带网络覆盖工程。新建小区全面实施光纤入户工程。城区千兆网络部署，推进“百兆乡村”“宽带乡村”示范及配套支持工程。在主城区范围内，选择行政服务中心、主要商场和超市经营区域、医院公共区域、旅游景点及公园、主要文化场所、交通枢纽等候区等区域，加快建设无线 WiFi 覆盖工程。 3. 智慧酒店建设项目。按照“无人前台”、智慧客房及健康管理系统的标准，打造智慧酒店 2 家。 4. 智能工厂建设项目。引导企业开展设备换芯、生产换线、机器换人，建设智能工厂 20 家。 5. 面向合作社的星地智慧农场管理云平台开发应用项目。定制开发基于合作社的星地一体化大田作业管理平台，多种信息通过 Web 端及手机 App 的形式，实现信息采集与发布，便于大田作业及作业管理。 6. 工业互联网平台建设项目。基于“互联网 + 协同制造”的理念，结合云计算、物联网与大数据等先进技术，为用户提供大数据支持、私有云、智能制造和两化融合等优势服务，重点建设富硒食品和纺织产业 2 个面向行业的工业互联网平台。 7. 智慧消防物联网监控云平台及研发中心项目。主要建设 6167.5 平方米的智慧消防研发中心和智慧消防物联网监控云平台。其中智慧消防研发中心主要包括智慧消防技术中心和智慧消防研发及检验检测中心；智慧消防物联网监控云平台建设包括物联网监控云信息服务中心和管控中心。 8. 吴忠市智慧城市管理（综合执法）服务平台。依托吴忠市大数据运营平台，对运行的“数字化城市管理系统”进行智慧化升级，建设吴忠市智慧城市管理（综合执法）服务平台。 9. 吴忠市数字经济产业园区项目。筹划建设吴忠市数字经济产业园区，以发展新模式、新业态为主要内容，新建数字经济中心、产业数字化服务中心等社会设施和平台。

等人才队伍，强化人才与技术市场对接。

（三）完善创业孵化全链条服务

大力建设颐高新经济孵化中心。加快数据、技术、资金、市场、人才等创新要素聚集，构建“专业孵化＋创业导师＋种子基金”服务体系，延伸“创业苗圃－孵化器－加速器”孵化链条，以新零售、智慧物流、文创设计、5G+VR等新业态、新模式孵化为重点，着力培育一批创新能力领先、品牌价值较高、市场拓展能力较强的准独角兽、独角兽和行业领军企业。

打造金积工业园区“双创”升级版。加快金积工业园区科技企业孵化器、众创空间、成果转化中心、青年人才创业中心、技术交易市场等平台建设进度，引进创业指导、财税法务、知识产权、人力资源、融资服务等保障体系，打造一站式创新资源平台和创客生态圈。加大项目落地优惠政策，吸引科技型企业入园区创新创业，全力打造大众创业、万众创新的升级版。

完善各类群体创新创业平台。鼓励支持牛家坊现代服务业聚集区、滨河农村产业融合示范园等建设新型众创空间。以政府为主导，依托城区、园区闲置楼宇、厂房等资源，加快建立科研人员、大学生、城市妇女、返乡农民工、退役军人、归国和外籍人士等群体创新创业平台。

第七章　优化提升基础型服务业

一、会展服务业

结合宁夏打造我国面向阿拉伯国家及“一带一路”国家的经贸交流中心的机遇，促进会展服务业向专业化、国际化、市场化方向发展。力争到2025年，会展经济体系基本形成，会展服务不断完善，打造区域特色会展品牌2−3个。

（一）打造现代化会展平台

综合会展平台。依托吴忠市黄河奥林匹克体育中心建设综合性会展平台，打造集会议、展览、贸易、赛事、演艺、文化交流、教育培训等多功能于一体的会展综合体，增强承办大型会展的承载力。围绕纺织、装备制造等优势产业，积极承办国家级、自治区级大型知名展会。

专业会展平台。推进恒美家居、凯悦建材、汽车城等专业市场拓展会展经济功能，重点打造品牌汽车、家居建材、富硒食品三大会展平台。推广应用互联网、大数据技术，构建“O2O双线会展”“虚拟会展＋实体会展”等模式。线上开通展会宣传网站、微信公众号等，开展预约参展、预约会议、在线商业撮合服务等。线下围绕客户需求、交易需求等做好展览展示体验、商务服务

专栏10　“十四五”科技服务业发展重点支撑项目
1. 专家公寓建设项目。结合专业人才发展需要，谋划建设2–3个公寓式酒店。 2. 超瑞施医疗科技院士工作站宁夏分站建设项目。建设超瑞施医疗科技院士工作站宁夏分站，购置健康系统设备及配套设备。

等配套服务。

（二）拓展会展延伸服务

围绕展示展览、信息交流等展会核心功能，通过展馆个性化设计、优化标志导向系统、专业展会服务等途径最大化提升展会体验。拓展会议讲座、研讨论坛、商务洽谈、项目签约等展会辅助功能，在富硒食品、数字经济、康养产业等领域承办科技成果交流会、专业论坛及研讨会、新产品发布及推介会等专业性展会。构建“旅游＋会展”“节庆＋会展”“赛事＋会展”等新模式，全方位重塑主办方、参展商、服务商和观众的体验，打造会展全产业链和服务链。

（三）积极培育会展主体

重点培育会展龙头企业，支持有实力的企业整合资源，以场馆为核心，围绕会展产业链积极开拓上下游业务，积极打造集场馆运营、展会活动举办、展会配套服务等于一体的大型综合性会展企业，形成以会展业龙头为引领、中小会展企业有序竞争的会展发展新格局。鼓励中小会议会展企业抱团发展、互利共赢，通过联合办展实现扩规上档和提质增效。引导会展企业与展馆、酒店、餐饮、商会、协会建立会展战略合作联盟，推动会展企业向专业化、规范化、品牌化发展。

（四）培育特色会展品牌

立足吴忠市特色产业发展和特色消费需求，积极培育富硒食品、纺织产业、特色肉制品等本土品牌展会。充分承接银川都市圈相关功能，培育区域知名会展品牌，积极承办大健康产业会展论坛、智能制造会展等。积极发展数字会展，充分运用大数据、云计算、物联网等先进技术，搭建线上会展交流合作平台，将“线下会展”进行“云上延伸”，推进会展产业线下＋线上“双线融合”和双向发展。

二、地产服务业

以提升新型城镇化水平作为地产服务业发展导向，构建“总量基本平衡、结构基本合理、房价与消费能力基本适应”的住房供需新格局，加强城乡一体化住房保障，着力打造产业布局合理、互通互联、设施完备、人居环境优美的宜居宜业之城。到2025年，全区地产服务业增加值超过8亿元，年均增长5%以上，住宅小区物业现代化管理覆盖率达100%。

（一）构建满足多层次需求空间载体

着力构建以政府为主提供基本住房保障、以市场为主满足多层次需求的住房供应体系。围绕居民生产与生活需求，合理确定各类房地产开发套型结构、用地布局和比例，促进城市土地资源的优化配置和集约利用。合理新建公共租赁住房和经济适用住房项目。有效推进保障性安居工程建设和棚户区改造，改造城区危旧住房，着力推

专栏 11　会展服务业重点支撑项目
1. 综合展会平台建设项目。依托吴忠市黄河奥林匹克体育中心，打造综合性会展平台，力争将其打造成集会议、展览、贸易、赛事、演艺、文化交流、教育培训等多功能于一体的会展综合体。 2. 专业会展平台建设项目。推进恒美家居、凯悦建材、汽车城等专业市场拓展会展经济功能，打造品牌汽车、家居建材、富硒食品三大会展平台。

动棚改货币化安置，鼓励向存量市场购买公租房、廉租房、棚改区改造安置房。

（二）完善房地产业配套服务功能

鼓励发展房地产中介机构，提高其专业化、规范化水平。启动住房租售服务平台建设，方便房地产开发企业、中介机构和个人通过信息平台公开房源、房价、结构类型、地理位置等，为房屋租赁和二手房市场供需双方提供高效、准确、便捷的信息服务。鼓励住房租赁和二手房经营机构通过长期租赁或购买社会房源等方式筹集房源，向社会租赁和出售。支持房地产开发企业将新建商品房或存量商品房向社会出租。

（三）推动房地产多元化转型升级

积极培育和引进国内外高端物业服务机构，规范物业管理行业秩序，鼓励物业服务企业增加维修、代办、代管等便民服务内容，扩大物业管理覆盖面，提升物业经营管理水平。推进绿色建筑技术以及新材料、新产品、新技术、新工艺等“四新”运用。进一步加快老旧小区改造，加快完善教育、医疗、休闲娱乐等公共服务配套。支持和鼓励房地产企业发展乡村休闲旅游地产、绿色生态地产、养老养生地产、教育地产、园区地产、文化地产等多元化发展。

（四）高水平建设智慧社区

通过光纤入户、云服务平台建设，开发家庭安防、智能家居、影音娱乐等多种智慧服务，打造面向未来的科技智能建筑群，构建智慧宜居的生活环境，创建“安全、舒适、便捷”的社区生活新模式。探索建设智慧楼宇，通过数字化、物联网、人工智能等先进技术，为楼宇、园区、产业集聚区等提供统一高效的整体解决方案，大幅提升楼宇内部企业的工作效率，打造绿色、智能、共享的办公空间。

三、家庭和社区服务业

按照自治区促进家政服务提质扩容的导向要求，优化网点和服务业态，提升服务品质和水平，推进“家政＋”融合发展，力争到2025年，家庭和社区服务质量明显提升，培育家政服务品牌5个以上。

（一）优化网点和服务业态

提升社区商业网点。分类引导社区商业发展，建立社区商业中心，打造城区“10分钟社区消费

专栏 12　“十四五”地产服务业发展重点支撑项目
1. 吴忠市秦韵花园建设项目。占地 70 亩，建设总建筑面积 10 万平方米集商住、商务、社区为一体的综合楼，配套建设地下、地上停车库、绿化设施、基础设施等工程。 2. 板桥秦韵湖畔二期建设项目。地上建筑面积 16980 平方米，地下建筑面积 6510 平方米。建设 2 栋 6 层住宅楼，1 栋 9 层带底商的住宅楼及 2 栋一层商业楼，地下车库为人防车库，配建停车位 140 个。 3. 盛源博雅・南园住宅小区建设项目。建设面积 183357 平方米的住宅小区，其中：住宅 116002 平方米、商业 13653 平方米、配套设施 1924.24 平方米，地下建筑面积 69845.8 平方米，规划设计停车位共 1076 个，绿地面积 26980.8 平方米。 4. 智慧社区建设项目。积极推进“光纤入户、千兆示范”，整合建立社区网格化数据采集平台，打造智慧城市运营管理指挥中心系统，系统集成智慧养老、智慧托幼、智慧配送、智慧缴费、智慧安防等功能，为社区居民提供随时随地“一站式”信息云模式服务。

圈”。针对2万人以下的社区，重点设置便利店、生鲜食品超市、书报亭、医药店、餐饮店、配送中心、中型超市等；在人口集聚的中心社区，增设维修、家政以及文体消费网点。针对1万人以下的社区，重点设置便利店、生鲜食品超市、书报亭、医药店、餐饮店等网点。大力实施“商务民生”工程，建设社区“菜篮子”连锁超市。

丰富家庭和社区服务业态。聚焦提质扩容，重点发展家政服务、社区照料、养老助残、病患陪护等基本服务，鼓励发展养老托幼、家庭医生、心理咨询、母婴护理等家政特色服务，支持建立网络服务中心，发展社区智慧服务。培育“互联网＋家政”等新业态。

（二）提高服务品质和水平

培育专业化服务企业。围绕基本照护、特色服务等领域，培育居民和家庭服务企业，引导企业通过资源整合和连锁经营、加盟经营等方式完善服务网络。在全市率先培育员工式家政企业，加大社保补贴力度，利用城市现有设施改造作为员工制家政服务人员集体宿舍，实现员工统筹管理，为员工提供常态化技能培训服务。

打造专业化人才队伍。将家政服务培训纳入就业培训范围，推进服务业人员职业化发展。建立家政从业人员“居家上门服务证”制度。支持企业和专业人员参加星级企业和星级服务员创评。支持社区服务业品牌化建设，培育以“正善德”家政为主的社区服务业企业5家以上。大力开展“家政培训提升行动”，以家政龙头企业、专业培训机构等为依托有序开展专项培训，倡导标准化培训，鼓励本地家政企业与国内品牌家政企业在岗前培训、“回炉”培训等方面开展合作，切实提升服务能力。

实施家政品牌战略。加快培育一批家政服务知名品牌，重点打造一批家政服务领跑企业、一批领跑社区和一批领跑学校（专业），打响“利通家政”服务。依托吴忠新经济产业发展中心建立辐射全市的家政信息服务平台，尽快建立家政从业人员个人信用记录注册、跟踪评价和管理制度。依托“信用中国”网站、信用类应用程序等，按规定提供家政企业、从业人员的身份认证、信誉核查、信用报告等信息。

（三）推进“家政＋”融合发展

推动家政与文化、体育、养老、托幼、电商、物流等行业融合发展。加快推进社区公共电子阅览室、公益性未成年人上网场所和体育活动场所建设。加快发展社区物流配送、快递派送、代理服务、保健服务，实现送货上门、送餐上门、修理上门、服务上门。大力发展家政电商、“互联网＋家政”等新业态，加快推进社区商业拓展发展（OMO）、精细化定制、“微生活”“云社区”等新兴服务模式和新业态。

四、培训服务业

围绕学生素质教育需求、城镇就业创业需求等，拓展教育培训业态，打造专业培训企业，发展线上培训模式，力争到2025年，形成5−6个教育培训品牌，培育行业龙头企业20家以上。

（一）拓展培训业态

艺体培训。针对中小学和幼儿园课外艺体培训机构进行规范化管理，引导走特色化发展路子。艺体培训机构中，从事培训的教师应具有相应资质资格及教师资格。定期开展整治整改，将整改不合格的机构纳入黑名单，并及时对社会公布。

专栏 13 家庭和社区服务业重点支撑项目
1. 社区商业网点建设项目。大力实施“商务民生”工程，建设社区“菜篮子”连锁超市。 2. 家政服务人员培训项目。每年开展定期培训 10 次以上，年培训专业化家政从业人员 1000 名以上。 3. 家政服务信息平台建设项目。依托吴忠新经济产业发展中心建立服务全市的家政信息平台，整合聚集全市家政服务机构、从业人员信息等数据，配套终端使用 App 和小程序等。

遵循特色精品发展理念，培育一批优质艺体培训机构。

就业创业培训。依托现有创业孵化基地、创业园区、教育园区等平台，设立创新基地、实训基地，打造共享式人才培育平台，培育一批“本地工匠”；将失地农民创业园建成集创业孵化、文化展示、旅游服务、教育培训等功能于一体的综合园区。针对电子商务产业发展，定期开展电商人才培训、个体经商培训等。积极创建产教融合示范区。

职业技能培训。通过打造金银滩镇非公企业技能实操基地，毛纺织园区现代纺织技能人才实训基地，五里坡奶牛养殖园区现代养殖管理人才培训基地，高闸镇现代种植业技术人才培训基地和东塔寺乡、上桥镇家庭服务业实训基地，以及青年就业见习活动，为城乡劳动力搭建培训平台。利用微信公众号、“春风行动”、招聘会等公共就业服务平台发布培训政策和培训信息，提高劳动力对职业技能培训的知晓程度和对职业技能培训必要性的认识，在全区形成良好的培训氛围。

（二）培育专业培训企业

严格落实资质要求，申请单独或联合举办校外培训机构的单位均应当具有法人资格，有良好的信用状况，其资产水平与办学规模相适应。培

专栏 14 培训服务业重点支撑项目
1. 职教园区建设项目。集教学、实训、培训等功能于一体，建设高标准职教园区。 2. 宁夏东方瑞珅驾驶员培训学校建设项目。项目新建驾校训练馆、综合服务楼两栋，总建筑面积 20924.22 平方米。 3. 东塔寺乡职业技能培训服务中心建设项目。建设中心综合服务楼、汽车维修与保养中心、封闭式驾驶员培训学校、机动车检测站。 4. 创业园区及孵化基地建设项目。将失地农民创业园建成集创业孵化、文化展示、旅游服务、教育培训等功能于一体的综合园区，结合产业技术培训、就业技能培训等需求，再新建 1–2 个创业园区（孵化基地）。 5. 实训基地建设项目。打造金银滩镇非公企业技能实操基地、毛纺织园区技能人才实训基地、五里坡奶牛养殖园区现代养殖管理人才培训基地、高闸镇现代种植业技术人才培训基地和东塔寺乡、上桥镇家政服务业实训基地。 6. 金积工业园核心区产教融合实训基地项目。改建总面积 4.8 万平方米，主要包括食品加工产教融合实训中心、贺兰山东麓葡萄酒产教融合实训中心、直播电商产教融合实训中心、创客孵化中心、职业技能及鉴定中心、农创研究中心、工业互联网人才培训与教学研究中心、工业互联网技术与场景应用研发中心、产教研校企文化长廊及成果展示中心等；新建实训基地规划面积约 38700 平方米，规划建筑总面积约 27090 平方米，建设“三中心、五训室”8 栋教学楼。

训机构应当具有相对固定的办学场所，并全面落实人防、物防、技防、制度防等各项工作措施，提升安全防范水平。教学机构应配备具有与办学规模相适应的相对稳定的专职、兼职教职工队伍，提升培训专业化水平。

（三）积极发展在线培训

鼓励加大投入和教师培训力度，试点开展基于线上智能环境的课堂教学、深化普及“三个课堂”应用等。完善在线教育知识产权保护、内容监管、市场准入等制度规范，形成高质量线上教育资源供给。

第八章 保障措施

一、加强统筹协调

（一）强化组织领导

成立由区分管领导牵头、政府有关部门参加的区服务业协调领导小组，建立健全与服务业发展新形势、新要求相适应的组织领导和工作推进机制。统筹协调服务业发展，定期开会研究全区服务业发展中的重点难点问题，审定重大政策措施、发展规划和重大项目，部署主要任务；建立和健全与相关部门的统筹决策、沟通协调、规划管理和项目推进机制，细化政策措施，科学组织推进，形成发展合力。

（二）强化分工协作

以规划提出的目标任务为指导，建立分工明确、无缝对接、合力推动的工作机制。加强相关部门的信息互通和工作协调，强化公共服务，全面梳理服务业审批事项，深化服务业“放管服”改革。认真贯彻落实规划的有关要求，结合本地实际，抓紧研究提出切实管用的政策措施，制定具体实施方案，明确任务书、路线图和时间表，根据任务序列和目标时序安排工作，做到目标任务化、任务项目化、项目责任化、责任具体化。

（三）加强规划衔接

按照构建以国民经济和社会发展规划纲要为统领，以国土空间规划为基础，以专项规划、区域规划为支撑规划体系要求，推进服务业规划落实国民经济与社会发展总体部署，规划空间与项目符合国土空间规划管控要求，并与工业、交通、农业农村、水利、环保等专项规划相衔接，合理布局，准确定位，防止盲目建设、低水平重复建设和无序竞争。

二、强化数字赋能

（一）助推企业上云用云

支持企业设备上云和业务系统向云端迁移，帮助企业从云上获取资源和应用服务，满足企业研发设计、生产制造、经营管理、市场营销等业务系统云化需求。加快“云＋智能”融合，帮助企业从云上获取更多的生产性服务。争取数字化服务商向中小企业和创业团队开放平台接口、数据、计算能力等数字化资源，提升中小企业二次开发能力。

（二）创新数字化解决方案

针对不同行业企业的需求场景，推进使用便捷、成本低廉的企业数字化解决方案，实现研发、设计、采购、生产、销售、物流、库存等业务在线协同。推广应用集中采购、资源融合、共享生产、协同物流、新零售等解决方案，以及线上采购与销售、线下最优库存与无人配送、智慧物流相结合的供应链体系与分销网络，提升中小企业应对突发危机能力和运营效率。

（三）培育数字经济和互联网经济新业态

支持微商电商、网络直播等多样化的自主就业、分时就业。鼓励发展基于知识传播、经验分享的创新平台。激发各类主体的创新动力，打造兼职就业、副业创业等多种形式蓬勃发展格局。支持线上多样化社交、短视频平台有序发展，鼓励微创新、微应用、微产品、微电影等万众创新。支持建立灵活就业、“共享用工”服务平台。鼓励共享出行、餐饮外卖、共享住宿、文化旅游等领域产品智能化升级和商业模式创新。

三、完善配套政策

（一）优化产业政策

出台服务业发展行动计划和专项推进意见，在产业发展、项目建设、要素支撑、招商引资等方面出台细化推进措施。由发改、工信和商务、农业农村、文体、民政、卫健等部门联合制定出台《服务业发展重点导向目录》《服务业发展重点项目库》等。每年针对服务业安排一定项目投资额度，并争取将本规划所提出的重点任务、重点工程纳入吴忠市和自治区重大项目库，争取更大范围、更高层次的扶持政策。

（二）完善财税政策

落实自治区和吴忠市关于服务业企业用地、用电、用水等优惠政策，以及对特色餐饮、康养产业、数字经济、知识产权、科技成果转化、研发设计、检验检测认证等方面的税收优惠政策。发挥财政资金引导作用，创新财政资金使用方式，推广运用股权投资、产业基金等市场化融资方式支持服务业发展。扩大政府购买服务范围，支持购买养老、健康、体育、文化、社区等服务。根据接待量和服务质量，对星级宾馆酒店、特色民宿给予税收优惠、补贴政策等。

（三）落实价格政策

在国家规定的电价之外，不得收取任何其他费用。对工业企业分离出的非核心业务，在用水、用气方面实行与原企业相同的价格政策。规范对服务企业的收费行为，加强对服务业重点领域违规收费项目的清理和监督检查。全面清理涉及生活性服务业的各种资格认证、考试、培训等收费项目，严格执行国家和自治区鲜活农畜产品运输绿色通道免费政策。降低住宿、餐饮、批发零售等行业银行卡刷卡手续费支出。

四、强化要素支撑

（一）引进专业人才

加大高层次人才引进力度，重点围绕科技服务业、信息服务业以及会展经济、智能制造、工业互联网等领域，引进高层次人才；强化与区内外高校对接，围绕现代物流、文化旅游、金融业、电子商务、国际贸易等领域，引进专业化生产、经营、管理人才；广泛利用现有条件，联合教育园区开展多形式、多层次的职业培训，提高社区服务、家政服务等行业从业人员的职业道德、服务意识、竞争意识和业务水平。

（二）加大资金保障

积极争取财政资金，通过申报服务业集聚区、特色餐饮示范街区等试点示范项目，争取国家、自治区专项资金扶持；设立利通区服务业发展专项资金，促进支柱服务业提升发展，促进成长型服务业快速壮大。充分发挥金融超市作用，创新信贷产品，增加重点服务行业和企业授信额度。将服务业企业融资纳入政策性基金和融资平台支持范围，探索开展动产和专利权、股权、特许经营权等动产抵（质）押贷款业务。鼓励服务业企业通过上市直接融资解决资金难题。

（三）强化用地保障

对服务业重点功能区进行科学布局，为现代服务业预留发展空间。凡符合土地利用总体规划、城镇总体规划、国家产业政策和供地政策的服务业项目，优先安排用地计划，优先办理供地手续。新建仓储物流、策划设计、总部经济研发等生产性服务业项目，凡建成后产权非分割出售和非分割出租的，可比照工业用地价格执行。建立土地退出机制，对约定期限未动工的项目收取违约金，无力建设的坚决予以收回，对未达到约定投入产出强度或产能的项目，在招商引资优惠政策兑现方面予以抵扣，对三年以上未开工建设的由自然资源部门强制收回。

五、促进深度招商

（一）创新招商模式

积极开展定向招商、委托招商、以商招商、网上招商、亲情招商，培育扶持专题招商、精准招商和中介招商，推进招商主体从政府向企业转变。鼓励现有企业再投资，把招商引资与鼓励企业再投资结合起来。创新“云游”“云约”系列活动和云推介、云展销、云带货等开放招商措施，招引一批融合力强、带动力强的“跨界”“跨链”“跨园”企业落户利通。

（二）做好项目谋划

聘请专业机构深度挖掘区域资源优势、区位优势，为利通谋划储备一批政策扶持性强、产业带动较大、市场前景广阔的大项目、好项目，采取PPP、股权注入、技术转让、企业并购等投资模式，重点吸纳现代物流、商贸流通、康养产业、电子商务、工业互联网行业十强、百强企业来利通投资，进一步充分发挥产业带动效应。

（三）优化营商环境

推动服务型政府建设，营造市场化、法治化营商环境。健全营商环境监督、投诉、受理、督办、反馈工作机制，坚决打通营商环境政策落地“最后一公里”。全力贯彻落实《吴忠市优化营商环境措施》25条，加大对符合条件的重点项目在财税、信贷、用地、人才等方面的支持力度。抓好《吴忠市招商引资项目“一站式”服务办法》的落实，促成更多项目落地。构建亲清新型政商关系，建立领导干部联系企业制度。加强信用体系建设，推动行业“红黑名单”管理。

六、推进交流合作

（一）健全开放发展体制机制

构建协调合作战略平台、政策协调机制、产业协调机制和跨区域协调机构和渠道，消除合作障碍，协调解决开放融合过程中存在的政策、文化、市场、技术等障碍，同时，健全资源共享机制、产业合作机制、市场共建机制等协同合作机制。推动与北京、上海、广州、杭州、西安、成都等重点合作城市，建立完善双边联合工作机制，协商制定战略合作框架协议，实现优势互补、资源共享、互利共赢，促进城市之间在各个方面深入合作。

（二）全面提升开放融合水平

深度融入“一带一路”，借助中阿博览会扩大服务业对外开放，支持有条件的服务业企业沿“一带一路”走出去，参与扩大外贸，吸引外资，提升开放型经济发展水平。深度融入银川都市圈建设，与银川阅海湾中央商务区、中关村双创园现代服务业集聚区、石嘴山陆港现代物流集聚区等自治区现代服务业聚集区开展交流合作，借鉴先进理念和发展举措，提升服务业聚集区发展层次和水平。

（三）积极承接服务业转移

全面承接京津冀、长三角、珠三角等地区的现代服务业产业转移，加大定向招商力度，在商贸、旅游等领域合作基础上，进一步加强在教育、医疗、会展、创新科技和文化创意等领域的投资合作，主动承接服务业新模式、新技术、新业态。吸引国内外知名企业和机构，鼓励研发中心、运营中心、采购中心等企业总部和知名服务业企业落户利通区。

七、完善统计考核

（一）加强数据调查和评估分析

加强服务业统计分析工作，查找现有统计方法中存在的问题，改进统计方法，加快建立科学、统一、全面、协调的服务业统计调查制度和信息管理制度，完善服务业统计方法和指标体系。引入第三方独立评估机制，对规划的主要目标完成情况、重点任务实施情况、重大政策落实情况等进行绩效评估，推动评估结果在主要媒体公开发布。

（二）健全数据共享和汇报制度

充分发挥各部门和行业协会的作用，促进服务业统计信息交流，建立健全共享机制。完善对服务业重点产业、新兴产业的统计，建立行业统计和运行监测分析季报制度。建立健全例会、信息通报等工作制度，及时向区委、区政府报告服务业工作进展情况。

八、强化规划落地

（一）完善服务业考核机制

制定《利通区服务业发展目标责任考核办法》，将服务业发展指标横向分解到区直有关部门，纵向分解到各乡镇（街办），确保规划目标、规划任务、主要措施和主要项目切实得到贯彻落实。统筹服务业规划和服务业年度发展计划，完善服务业发展年度考核制度，把服务业发展作为对各乡镇、街道办、园区、相关部门目标责任制考核的重要内容，建立健全服务业发展绩效考核奖励制度。

（二）建立规划动态调整机制

鉴于常态化疫情防控和全球经济发展形势日趋复杂，在经济社会分析、技术预测和定期评估的基础上，建立规划实施的动态调整机制。规划确定的发展目标和重点任务，根据国内外经济社会发展的新趋势、新突破和新需求进行及时的、必要的调整，确保规划有效与实际对接，落地性进一步增强。

利通区水资源价值实现机制试点实施方案

吴利政办发〔2022〕117号

水是生命之源、生产之要、生态之基。为贯彻习近平生态文明思想和党的二十大精神，深入践行“绿水青山就是金山银山”理念，落实中央办公厅、国务院办公厅《关于建立健全生态产品价值实现机制的意见》，全力推进利通区水资源价值显现，激活用水权交易市场，以节水增效引导水资源集约节约利用，为利通区经济社会高质量发展提供水安全保障，结合利通区实际，制定本试点实施方案。

一、试点基础

宁夏地处我国内陆中部偏北，降水稀少，水资源严重短缺。人均可利用水资源量仅有676立方米，仅为黄河流域的1/3，全国的1/12。吴忠市利通区地处宁夏平原中部，是宁夏引黄灌区的精华之地，素有“塞上江南”之美誉，总面积1384平方公里，总人口46万，农田灌溉面积54.16万亩，其中自流灌区27.23万亩，扬水灌区26.93万亩，灌区种植以玉米、小麦、瓜果、蔬菜等旱作物为主。近年来，利通区开展沟、渠、田、林、路系统治理，形成了完善的灌排体系。灌区内灌溉水利工程实行分级管理，干渠由水利厅辖属的管理处管理，干渠直开口以下由支渠管理站、灌溉服务专业合作社管理。通过持续现代化生态灌区建设，利通区建成高效节灌面积26万亩，高效节灌率41.7%。现代化计量设施1063套，建设了合作社－水务局－水利厅三级信息化网络，渠道砌护率达到98%，为开展试点工作奠定了坚实基础。

按照《宁夏“十四五”用水权管控指标方案》，分配利通区各业的水指标已落实，其中：工业用水0.16亿立方米，农业用水3.35亿立方米，生活用水0.47亿立方米，生态用水1.04亿立方米。“十四五”期间原则上不会增加黄河取水指标，取用黄河水总量为4.52亿立方米。按照节水型社会建设要求，为保障利通区重大产业、工业及其他行业发展用水，需要大力开展区域节水挖潜，从工业、农业及养殖业的节水及用水权收储交易方面开展工作，激活用水权交易市场，实现用水权价值，为各业发展提供高效的用水保障服务。

二、总体要求

（一）指导思想

以习近平新时代中国特色社会主义思想为指导，全面贯彻党的二十大精神，深入贯彻习近平生态文明思想、习近平总书记关于黄河流域生态保护和高质量发展重要指示精神，坚持“节水优先、空间均衡、系统治理、两手发力”的治水思路，按照自治区党委和政府工作要求，全面落实水资源“四定”原则，以促进水资源价值实现为主线，以激活用水权市场为依托，建立市场主导、政府调控的节水交易体制机制，促进水资源向节水增效、集约高效转变。

（二）基本原则

1. 坚持节水优先。把水资源作为最大的刚性约束，落实“四定”原则，强化水资源消耗总量和强度双控，实现水资源节约集约利用。

2. 坚持综合施策。建立市场主导，政府协调、部门协同、乡镇主责、群众参与的模式，积极发挥市场在水资源配置中的调节作用，综合运用价格调整、工程配套、技术推广、结构优化、财政奖补、管理创新等举措推进节水，建立用水权交易机制，为水资源价值实现提供保障。

3. 坚持因地制宜。结合经济社会高质量发展需求，农业经营方式转变、种植结构调整、节水灌溉、水利信息化的应用，调整城乡、工农用水结构，加强各行业用水监测计量，严控农业用水总量，深入推进节水型社会建设，形成符合利通区实际的经验做法。

4. 坚持生态保护。立足于服务全区生态环境保护和改善，优化水资源配置，保障区域供水安全，统筹推进山水林田湖草沙综合治理，为经济社会高质量发展提供充分用水保障。

（三）试点目标

2022年底前，通过明晰水权，将用水权精准确权到各行业，实行用水权“封顶”政策，工业耗水得到抑制、农业耗水大幅调减；充分发挥水价杠杆作用，建立合理反映工业、农业、人饮等各行业的供水成本，调整各行业供水水价，形成水价调整机制，促进各行业节水，实现供水可持续发展；补齐水利工程短板，加快建设水利计量设施、农田灌排工程、节水设施及信息化等工程，加大水行政执法监督，为用水权价值显现夯实工程基础。完善改革机制，通过节水奖励、用水权交易、交易补偿等配套机制的完善创新，为用水权交易、价值显现和节水增效提供保障；2023年底前，各项体制机制及工程建设持续完善，现代化灌区管理更加科学规范，灌区节水1000万立方米，满足工业、畜牧业等行业发展的用水需求，通过节水交易实现农业用水水资源价值，农业节水收益反哺灌区水利设施建设，形成灌区水利与经济社会相互促进、良性循环的良好局面。通过试点，水资源管理及交易体制机制基本稳定，转化为日常运行机制，用水权市场交易活跃，优化配置效益全面显现，努力打造黄河流域水资源节约增效、集约利用样板区。

三、重点任务

（一）全面推进用水权确权

1. 合理分配水资源。按照《自治区人民政府办公厅关于印发宁夏回族自治区有关行业用水定额（修订）的通知》（宁政办规发〔2020〕20号）的要求，《宁夏“十四五”用水权管控指标方案》中规定的利通区用水权管控指标，根据各行业生产发展实际需求、节水技术应用等情况，落实水资源刚性约束，科学核定用水总量，并细分到各种水源。农业用水权确权到村；工业用水权确权到企业用户；规模化养殖业确权到养殖户。每年根据自治区下达本区域的用水指标，将自治区下达本区的各业取用水指标细化分配的各乡镇及各业用水户，按照定额管理、总量控制的原则，并以文件下发，落实计划用水。（牵头单位：区水务局、各乡镇人民政府，配合单位：区农业农村局、自然资源局、工业信息化和商务局）

2. 农业用水权应确尽确。完成农业用水权确权颁证工作，农业用水权有效期为5年，每5年重新核定用水权，起止期与国家五年规划相一致。由各乡镇指定专人负责辖区内用水权确权和用水权改革工作，成立领导小组，乡镇主要负责人兼任办公室主任。按照区水务部门分配给乡镇辖区内的农业用水量指标，积极配合区水务局细化分配到辖区各村、各直开口及用水户；村组、用水大户每年年底在用水确权量范围内上报下年度用水计划量，确权量与计划量形成的用水权“富余量”可进行年度水指标市场交易；因节水改造或种植结构长期调整形成的用水权“富余量”可进行中长期交易。乡镇基层水利服务组织配合区水务局做好辖区内“富余”用水权收储；负责辖区内用水大户、农户间用水指标交易的审核、落实。（牵头单位：区水务局、农业农村局、各乡镇人民政府，配合单位：区财政局、自然资源局、吴忠国家农业科技园区管理委员会）

3. 工业用水权全面确权。工业企业根据自治区颁布的最新用水定额，开展项目水资源论证核定水量，新改扩建工业项目用水一律到市场购买用水权，并以此办理用水权确权并颁证。直接从江河湖泊、地下水取水的企业办理取水许可证，公共管网内的企业核发用水权证。督促无用水权工业企业到市场购买相应用水权。开展工业企业用水权有偿使用费收缴，破产、关停、被取缔以及迁出利通区的，用水权由区政府按照相关程序无偿收回。（牵头单位：区工业信息化和商务局，配合单位：区发展和改革局、吴忠金积工业园区管委会、区水务局、住房城乡建设和交通局、吴忠国家农业科技园区管理委员会、宁夏水投吴忠水务有限公司）

4. 规模化畜禽养殖业用水合理确权。规模化畜禽养殖业用水权确权到经当地农业、工商等行政主管部门批准，具有法人资格的猪、奶牛、肉牛、肉羊、蛋鸡、肉鸡等的规模化畜禽养殖户。规模化指标是生猪存栏300头以上（含300头）、蛋鸡存栏10000只以上（含10000只）、肉鸡存栏10000只以上（含10000只）、奶牛存栏200头以上（含200头）、肉牛存栏100头以上（含100头）、肉羊年存栏500只以上（含500只）。其他畜种可根据生产特点参照《畜禽养殖污染物排放标准（GB18596-2001）》猪当量进行换算。（牵头单位：区水务局，配合单位：区发展和改革局、农业农村局、各乡镇人民政府、吴忠国家农业科技园区管理委员会、宁夏水投吴忠水务有限公司）

（二）建立健全水价形成机制

1. 执行用水权基准价。根据水资源稀缺程度、工农业节水潜力、生态补偿标准、用水机会成本和输水工程成本等，执行自治区确定的区域间、行业间、灌域间、用水户间用水权交易基准价，作为开展用水权市场交易的基准。用水权交易价格以市场调节为主，但不得低于自治区规定的用水权基准价。用水权基准价可根据水资源总量供给、市场供需关系、产业政策导向、水量丰枯增减等情况适时调整，并向市场公开。农业用水权基准价要充分考虑农民经济承受力、保障粮食安全、农业生产成本等因素，确保灌域间、用水户间用水权交易的积极性和可行性。根据用水权基准价，自2021年起开展工业企业用水权有偿使用费的收缴，收缴费用全部用于水利建设，提高水利供水和水资源节约保护能力。（牵头单位：区水务局，配合单位：区发展和改革局、财政局）

2. 农业供水水价。利通区灌区农业供水价格，执行灌区末级渠系运行成本水价，自流灌区水价为0.071元／立方米（原水价为0.0305元／立方米）。实行定额内执行批复水价、超定额累进加价制度，落实农业末级渠系水价精准补贴和节水奖励政策。（牵头单位：区水务局、各乡镇人民政府，配合单位：区发展和改革局、财政局、农业农村局）

3. 其他行业水价。按照国家或自治区关于水价调整的相关要求和程序进行相应调整，执行批复后的价格。实行工业超计划用水加价制度，实际用水每超过用水计划量的10%按照现有工业供水价格的50%累进加价。城乡生活全面实行居民用水阶梯价格和非居民用水超定额累进加价制度。（牵头单位：区发展和改革局，配合单位：区水务局、财政局、工业信息化和商务局、各乡镇人民政府）

（三）推进用水权管理体制改革

1. 建立水利服务体系。“互联网＋城乡供水”工程，选择引进社会资本通过投建管服一体化方式推进项目实施，创新管护模式，保障供水工程可持续发展。创新灌区社会化运营模式，改革基层农业灌溉服务体系，完善以乡镇为单元组建农业灌溉服务专业合作社，将灌区引入社会资本以特许经营的模式开展灌区灌溉服务。自2023年开始，实行“运营公司＋合作社”的模式，开展灌区精细化、物业化管理。通过引进专业化队伍，以市场化管理实现大幅管理节水，为用水权交易提供可交易“产品”提高水资源监管与服务能力，使基层水利服务体系适应利通区高质量发展的新要求。（牵头单位：各乡镇人民政府，配合单位：区水务局、财政局、农业农村局）

2. 建立精准补贴和节水奖励机制。在保障水利工程正常运行的基础上，对采取节水措施、调整生产模式促进节水的用水户给予精准补贴，由区农业农村局制定高效节灌运行管理情况考核办法，区水务局和农业农村局联合对高效节水灌溉项目进行考核，对于用于粮食生产，用水量不超过定额且正常使用高效节灌的用水户，经考核组考核合格后，区财政依据考核结果予以补助，补助标准为5元／亩。同时对在灌溉管理工作中实现节水的供水单位、灌溉管理单位、用水户及灌水员给予奖励。用水户的用水量与计划用水量相比有结余时，按照节水量给予0.03元／方的奖励（其中：用水户0.01元／方，管理单位0.01元／方，灌水员0.01元／方）。对“零排放”工业企业和节水型达标企业，根据对当地经济社会发展贡献给予企业一定的财政奖补支持。（牵头单位：区水务局，配合单位：区财政局、农业农村局、工业信息化和商务局、各乡镇人民政府）

3. 建立水权转让机制。搭建好用水权交易平台，工业企业和跨行业的一律在一级市场开展交易，交易双方公开竞价交易，原则上不得定向交易、协商议价。二级交易市场借助吴忠市农村产权交易中心的平台，开展区内二级市场的水权交易。鼓励用水户对节约的水量进行转让，政府或其授权水行政主管部门、灌区管理单位及社会资本方可利用节水奖励基金或多渠道筹措资金对节约的水量进行回购，保障用水户节水增效。农业用水年度指标交易指区内用水大户、农户间的短期水指标交易，在水行政主管部门的监督下，通过撮合、协商等方式开展交易。（牵头单位：区水务局，配合单位：区财政局、工业信息化和商务局、各乡镇人民政府）

4. 建立政府收储调控机制。建立利通区内的收储调控制度，根据社会经济发展需求，在水权市场适量回购、出售、储备部分用水权。政府投资节约的用水权，由政府收储出售。与建设银行吴忠分行合作设立用水权收储专项资金，用于开展用水权收储、交易管理等，保障水权交易市场良性运行。与建行吴忠分行创新模式建立“水银行”，收储运营本地“散户”用水权，在一级市场开展批量交易。坚持“谁节约、谁受益”的原则，建立用水权交易收益分配机制，制定《吴忠市利通区用水权交易及收益分配办法》，促进各行各业用水主体自觉节水，推动水资源节约集约利用。（牵头单位：区财政局、水务局，配合单位：区发展和改革局、各乡镇人民政府）

5. 建立用水权交易风险防范机制。区政府与社会化运营公司联合制定用水权交易风险防范机制，对用水权交易后出让方因灌溉或生产需求发生的用水权不足，按照已出让的用水权量给予调剂保障，保障用水权交易出让方的需求，出让方对调剂部分的用水权承担与出让价格相符的费用，保障出让方在交易过程中不产生经济损失。通过用水权交易风险防范机制的建立，消除用水权交易出让方的顾虑，促进用水权交易市场的活跃，激活沉睡的水资源，最大限度发挥水资源支撑作用。（牵头单位：区水务局，配合单位：区发展和改革局、财政局、各乡镇人民政府、中国建设银行吴忠分行）

6. 建立用水权投融资机制。创新节水改造及用水权收储交易投融资方式，按照自治区水权绿色金融指导意见，鼓励金融机构开发用水权质押、抵押、担保、租赁等绿色金融产品。社会资本参与污水处理形成的稳定量达标再生水，政府赋予相应的用水权指标，可在用水权市场进行交易。建立“合同节水＋水权交易”等模式，鼓励社会资本直接参与节水改造工程建设及运行养护，优先获得节约的水资源使用权，让社会资本通过节水增效。（牵头单位：区水务局，配合单位：区发展和改革局、财政局、各乡镇人民政府）

（四）建立监测监管体系

1. 完善配套供水计量设施。积极争取项目资金，持续建设灌区水资源监控设施，建设覆盖地表水、地下水、非常规水，农业灌溉服务管理、工业企业、互联网＋城乡供水、水利工程监管的水资源监测网络和监管平台，实现与相关单位的数据互联互通。按照因地制宜、经济实用的原则建设适宜的供水计量设施。在已建设计量设施基础上，再补充计量设施200套，农业用水计量设施配套至干渠及干渠以下最适宜计量单元，全部实现精准计量。设施农业井灌区计量到单井，有条件的区域可计量到户。优先在高效节水灌溉片区、规模化集约化经营区实现智能计量，逐步实现全灌域智能化计量。到2023年底实现农业用水计量设施至村级斗渠直开口100%全覆盖，实现灌溉水量统计计量精准。严格实行监测设施与用水项目同步设计、同步建设、同步运行，无监测设施的用水项目不得审批、核准、备案和验收。全面开展用水统计，建立用水台账，到2023年底工业用水计量率达到100%，重点取用水工业企业建立水量在线采集、实时监测系统。（牵头单位：区水务局、工业信息化和商务局、各乡镇人民政府，配合单位：区发展和改革局，财政局、农业农村局）

2. 完善灌排工程体系。加快末级渠系等终端设施配套，解决农田灌溉“最后一公里”问题，2023年底前完成小型渠道维修养护30公里，实现灌区渠道砌护全覆盖，对年久失修损毁的渠道及建筑物持续开展维修养护，减少灌溉期的水量损失。在实现工程节水的基础上，保障用水户的灌溉顺畅，为用水权交易及价值显现提供硬件支撑。（牵头单位：区农业农村局、各乡镇人民政府，配合单位：区水务局、发展和改革局、财政局）

3. 加大节水工程建设。创造条件因地制宜争取项目配套喷灌、滴灌等节水设施，在已建高效节灌21万亩的基础上，再增加高效节灌7万亩，到2025年末，实现高效节灌率45%，大幅提高水资源利用效率，实现农业节水目标。鼓励社会资本投入资金建设节水设施和运行，优先获得节约的水资源使用权，并在市场交易，收回项目投资并获取企业合理利润。（牵头单位：区农业农村局、水务局、各乡镇人民政府，配合单位：区发展和改革局、财政局、工业信息化和商务局）

4. 健全水政执法监管机制。完善水行政执法与综合执法改革的有效衔接，提升执法效能，建立水利与检察、公安、综合执法、自然资源等多部门联合执法机制，建立信息共享、联合执法、打击违法、形成震慑的长效机制。提升水资源违法违规线索发现和快速处置能力，严厉打击违法违规取用水行为。依法治水管水，推进涉水公益诉讼全覆盖。（牵头单位：区综合执法局，配合单位：区人民检察院、公安分局、区水务局、各乡镇人民政府）

四、推进计划

（一）准备阶段（2022年7月—2022年8月）

开展利通区用水权市场调研，初步制定《利通区水资源价值实现机制试点实施方案》，拟定用水权收储交易相关配套方案和办法。组织实施方案成员单位、乡镇分管领导和水管站长召开征求意见会，进行修改完善，启动试点工作。

（二）实施阶段（2022年9月—2023年11月）

农业灌溉涉及的乡镇，加强乡镇农业灌溉服务专业合作社建设，强化监督，完善基层水利服务组织，规范管理，提高服务效益。同时加大宣传力度，巩固农业运行水价成果，保障工作顺利开展。完成渠道维修、信息化等工程方案的编制方案，开展方案审核、批复等前期工作。通过灌区渠道维修项目，提高供水保障率。加大高效节灌工程的实施力度，提高节水成效。建设水资源监管调度信息化平台，提高灌区管理现代化水平，水资源管理效率大幅提高。健全水权交易机制，保障用水权交易常态化开展。

（三）总结阶段（2023年12月—2024年4月）

由利通区水资源价值实现机制试点领导小组组织区委政研室、区政府办、区发展和改革局、财政局、水务局等相关单位进行评估，总结出“机制创新＋工程提质”综合推进水资源价值实现的样板区。

五、保障措施

（一）加强组织领导。区政府为利通区水资源价值实现机制试点的责任主体，将其作为利通区“十四五”全面深化改革的重点任务，成立试点工作领导小组，组长由常务副区长兼任，成员由区发改、财政、审计、水务、农业农村、工信和商务、公安、综合执法、信访，各乡镇人民政府等部门主要负责人兼任，统筹协调和组织推进试点相关工作，定期组织召开试点协调推进会议，研究解决试点过程中遇到的重大问题。领导小组办公室设在区水务局，区水务局局长为办公室主任，负责日常工作。

（二）明确责任分工。各部门要根据工作职责，进一步明确工作任务、细化落实责任，协同推进试点各项工作。区发改局负责督促落实用工作预算内基本建设项目计划；区财政局负责落实投入资金，加强资金管理，组织开展绩效评价；区审计局负责对工程项目和基层水利服务组织的财务等进行审计；区水务局负责用水总量控制和定额管理、水利工程建设、农业用水权分配及农业水价综合改革的日常工作；区农业农村局负责种植结构调整、农业节水措施推广，并加大对农业补贴支持力度；区工业信息化和商务局负责工业用水的节水工程建设及节水的监督考核；公安分局负责积极办理盗取水资源，破坏水利设施，抢灌等违法犯罪案件，打击涉水违法犯罪势力；区综合执法局负责辖区内涉水事务的综合执法；区信访局负责信访维稳工作；各乡镇人民政府是落实本区域内水资源价值实现机制试点工作任务的主体单位，应制定推进工作的具体计划，积极宣传相关政策，加强基层水利服务组织的规范管理，保障辖区内水利设施的安全运行，管理本乡镇的水资源，实现节水目标；渠道管理部门及其他有关部门要按照各自职能做好相关工作。

（三）强化资金保障。要充分发挥财政资金对水资源价值实现的引导作用，统筹公共财政一般预算、地方水利建设基金，国有土地出让收益计提、节水奖励资金、水资源税分配资金、农田水利建设资金等，调整财政支农资金支出结构，不断加大对工作的投入力度，同时，采取以奖代补、先建后补、民办公助、收益分成等有效途径和方法，调动经营主体参与的积极性，引导社会资本和自筹资金参与节水工程建设，不断拓宽资金来源，实现节水效益。

（四）抓好宣传引导。围绕推进水资源价值实现，做好政策解读，横向交流等工作，并及时通报进展情况，确保各项政策落实不走样，见实效。要通过各种媒体，采取多种方式，积极开展宣传报道，增强广大群众有偿用水、节约用水意识，积极营造有利于加快完善水价形成机制、深化用水权交易及价值体现的良好舆论氛围。

利通区供港蔬菜产业发展情况的调研报告

利通区委政策研究室

2022年8月

加快优势特色农业发展、不断提高农业综合效益和市场竞争、实现粮食安全和现代高效农业相统一，是推进农业转型升级、促进乡村产业振兴的重要内容。为掌握供港蔬菜发展现状、查找存在问题、明确发展方向，利通区委政研室成立课题调研组，通过听取汇报、座谈讨论、实地查看、数据分析、入户走访等方式，就供港蔬菜发展情况开展了专题调研。

一、供港蔬菜产业发展的现状

供港蔬菜主要采取企业流转土地建立蔬菜种植基地、通过规范化管理生产高品质蔬菜、依托冷链物流将产品运输到香港等南方城市、由当地蔬菜销售档口进行销售的发展模式，利通区供港蔬菜产业已经形成了生产基地、冷链物流、市场订单的全产业链的发展模式。

（一）建立了规模化的种植基地。生产企业按照标准化、机械化生产的要求，平整土地，修建田间道路，配套喷灌设施，在利通区建立了4个供港蔬菜基地，面积共15310亩。其中：宁夏从玉口口鲜生农业发展科技有限公司港菜基地2285亩（流转金积镇塔湾村、丁家湾村、大庙桥村、秦坝关村土地，流转合同期限2019年至2030年），吴忠市茂鑫通冷链运输有限公司港菜基地8525亩（流转高闸镇李桥村、朱渠村土地，流转合同期限2018年至2028年），宁夏美青农业科技有限公司港菜基地1600亩（流转金银滩镇杨马湖村土地，土地租赁合同期限2020年至2039年），广州罗飞记农产品贸易公司、香港东珠实业发展有限公司供港蔬菜基地2900亩（流转巴浪湖农场土地，流转合同期限2012年至2026年），主要种植广东菜心、芥蓝、奶白菜等品种，每年4月下旬采摘上市销售，11月上旬结束生产，种植四茬到五茬蔬菜，产品销往广州、深圳、香港、澳门等地区。

（二）建立了标准化的生产体系。建立了农产品统一管理体系，形成从播种育苗、移栽定植、田间管理、采收分拣、采后预冷、包装销售和质量追溯一体化的生产管理机制。企业在种植基地生产推行“六统一”标准化生产，即统一品种、统一施肥、统一用药、统一采收标准、统一检测、统一标识，在蔬菜种植过程中充分利用分期育苗、分期播种、分批采收、水肥一体等比较先进的生产技术，同时建立了投入品管理、生产档案、产品检测、基地准出、质量追溯等五项全程质量管理制度，实现了生产、分级、包装、冷藏、运输等严格按照技术操作规程执行，既降低了生产成本，又保证了产品质量和安全。

（三）促进了本地蔬菜产业的发展。本地蔬菜种植户学习借鉴供港蔬菜的生产经营模式，转变种植理念，提升技术水平，集中连片蔬菜种植区基本实现了规模化种植、标准化生产、订单化销售，蔬菜产业企业化生产经营管理模式成为主流。本地蔬菜种植户学习借鉴供港蔬菜订单生产、定向销售、用品质占市场、靠质量增效益的做法，积极发展订单农业、主动开展质量检测，确保了产品质量安全、提高了产品市场竞争力。供港蔬菜还推动了当地冷链物流业的发展，催生了茂鑫通等一批物流企业，为当地蔬菜外销打通了绿色通道，同时还促进了当地包装物制造、餐饮服务、劳务输出等行业的发展。

二、供港蔬菜产业发展存在的问题和短板

供港蔬菜产业发展形成了以种植基地为平台、以技术手段为支撑、以冷链物流为纽带、以高端市场为导向的比较成熟的产业体系，与传统粮食生产、蔬菜种植相比，经济效益相对较高，但也还存在一些问题和短板。

（一）产业发展空间有限。今年2月份，中共中央、国务院发布了《关于做好2022年全面推进乡村振兴重点工作的意见》，要求稳定粮食播种面积，严守18亿亩耕地红线，利通区坚决贯彻中央部署，确定了保持耕地面积25万亩的目标。从利通区实际情况来分析，耕地保护红线坚决不能触及，尤其是奶产业发展面临着草畜一体、饲草供应等严重不足，优质果、优质瓜菜种植已经形成了区域化的布局，很难从特色优势产业中挤出土地用于发展供港蔬菜，供港蔬菜只能保持适度规模发展。

（二）生产水平有待提高。从调研情况来看，企业虽然都能在港菜基地推行标准化生产，但生产管理能力和水平差别较大，亩均产出差距较大，导致经济效益有盈有亏。比如宁夏从玉口口鲜生农业发展科技有限公司、吴忠市茂鑫通冷链运输有限公司港和巴浪湖农场港菜基地亩产量在3000公斤左右，以上3家企业内控管理到位、田间管理精细、经营管理集约，但宁夏美青农业科技有限公司港菜基地亩产量仅2000公斤左右，主要原因是土壤质地本身不够优良，并长期使用地下水灌溉，盐碱含量高，造成土壤地力有所下降，一个周期连续种植四茬到五茬，土地轮休时间太短，耕作层得不到有效保护修复；还有一个原因是企业现代管理跟不上，场区秩序混乱，田间耕作粗放等。从平均亩产来看，青铜峡市供港蔬菜亩均产量在4000公斤左右，利通区亩均单产2400公斤左右，还存在较大的差距。

（三）联农带农作用不大。从GDP贡献率来看，2021年利通区农业产值62亿元，供港蔬菜产值2.2亿元，仅占农业总产值的3.5%。从产业利润来看，利通区4个供港蔬菜基地仅有高闸镇1个基地由本地企业生产经营，其他3个均由外地老板经营，产业利润用于支持本地经济发展的比例不高。从务工收入来看，供港蔬菜属于劳动密集型产业，根据调研统计在4个基地长期务工的人员2100多人，本地务工人员不到200人，90%的务工人员来自云南、贵州、四川等地。主要原因是本地务工人员对供港蔬菜收割标准把握不准、收割手法不熟练、吃不下苦、受不下累，容易造成蔬菜的浪费，降低蔬菜产量和经济效益，企业更愿意雇佣外地务工人员。

（四）产业潜在风险较大。供港蔬菜产业具有高投入、高产出、自然风险高、市场风险高的特点。农药化肥种子等生产物资、人工工资、冷链运输费用等出现波动，均可能造成产业生产成本增加、经济效益减少。最重要的是如果受到早晚霜、暴雨、冰雹、高温等自然灾害的影响或者蔬菜市场价格大幅下跌，甚至可能造成企业严重亏损，抗风险能力不强的企业，有可能资金链断裂经营受阻，一旦没有能力支付土地租金，就会直接损害流转土地群众的切实利益，造成潜在的各种风险。

（五）社会管理难度增加。在实地调研中发现，供港蔬菜基地外来务工人员住宿环境条件差，基础设施不完善，住宿场所安全隐患多，乡镇安全生产管理压力增大，比如：美青农业发展有限公司种植基地从业人员的住宿场所为基地自建的简易彩钢板房，使用彩钢板分割成“房中房”单间，无窗户，空气不畅通，无法实现防排烟功能。生产企业与农户签订了5至19年的长期租赁合同，而土地流转费却一次约定价格，随着农产品价格上涨和居民消费水平提高，土地租赁市场价格势必上涨，容易引发租赁双方矛盾。

三、供港蔬菜产业持续健康发展的对策建议

（一）保持适度规模，提高亩均单产。引导企业坚持“适度规模、高价销售、高效发展”的原则，防止盲目扩大规模，造成供大于求、压级压价、恶性竞争情况的发生。引导企业根据蔬菜种植情况进行水旱轮作（与水稻轮作），种植2–3年蔬菜，种植1年水稻，加大有机肥使用和黄河水灌溉比例，不断改善土壤环境条件，加快耕作层有效修复，确保土地资源生态化、可持续、高效率利用。指导企业进一步规范标准化生产流程，加强企业内部管理，不断提高生产水平和管理水平，力争基地亩均单产提高到3000公斤以上。

（二）强化劳务培训，鼓励产业合作。采取理论培训和田间实操培训相结合的方式，加强当地农民识别收割标准、掌握收割技巧、开展田间管理等供港蔬菜生产实用技术培训，培养一批本土供港蔬菜产业技术骨干，提高企业使用当地农民工比例，形成产业发展与农民增收的良性循环，增强供港蔬菜产业带动农民增收的作用。鼓励支持供港蔬菜企业和当地蔬菜生产基地在蔬菜收贮分拣场地、拓展种植品种、建设物流冷链设施、建立销售合作机制方面加强合作，依托供港蔬菜企业现有的生产技术、管理经验、物流通道、销售渠道优势，打造一批当地种植规模化、生产标准化、管理工厂化、运输快捷化、销售订单化的蔬菜种植基地，增强供港蔬菜产业拉动本地产业的作用。

（三）多项措施并举，抵御行业风险。引导供港蔬菜企业大力开拓我国南方及东南亚夏淡市场，充分利用中阿合作优势，开拓中东市场，以销售渠道的多元化抵御部分市场价格波动带来的风险。引导供港蔬菜企业根据市场需求，拓展蔬菜种植品种，以生产产品的多元化抵御部分种类蔬菜价格波动带来的风险。引导供港蔬菜企业参加农业保险，在财政条件允许的条件下，出台参加农业保险补助政策，规避因自然灾害造成的风险。鼓励冷链物流企业采取配送车辆入股的形式，参与供港蔬菜企业生产经营，建立利益均沾、风险共担的利益联结机制，抵御物流配送费用上涨带来的风险。

（四）加强协调配合，推动产业发展。各相关行业主管部门、各有关乡镇应当切实履行行业部门监管责任和属地管理责任，切实解决供港蔬菜产业发展中存在的问题和难题，推动产业健康持续发展。区农业农村局要认真履行实用新技术推广、农产品质量检测、耕地质量保护与提升的职责，指导督促供港蔬菜企业不断提高技术水平、保障产品质量安全、落实耕地修复措施。区应急管理局和乡镇要分类排查梳理种植基地存在的安全隐患存量，督促企业抓好整改落实，确保基地安全生产无隐患。区卫生健康局和乡镇要高度重视供港蔬菜生产基地的疫情防控工作，指导督促企业落实日常疫情防控措施，确保经济发展和疫情防控两手抓、两不误。

关于利通区绿色食品产业发展情况的调研报告

利通区委政策研究室

发展绿色食品产业对保护生态环境，提高农产品质量水平，满足人民美好生活期待，推动农业提质增效和促进农民增收致富，具有现实意义和深远影响。为全面提升绿色食品产业发展水平，进一步发挥绿色食品在全面推进乡村振兴、加快农业农村现代化中的示范引领作用，利通区委政研室成立课题调研组，通过听取汇报、座谈讨论、实地查看、数据分析、入户走访等方式，全面了解绿色食品产业发展现状，深入剖析存在问题，提出了加快推进绿色食品产业发展的对策建议。

一、绿色食品产业发展的现状

近年来，利通区深入贯彻习近平总书记关于“三农”工作重要论述和视察宁夏重要讲话精神，牢固树立绿色发展理念，按照区、市党委和政府部署要求，以农业供给侧结构性改革为主线，坚持“高端化、绿色化、智能化、融合化”发展方向，始终把质量优先、品质为要、规模经营、高效安全贯穿于农产品生产加工全过程，绿色食品产业发展取得了新成效。

（一）产业规模不断扩大。聚焦“优质奶、牛羊肉、有机菜、精品果、富硒粮”等特色产业，不断调整优化产业结构，增加优质农产品供给，为绿色食品产业发展奠定了坚实基础。2021年分别建成奶牛、肉牛规模养殖场96家、42家，存栏达到20.6万头、17.7万头，规模养殖场奶牛单产达到9.2吨，高于全国平均水平1.2吨，种植优质瓜菜6.45万亩、经果林4.6万亩、优质粮食27.8万亩，农产品加工企业加工产值达到121.6亿元，加工转化率达到73%，加工业产值与农业总产值的比值达到2.28：1。成立粮食、瓜菜、草畜等产业联合体，加快培育新型经营主体，累计培育国家级示范合作社17家，自治区级示范社、四星级家庭农场31家，完善“龙头企业＋基地＋农户”“龙头企业＋合作社＋家庭农场”等订单带动、利润返还、股份合作利益联结机制，建立来源稳定、过程可控、质量优质的绿色种植和养殖基地，带动农户共同发展、稳定增收。延伸产业链条，建设农产品仓储保鲜冷链设施10座，最大程度降低新型经营主体农产品的损耗和物流成本，推动产业健康持续发展。

（二）产品质量稳步提高。突出绿色导向、强化标准引领、开展质量监管，不断提高农产品质量和安全，增强产业市场竞争力。建成运营利通区奶牛科技服务中心，成立奶业教授工作站1家，瓜菜、草畜、葡萄博士工作站3家，组织企业、合作社开展“两品一标”、良好农业规范认证，认证绿色食品15个、有机农产品7个，认证绿色食品原料基地9.1万亩。大力推行绿色食品标准化生产，制定国家行业标准（规程）27个，推行吴忠市富硒苹果标准化生产技术规程，培育国家绿色农产品标准化示范基地3个、自治区农业标准化生产基地12个，实现了绿色食品全作物、全面积、全过程的标准化生产。健全区、乡、村三级农产品质量安全监管体系，设立农产品质量安全固定监测点120个，开展“合格证＋追溯码＋检测”试点，农产品抽检合格率稳定在98%以上，生鲜乳抽检合格率稳定在100%，被评为全国农产品质量安全县，成功创建为国家级现代农业产业园。

（三）加工主体梯次发展。持续推进附加值高、发展规模大、带动能力强的龙头企业聚集发展，培育夏进乳业、涝河桥肉食品有限公司2家国家级龙头企业，少武粮油、红山河等68家市级以上龙头企业，评定星级绿色食品加工企业28家，全区各类食品加工企业发展到152家，其中规模以上绿色食品加工企业32家、营收超亿元绿色食品加工企业8家。着力推进园区建设，金积工业园区打造为政策集成、要素集聚、企业集中、功能集合的绿色加工园区，形成了伊利、夏进、中桦雪、宁杨等龙头企业领航发展的产业集群，引进壮大上海北连、浙江上方生物等加工企业及中桦雪等本地企业15家，初步形成了以乳制品、植物油、牛羊肉、精制茶加工制造为主导的绿色食品加工产业格局。

（四）品牌引领效果明显。大力实施品牌引领战略，推出了一系列高质量的产品，形成了一批有影响力的品牌，产业发展后劲不断增强。大力培育地理标志农产品品牌，认证吴忠牛乳、吴忠亚麻籽油、涝河桥牛羊肉等地理标志农产品7个，打造富硒粮、富硒菜、富硒果三大系列富硒农产品，培育了“舞谷新”“世纪红双赢”等28个富硒品牌，“马家湖西瓜”“扁担沟苹果”入选“全国名特优新”农产品名录，宁夏伊利乳业成为全球最大的单体液态奶生产工厂之一，利通区成为全国黄金奶源基地、中国塞上硒都、全国知名牛羊肉制品和优质瓜果生产基地。着力打造生产加工企业品牌，乳制品领域形成了以宁夏伊利乳业、夏进乳业为龙头的产业集团和安慕希、纯真等一批品牌；粮油加工、健康食品领域打造了中桦雪、红双赢、少武、国海、强家老醋、涝河桥牛羊肉等一批标志性企业，“国海压榨胡麻油100%纯一级”产品被认定为国家级绿色食品A级产品，中桦雪“雪花粉”、苏酥粮油“亚麻籽油”获批“宁夏好粮油”产品。依托“游在宁夏、吃在吴忠”系列活动，全力打造“多彩利通美味之城”区域品牌，有力推动了美食文化繁荣发展。

二、绿色食品产业存在的问题和不足

尽管我区在绿色食品产业发展方面取得了一定的成绩，但也还存在一些短板和不足。主要表现在：

（一）产业层次偏低。利通区绿色食品产业发展中，多数产业处在产业链前端、价值链的低端、创新链的末端，产品附加值较低，初级产品多、高端产品少，除了伊利、夏进、涝河桥、中桦雪、红山河、君星坊等龙头企业规模大、链条长、产值高、品牌优、效益好外，还有一部分为传统经营中小企业和分散式、粗放式经营的家庭作坊，没有形成产供销一体化和种养加一条龙的产业化发展格局。

（二）基础环节薄弱。利通区农产品冷链保鲜体系等配套设施不完善，田间市场、田头预冷、分拣包装、冷链储藏等配套率偏低，产品流通腐损率较发达地区仍有不小差距；绿色食品加工企业还存在科研经费投入少、科技创新弱、技术装备落后、核心技术研发能力弱等问题，特色优势产业在精深加工方面缺乏自主研发的关键技术；生产企业加工和市场销售环节监管还存在技术力量薄弱等方面的问题。

（三）发展要素不足。土地、人才、投融资是我区绿色食品产业发展最突出的制约要素。土地方面，绿色原料种植分布较散，肉牛、肉羊养殖及绿色食品加工企业用地规模较小。人才方面，智能管理、电子商务等专业人才稀缺，科技人才“引不来、留不住”问题突出。投融资方面，尽管政府出台了不少支持重点产业发展的融资信贷政策，但金融机构“不敢贷、不愿贷、不能贷”的问题还没有从根本上破解，企业融资难、融资贵、融资慢问题仍然较为突出。

（四）融合发展不够。我区产业融合联通发展格局还没有完全形成，特别是没有充分发挥各类资源在产业发展中的融合叠加优势，产业外部、内部关乎链条、技术、产品、市场等环节有较多“断头路”和“鸿沟”亟待填补。比如：围绕绿色食品产业发展的一二三产交融互动不足，原料资源总量、加工专用型、适用性与生产加工的匹配度仍需提高，仅有中桦雪的拉面专用粉是特质面粉，基于绿色食品产业萌生的工业旅游产业数量较少，仅有强尔萨、红山河2家。

（五）品牌影响力不大。我区绿色食品品牌宣传、推介虽然取得了一定的效果，但很多品牌区域性知名度高，在全国的知名度和影响力不大，品牌效益没有完全发挥，市场竞争力不强。比如：我区的夏进牛奶、食用胡麻油、有机大米等产品，在西北地区叫得响、销售好，但在南方地区知晓率不高，市场占有率不高。

三、加快推进绿色食品产业高质量发展的对策建议

针对绿色食品产业发展存在的问题不足和短板弱项，利通区将完整、准确、全面贯彻新发展理念，以实施乡村振兴战略为总抓手，以先行区建设为统领，以农业供给侧结构性改革为主线，以全力打造宁夏重要的优质农产品供应及加工基地和绿色农业示范区为目标，不断完善产业发展体系，加快推动绿色食品产业高质量发展。

（一）完善绿色食品产业标准生产体系，不断健全产业链。绿色食品产业高质量发展，优质生产原料是第一道关口，也是最关键的环节，要从把控源头入手，加快推进优势产业提档升级、提质增效。一是打造优质原料基地。坚持“科学布局、适度规模、对接加工、增强效益”原则，建设全产业链标准化集成示范基地，力争2025年创建国家和自治区绿色农产品标准化基地达到40个，推动原料基地与绿色食品加工企业相互促进、有效衔接。紧盯自治区“千亿级高端奶之乡”和吴忠市“四百亿奶产业高质集聚区”发展目标，力争到2025年全区新增奶牛13万头、存栏达到35万头，争创国家级现代奶牛养殖示范基地。不断优化产业基地布局，重点打造以扁担沟镇为中心的“高端奶之乡核心区”，以扁担沟镇、金银滩镇、马连渠乡为主的“优质肉牛养殖区”，以高闸镇、马连渠乡、金银滩镇为主的“优质菜饲种植区”。二是提高标准化生产水平。对标国内外先进技术标准，突出安全、优质和可持续发展，修订完善、因势制订地方特色优势绿色食品生产技术规程，组织开展绿色食品生产技术专项培训，深入开展生产操作规程“进企入户”行动，组织印发科普手册、明白纸、操作历、挂图，推动规程在企业上墙、在基地树牌、到农户手上。重点以金银滩镇、古城镇、高闸镇、郭家桥乡、巴浪湖农场为核心，建设自治区高品质粮食标准化示范带动区，以扁担沟镇和吴忠国家农业科技园区为核心，建设奶牛标准化养殖示范区。三是大力培育新型经营主体。坚持家庭经营基础性地位，大力培育发展新型农业经营主体和服务主体，实施家庭农场培育计划，开展农民合作社规范提升行动，加强产业化联合体建设，力争到2025年创建国家级和自治区级示范社15家、示范家庭农场10家、产业化联合体5家。支持经营主体加强农产品初加工、仓储物流、技术指导、市场营销等关键环节建设，鼓励龙头企业、农民合作社等规模经营主体申请农业规范认证。

（二）完善绿色食品产业精深加工体系，不断提升价值链。发展精深加工是提高绿色食品产业附加值的有效手段，要推动加工企业由小变大、加工程度由初变深、加工产品由粗变精转变，实现产业经济利益最大化。一是培育核心骨干企业。坚持分类指导、因企施策，积极引导人才、资本、技术等各种要素向龙头企业集聚，促进企业做大、做强、做专、做精，形成绿色食品产业“领军企业”“成长企业”和“雏鹰企业”梯次发展格局。重点壮大伊利、夏进、雪泉等乳制品龙头企业，涝河桥牛羊肉有限公司等肉制品龙头企业，君星坊、国海粮油、中桦雪、少武粮油等粮油骨干企业，大力开展园区招商、以商招商、产业链招商模式，实施延链补定链强链工程，引入和配套一批技术理念先进的优质绿色食品加工企业，补齐我区产业发展薄弱环节。二是引导企业技术创新。鼓励绿色食品加工企业采用新技术、新工艺、新设备、新材料对生产设施、工艺条件进行改造提升。重点支持国海粮油、中桦雪面粉等企业实施技改提升工程，大力发展富硒大米、面粉、粮油等产品，支持涝河桥牛羊肉有限公司等肉制品龙头企业引进现代冷鲜加工工艺和设备，提高分级加工、分割包装和熟食产品比重，支持红山河、宁杨等调味品生产企业开发新产品、完善品种种类、提高产业附加值，支持西麒麟生物、鑫浩源明胶、众方生物等营养保健品企业开发高端健康产品，结合我区特色产业实际发展粉末蔬菜、颗粒果蔬等食品要素产业。三是打造优势产业集群。积极引导绿色食品加工企业向园区聚集，促进产业格局由分散向集中、发展方式由粗放向集约、产业链条由单一向复合转变。充分利用金积工业园区政策集成、要素集聚、企业集中、功能集合的绿色加工园区优势，支持食品加工企业向园区集聚。依托利通区健康产业园，推进浩普（宁夏）张氏回药制药 、宁夏西麒麟生物科技、刘三朵八宝茶等企业在中药饮片、健康养生开发等方面发力，全力打造集医疗、养老、保健、中医药研发、中草药加工等于一体的健康产业。四是推动产业融合发展。依托国家现代农业产业园、产业强镇等重点项目，支持企业挖掘自身资源，积极参与乡村振兴战略，助力特色小镇打造，因地制宜发展乡村新型服务业、乡村制造业、乡村休闲旅游业等，贯通产加销服，融合农食文旅教，形成特色鲜明、丰富多样、一二三产业融合发展的农业全产业链。鼓励骨干企业发展订单农业，在粮油、蔬菜、果品等产区建立原料和加工基地，推动食品制造业与种养殖业融合发展。引导有条件的食品生产企业进军餐饮业，建设“利通严选美食”平台，发展美食打卡和网红经济，推动食品制造与餐饮业融合发展。

（三）完善绿色食品产业市场流通体系，不断融通供应链。市场流通是建立产、加、销一体化全产业链的关键环节，要打通流通环节，推动绿色食品步入“以品牌引导消费、以消费拉动市场、以市场促进生产”的发展轨道。一是保障质量安全占有市场。加强冷链物流基础设施建设，支持粮油、瓜菜、肉制品加工龙头企业新建产后预冷、贮藏保鲜、分级包装等冷链物流基础设施，积极引进农副产品物流配送企业，发展壮大茂鑫通、盛欣荣等本地物流企业，加快金积冷链物流园、快递物流园等项目建设，保障生产原料、初级产品质量和安全。加强原料生产基地、生产企业加工、市场流通环节监管，逐步推行农产品进入批发市场、大型商超、大型专卖店等农产品质量合格证准入制度，加大农产品质量安全监测抽检力度和抽检比例，督促生产企业、合作社建立农产品质量安全追溯体系，实现“生产有记录、流向可追踪、信息可查询、质量可追溯”，维护我区绿色食品诚信度和公信力。二是实施品牌带动稳固市场。与中国农业大学共建利通区农业品牌创建教授工作站，通过调研、培训、咨询、指导等形式提供农业品牌建设指导服务，打造绿色食品品牌宣传推广的“利通模式”，力争到2025年“两品一标”认证达到50个。引导企业强化品牌意识，树立品牌观念，积极顺应和把握消费升级大趋势，在产品设计开发、外形包装、市场营销等方面体现人性化和精细化，丰富和细化消费品种类，在健康食品行业发展个性化定制，通过设计、研发深度挖掘用户的需求，支持纺织服装、健康食品等行业的企业向自创品牌发展，在富硒食品、乳制品、调味品等领域创建国内知名的品牌。三是创新营销模式拓展市场。依托吴忠美食文化特色及美食节等相关活动，大力宣传绿色食品，扩大绿色食品品牌影响力。引导获得中国驰名商标、宁夏著名商标、宁夏名牌产品和中国质量奖的企业主动走出去参加中国国际农交会、食品博览会、中国农洽会等展销展评活动，加大优质品牌的宣传和推广，扩大品牌影响力，提高市场竞争力。支持企业、家庭农场、合作社等与新媒体广泛开展合作，利用电商、微商、抖商、销售终端等开展短视频、直播等可视化互动营销，拓宽营销渠道、提高流通效率。

（四）完善绿色食品产业社会服务体系，不断拓展创新链。推动绿色食品产业高质量发展是一项系统工程，需要通力协作、全力配合、调动各方力量，进一步强化社会化服务，为产业发展提供强有力的支撑。一是强化科技服务。积极推进全国农业科技现代化共建先行县建设，对接宁夏农林科学院进行技术交流，深化农科教、产学研协同创新，建立以市场为导向、以企业为创新主体的研发机制与专家工作站，提高企业自主创新与技术研发能力。加强与宁夏农科院合作联系，示范推广北斗导航无人驾驶、奶牛性控繁育等农业种养新技术，完善以农业科技推广机构为主导、社会各界广泛参与的多元化新型农业科技推广服务体系。二是强化人才支撑。加快推动绿色食品产业链人才培养和引进，鼓励企业加强与高校沟通合作，建立绿色食品产业链人才培养机制，着重培养急需紧缺的创新型人才、专业技术人才。不断加大绿色食品产业链人才招引力度，大力引进绿色食品产业链领域研发和经营管理人才。选派优秀科技特派员成立畜牧技术服务小组和设施农业专家服务小组，围绕特色产业发展开展技术服务。三是强化金融扶持。积极争取自治区绿色食品产业高发展项目资金，用足用活自治区、吴忠市各项税收减免、财政支持、信贷发放、土地使用等政策，积极争取和整合项目资金，支持绿色食品加工企业扩大生产能力、进行技术装备改造升级、开发新产品以及初加工设施设备的购置。委托吴忠市开源扶贫担保公司与工行、宁夏银行合作，面向科技型中小企业融资贷款。鼓励金融服务机构不断开展产品创新，开发知识产权质押、股权融资、科技贷款利息补助、科技担保补助等金融服务，全方位助力绿色食品加工型企业融资发展。

2022年中共利通区委政策性文件目录

1. 关于印发《加快推进“数字利通”工作的实施方案》的通知（吴利党办发〔2022〕4号）

2. 关于印发《利通区安全生产监督管理责任规定》等3项制度的通知（吴利党办发〔2022〕13号）

3. 关于印发《关于进一步加强财政资金管理的实施细则（修订）》等3项制度的通知（吴利党办发〔2022〕18号）

4. 关于印发《利通区国家数字乡村试点工作实施方案》的通知（吴利党办发〔2022〕21号）

5. 印发《关于在全区推行乡村治理积分制的实施方案（试行）》的通知（吴利党办发〔2022〕23号）

6. 关于印发《吴忠市利通区2022年稳定粮食生产工作方案》的通知（吴利党办综〔2022〕1号）

7. 关于印发《利通区2022年全面推进乡村振兴重点工作的实施方案》的通知（吴利党发〔2022〕20号）

8. 关于印发《吴忠市利通区“扩大有效投资攻坚年”活动实施方案》的通知（吴利党办发〔2022〕30号）

9. 关于印发《利通区落实〈关于推进新时代残疾人事业高质量发展的意见〉的实施方案》的通知（吴利党办综〔2022〕10号）

10. 关于印发《利通区引导社会资本进山入林　推进以林养林以地换林实施方案》的通知（吴利党办综〔2022〕15号）

11. 关于印发《关于进一步加强全区安全生产工作的若干措施》的通知（吴利党办综〔2022〕21号）

12. 关于印发《关于开展科技强区行动　提升区域创新能力的实施方案》的通知（吴利党发〔2022〕38号）

13. 关于印发《利通区关于推进中小学教师“县管校聘”管理改革的实施方案》的通知（吴利党办综〔2022〕22号）

14. 关于印发《吴忠市利通区创建国家食品安全示范城市工作方案》的通知（吴利党办发〔2022〕54号）

15. 关于印发《吴忠市方舱医院建设方案》的通知（吴利党办发〔2022〕60号）

16. 利通区委办公室　人民政府办公室关于印发《利通区关于2022年自治区法治政府建设示范创建实施方案》的通知（吴利党办综〔2022〕27号）

17. 利通区委办公室　人民政府办公室关于印发《关于贯彻落实自治区〈法治政府建设实施方案（2021—2025年）〉的任务分工方案》的通知（吴

利党办发〔2022〕61号）

18. 关于印发《利通区深化应急管理综合行政执法改革实施方案》的通知（吴利党办发〔2022〕62号）

19. 关于印发《利通区拓展新时代文明实践中心建设的实施方案》的通知（吴利党办发〔2022〕65号）

20. 关于印发《利通区稳就业促增收工作实施方案》的通知（吴利党办综〔2022〕33号）

21. 关于印发《利通区关于开展公民法治素养提升行动全国试点工作的实施方案》的通知（吴利党办发〔2022〕71号）

22. 关于印发《吴忠市利通区能耗双控三年行动计划（2022—2024年）》的通知（吴利党办发〔2022〕74号）

23. 关于印发《利通区防溺水专项整治工作实施方案》的通知（吴利党办综〔2022〕36号）

24. 关于印发《利通区中小学校推行党组织领导的校长负责制工作实施方案》的通知（吴利党办发〔2022〕78号）

25. 关于印发《利通区关于深入打好污染防治攻坚战的实施方案》的通知（吴利党发〔2022〕52号）

26. 关于印发《利通区关于全面加强新时代少先队工作的实施方案》的通知（吴利党办综〔2022〕42号）

27. 关于印发《关于加快推进乡村人才振兴的实施方案》的通知（吴利党办发〔2022〕90号）

28. 关于印发《关于实施文明素养提升行动的方案》的通知（吴利党办发〔2022〕91号）

29. 关于印发《吴忠市利通区能源转型发展行动计划（2022—2025年）》的通知（吴利党发〔2022〕57号）

30. 关于印发《利通区高标准农田建设规划（2021—2030年）》《利通区“十四五”现代高效节水农业发展规划》《利通区“十四五”盐碱地改良规划》的通知（吴利党办发〔2022〕93号）

31. 关于印发《吴忠市利通区粮食和物资储备发展“十四五”规划》的通知（吴利党办发〔2022〕101号）

32. 关于印发《吴忠市利通区贯彻落实食品安全“两个责任”工作机制实施方案》的通知（吴利党办综〔2022〕62号）

33. 关于印发《吴忠市利通区关于进一步支持稳经济保增长促发展的若干政策措施》的通知（吴利党办发〔2022〕103号）

34. 关于印发《吴忠市利通区加快融入和服务全国统一大市场建设实施方案》的通知（吴利党发〔2022〕71号）

35. 关于印发《利通区公立医院薪酬制度改革实施意见》的通知（吴利党办发〔2022〕105号）

36. 关于印发《吴忠市利通区妇女发展规划（2021—2030年）》和《吴忠市利通区儿童发展规划（2021—2030年）》的通知（吴利党办发〔2022〕109号）

37. 关于印发《利通区加强动物疫病防控工作实施方案》的通知（吴利党办综〔2022〕67号）

38. 关于印发《吴忠市利通区教育质量提升行动实施方案（2022—2027年）》的通知（吴利党办发〔2022〕112号）

2022年利通区人民政府政策性文件目录

1. 关于印发《利通区畜禽养殖污染防治规划（2021—2035年）》的通知（吴利政发〔2022〕70号）

2. 关于印发《利通区农村低收入群体等重点对象住房安全保障工作实施方案》《利通区清洁取暖实施方案》的通知（吴利政办发〔2022〕23号）

3. 关于印发《利通区外来入侵物种普查实施方案》的通知（吴利政办发〔2022〕24号）

4. 关于印发《吴忠市利通区2022年农村人居环境整治行动方案》的通知（吴利政办发〔2022〕26号）

5. 关于印发《吴忠市利通区2022年文化和旅游产业高质量发展工作要点》的通知（吴利政办发〔2022〕34号）

6. 关于印发《吴忠市利通区2022年农业政策性保险工作实施方案》的通知（吴利政办发〔2022〕35号）

7. 关于印发《吴忠市利通区养老服务体系建设“十四五”规划》的通知（吴利政办发〔2022〕41号）

8. 关于印发《吴忠市利通区全面加强和改进新时代学校体育工作实施方案》《吴忠市利通区全面加强和改进新时代学校美育工作实施方案》的通知（吴利政办发〔2022〕42号）

9. 关于印发《利通区2022年政务公开工作要点》的通知（吴利政办发〔2022〕54号）

10. 关于印发《落实中央、自治区和利通区促进工业平稳增长政策任务分工方案》的通知（吴利政办发〔2022〕59号）

11. 关于印发《利通区关于促进养老托育服务健康发展实施方案》的通知（吴利政办发〔2022〕62号）

12. 关于印发《2022年利通区耕地地力保护补贴项目实施方案》的通知（吴利政办发〔2022〕69号）

13. 关于印发《吴忠市利通区基层公共文体设施管理使用办法》的通知（吴利政办发〔2022〕70号）

14. 关于印发《吴忠市利通区享受抚恤和生活补助的优抚对象医疗救助“一站式”服务工作实施方案》的通知（吴利政办发〔2022〕71号）

15. 关于印发《利通区深化“证照分离”改革进一步激发市场主体发展活力实施方案》的通知（吴利政办发〔2022〕76号）

16. 关于印发《推动生活性服务业补短板上水平提高人民生活品质的行动方案（2022—2025年）》的通知（吴利政办发〔2022〕87号）

17. 关于印发《吴忠市利通区防汛抗旱应急预案》的通知（吴利政办发〔2022〕88号）

18. 关于印发《吴忠市利通区"十四五"服务业发展规划（2021—2025）》的通知（吴利政办发〔2022〕90号）

19. 关于印发《吴忠市利通区农村人居环境整治提升五年行动实施方案（2021—2025年）》的通知（吴利政办发〔2022〕93号）

20. 关于印发《吴忠市利通区集体土地所有权变更调查和确权登记成果更新汇交工作方案》的通知（吴利政办发〔2022〕96号）

21. 关于印发《利通区水资源价值实现机制试点实施方案》的通知（吴利政办发〔2022〕117号）

22. 关于印发《吴忠市利通区公共机构节约能源资源工作实施方案（2022—2025年）》的通知（吴利政办发〔2022〕119号）